胡適語粹

一九三二年，塑像中的胡適。

一九四一年，駐美大使時代的胡適。

抗戰勝利後，北京大學校長時代的胡適。

國民黨僞政府遷台後，胡適來台灣。

一九五三年十二月十二日，李敖在台中聽胡適演講。

當年李敖編「胡適語粹」的封面。

李敖編「胡適語粹」新序

對整個中國來說，歷史所記的「內憂外患」，其實只有「內憂」，算不上是「外患」。直到十九世紀的一八四〇年鴉片戰爭到來，中國才領教了什麼是「外患」。鴉片戰爭的要角林則徐，事後寫信給他一個親近的朋友，偷偷說：這種戰爭是打不過洋人的，我們的武器太不行了，這種仗，「雖關、岳束手」，就便是關公、岳飛，也打不贏的。

鴉片戰爭的屈辱與敗績，只是一個開始。自此「內憂外患」七十二年後，亡了清朝；又「內憂外患」三十八年後，亡了中華民國。前後一百一十一年過去了，中華人民共和國接下了爛攤子，直到文革不革了，方在茁壯中獲得喘息。中國開始重新定位、重新定局、重新定風波、重新定神。

定位、定局、定風波、定神的範圍是多方面的，其中包括慎終追遠式的工作。慎終追遠的對現代中國的啓蒙人物們，給予「恰如其分」的發揚與評價。在啓蒙人物中，胡適是最穩健、最優秀、最高瞻遠矚、最具潛德幽光的哲人智者。宋朝朱熹有詩說：「舊學商量加邃密，新知培養轉深沈。」胡適一生，可謂身體力行，因此他死後的遺產與遺愛，最令我們珍惜。

胡適死在四十年前，死在中國大陸「清算胡適思想」之時、死在中國台灣打壓胡適思想之時。我當時在國民黨的打壓下，辛苦而努力的做了一些推廣胡適思想的工作。除了寫「胡適研究」、「胡適評傳」等專書外，還編了一套十三本的「胡適選集」，但被打壓，不久即不能發行。我編這套選集時候，格於政治氣候，已經不能掛我名字了，所以算是無名氏編的。到了一九七〇年，也就是胡適死了八年以後，我又編了一部「胡適語粹」，這部書的體例與「胡適選集」是不同的。後者是以胡適寫的完整整一篇篇文章爲單元，前者卻是以五百個小單元反過來抓出胡適文章做總體貫串，故以「胡適語粹」爲名。內容是胡適的，功夫和苦心卻是李敖的。編這書的時候，也格於政治氣候，不能掛我名字了，只得假借別人的名字，當時用的是「段宏俊」。

十三年後，一九八三年，走火入魔，以台灣人自豪的李筱峰（現在是外省人辦的大學教授），基於新的政治氣候，別有用心的提出羅織與責問，近乎曖昧的暗示我跟「段宏俊」有什麼政治勾結，我乃義正辭嚴，寫下拆穿李筱峰的幾段話：

> 筱峰何不想想：爲什麼李敖十二年前的一篇文章，要託名在「段宏俊」名下發表？筱峰只要求證一下我當時的處境，便明白了。我在文星時代，編「胡適選集」，就遭到胡太太等自己不做又不許別人做的人的封殺；文星結束後，我在文星的書大都被禁了，我的「李敖告別文壇十書」也被搶了（國民黨在裝訂廠搶書之風，始自搶李敖的書），所有的報章封殺我，出版社視李敖兩字如蛇蠍、如大痲瘋，所以我當時所能做的，只有「地下活動」，但求所做出來的有意義，由誰掛名，已非所計。因此，我編的「羅素選集」，便掛上劉福增之名；我編的「胡適語粹」，便掛上「段宏俊」之名了。筱峰只消翻一下去年三月十六日「政治家」中我

寫的「李敖自訂年表」，就知道我寫「鬧雙胞的文章」的時候（一九七〇年四月二十日），我已「全年被警總軟禁、跟蹤」，筱峰何不想想，在那種艱苦的處境下，我還能爲胡適思想的流傳，盡幾分力，找到「凱子」爲我印書出書，我還能有何挑剔？那時候，掛李敖名字的任何東西，都是不可能的事，「段宏俊」那時候被我說動，肯爲我印書出書，也是很不容易的事。這樣一求證，李敖在十二年前，用「段宏俊」之名發表一篇「『胡適語粹』序目」，不正是情理中的事嗎？値得大驚小怪嗎？値得以近乎曖昧的暗示，去尋求索隱嗎？

我這裏說筱峰以曖昧的暗示，去尋求索隱，我真希望我沒說得重了，但我仔細看了筱峰的「行文和語句的結構」，我真忍不住認爲筱峰實在犯了這個毛病，我認爲筱峰是正人君子，正人君子怎可如此對朋友語含中傷與惡意？筱峰全文中，用三分之一的篇幅來證明「鬧雙胞的文章」、來有所「發明」，目的無他，意在給讀者一個印象：李敖同「段宏俊」關係「非比尋常」而已，此一「非比尋常」，由文章「共家」可以爲證。而「段宏俊」是「當今專打黨外、專拍國民黨馬屁的右派雜誌『掃蕩』周刊的主辦人，這樣的人，竟然還值得國民黨的死對頭李敖和他『共家』（台語：共同使用）一篇文章」，筱峰說他是「實在百思不解」的。筱峰口口聲聲「不解」、口口聲聲說「怎麼『哥倆好』，這是他家的事」，都意存曖昧的暗示。筱峰雖不會懷疑李敖是國民黨的死對頭，但有此暗示，顯然又別有用意了。

我又指出：

筱峰最不可原諒的是他故意把兩段時間剪接在一起，他爲什麼不想想，十二年間，在人間可以有多少翻天覆地的大變化？十二年，可以使一個人從青春變到衰老，可以使一個人從前進變到後退，不先查清楚，怎可以硬往上接？在我認識「段宏俊」的時候，「段宏俊」是因叛亂坐牢的受難出獄者，那時他是被國民黨剛剛「掃蕩」過的，比現在的許多黨外還黨外，他是出版商，來結交於我，我有什麼錯？我如有錯，該是預感他十二年後會辦「掃蕩」掃蕩別人，我承認我無此預感的本領；我如有錯，該是我應守株待兔，等待人格完美的黨外人士如李筱峰者長大，做出版商，以「太公八十遇文王」的心情，得其知遇，再來印「胡適語粹」等書，我承認我無此等待的本領。所以，在我被警總迫害時，「段宏俊」能爲我印書出書，我別無選擇。何況那時候的「段宏俊」，乃是黨外。如今筱峰把今日之「段宏俊」，移花接木到十二年前，再反過來接上十二年前的李敖，把十二年前一件單純的事，透過時間隧道，反射到今天，暗示李敖好像有點不可解似的、有點問題似的，這不是含沙射影是什麼？筱峰是君子人，君子不該對朋友如此吧？

還有，在我被捕坐牢以後，我深知人情冷暖，「段宏俊」也不例外，他在我坐牢多年期間，只寄過一張賀年片，寄到景美軍法處，這就是筱峰所謂的關係「非比尋常」！我出獄後，一直不理他，直到兩年後在馬路上碰到，才偶爾吃吃飯。他那時候，政治立場已經變得很大了，當然是我不同意的。我給所有約我寫文章的黨外雜誌寫稿，可是卻不給「掃蕩」寫，我的立身本末，還不光明正大嗎？我的立場屹立不搖，事實不是最好的證明嗎？筱峰今天用曖昧的措詞，寫我和「段宏俊」的關係「非比尋常」，是什麼意思啊？這樣的遣詞用字，未免太不厚道了吧？

「段宏俊」有感於我第一次坐牢時，他躲得太遠了，因此在我第二次坐牢時，他因和法院方面較熟，跑來送監探獄，他來探獄，我不肯見他；筱峰來探獄，我也沒見，我並未有愛於「段宏俊」而不愛於李筱峰。我出獄後，感到「段宏俊」在外有太多我不喜歡的作風，我就又不和他來往了。筱峰所謂的關係「非比尋常」，不過如此！

中國古代聖人說：「爾爲爾，我爲我，雖袒裼裸裎於我側，爾焉能浼我哉！」（你是你，我是我，即使你赤身裸體在我身邊，你也髒不了我啊！）一個人在社會上，總要碰到些莫名其妙的朋友，這種朋友尤其在你有點地位後，會隨處亂攀跟你的關係如何如何，其實全是一面之詞而已（胡適在大陸時候，就有人冒充他的兄弟，在外招搖）。我們檢定一個人，要從他多年的立身本末來看他，不可聽耳食之言來附會，筱峰本該是謠言止於智者的智者，沒想到他居然從「其他朋友的七嘴八舌中」找謠言，我真爲筱峰悲哀！筱峰口口聲聲「段宏俊」是「你的朋友」，但是我的朋友不是「段宏俊」一位啊！李筱峰也是我的朋友啊！

當然，上面文字一出，讚美李敖是他「多年來所敬重的一位先輩」的李筱峰也不再是朋友了，偏執與狹隘遮蓋了他的視野，他一路俯衝，以台灣人自豪去了。

我拉雜提到這些乏味的小事，只是告訴人們：「胡適語粹」這部書，由成書到後患，的確「非比尋常」。一部書的生命，如此玄黃乍變、如此逸禍橫生、如此把世道人心盡收眼底，豈不奇緣也哉？

更奇緣的是今年了，今年是胡適死後四十年的日子；也是這部「胡適語粹」出版絕版三十二年的日子，我心血來潮，特別新增序圖，商請張書銘爲我原版影出，以存紀念，古話說「愼終追遠，民德歸厚矣」，在愚蠢無情的世風中，出此哲人智者之言，或能爲民德歸厚，略盡棉薄。如今，胡適墓草久宿，我也垂垂將老，我們那一代的風範，都要及身而絕了。這部胡適手寫李敖手編的「胡適語粹」，也許正爲那種風範做一愼終追遠的懷念吧？

李　敖　二〇〇二年二月七日夜一時四十分

胡適語粹

「胡適語粹」序目

胡適（一八九一——一九六二）的主要著作，除專書外，生前死後的文字彙集是「胡適文存」、「胡適文存二集」、「胡適文存三集」（以上上海亞東圖書館版）、「胡適論學近著」（上海商務印書館版）、「胡適言論集甲編」、「胡適言論集乙編」（臺北華國出版社版）、「胡適選集」（臺北文星書店版）等。其他像「胡適的時論一集」（北平六藝書局版）、「我們必須選擇我們的方向」（臺北自由中國出版社版）、「胡適文存」（臺北遠東圖書公司版）等，比起以上諸書，或重出，或刪節，都不算是便利讀者的文字彙集。

胡適一生的主要著作和文字彙集，既是浩瀚汪洋，難於盡讀，於是選本的編纂，也就有其必要。遠在四十年前，胡適自己就編了一本自選集，叫做「胡適文選」（上海亞東圖書館版）。他在序裏寫道：

> 「我在這十年之中，出版了三集胡適文存，約計有一百四五十萬字。我希望少年學生能讀我的書，故用報紙印刷，要使定價不貴。但現在三集的書價已在七元以上，貧寒的中學生已無力全買了。字數近百五十萬，也不是中學生能全讀的了。所以我現在從這三集裏選出了二十篇論文，印作一册，預備給國內的少年朋友們作一種課外讀物。如有學校教師願意選我的文字作課本的，我也希望他們用這個選本。」（「介紹我自己的思想」）

可見胡適自己，遠在四十年前，就有了這一心願，不但有這一心願，他還把這一心願，付諸了事實。

但胡適編「胡適文選」的時候，是一九三〇年（民國十九年），從編「胡適文選」後，到他在一九六二年（民國五十一年）去世，他還有三十二年的寫作生命。在這漫長的三十二年中，胡適自己沒有再續編「胡適文選」一類的選本，這對愛讀他的文字的讀者來說，是一件很大的缺憾。

就通盤了解胡適思想的標準看，「胡適文選」和即使續編「胡適文選」一類的書，還是不够，因爲它們的基本缺點，乃在但求代表性的文章成單元，却忽略了思想方面的普遍選樣。結果是代表性的文章雖然完整了，可是代表性的思想却遺漏得很厲害。

爲了免除思想上面的遺漏，西方對才智之士的全部著作，有一種可叫做「雋語選粹」(an anthology of witticisms) 式的收羅方法，分門別類，擷取才智之士的文章片段，綜合印行。像伊格奈 (Robert E. Egner) 編的「羅素短論集」(Bertand Russell's Best)、沙諾姆斯基 (F. B. Czarnomski) 編的「邱吉爾雄辯集」(The Eloquence of Winston Churchill) 等，都屬於這一類。這一「語粹」式的編法，把才智之士的全部著作，不論長篇大論也好，片語隻字也罷，都能一一擷取精華，巨細不遺，故對整個思想的選樣流傳，極有幫助。

這本「胡適語粹」，就是比照上述編法而又略爲詳贍一點的思想選集。文的內容以胡適一生的主要專書和文字彙集爲基料，以「哲學・思想史」、「宗教・迷信」、「東西文化」、「中國前途」、「政治」、「社會・經濟」、「教育・知識人」、「方法論・國故」、「文學・語文」以及「人物」等大類，分別囊括這些基料，並且貫串這些基料。全部囊括的基料經貫串爲五百個小單元，各加標題，以資醒目。

在「哲學・思想史」方面，小單元包括的有：

在「宗教・迷信」方面，小單元包括的有：

在「東西文化」方面小單元包括的有：

在「中國前途」方面，小單元包括的有：

在「政治」方面小單元包括的有︰

在社會「社會・經濟」方面，小單元包括的有：

在「教育・知識人」方面，小單元包括的有：

在「方法論·國故」方面，小單元包括的有：

在「文學・語文」方面，小單元包括的有：

在「人物」方面，小單元包括的有：

從上面這五百個小單元和它們所隸屬的大類裏，內行的人都不難察出：胡適主要思想的分類條目，大致都已具備。偶有五百個小單元以外的子題，表面上雖沒列入，骨子裏却可能藏在其他單元之下，稍爲細心一點的讀者都不難找出來。當然這部「語粹」的選定，編者個人主觀的看法和能力的限度，自都難免，如有不當之處，自與胡適本人無關。

胡適在「胡適文選」編印後十七年，自己本就感到個人文字有「分類編印」的必要，他曾說：

「……大概在民國三十七年，亞東圖書館因爲缺乏資本，缺乏紙張，不能重印文存，所以把三部文存的紙版同版權出賣給商務印書館。當時我本想從這四部書，一百五十多萬字裏，選出一些文字來，分類編印出版。例如

「中國舊小說考證」可以成一部小書，「中國佛教史研究」也可以成一部小書，「中國文學革命運動的史料與理論」也可以成一部小書，「中國思想史雜論」也可以成一部小書。但不久赤禍就籠罩了整個中國大陸，國家淪陷到鐵幕裏，我當然沒有心緒想到這些個人小問題了。」（「『胡適文存』四部合印本自序」）

如今，二十二年又過去了。除了「胡適選集」外，我們還看不到「分類編印」胡適遺著的痕跡，更看不到詳細分類編印的痕跡。胡適本人早已墓草久宿，胡適遺著的分類編印，也早已不是他「個人小問題」。這部「胡適語粹」的編印，也許正是上述這一現象的一點抗議，一點功德。讀者看了本書，如果能悲憤這一抗議，體念這一功德，那麼對胡適而言，也正是「聖人不空出，賢者不虛生」了！

中華民國五十九年四月二十日

哲學・思想史

哲學史的三個目的

(一)明變　哲學史第一要務，在於使學者知道古今思想沿革變遷的線索。例如：孟子荀子不同。又如：宋儒明儒也都自稱孔氏，但是宋明的儒學，也不是孟子荀子的儒學。但是這個不同之中，却有個相同的所在，又有個一線相承的所在。這種同異沿革的線索，非有哲學史，不能明白寫出來。

(二)求因　哲學史目的，不但要指出哲學思想沿革變遷的線索，還須要尋出這些沿革變遷的原因。例如：程子朱子的哲學，何以不同於孔子孟子的哲學？陸象山王陽明的哲學，又何以不同於程子朱子呢？這些原因，約有三種：

(甲)個人才性不同。

(乙)所處的時勢不同。

(丙)所受的思想學術不同。

(三)評判　既知思想的變遷和所以變遷的原因了，哲學史的責任還沒有完，還須要使學者知道各家學說的價值：這便叫做評判。但是我說的評判，並不是把做哲學史的人自己的眼光，來批評古人的是非得失。那種『主觀的』評判，沒有什麼大用處。如今所說，乃是『客觀的』評判。這種評判法，要把每一家學說所發生的效果表示出來。這些效果的價值，便是那種學說的價值。這些效果，大概可分爲三種：

(甲)要看一家學說在同時的思想，和後來的思想上，發生何種影響。

(乙)要看一家學說在風俗政治上，發生何種影響。

(丙)要看一家學說的結果，可造出什麼樣的人格來。

例如：古代的『命定主義』，說得最痛切的，莫如莊子。莊子把天道看作無所不在，無所不包，故說：『庸詎知吾所謂天之非人乎？所謂人之非天乎？』因此他有『乘化以待盡』的學說。這種學說，在當時遇著荀子，便發生一種反動力。荀子說：『莊子蔽於天而不知人』，所以荀子的天論極力主張征服天行，以利人事。但是後來莊子這種學說的影響，養成一種樂天安命的思想，牢不可破。在社會上，好的效果，便是一種達觀主義；不好的效果，便是懶惰不肯進取的心理。造成的人才，好的便是陶淵明蘇東坡；不好的便是是劉伶一類達觀的廢物了。(「中國古代哲學史」)

中國哲學的地位

世界上的哲學大概可分爲東西兩支。東支又分印度中國兩系。西支也分希臘猶太兩系。初起的時候，這四系都可算作獨立發生的。到了漢以後，猶太系加入希臘系，成了歐洲中古的哲學。印度系加入中國系，成了中國中古的哲學。到了近代，印度系的勢力漸衰，儒家復起，遂產生了中國近世的哲學，歷宋元明清，直到於今。歐洲的思想，漸漸脫離了猶太系的勢力，遂產生歐洲的近世哲學。到了今日，這兩大支的哲學互相接觸，互相影響。五十年後，一百年後，或竟能發生一種世界的哲學，也未可知。

附世界哲學系統圖

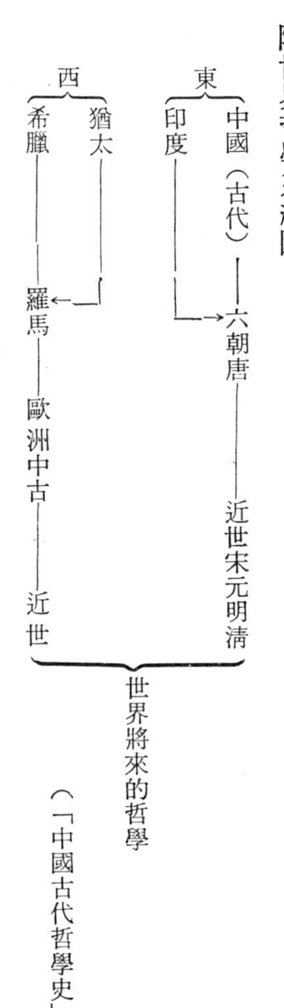

（「中國古代哲學史」）

中國哲學史的區分

中國哲學史可分三個時代：

（一）古代哲學　自老子至韓非，爲古代哲學。這個時代，又名『諸子哲學』。

（二）中世哲學　自漢至北宋，爲中世哲學。這個時代，大略又可分作兩個時期：

（甲）中世第一時期　自漢至晉，爲中世第一時期。這一時期的學派，無論如何不同，都還是以古代諸子的哲學作起點的。例如：淮南子是折衷古代各家的；董仲舒是儒家的一支；王充的天論得力於道家，性論折衷於各家；魏晉的老莊之學，更不用說了。

（乙）中世第二時期　自東晉以後直到北宋，這幾百年中間，是印度哲學在中國最盛的時代。印度的經典次第輸入中國。印度的宇宙論，人生觀，知識論，名學，宗教哲學，都能於諸子哲學之外，別開生面，別放光彩。此時凡是第一流的中國思想家，如智顗，玄奘，宗密，窺基，多用全副精力，發揮印度哲學。那時的中國系的學者，如王通，韓愈，李翺諸人，全是第二流以下的人物。他們所有的學說，浮泛淺陋，全無精闢獨到的見解故這個時期的哲學，完全以印度系為主體。

（三）近世哲學　唐以後，印度哲學已漸漸成為中國思想文明的一部份。譬如喫美味，中古第二時期是仔細咀嚼的時候。唐以後便是胃裏消化的時候了，喫的東西消化時，與人身本有的種種質料結合，別成一些新質料。印度哲學在中國，到了消化的時代，與中國固有的思想結合，所發生的新質料，便是中國近世的哲學。我這話初聽了好像近於武斷。平心而論，宋明的哲學，或是程朱，或是陸王，表面上雖都不承認和佛家禪宗有何關係。其實沒有一派不曾受印度學說的影響的。這種影響，約有兩方面：一面是直接的。如由佛家的觀心，回到孔子的『操心』到孟子的『盡心』，『養心』，到大學的『正心』；是直接的影響。一面是反動的。佛家見解儘管玄妙，終究是出世的，是『非倫理的』。宋明的儒家，攻擊佛家的出世主義，故極力提倡『倫理的』入世主義。明心見性，以成佛果，終是自私自利；正心誠意，以至於齊家，治國，平天下，便是倫理的人生哲學了。這是反動的影響。

明代以後，中國近世哲學完全成立。佛家已衰，儒家成為一尊。於是又生反動力，遂有漢學宋學之分。清初的漢學家，嫌宋儒用主觀的見解，來解古代經典，有『望文生義』，『增字解經』，種種流弊。故漢學的方法，只是用古訓，古音，古本等等客觀的根據，來求經典的原意。故嘉慶以前的漢學宋學之爭，還只是儒家的內鬨。但是漢學家既重古訓古義，不得不研究與古代儒家同時的子書，用來作參考互證的材料。故清初的諸子學，不過是經學的一種附屬品，一種參考書。不料後來的學者，越研究子書，越覺得子書有價值。故孫星衍，王念孫，王引之，顧廣圻，俞樾，諸人，對於經書與子書，檢直沒有上下輕重，和正道異端的分別了。到了最近世，如孫詒讓，章炳麟諸君，竟都用全副精力，發明諸子學。於是從前作經學附屬品的諸子學，到此時代，竟成專門學。一般普通學者，崇拜子書，也往往過於儒書。豈但是『附庸蔚爲大國，』檢直是『婢作夫人』了。

綜觀清代學術變遷的大勢，可稱爲古學昌明的時代自從有了那些漢學家考據，校勘，訓詁的工夫，那些經書子書，方纔勉强可以讀得。這個時代，有點像歐洲的『再生時代』（再生時代西名 Renaissance舊譯文藝復興時代）。歐洲到了『再生時代』，昌明古希臘的文學哲學，故能推翻中古『經院哲學』（舊譯煩瑣哲學、極不通。原文爲Scholasticism、今譯原義）的勢力，產出近世的歐洲文化。我們中國到了這個古學昌明的時代，不但有古書可讀，又恰當西洋學術思想輸入的時代，有西洋的新舊學說可供我們的參考研究。我們今日的學術思想，有這兩個大源頭：一方面是漢學家傳給我們的古書；一方面是西洋的新舊學說。這兩大潮流滙合以後，中國若不能產生一種中國的新哲學，那就眞是辜負了這個好機會了。（「中國古代哲學史」）

「中國古代哲學史」缺點

我現在翻看我四十年前寫成的這本書，當然可以看出許多缺點。我可以舉出幾組例子：（一）我當時還相信孔子做過「刪詩書，訂禮樂」的工作，這大概是錯的。我在正誤表裏，已把這一類的話都刪去了。(二)我當時用列子裏的「楊朱篇」來代表楊朱的思想，這也是錯的。列子是一部東晉時人僞造的書，其中如「說符篇」好像摘鈔了一些先秦的語句，但「楊朱篇」似乎很不可信。請讀者看看我的「讀呂氏春秋」(收在胡適文存三集)。我覺得呂氏春秋的「本生」，「重己」，「貴生」，「情欲」諸篇很可以表現中國古代產生的一種很健全的個人主義，大可以不必用列子的楊朱篇了。呂氏春秋不二篇說「楊生貴己」，李善注文選引作「楊朱貴己」。我現在相信呂氏春秋的「貴生」「重己」的理論很可能就是楊朱一派的「貴己」主義。(三)此書第九篇第一章講「莊子時代的生物進化論」，是全書裏最脆弱的一章，其中有一節述「列子書中的生物進化論」，也曾引用列子僞書，更是違背了我自己在第一篇裏提倡的「史料若不可靠，歷史便無信史的價值」的原則。我在那一章裏述「莊子書中的生物進化論」用的材料，下的結論，現在看來，都大有問題。例如莊子寓言篇說：

萬物皆種也，以不同形相禪。始卒若環，莫知其倫。是謂天均。

這一段本不好懂。但看「始卒若環，莫知其倫」八個字，這裏說的不過是一種循環的變化論罷了。我在當時竟說：

「萬物皆種也，以不同形相禪」，此十一個字竟是一篇「物種由來」。

這眞是一個年輕人的謬妄議論，眞是侮辱了「物種由來」那部不朽的大著作了！(「中國古代哲學史臺北版自記」)

中國古典思想

中國思想史的上古時期，可說是古典時代。從那時傳下了一些前於孔子的古典作品，詩歌的、歷史的、關於行爲軌範的，關於宗教崇拜的；此外，當然還有許多大哲學家的作品，如老子及孔子，墨翟，一直到孟子、莊子、及韓非——這可稱之爲中國學術的「舊約全書」時代。這個上古時期，不獨爲所有後來各時代的中國思想史確定了一個主要的模型，而且也提供了許多靈感和智慧的工具，使中國中古及近世思想家們，可以用來做憑藉，去爲哲學及文化的復興而努力工作。簡單說來，古典中國的理智遺產，共有三個方面：牠的人文主義，牠的合理主義，以及牠的自由精神。

其所以成爲人文主義的，是爲了牠始終而且明顯地注意人類的生活，人類的行爲，以及人類的社會。舉例來說，當孔子被人問應當如何事鬼神時，他就說：「未能事人，焉能事鬼？」他又被問關於死的意見時，他就說：「未知生，焉知死？」這種對於人生的執着，就成了一個特點，使中國古代思想與印度、波斯、甚至伊色列（Israel）的古代思想，截然不同了。中國古典時期的思想家，主要的是道德哲學家，教育哲學家，社會哲學家，以及政治哲學家。古代中國曾建立一個偉大的文明，而且又產生了許多關於人性、關於道德行爲、關於法律及政治組織的種種成熟的學說，但對含有「樂園」意義的「天堂」，看做「末日裁判」地方的「地獄」，則一無所知，並且對於生死問題，也從來沒有耽於玄思默想過。

其次，中國古典思想之所以成爲合理，成爲唯理智主義的原因，是由於牠對於知識、學問、和思想的重視。孔子說：「學而不思則罔，思而不學則殆。」當時，中國思想的派別很多，從孔子的明顯的唯理智主義的態度（孔子曾明白承認過：吾嘗終日不食，終夜不寢，以思，無益，不如學也。）一直到老子更明確的、唯理主義者的（Rationalistic）、但却幾乎是反理主義者的（Anti-Intelleetnalistic）態度。老子這麼吟詠過：

「不出戶，
知天下；
不窺牖，
見天道。」

在這兩極端之間，可以尋到那時中國思想上一些其他的偉大學派。他們的不同之處，是在於對那比較吃力的學習及研究過程的注重程度，各有不同。這一類的差別，在兩種不同的性情之間，本是些很自然的差別。這兩種性情，威廉詹姆斯氏曾把一個稱之爲「軟心腸的性情」，把另一個稱之爲「硬心腸的性情」。中國思想從未訴之於超自然的或神秘的事物，以作爲思想或推理的基礎。從這一點看，一般說來，中國思想是始唯理的。而且，牠的所有正統學派，對於知識和考察，都十分重視。再從這一方面看，牠確是偏重於唯理智主義者的態度。

人文主義者的興趣，與合理及唯理主義者的方法論結合起來，這一結合就給予古代中國思想以自由的精神。而且對於眞理的追求，又使中國思想本身得以自由，孔子說：「君子不憂不懼」，又說：「內省不疚，夫何憂何懼！」在講到他自己時，他又說：「飯疏食，飲水，曲肱而枕之，樂亦在其中矣。不義而富且貴，於我如浮雲。」在中國道德與理智力量僅次於孔子的孟子，也曾經更有力的表示過這個自由的精神。他說：「富貴不能淫，貧賤不能移，威武不能屈，此之謂大丈夫。」

這種人文的，合理的，及自由的精神，就是古典時代對於後代理智生活留傳下來的，最大的遺產。也就是因爲這個精神，所以方能使得那個時代多樣的倫理、社會及政治作品，現在讀起來，還是和我們現代的作品一樣。（「中國思想史綱要」）

九　流

太炎先生國故論衡之論諸子學，其精闢遠過其諸子學略說矣，然終不廢九流出於王官之說。（其說又散見他書，如孝經用夏法說，訂孔上諸篇。）其言曰，『是故九流皆出王官。及其發舒，王官所不能與。官人守要，而九流究宣其義。是以滋長』（原學。）此亦無徵驗之言。其言『官人守要而九流究宣其義』，大足貽誤後學。夫義之未宣，更何要之能守？學術之興，由簡而繁，由易而賾，其簡其易，皆屬草創不完之際，非謂其要義已盡具於是也。吾意以爲諸子自老聃、孔丘至於韓非，皆憂世之亂而思有以拯濟之，故其學皆應時而生，與王官無涉。諸家旣羣起，乃交相爲影響，雖明相攻擊，而冥冥之中已受所攻擊者之薰化。是故孔子攻『報怨以德』之言，而其言無爲之治則老聃之影響也。

墨子非儒，而其言曰，『義者，正也。必從上之正下，無從下之正上。』則同於『政者正也』之說矣。又言必稱堯、舜古聖王，則亦儒家之流毒也。孟子非墨家功利之說，而其言政無一非功利之事。荀子非又非兼愛，而盛稱禹、稷之行，與不忍人之政，則亦莊生所謂『名實未虧而喜怒爲用』者耳。荀子非墨，而其論正名，實大受墨者之影響。諸如此類，不可悉數。其間交互影響之迹，宛然可尋，而皆與王官無涉也。故諸子之學，皆春秋、戰國之時勢世變所產生。其一家之興，無非應時而起。及時變事異，則向之應世之學，翻成無用之文，於是後起之哲人乃張新幟而起。新者已興而舊者未踣，其是非攻難之力往往亦能使舊者更新。儒家之有孟、荀，墨家之有『別墨』，(別墨之名，始見莊子天下篇。)其造詣遠過孔、墨之舊矣。有時一家之言，蔽於一曲，坐使妙理晦塞，而其間接之影響，乃更成新學之新基。如莊周之言天地萬物進化之理，本爲絕世妙論，惜其『蔽於天而不知人』，(荀卿之語。)遂淪爲任天安命達觀之說。(此說流毒中國最深。莊子書中如大宗師諸篇，皆極有弊。)然荀卿、韓非受其進化論，而救之以人治勝天之說，遂變出世主義而爲救時主義，變乘化待盡之說而爲戡天之論，變『法先王』之儒家而爲『法後王』之儒家、法家。學術之發生興替，其道固非一端也。明於先秦諸子興廢沿革之迹，乃可以尋知諸家學說意旨所在。知其命意所指，然後可與論其得失之理也。若謂九流皆出於王官，則成周小吏之聖知，定遠過於孔丘、墨翟，此與謂素王作春秋爲漢朝立法者，其信古之陋何以異耶？(「諸子不出於王官論」)

中國思想史三期

爲了方便起見，中國思想的歷史，可以分爲三個主要時期。耶穌紀元前的一千年爲上古時期。偉大的中古佛教及道教時代，以及一直通過了紀元後一千年的全部時間，都爲中古時期。而近世這一時期，則爲中國理智復興期；這一時期，遠從第十世紀大規模的刋印書籍，以及第十一世紀，第十二世紀新孔子學派起來的時代起，一直延長到我們這個時代。每一時期，都佔了將近一千年的光景。（「中國思想史綱要」）

革命家之老子

上篇說老子以前的時勢，和那種時勢所發生的思潮。老子親見那種時勢，又受了那些思潮的影響，故他的思想，完全是那個時代的產兒，完全是那個時代的反動。看他對於當時政治的評判道：

民之饑，以其上食稅之多，是以饑。民之難治，以其上之有爲，是以難治。民之輕死，以其求生之厚，是以輕死。

民不畏死，奈何以死懼之？若使民常畏死，而爲奇者吾得執而殺之，孰敢？

天下多忌諱，而民彌貧；民多利器，國家滋昏；人多伎巧，奇物滋起；法令滋彰，盜賊多有。

天之道損有餘而補不足。人之道則不然：損不足以奉有餘。

這四段都是很激烈的議論。讀者試把伐檀碩鼠兩篇詩記在心裏，便知老子所說：『人之道損不足以奉有餘，』和『民之饑以其上食稅之多，是以饑，』的話，乃是當時社會的實在情形。更回想苕之華詩『知我如此，不如無生，』的話，便知老子所說：『民不畏死，』『民之輕死，以其求生之厚，是以輕死，』的話，也是當時的實在情形。人誰不求生？到了『知我如此不如無生』的時候，束手安分也是死，造反作亂也是死，自然輕死，自然不畏死了。

還有老子反對有爲的政治，主張無爲無事的政治，也是當時政治的反動。凡是主張無爲的政治哲學，都是干涉政策的反動。因爲政府用干涉政策，却又沒干涉的本領，越干涉越弄糟了，故挑起一種反動，主張放任無爲。歐洲十八世紀的經濟學者政治學者，多主張放任主義，正爲當時的政府實在太腐敗無能，不配干涉人民的活動。老子的無爲主義，依我看來，也是因爲當時的政府不配有爲，偏要有爲；不配干涉，偏要干涉，所以弄得『天下多忌諱而民彌貧；民多利器，國家滋昏；法令滋彰，盜賊多有。』上篇所引瞻卬詩說的，『人有土田，汝反有之；人有民人，汝覆奪之；此宜無罪，女反收之；彼宜有罪，汝覆說之，』那種虐政的效果，可使百姓人人有『匪鶉匪鳶，翰飛戾天；匪鱣匪鮪，潛逃於淵，』的感想。（老子尤恨當時的兵禍連年，故書中屢攻擊武力政策。如『師之所處荆棘生焉、大軍之後，必有凶年』『兵者不祥之器』『天下無道、戎馬生於郊』皆是。）故孝子說：『民之難治，以其上之有爲，是以難治。』

老子對於那種時勢，發生激烈的反響，創爲一種革命的政治哲學。他說：

大道廢，有仁義；智惠出，有大僞；六親不和，有老慈，國家昏亂，有忠臣。

所以他主張

絕聖棄智，民利百倍；絕仁棄義，民復孝慈；絕巧棄利，盜賊無有！

這是極端的破壞主義。他對於國家政治，便主張極端的放任。他說：

治大國若烹小鮮。（河上公注、烹小魚不去腸、不去鱗、不敢撓、恐其糜也。）

又說：

我無為而民自化，我好靜而民自正，我無事而民自富，我無欲而民自朴。其政悶悶，其民醇醇；其政察察，其民缺缺。

又說：

太上，下知有之。其次，親而譽之。其次，畏之。其次，侮之。信不足，焉有不信。（焉、乃也。）猶兮其貴言，（不輕易其言也。所謂『行不言之教』是也。）功成事遂，百姓皆謂我自然。

老子理想中的政治，是極端的放任無為，要使功成事遂，百姓還以為全是自然應該如此，不說是君主之功。故『太上，下知有之，』是說政府完全放任無為，百姓的心裏只覺得有個政府的存在罷了；實際上是『天高皇帝遠，』有政府和無政府一樣。『下知有之，』永樂大典本及吳澄本，皆作『不知有之；』日本本作『下不知有之，』說此意更進一層，更明顯了。（「中國古代哲學史」）

老子論天道

老子哲學的根本觀念是他的天道觀念。老子以前的天道觀念，都把天看作一個有意志，有智識，能喜能怒，能作威作福的主宰。試看詩經說：『有命自天，命此文王；』（大明）又屢說：『帝謂文王』（皇矣），是天有意志『天監在下』，『上帝臨汝』；『皇矣上帝，臨下有赫，監觀四方，求民之莫』（皇矣），是天有知識『有皇上帝，伊誰云憎？』（月）『敬天之怒，無敢戲豫；敬天之渝，無敢馳驅，』（板）是天能喜怒『昊天不傭，降此鞠凶；昊天不惠，降此大戾；』（節南山）『天降喪亂，降此蟊賊；』（桑柔）『天降喪亂，饑饉薦臻，』（雲漢）是天能作威作福老子生在那種紛爭大亂的時代，眼見殺人，破家，滅國，等等慘禍，以爲若有一個有意志知覺的天帝，決不致有這種慘禍。萬物相爭相殺，人類相爭相殺，便是天道無知的證據。故老子說：

天地不仁萬物爲芻狗

這仁字有兩種說法：第一，仁是慈愛的意思。這是最明白的解說。王弼說：『地不爲獸生芻而獸食芻，不爲人生狗而人食狗。無爲於萬物，而萬物各適其所用。』這是把不仁作無有恩意解。第二，仁即是『人』的意思。中庸說：『仁者，人也；』孟子說：『仁也者，人也；』劉熙釋名說：『人，仁也；仁，生物也；』不仁便是說不是人，不和人同類。古代把天看作有意志，有知識，能喜怒的主宰，是把天看作人同類，這叫和天人同類說（Anthropomotphism）老子的『天地不仁』說，似乎也含有天地不與人同性的意思。人性之中，以慈愛爲最普通，故說天地不與人同類，即是說天地無有恩意。老子這一個觀志，打破古代天人同類的謬說，立下後來自然哲學的基礎。

打破古代的天人同類說，是老子的天道觀念的消極一方面。再看他的積極的天道論；

有物混成，先天地生，寂兮寥兮，獨立而不改，周行而不殆，可以爲天下母吾不知其名，字之曰道，强爲之名曰大。

老子的最大功勞，在於超出天地萬物之外，別假設一個『道』。這個道的性質，是無聲，無形；有單獨不變的存在，又周行天地萬物之中；生於天地萬物之先，又却是天地萬物的本源。這個道的作用，是：

大道氾兮，其可左右。萬物恃之而生而不辭，成功不名有，衣養萬物而不爲主。

道的作用，並不是有意志的作用，只是一個『自然』。自是自己，然是如此，『自然』只是自己如此（謝著中國哲學史云、『自然者、究極之謂也』不成話。）。老子說：

道常無爲而無不爲

道的作用，只是萬物自己的作用，故說：『道常無爲』。但萬物所以能成萬物，又只是一個道，故說：『而無不爲。』（「中國古代哲學史」）

老 子 論 無

老子是最先發見『道』的人。這個『道』本是一個抽象的觀念，太極妙了，不容易說得明白。老子又從具體的方面着想，於是想到一個『無』字，覺得這個『無』的性質，作用，處處和這個『道』

最相像。老子說：

三十輻，共一轂，當其無，有車之用。埏埴以爲器，當其無，有器之用。鑿戶牖以爲室，當其無，有室之用。故有之以爲利，無之以爲用。

無卽是虛空。上文所擧的三個例，一是那車輪中央的空洞，二是器皿的空處，三是窗洞門洞，和房屋裏的空處。車輪若無中間的圓洞，便不能轉動；器皿若無空處，便不能裝物事；門戶若沒有空洞，便不能出入；房屋裏若沒有空處，便不能容人。這個大虛空，無形，無聲；整個的不可分斷，却又無所不在；一切萬有若沒有他，便沒有用處。這幾項性質，正合上文所說：『寂兮寥兮，獨立而不改，用行而不殆，可以爲天下母』，的形容。所以老子所說的『無』與『道』，簡直是一樣的。所以他旣說：

道生一，一生二，二生三，三生萬物。

一方面又說：

天地萬物生於有，有生於無。

道與無同是萬物的母，可見道卽是無，無卽是道，大概哲學觀念初起的時代，名詞不完備，故說理不能周密。試看老子說：『吾無以名之』，『强名之』，可見他用名詞困難。他提出了一個『道』的觀念，當此名詞不完備的時代，形容不出這個『道』，究竟是怎樣一個物事，故用那空空洞洞的虛空，來說那無爲而無不爲的道。却不知道『無』是對於有的名詞，所指的是那無形體的空間，如何可以代表那無爲而無不爲的『道』？只因爲老子把道與無看作一物，故他的哲學都受這個觀念的影響。莊子便不如此。老莊的根本區別在此。

老子說：『天地萬物生於有，有生於無』且看他怎樣說這無中生有的道理。老子說：

視之不見名曰夷。聽之不聞名曰希。摶之不得名曰微。此三者不可致詰，故混而爲一。其上不皦，其下不昧。繩繩不可名，復歸於無物。是謂無狀之狀，無物之象。是謂恍惚。

又說：

道之爲物。惟恍惟惚。惚兮恍兮，其中有象。恍兮惚兮，其中有物。

這也可見老子尋相當名詞的困難。老子旣說道是『無』，這裏又說道不是『無』。乃是『有』與『無』之間的一種情境，雖然看不見，聽不着，摸不到，但不是完全沒有形狀的。不過我們不能形容他，又叫不出他的名稱，只得說他是『無物』；只好稱他做『無狀之狀，無物之象』；只好稱他做『恍惚』。這個『恍惚』，先是『無狀之狀，無物之象』，故說：『惚兮恍兮，其中有象』。後來忽從無物之象變爲有物，故說：『恍兮惚兮，其中有物』。這便是『天地萬物生於有，有生於無』，的歷史。論象字參看下文第四篇第三章。（「中國古代哲學史」）

老子論無爲

本篇第三節說老子對於社會政治有兩種學說：一是毀壞一切文物制度，一是主張極端放任無爲的政策。第一說的根據，上節已說過。如今且說他的無爲主義。他把天道看作『無爲而無不爲』，以爲天地萬物，都有一個獨立而不變，周行而不殆的道理，用不着有什麼神道作主宰，更用不着人力去造作安排。老子的『天道』，就是西洋哲學的自然法。Law of Nature或譯『性法』非日月星的運行，動植物的生老死，都有自然法的支配適合。凡深信自然法絕對有效的人，往往容易走到極端的放任主義。如十八世紀的英法經濟學者，又如斯賓塞(Hebert Spencer)的政治學說，都以爲既有了『無爲而無不爲』的天道，何必要政府來干涉人民的舉動？老子也是如此。他說：(形)廣大也。

天之道。不爭而善勝，不言而善應，不召而自來，繟然而善謀。天網灰灰疎而不失。

這是說：『自然法』的森嚴。又說：

常有司殺者夫代司殺者殺，是謂代大匠斲。夫代大匠斲者，希有不傷其手者矣。

這個『司殺者』，便是天，便是天道。違背了天道，擾亂了自然的秩序，自有『天然法』來處置他，不用社會和政府的干涉。若用人力去賞善罰惡，便是替天行道，便是『代司殺者殺』。這種代劊子手殺人的事，正如替大匠斲木頭，不但無益於事，並且往往鬧出亂子來。所以說：『民之難治，以其上之有爲，是以難治』。所以又說：『天下多忌諱而民彌貧，……法令滋彰，盜賊多有』。所以他主張一切放任，一切無爲。『損之又損，以至於無爲，無爲而無不爲』。（「中國古代哲學史」）

老子人生哲學

老子的人生哲學，舊稱倫理學、殊未當。和他的政治哲學相同，也只是要人無知無欲。詳細的節目是『見素抱朴，少私寡欲，絕學無憂。』他說：

衆人熙熙，如享太牢，如登春臺。我獨泊兮其未兆，如嬰兒之未孩。儽儽兮若無所歸。衆人皆有餘，而我獨若遺。我愚人之心也哉！沌沌兮，俗人昭昭，我獨昏昏；俗人察察，我獨悶悶。澹兮其若海，飂兮若無止。衆人皆有以，而我獨頑似鄙。我獨異於人而貴食母。

別人都想要昭昭察察的知識，他卻要那昏昏悶悶的愚人之心。此段所說的『貴食母』，即是前所引的『虛其心，實其腹』。老子別處又說：『聖人爲腹不爲目』，也是此意。老子只要人肚子吃得飽飽的，做一個無思無慮的愚人；不願人做有學問知識的文明人。這種觀念，也是時勢的反動。隰有萇楚的詩人說：

隰有萇楚，猗儺其枝，夭之沃沃，樂子之無知！

老子的意思，正與此相同。知識愈高，欲望愈難滿足，又眼見許多不合意的事，心生無限煩惱，倒不如無知的草木，無思慮的初民，反可以混混沌沌，自尋樂趣。老子常勸人知足。他說：

知足不辱，知止不殆，可以長久。……罪莫大於可欲。孫詒讓按韓詩外傳引可欲作多欲。禍莫大於不知足。咎莫大於欲得。故知足之足常足矣。

但是知足不是容易做到的。知識越開，越不能知足。故若要知足，除非毀除一切知識。

老子的人生哲學，還有一個重要觀念，叫做『不爭主義』。他說：

江海所以能爲百谷王者，以善下之，故能爲百谷王。……以其不爭，故天下莫能與之爭

曲則全，枉則直，窪則盈。……夫唯不爭，故天下莫與之爭。

上善若水，水利萬物而不爭。處衆人之所惡，故幾於道。

天下柔弱莫過於水，而攻堅勝者莫之能勝。其無以易之。弱之勝強，柔之勝剛，天下莫不知，莫能行。

這種學說，也是時勢的反動。那個時代是一個兵禍連年的時代。小國不能自保，大國又爭霸權不肯相下。老子生於這個時代，深知武力的競爭，以暴禦暴，只有更烈，決沒有止境。只有消極的軟工夫，可以抵抗強暴。狂風吹不斷柳絲，齒落而舌長存，又如最柔弱的水可以衝開山石，鑿成江河。人類交際也是如此。湯之於葛，太王之於狄人，都是用柔道取勝。楚莊王不能奈何那肉袒出迎的鄭伯，也是這個道理。老子時的小國，如宋，如鄭，處列強之間，全靠柔道取勝。故老子提出這個不爭主義，要人知道柔弱能勝剛強；要人知道『夫唯不爭，故天下莫與之爭』。他敎人莫要『爲天下先』，又敎人『報怨以德』。他要小國下大國，大國下小國。他說暫時吃虧忍辱，並不害事。要知『物或損之而益，或益之而損。……強梁者不得其死』。這句話含有他的天道觀念。他深信『自然法』的『天網恢恢，疎而不失』，故一切德其自然物或損之而益，或益之而損，都是天道之自然宇宙之間，自有『司殺者殺』，故強梁的總不得好死。我們儘可逆來順受，且看天道的自然因果罷。（「中國古代哲學史」）

『儒』本來是亡國遺民的宗教，所以富有亡國遺民柔順以取容的人生觀，所以『儒』的古訓爲柔懦。到了孔子，他對自己有絕大信心，對他領導的文化教育運動也有絕大信心，他又認淸了那六百年殷、周民族同化的歷史，實在是東部古文化同化了西周新民族的歷史，——西周民族的新建設也都建立在那『周因於殷禮』的基礎之上，——所以他自己沒有那種亡國遺民的柔遜取容的心理。『士不可不弘毅：任重而道遠』，這是這個新運動的新精神，不是那個『一命而僂，再命而傴，三命而俯』的柔道所能包涵的了。（說儒）

五百年必有王者興

孔子的故事也很像這樣的。殷商民族亡國以後，也曾期望『武丁子孫』裏有一個無所不勝的『武王』起來『大蘼是承』，『肇域彼四海』。後來這個希望漸漸形成了一個『五百年必有王者興』的懸記，引起了宋襄公復興殷商的野心。這一次民族復興的運動失敗之後，那個偉大的民族仍舊把他們的希望繼續寄託在一個將興的聖王身上。果然，亡國後的第六世紀裏，起來了一個偉大的『學而不厭，誨人不倦』的聖人。這一個偉大的人不久就得着了許多人的崇敬，他們認他是他們所期待的聖人：就是和他不同族的魯國統治階級裏，也有人承認那個聖人將興的預言要應在這個人身上。和他接近的人，仰望他如同仰望日月一樣：相信他若得機會，他一定能『立之斯立，道之斯行，綏之斯來，動之斯和。』他自己也明白人們對他的期望，也以泰山梁木自待，自信『天生德於予』，自許要作文王、周公的功業。到他臨死時，他還做夢『坐奠於兩楹之間』。他抱着『天下其孰能宗予』的遺憾死了，但他死了也『復活』了：『人能弘道，非道弘人』，他打破了殷周文化的藩籬，打通了殷、周民族的畛域，把那含有部落性的『儒』抬高了，放大了，重新建立在六百年殷、周民族共同生活的新基礎之上：他做了那中興的『儒』的不祧的宗主；他也成了『外邦人的光』，『聲名洋溢乎中國，施及蠻貊，舟車所至，人力所通，……凡有血氣者莫不尊親』。（說儒）

小人儒

可以看出他們的生活有幾個要點：第一，他們是很貧窮的，往往『陷於饑寒，危於凍餒』；這是因爲他們不務農，不作務，是一種不耕而食的寄生階級。第二，他們頗受人輕視與嘲笑，因爲他們的衣食須靠別人供給；然而他們自己倒還有一種倨傲的遺風，『立命，緩貧，而高浩居』，雖然貧窮，還不肯拋棄他們的寄食——甚至於乞食——的生活。第三，他們也有他們的職業，那是一種宗教的職業：他們熟悉禮樂，人家有喪祭大事，都得請教他們。因爲人們必須請他們治喪相禮，所以他們雖然貧窮，却有相當崇高的社會地位。罵他們的可以說他們『因人之野以爲尊』；他們自己却可以說是靠他們的知識做『衣食之端』。第四，他們自己是實行『久喪』之制的，而他們最重要的謀生技能是替人家『治喪』。他們正是那殷民族的祖先教的教士，這是儒的本業。

從這種『小人儒』的生活裏，我們更可以明白『儒』的古義：儒是殷民族的教士，靠他們的宗教知識爲衣食之端。（說儒）

殷

我們看殷虛（安陽）出土的遺物與文字可以明白殷人的文化是一種宗教的文化。這個宗教根本上是一種祖先教。祖先的祭祀在他們的宗教裏佔一個很重要的地位。喪禮也是一個重要部分。此外，他們似乎極端相信占卜：大事小事都用卜來決定。如果鴻範是一部可信的書，那麼，占卜之法到了殷商的末期已起了大改變，用龜卜和用獸骨卜之法之外，還有用蓍草的筮法，與卜並用。

這種宗教需用一批有特別訓練的人。卜筮需用『卜筮人』，祭祀需用祝官；喪禮需用相禮的專家。在殷商盛時，祝宗卜史自有專家。亡國之後，這些有專門知識的人往往淪爲奴虜，或散在民間。因爲他們是有專門的知識技能的，故往往能靠他們的專長換得衣食之資。他們在殷人社會裏，仍舊受人民的崇敬；而統治的階級，爲了要安定民衆，也許還爲了他們自己也需要這種有知識技能的人，所以只須那些『多士攸服奔走臣我多遜』，也就不去過分摧殘他們。這一些人和他們的子孫，就在那幾百年之中，自成了一個特殊階級。他們不是那新朝的『士』；『士』是一種能執干戈以衞社稷的武士階級，是新朝統治階級的下層。他們只是『儒』。他們負背着保存故國文化的遺風，故在那幾百年社會驟變，民族混合同化的形勢之中，他們獨能繼續保存殷商的古衣冠，——也許還繼續保存了殷商的古文字言語。在他們自己民族的眼裏，他們是『殷禮』（殷的宗教文化）的保存者與宣教師。在西周民族的眼裏，他們是社會上多材藝的人，是貴族階級的有用的淸客顧問，是多數民衆的安慰者。他們雖然不是新朝的『士』，但在那成周、宋、衞、齊、魯諸國的絕大多數的民衆之中，他們要算是最高等的一個階級了。所以他們和『士』的階級最接近，西周統治階級也就往往用『士』的名稱來泛稱他們。（說儒）

孝的哲學

孔子的人生哲學，雖是倫理的，雖注重『君君，臣臣，父父，子子，夫夫，婦婦』，却並不曾用『孝』字去包括一切倫理。到了他的門弟子，以爲人倫之中獨有父子一倫最爲親切，所以便把這一倫提出來格外注意，格外用功。如孝經所說：

父子之道，天性也。…………故不愛其親而愛他人者，謂之悖德。不敬其親而敬他人者，謂之悖禮。

又如有子說的：

君子務本，本立而道生。孝弟也者，其爲仁之本歟？論語一

孔門論仁，最重『親親之殺』，最重『推恩』，故說孝弟是爲仁之本。後來更進一步，便把一切

倫理都包括在『孝』字之內。不說你要做人，便該怎麼，便不該怎樣；却說你要做孝子，便該怎樣，便不該怎樣。例如：上文所引曾子說的『戰陣無勇』，『朋友不信』，他不說你要做人，要盡人道，故戰陣不可無勇，故交友不可不信；只說你要做一個孝子，故不可如此如此。這個區別，在人生哲學史上，非常重要。孔子雖注重個人的倫理關係，但他同時又提出一個『仁』字，要人盡人道，做一個『成人』。故『居處恭，執事敬，與人忠』，只是仁，只是盡做人的道理。這是『仁』的人生哲學。那『孝』的人生哲學便不同了。細看祭義和孝經的學說，簡直可算得不承認個人的存在。我並不是我，不過是我的父母的兒子。故說：『身也者，父母之遺體也』。又說：『身體髮膚，受之父母』。我的身並不是我，只是父母的遺體，故居處不莊，事君不忠，戰陣無勇，都只是對不住父母，都只是不孝。孝經說天子應該如何，諸侯應該如何，卿大夫應該如何，士庶人應該如何。他並不說你做了天子諸侯或是做了卿大夫士庶人，若不如此做，便不能盡你做人之道。他只說你若要做孝子，非得如此做去，不能盡孝道，不能對得住你的父母。總而言之，你無論在什麼地位，無論做什麼事，你須要記得這並不是『你』做了天子諸侯等等，乃是『你父母的兒子』做了天子諸侯等等。

這是孔門人生哲學的一大變化。孔子的『仁的人生哲學』，要人盡『仁』道，要人做一個『人』。孔子以後的『孝的人生哲學』，要人盡『孝』道要人做一個『兒子』（參觀第十篇一章）。這種人生哲學，固然也有道理，但未免太把個人埋沒在家庭倫理裏面了。如孝經說：

事親者，居上不驕，爲下不亂，在醜不爭。

難道不事親的便不能如此嗎？又如：

愛親者不敢惡於人，敬親者不敢慢於人。

爲什麼不說爲人之道不當惡人慢人呢？（「中國古代哲學史」）

觀象制器

至於『觀象制器』之說，本來只是一種文化起源的學說。原文所謂『蓋取諸某象』，正如崔述所謂『不過言其理相通耳，非謂必規摹此卦然後能制器立法也』。繫辭本說，『易者，象也；象也者，像也。』所謂觀象，只是象而已，並不專指卦象，卦象只是象之一種符號而已。

故我在中國哲學史論『象』，把繫辭此章與全部六十四卦的象傳合看（頁八五—八六），使人明白這個思想確是一個成系統的思想，不是隨便說說，雖曾把全部易都打通了，細細想過，組成一個大理論。如說『山下出泉，蒙，君子以果行育德』，此豈可說是僅觀卦象而已？又如說，『地中有山，謙，君子以捊多益寡，稱物平施』，此豈可說是僅觀卦象而已？凡此等等，卦象只是物象的符號，見物而起意象，觸類而長之，『見乃謂之象，形乃謂之器。』此學說側重人的心思智慧，雖有偏處，然大體未可抹殺。你的駁論（燕京學報第六期，頁一〇〇四）太不依據歷史上器物發明的程序，乃責數千年前人見了『火上水下』的卦象，何以不發明汽船，似非史學家應取的態度。此意我曾以之責劉掞藜，不意今日乃用來質問你。事物之發明固有次第，不能勉强。瓦特見水壺蓋衝動，乃想到蒸汽之力，此是觀象制器。牛敦見蘋果墜地，乃想到萬有引力，同是有象而後有制作。然瓦特有瓦特的歷史背景，牛敦有牛敦的歷史背景。若僅說觀象可以制器，則人人日日可見水壺蓋衝動，人人年年可見蘋果墜地，何以不制作呢？故可以說『觀象制器』之說不能完全解釋歷史的文化，然不可以人人觀象而未必制器，乃就謂此說完全不通，更不可以說『在繫辭傳以後也不曾有人做出觀象制器的事。』

現代哲學家 E.J.E. Woodbridge 曾說：

"He looks at a wilderness, but even as he looks behods a garden."（他望着一片荒野，但就當他望的時候，他已看見了一個花園。）

心裏的『花園』的『象』，便規定了這片荒野的將來規模。制器尚象，不過如此。飛鳥之像，便是飛艇的祖宗。墨翟、王莽以下，二千多年，凡夢想飛行者皆以飛鳥意象。到二十世紀初期始有『重於空氣』的飛機的發明，飛行始成功。然其原來的暗示仍出於飛鳥。不過後世機械之學已大明，故Wright 弟兄能做出墨翟、王莽所不能做的飛機耳。

制器尚象之說只是一種學說，本來不是歷史。六十四卦的象傳皆不明說某帝某王，只泛說『君子』『先王』而已。繫辭傳此章便坐實了某帝某王，可說有稍後出的可能。然象傳六十四條皆有觀象制作之意，與繫辭此章確是同一學說，同出於一個學派。

司馬遷不用此章作史料，是他的卓識。崔述用此章作唯一可信的上古史料，是他的偏見。你受了崔述的暗示，遷怒及於繫辭，也不是公平的判斷。至於你的講義中說制器尚象之說作於京房一流人，其說更無根據。京房死於西曆前三十七年，劉歆死於紀元後二十二年，時代相去太近。況且西漢易學無論是那一家，都是術數小道，已無復有『制器尚象』一類的重要學說。孟喜、焦延壽、京房之說雖然散失，而大旨尚存在史傳及輯佚諸書之中，可以覆按。（「論觀象制器的學說與頡剛書」）

春秋影響

春秋的三種方法，——正名字，定名分，寓褒貶，——都是孔子實行『正名』『正辭』的方法。這種學說，初看去覺得是很幼稚的。但是我們要知道這種學說，在中國學術思想上，有絕大的影響。我且把這些效果，略說一二，作爲孔子正名主義的評判。

（1）語言文字上的影響　孔子的『君子於其言，無所苟而已矣』一句話，實是一切訓詁書的根本觀念。故公羊穀梁，都含有字典氣味。董仲舒的書更多聲音通假的詁訓。如名訓『鳴以出命』號訓謞、訓效、民訓瞑、性訓生、之類。也有從字形上着想的訓詁。如說王字爲三畫而連其中。說文解字引之。大概孔子的正名說，無形之中，含有提倡訓詁書的影響。

（2）名學上的影響　自從孔子提出『正名』的問題之後，古代哲學家都受了這種學說的影響。以後如荀子的『正名論』，看第十一篇第三章法家的『正名論』，看第十二篇。不用說了。卽如墨子的名學，看第六篇第三四章、便是正名論的反響。楊朱的『名無實，實無名』，看第七篇。也是這種學說的反動。我們簡直可以說孔子的正名主義，實是中國名學的始祖。正如希臘梭格拉底的『概念說』，是希臘名學的始祖參觀上篇老子論名一節。。

（3）歷史上的影響　中國的歷史學幾千年來，很受了春秋的影響。試讀司馬遷史記自序，及司馬光資治通鑑論『初命三晉爲諸侯』一段，及朱熹通鑑綱目的正統書法各段，便可知春秋的勢力了。春秋那部書，只可當作孔門正名主義的參考書看，却不可當作一部模範的史書看。後來的史家把春秋當作作史的模範，便大錯了。爲什麼呢？因爲歷史的宗旨在於『說眞話，記實事』。春秋的宗旨，不在記實事，只在寫個人心中對於實事的評判。明是趙穿弒君，却說是趙盾弒君。明是晉文公召周天子，却說是『天王狩于河陽』。這都是個人的私見，不是歷史的實事。後來的史家，崇拜春秋太過了，所以他們作史，不去討論史料的眞僞，只顧講那『書法』，和『正統』，種種謬說。春秋的餘毒就使中國只有主觀的歷史，沒有物觀的歷史。（「中國古代哲學史」）

尊孔

中國數千年來，立國根本，在於道德。凡國家政治，家庭倫紀，社會風俗，無一非先聖學說發皇流衍。是以國有治亂，運有隆替，惟此孔子之道，亘古常新，與天無極。經明於漢，祀定於唐，俎豆馨香，爲萬世師表，國紀民彝，賴以不墜。隋唐以後，科舉取士，人習空言，不求實踐，濡染醖釀，道德寖衰。近自國體變更，無識之徒誤解平等自由，踰越範圍，蕩然無守，綱常淪斁，人欲橫流，幾成爲土匪禽獸之國。幸天心厭亂，大難削平而黌舍鞠爲荆榛，鼓鐘委於草莽，使數千年崇拜孔子之心理缺而弗修，其何以固道德藩籬而維持不敝？本大總統躬行重任，早作夜思，以爲政體雖取革新，而禮俗要當保守。環球各國，各有所以立國之精神，秉諸先民，蒸爲特性。中國服循聖道，自齊家治國平天下，無不本於修身。語其小者，不過庸德之行，庸言之謹，皆日用淪常所莫能外，如布帛菽粟之不可離。語其大者，則可以位天地，育萬物，爲往聖繼絕學，爲萬世開太平，苟有心知血氣之倫，胥在範圍曲成之內。故尊崇至聖，出於億兆景仰之誠，絕非提倡宗教可比。前經政治會議議決祀孔典禮，業已公布施行。九月二十八日爲舊歷秋仲上丁，本大總統謹率百官舉行祀孔典禮，各地方孔廟由各該長官主祀，用以表示人民，俾知國家以道德爲重，羣相興感，潛移默化，治進大同，本大總統有厚望焉。此令。

此袁氏尊孔之令也。此令有大誤之處七事，如言吾國政俗『無一非先聖學說發皇流衍，』不知孔子之前之文教，孔子之後之學說（老佛楊、墨，）皆有關於吾國政俗者也。其謬一。今日之『綱常淪斁，人欲橫流，』非一朝一夕之故，豈可盡以歸咎於國體變更以後二三年中自由平等之流禍乎？其謬二。『政體雖取革新，禮俗要當保守。』禮俗獨不當革新耶？（此言大足代表今日之守舊派。）其謬三。一面說立國精神，忽作結語曰『故尊崇至聖』云云，不合論理。其謬四。明是提倡宗教，而必爲之辭曰絕非提倡宗教。其謬五。『孔子之道，亘古常新，與天無極，』滿口大言，毫無歷史觀念。『與天無極』尤不通。其謬六。『位天地，育萬物，爲往聖繼絕學，爲萬世開太平，苟有生知血氣之倫，皆在範圍曲成之內，』一片空言，全無意義，口頭讕言，可笑可歎。其謬七。嗟夫！此國家法令也，擲筆一嘆！（「胡適留學日記」卷七）

祭孔

我們家鄉有句俗話說：『做戲無法，出個菩薩。』編戲的人遇到了無法轉變的情節，往往請出一個觀音菩薩來解圍救急。這兩年來，中國人受了外患的刺激，頗有點手忙脚亂的情形，也就不免走上了『做戲無法，出個菩薩』的一條路。這本是人之常情。西洋文學批評史也有 deus ex machina 的話，譯出來也可通，『解圍無計，出個上帝。』本年五月裏美國奇旱，報紙上也曾登出旱區婦女孩子跪着祈禱求雨的照片。這都是窮愁呼天的常情，其可憐可恕，和今年我們國內許多請張天師求雨或請班禪喇嘛消災的人，是一樣的。

這種心理，在一般愚夫愚婦的行為上表現出來，是可憐而可恕的；但在一個現代政府的政令上表現出來，是可憐而不可恕的。現代政府的責任在於充分運用現代科學的正確知識，消極的防患除弊，積極的興利惠民。這都是一點一滴的工作，一尺一步的旅程，這裏面絕對沒有一條捷徑可以偸渡。然而我們觀察近年我們當政的領袖好像都不免有一種『做戲無法，出個菩薩』的心理，想尋求一條救國的捷徑，想用最簡易的方法做到一種復興的靈蹟。最近政府忽然手忙脚亂的恢復了紀念孔子誕辰的典禮，很匆遽的頒佈了禮節的規定。八月二十七日，全國都奉命舉行了這個孔誕紀念的大典。在每年許多個先烈紀念日之中加上一個孔子誕辰的紀念日，本來不值得我們的詫異。然而政府中人說這是『倡導國民培養精神上之人格』的方法；輿論界的一位領袖也說：『有此一舉，誠足以奮起國民之精神，恢復民族的自信。」難道世間眞有這樣簡便的捷徑嗎？

我們當然贊成『培養精神上之人格』，『奮起國民之精神，恢復民族的自信』。但是古人也曾說過：『禮樂所由起，百年積德而後可興也。』國民的精神，民族的信心，也是這樣的；他的頹廢不是一朝一夕之故，他的復興也不是虛文口號所能做到的。『洙水橋前，大成殿上，多士濟濟，肅穆趨蹌』；（用八月二十七日大公報社論中語。）四方城市裏，政客軍人也都率領着官吏士民，濟濟蹌蹌的行禮，堂堂皇皇的演說，——禮成祭畢，紛紛而散，假期是添了一日，口號是添了二十句，演講詞是多出了幾篇，官吏學生是多跑了一趟，然在精神的人格與民族的自信上，究竟有絲毫的影響嗎？

那一天大公報的社論曾有這樣一段議論：

最近二十年，世變彌烈，人慾橫流，功利思想如水趨壑，不特仁義之說爲俗誹笑，即人禽之判亦幾以不明，民族的自尊心與自信力既已蕩然無存，不待外侮之來，國家固早已瀕於精神幻滅之域。

如果這種診斷是對的，那麼，我們的民族病不過起于『最近二十年』，這樣淺的病根，應該是很容易醫治的了。可惜我們平日敬重的這位天津同業先生未免錯讀歷史了。官場現形記和二十年目睹之怪現狀描寫的社會政治情形，不是中國的實情嗎？是不是我們得把病情移前三十年呢？品花寶鑑以至金瓶梅描寫的也不是中國的社會政治嗎？這樣一來，又得挪上三五百年了。那些時代，孔子是年年祭的，論語、孝經、大學是村學兒童人人讀的，還有士大夫講理學的風氣哩！究竟那每年『洙水橋前，大成殿上，多士濟濟，肅穆趨蹌』，曾何補于當時的慘酷的社會，貪汚的政治？（「寫在孔子誕辰紀念之後」）

孔家店

凡教育皆有兩方面，一爲提高，一爲普及。上述六種缺陷，使這兩方面皆無進展，人才之缺乏不自今日始，孔家店之倒也，也不自今日始也。滿淸之倒，豈辛亥一役爲之?辛亥之役乃摧枯拉朽之業。我們打孔家店，及今回想，眞同打死老虎，旣不能居功，亦不足言罪也！（「論六經不够作領袖人才的來源」）

讀經

傅孟眞先生昨天在大公報上發表星期論文，討論學校讀經的問題，我們得了他的同意，轉載在這一期（獨立第一四六號）裏。他這篇文章的一部分是提倡讀經的諸公所能了解（雖然不肯接受）的。但是其中最精確的一段，我們可以預料提倡讀經的文武諸公決不會了解的。那一段是：

經過明末以來樸學之進步，我們今日應該充分感覺六經之難讀。漢儒之師說旣不可恃，宋儒的臆想又不可憑，在今日只有妄人才敢說詩書全能了解。有聲音文字訓詁學訓練的人是深知『多聞闕疑』『不知爲不知』之重要性的。那麼，今日學校讀經，無異於拿些教師自己半懂半不懂的東西給學生。……六經雖在專門家手中也是半懂半不懂的東西，一旦拿來給兒童，教者不是渾沌混過，便要自欺欺人。這樣的效用，究竟是有益於兒童的理智呢，或是他們的人格？

孟眞先生這段話，無一字不是事實。只可惜這番話是很少人能懂的。今日提倡讀經的人們，夢裏也沒有想到五經至今還只是一半懂得一半不懂得的東西。這也難怪。毛公、鄭玄以下，說詩的人誰肯說詩三百篇有一半不可懂？王弼、韓康伯以下，說易的人誰肯說周易有一大半不可懂？鄭玄、馬融、王肅以下，說書的人誰肯說尙書有一半不可懂？古人且不談，三百年中的經學家，陳奐、胡承珙、馬瑞辰等人的毛詩學，王鳴盛、孫星衍、段玉裁、江聲、皮錫瑞、王先謙諸人的尙書學，焦循、江藩、張惠言諸人的易學，又何嘗肯老實承認這些古經他們只懂得一半？所以孟眞先生說的『六經雖在專門家手中也是半懂半不懂的東西』，這句話只是最近二三十年中的極少數專門家的見解，只是那極少數的『有聲音文字訓詁學訓練的人』的見解。這種見解，不但陳濟棠、何鍵諸公不曾夢見，就是一般文人也未必肯相信。（「我們今日還不配讀經」）

荀子論天

荀子批評莊子的哲學道：『莊子蔽於天而不知人。……由天謂之，道盡因矣。』這兩句話不但是莊子哲學的正確評判，並且是荀子自己的哲學的緊要關鍵。莊子把天道看得太重了，所以生出種種的安命主義和守舊主義。（說詳第九篇）荀子對於這種學說，遂發生一種激烈的反響。他說：

惟聖人爲不求知天（天論）

又說：

故君子敬其在己者，而不慕其在天者。小人錯其在己者，而慕其在天者。君子敬其在己者而不慕其在天者，是以日進也。小人錯其在己者而慕其在天者，是以日者退也。（同）

這是儒家本來的人事主義和孔子的『未能事人，焉能事鬼』，同一精神。卽如『道』字，老子莊子都解作那無往不在，無時不存的天道；荀子却說：

道者，非天之道，非地之道，人之所以道也。君子之所道也。（儒效。此依宋本）

又說：

道者何也？曰：君道也。君者何也？曰：能羣也。（君道）

所以荀子的哲學全無莊子一派的神秘氣味。他說：

天行有常：不爲堯存，不爲桀亡。應之以治則吉，應之以亂則凶。彊本而節用，則天不能貧；養備而動時，則天不能病；循道而不忒，（從王念孫校。）則天不能禍。故水旱不能使之饑，寒暑不能使之疾，祆怪不能使之凶。……故明於天人之分則可謂至人矣。不爲而成，不求而得，夫是之爲天職。如是者雖深，其人不加慮焉；雖大，不加能焉；雖精，不加察焉。夫是之謂不與天爭職。天有其時，地有其財，人有其治。夫是之謂能參。舍其所以參，而願其所參，則惑矣。（天論）

荀子在儒家中最爲特出，正因爲他能用老子一般人的『無意志的天』，來改正儒家墨家的『賞善罰惡』有意志的天；同時却又能免去老子莊子天道觀念的安命守舊種種惡果。

荀子的『天論』，不但要人不與天爭職，不但要人能與天地參，還要人征服天行以為人用。他說：

> 大天而思之，孰與物畜而制裁之？（王念孫云：依韻、制之當作裁之。適案依楊注、疑當作『制裁之』涉下誤脫耳。）從天而頌之，孰與制天命而用之？望時而待之，孰與應時而使之？因物而多之，孰與騁能而化之？思物而物之，孰與理物而勿失之也？願於物之所以生，孰與有物之所以成？故錯人而思天，則失萬物之情（同）

這竟是倍根的『戡天主義』（Conquest of Nature）了。（「中國古代哲學史」）

墨家名學

如今且說墨家名學的價值。依我看來，墨家的名學在世界的名學史上，應該佔一個重要的位置。法式的（Formal）一方面，自然遠不如印度的因明和歐洲的邏輯。但這是因為印度和歐洲的『法式的邏輯』都經過千餘年的補綻工夫，故完密繁複的法式。墨家的名學前後的歷史大概至多不出二百年，二千年來久成絕學，怪不得他不會有發達的法式了。平心而論，墨家名學所有法式上的缺陷，未必局是他的弱點，未必不是他的長處。印度的因明學，自陳那以後改古代的五分作法為三支，法式上似更完密了；其實古代的五分作法還帶有歸納的方法，三支便差不多全是演繹法把歸納的精神都失了古代的『九句因』，很有道理；後來法式更繁，於是宗有九千二百餘過，因有百十七過，喻有八十四過，名為精密，其實是大退步了。歐洲中古的學者，沒有創造的本領，只能把古希臘的法式的論理演爲種種詳式。法式越繁，離亞里士多德的本意越遠了。墨家的名學雖然不重法式，却能把推論的一切根本觀念，如『故』的觀念，『法』的觀念，『類』的觀念，『辯』的方法，都說得很明白透切。有學理的基本，却沒有法式的累贅。這是第一長處。印度希臘的名學多偏重演繹，墨家的名學却能把演繹歸納一樣看重。小取篇說：『推』一段，及論歸納的四種謬誤一段，近世名學書也不過如此說法。墨家因深知歸納法的用處，故有『同異之辯』，故能成一科學的學派。這是第二長處。

再說墨家名學在中國古代哲學史上的重要。儒家極重名，以爲正名可以正百物了。當時的個人主義一派，如楊朱之流，以爲只有個體的事物，沒有公共的名稱：『名無實，實無名，名者僞而已矣』。這兩派絕對相反：儒家的正名論，老子楊朱的無名論，都是極端派。『別墨』於兩種極端派之間，別尋出一種執中的名學。他們不問名是否有實，實是否有名。他們單提出名與實在名學上的作用。故說：『所謂，實也；所以謂，名也』。實只是『主詞』(Subject)名只是『表詞』(Predicable)都只有名學上的作用，不成爲『本體學』（本體學原名Ontology論萬物本體的性質與存在諸問題。）的問題了。（別墨以前的實，乃是西洋哲學所謂Substance名即所謂Universals皆有本體學的問題故有『有名』『無名』之爭。）這是墨家名學的第一種貢獻。中國的學派只有『別墨』這一派研究物的所以然之故。根據同異有無的道理，設爲效，辟，侔，援，推，各種方法。墨家名學的方法，不但可爲論辯之用，實有科學的精神，可算得『科學的方法』。試看墨辯所記各種科學的議論，可以想見這種科學的方法應用。這是墨家名學的第二種貢獻。墨家論知識注重經驗，注重推論。看學辯中論光學和力學的諸條，可見墨家學者眞能作許多實地試驗。這是眞正科學的精神，是墨學的第三種貢獻。墨家名學論『

法』的觀念，上承儒家『象』的觀念，下開法家『法』的觀念看下文第十二篇。這是墨家名學的第四種貢獻。——總而言之。古代哲學的方法論，莫如墨家的完密墨子的實用主義和三表法，已是極重要的方法論。詳見第六篇。後來的墨者論『辯』的各法，比墨子更為精密，更為完全。從此以後，無論那一派的哲學，都受這種方法論的影響。荀子的正名篇雖攻擊當時的辯者，其實全是墨學的影響。孟子雖詆罵墨家，但他書中論方法的各條，如離婁篇首章、及『博學而詳說之』『天下之言性也、則故而已矣』諸章。無一不顯出墨學的影響。莊子的名學，也是墨家辯者的反動。詳見第九篇。至於惠施公孫龍一般人，都是直接的墨者，更不用說了。（「中國古代哲學史」）

法家

古代本沒有什麼『法家』。讀了上章的人當知道慎到屬於老子楊朱莊子一系；尹文的人生哲學近於墨家，他的名學純粹是儒家。又當知道孔子的正名論，老子的天道論，墨家的法的觀念：都是中國法理學的基本觀念。故我以為中國古代只有法理學，只有法治的學說，並無所謂『法家』。中國法理學當西曆前三世紀時，最為發達，故有許多人附會古代有名的政治家如管仲商鞅申不害之流，造出許多講法治的書。後人沒有歷史眼光，遂把一切講法治的書統稱為『法家』，其實是錯的。但法家之名，沿用已久了，故現在也用此名。但本章所講，注重中國古代法理學說，並不限於漢書藝文志所謂『法家』。（「中國古代哲學史」）

法的哲學

要講法的哲學，先須要說明幾件事。第一，千萬不可把『刑罰』和『法』混作一件事。刑罰是從古以來就有了的，『法』的觀念是戰國末年方纔發生的。古人早有刑罰，但刑罰並不能算是法理學家所稱的『法』。譬如現在內地鄉人捉住了做賊的人便用私刑拷打；又如那些武人隨意鎗斃人，這都是用刑罰，卻不是用『法』。第二，須知中國古代的成文的，公布的法令，是經過了許多反對，方纔漸漸發生的。春秋時的人不明『成文公布法』的功用，以爲刑律是愈秘密愈妙，不該拿來宣告國人。這是古代專制政體的遺毒。雖有些出色人才，也不能完全脫離這種遺毒的勢力。所以鄭國子產鑄刑書時（昭公六年，西曆前五三六年。）晉國叔向寫信與子產道：

先王議事以制，不爲刑辟，懼民之有爭心也。……民知有辟，則不忌於上，並有爭心，以徵於書而徼幸以成之，弗可爲矣。……錐刀之末，將盡爭之。亂獄滋豐，賄賂並行，終子之世，鄭其敗乎！

後二十幾年，（昭二十九年。前五一三年。）叔向自己的母國也作刑鼎，把范宣子所作刑書鑄在鼎上。那時孔子也極不贊成，他說：

晉其亡乎！失其度矣。……民在鼎矣何以尊貴？（尊字是動詞、貴是名詞。）貴何業之守？……

這兩句話很有趣味。就此可見刑律在當時，都在『貴族』的掌握。孔子恐怕有了公布的刑書，貴族便失了他們掌管刑律的『業』了。那時法治主義的幼稚，看此兩事，可以想見。後來公布的成文法漸漸增加，如鄭國旣鑄刑書，後來又採用鄧析的竹刑。鐵鑄的刑書是很笨的，到了竹刑更方便了。公布的成文法旣多，法理學說遂漸漸發生。這是很長的歷史，我們見慣了公布的法令，以爲古代也自然是有的，那就錯了。第三，須知道古代雖然有了刑律，並且有了公布的刑書，但是古代的哲學家對於用刑罰治國，大都有懷疑的心，並且有極力反對的。例如：老子說的『法令滋彰，盜賊多有』；『民不畏死，奈何以死懼之』。又如：孔子說的『道之以政，齊之以刑，民免而無恥；道之以德，齊之以禮，有恥且格』。這就可見孔子不重刑罰，老子更反對刑罰了。這也有幾層原因：（一）因當時的刑罰本來野蠻得很，又沒有限制，（如詩『彼宜無罪、汝反收之、此宜有罪、汝覆脫之』又如左傳所記諸虐刑。）實在不配作治國的利器。（二）因爲儒家大概不能脫離古代階級社會的成見，以爲社會應該有上下等級：刑罰只配用於小百姓們，不配用於上流社會。上流社會只該受『禮』的裁制不該受『刑』的約束。如禮記所說：『禮不下庶人，刑不上大夫；』荀子富國篇所說：『由士以上，則必以禮樂節之；衆庶百姓，則必以法數制之』；都可爲證。近來有人說，儒家的目的要使上等社會的『禮』普及全國，法家要使下級社會的『刑』普及全國。（參看梁任公中國法理學發達史。）這話不甚的確。其實那種沒有限制的刑罰，是儒法兩家所同聲反對的。法家所主張的，並不是用刑罰治國。他們所說的『法』，乃是一種客觀的標準法，要『憲令著於官府，刑罰必於民心』，百姓依這種標準行動，君主官吏依這種標準賞罰，刑罰不過是執行這種標準法的一種器具，刑罰成了『法』的一部分，便是『法』的刑罰，便是有了限制，不是從前『誅賞予奪從心出』的刑罰了。（「中國古代哲學史」）

道家

『道家』一個名詞不見於先秦古書中，在史記的陳平世家、封禪書、太史公自序裏，我們第一次見着『道家』一個名詞。司馬談父子所謂『道家』，乃是一個『因陰陽之大順，采儒、墨之善，撮名、法之要』的混合學派。因爲是個混合折衷的學派，他的起源當然最晚，約在戰國的最後期與秦、漢之間。這是毫無可疑的歷史事實。（我別有論『道家』的專文。）

道家是雜家

道家是一個雜家，吸收的成分太多，『因陰陽之大順，采儒墨之善，撮名法之要』，遂成了一部垃圾馬車；垃圾堆積的太高了，遂把自己的中心思想自然主義的宇宙觀埋沒了。直到二百年後偉大的王充出來，自然主義才得從那陰陽災異符瑞感應的垃圾裏被爬梳出來，刷清整理，成爲中古思想界的唯一炬光。（「淮南王書」）

道的觀念

他們的大貢獻在於超出天地萬物之外，別假設一個『獨立而不改，周行而不殆』的道。使中國思想從此可以脫離鬼神主宰的迷信思想。然而他們忘了這『道』的觀念不過是一個假設，他們把自己的假設認做了有眞實的存在，遂以爲已尋得了宇宙萬物的最後原理，『萬物各異理，而道總稽萬物之理』，有了這總稽萬物之理的原理，便可以不必尋求那各個的理了。故道的觀念在哲學史上有破除迷信的功用，而其結果也可以阻礙科學的發達。人人自謂知『道』，而不用求知物物之『理』，這是最大的害處。

況且他們又懸想出這個『道』有某種某種的特別德性，如『淸靜』『柔弱』『無爲』『虛無』等等。這些德性還等不到證實，就被應用到人生觀和政治觀上去了！這些觀念的本身意象還不曾弄淸楚，却早已被一種似是而非的邏輯建立爲人生哲學和政治思想的基本原則了。這也是早期的道家思想的最大害處。（「淮南王書」）

與時推移

道家承認「無動而不變，無時而不移」，故應該有「與時遷移，應物變化」的論調。不幸他們太看重了自然的變化，遂以爲可以不同人功的促進，只要能跟上自然變化的趨勢，就很夠了，故有「常後而不先」的雌性哲學。（詳說上節論有爲與無爲。）但淮南之書出於韓非李斯之後，終不能避免戰國晚期變法論的影響，故汜論脩務諸篇多有很明白主張變法的議論。（引見上兩節。）自然變遷固是事實，但人類的行爲最容易習慣化，人類的制作最容易制度化。行爲成了習慣，則不喜改革；創作成了制度，則不易變動。外境雖然變遷了，而人類的守舊性往往不能跟着時變走；跟不上時變，便不能適應外境，名爲不爲物後，其實早已落後了。故「與時推移，應物變化」的一個理想，決不是漠然無爲所能做到，必須時時有自覺的改革，自覺的與時推移。故莊子的自然變化論須有韓非李斯的變法論相輔而行，方才可以無弊。

淮南齊俗訓說：

夫以一世之變，欲以耦化應時，譬猶冬被葛而夏被裘。夫一儀（儀如今言「描準」）不可以百發，一衣不可以出歲；儀必應乎高下，衣必適乎寒暑。是故世異則事變，時移則俗異。故聖人論世而立法，隨時而舉事。尙古之主封於泰山禪於梁父七十餘聖，法度不同，非務相反也，時世異也。是故不法其已成之法，而法其所以爲法。所以爲法者，與化推移者也。夫能與化推移，爲人者至貴在焉爾。（王念孫不明此文之意。妄以「爲人」二字爲衍文，大誤。）

「與化推移」全靠有「人」能明白時勢已變換了，而又能制作以適應那變換的局面，才够得上稱爲「與化推移」。故下文又說：

五帝三王輕天下，細萬物，齊死生，同變化，抱大聖之心以鏡萬物之情。……今欲學其道，不得其清明玄聖，而守其法籍憲令，不能爲治，亦明矣。故曰，得十利劍不若得歐冶之巧，得百走馬不若得伯樂之數。

這都是說「人」的重要。變化是自然的，而「與時推移，應物變化」却全靠人的努力。

齊俗訓又說：

義者，循理而行宜也。禮者，體情而制文者也。義者，宜也。禮者，體也。昔有扈氏爲義而亡，知義而不知宜也。魯治禮而削，知禮而不知體也。……

世之明事者，多離道德之本，曰，「禮義足以治天下」。此未可與言術也。所謂禮義者，五帝三王之法籍風俗，一世之迹也。譬若芻狗土龍之始成，文以青黃，絹以綺繡，纏以朱絲。尸祝袀袨（黑色衣），大夫端冕，以送迎之。（芻狗以謝過，土龍以求雨。）及其已用之後，則壤土草芥而已，夫有（又）孰貴之?」

禮義法籍，各有當時之用，時過境遷，便如芻狗土龍用過之後，不過是一塊土，一束草而已。此即是氾論訓說的「聖人制禮樂而不制於禮樂。治國有常，而利民爲本」。主術訓也說：

法生於義，義生於衆適；衆適合於人心。此治之要也。（「淮南王書」）

莊子生物進化論

莊子秋水篇說：

物之生也，若驟若馳，無動而不變，無時而不移。何爲乎?何不爲乎?夫固將自化。

「自化」二字，是莊子生物進化論的大旨。寓言篇說：

萬物皆種也，以不同形相禪，始卒若環，莫得其倫。是謂天均。

「萬物皆種也，以不同形相禪」，這十一個字竟是一篇「物種由來」。他說萬物本來同是一類。後來纔漸漸的變成各種「不同形」的物類。却又並不是一起首就同時變成了各種物類。這些物類。都是一代一代的進化出來的。所以說「以不同形禪」。

這條學說可與至樂篇的末章參看。至樂篇說：

種有幾（幾讀如字。釋文讀居豈反，非也。郭注亦作幾何之幾解亦非也。）得水則為㡭。得水土之際，則為鼃蠙之衣。生於陵屯，則為陵舄。陵舄得鬱棲，則為烏足。烏足之根為蠐螬，其葉為胡蝶。胡蝶，胥也，化而為蟲。生於竈下，其狀若脫，其名為鴝掇。鴝掇千日為鳥，其名為乾餘骨。乾餘骨之沫為斯彌。斯彌為食醯。頤輅生乎食醯。黃軦生乎九猷。瞀芮生乎腐蠸。羊奚比乎不箰久竹，生青寧。青寧生程。程生馬。馬生人。人又反入於機。萬物皆出於機，皆入於機。（此一節亦見列子天瑞篇。惟列子文有誤收後人注語之處，故更不可讀。今但引莊子書文）。

這一節自古至今，無人能解。我也不敢說我懂得這段文字。但是其中有幾個要點，不可輕易放過。（一）「種有幾」的幾字，決不作幾何的幾字解。當作幾微的幾字解。明繫辭傳說，「幾者，動之微，吉（凶）之先見者也」。正是這個幾字。幾字以𢆶，𢆶字以幺，本像生物胞胎之形。我以為此處的幾字，是指物種最初時代的種子，也可叫做元子。（二）這些種子，得着水，便變成了一種微生物，細如斷絲，故名為㡭。到了水土交界之際，便又成為一種下等生物，叫做「鼃蠙之衣」。（司馬彪云，物根在水土際，布在水中。就水上視之不見。按之可得。如張綿在水中。楚人謂之鼃蠙之衣）。到了陸地上，便變成了一種陸生的生物，叫做「陵舄」。自此以後，一層一層的進化，一直進到最高等的人類。這節文字所舉的植物動物的名字，如今雖不可細考了，但是這個中堅理論，是顯而易見，毫無可疑的。（我疑心「程生馬馬生人」一句中，程字是猩猩的猩字，亦作狌。馬字是狒狒的狒字。狒字說文作𥝍，與馬字形似而誤。但此係個人揣測之辭，沒有可靠的旁證，故不敢自信）。

（三）這一節的末三句，所用三個「機」字，皆當作「幾」。卽是上文「種有幾」的幾字。若這字不是承着上文來的，何必說「人又反入於機」呢？用又字和反字，可見這一句是回照「種有幾」一句的。易繫辭傳「極深而研幾」一句，據釋文，一本幾作機。可見幾字誤作機，是常有的事。從這個極微細的「幾」，一步一步的「以不同形相禪」，直到人類。人死了，還腐化成微細的幾。所以說「萬物皆出於幾皆入於幾」。這就是寓言篇所說「始卒若環莫得其倫」了。這都是天然的變化，所以叫做「天均」。

這種生物進化論，說萬物進化都是自生自化，並無主宰。所以齊物論借影子作比喻。影說：

> 吾有待而然者耶？吾所待又有待而然者耶？

郭象說這一段最痛快。他說：

> 世或謂罔兩待景，景待形，形待造物者。請問夫造物者有耶，無耶？無也，則胡能造物哉？有也，則不足以物衆形。故明乎衆形之自物，而後始可與言造物耳。……故造物者無主，而物各自造。物各自造而無所待焉。此天地之正也。故彼我相因，形景俱生，雖復玄合，而非待也。明斯理也，將使萬物各返所宗於體中，而不待乎外。外無所謝，而內無所矜，是以誘焉皆生，而不知所以生；同焉皆得，而不知所以得也。

知北游篇也說：

有先天地生者，物邪？物物皆非物。物出不得先物也。猶其有物也。「猶其有物也」無已。（適按非物下疑脫一耶字。）

西方宗教家往往用因果律來證明上帝之說。以爲有因必有果，有果必有因。從甲果推到乙因，從乙果又推到丙因，……如此類推，必有一個「最後之因」。那最後之因便是萬物主宰的上帝。不信上帝的人，也用這因果律來駁他道：因果律的根本觀念是「因必有果果必有因」一條。如今說上帝是因，請問上帝的因又是什麼呢？若說上帝是「最後之因」，這便等於說上帝是「無因之果」。這便不合因果律了。如何還可用這律來證明有上帝呢？若說上帝也有因，請問上帝之因又以什麼爲因呢？這便是知北游篇說的「猶其有物也無已」。正如算學上的無窮級數，終無窮極之時，所以說是「無已」。這可見萬物有個主宰的天之說，是不能成立的了。（「莊子哲學淺釋」）

楊朱爲我論

楊朱的人生哲學只是一種極端的『爲我主義』。楊朱在哲學史上佔一個重要的位置，正因爲他敢提出這個『爲我』的觀念，又能使這個觀念有哲學的根據。他說：

有生之最靈者，人也。人者，爪牙不足以供守衞，肌膚不足以自捍禦，趨走不足以逃利害，無毛羽以禦寒暑，必將資物以爲養，性任智而不恃力，故智之所貴，存我爲貴；力之所賤，侵物爲賤。

這是爲我主義的根本觀念。一切有生命之物，都有一個『存我的天性』。植物動物都同具此性，不單是人所獨有。一切生物的進化，形體的變化，機能的發達，都由於生物要自己保存自己，故不得不變化，以求適合於所居的境地。人類智識發達，羣衆的觀念也更發達，故能於『存我』觀念之外，另有『存羣』的觀念；不但要保存自己，還要保存家族，社會，國家；能保存得家族，社會，國家，方才可使自己的生存格外穩固。後來成了習慣，社會往往極力提倡愛羣主義，使個人崇拜團體的尊嚴，終身替團體盡力。從此遂把『存我』的觀念看作不道德的觀念。試看社會提倡『殉夫』，『殉君』，『殉社稷』，等等風俗，推尊爲道德的行爲，便可見存我主義所以不見容的原因了。其實存我觀念本是生物天然的趨向，本身並無什麽不道德。楊朱卽用這個觀念作爲他的『爲我主義』的根據。他又恐怕人把存我觀念看作損人利己的意思，故剛說：『智之所貴，存我爲貴』，忙接着說：『力之所賤，侵物爲賤』。他又說：

古之人損一毫利天下，不與也。悉天下奉一身，不取也。人人不損一毫，人人不利天下，天下治矣。楊朱的爲我主義，並不是損人利己。他一面貴『存我』，一面又賤『侵物』。一面說：『損一毫利天下不與也』；一面又說：『悉天下奉一身不取也』，他只要『人人不損一毫，人人不利天下』。這是楊朱的根本學說。（「中國古代哲學史」）

鄧析

孔子同時思想界的革命家，除了老子，便該算鄧析。鄧析是鄭國人，和子產孔子同時。左傳魯定公九年，（西歷前五零一）『鄭駟顓殺鄧析而用其竹刑』。那時子產已死了二十一年，（子產死於昭公二十年，西歷前五二二）呂氏春秋和列子都說鄧析是子產殺的，這話恐怕不確。第一因爲子產是極不願意壓制言論自由的。左傳說：

鄭人游於鄉校以論執政。然明謂子產曰：『毀鄉校，何如？』子產曰：『何爲？夫人朝夕退而遊焉，以議執政之善否。其所善者，吾則行之。其所惡者，吾則改之。是吾師也。若之何毀之？』

可見子產決不是殺鄧析的人。第二子產鑄刑書，在西歷前五三六年。駟顓用竹刑，在西歷前五零一年。兩件事相差三十餘年。可見子產鑄的是『金刑』，駟顓用的是『竹刑』，決不是一件事。（金刑還是極笨的刑鼎。竹刑是可以傳寫流通的刑書。）

鄧析的書都散失了。如今所傳的鄧析子乃是後人假造的。我看一部鄧析子，只有開端幾句或是鄧析的話。那幾句是：

天於人無厚也。君於民無厚也。……何以言之？天不能屏悖厲之氣，全夭折之人，使爲善之民必壽，此於民無厚也。凡民有穿窬爲盜者，有詐僞相迷者，此皆生於不足，起於貧窮。而君必欲執法誅之，此於民無厚也。……

這話和老子『天地不仁』的話相同，也含有激烈的政治思想。

列子書說：『鄧析操兩可之說，設無窮之辭。』呂氏春秋說：

鄧析……與民之有獄者約，大獄一衣，小獄襦袴。民之獻衣襦袴而學訟者，不可勝數。以非爲是，以是爲非，是非無度，而可與不可日變。所欲勝因勝，所欲罪因罪。』

又說：

鄭國多相縣以書者。這就是出報紙的起點。子產令無縣書，鄧析致之。子產令無致書，鄧析倚之。（縣書是把議論張掛在一處叫人觀看倚書是混在他物裏夾帶去看令無窮而鄧析應之亦無窮矣。

又說：

洧水甚大，鄭之富人有溺者。人得其死者。富人請贖之。其人求甚多。以告鄧析。鄧析曰：『安之。人必莫之賣矣』。得死者患之，以告鄧析。鄧析又答之曰：『安之。此必無所更買矣。』

這種人物，簡直同希臘古代的『哲人』（Sophists）一般。希臘的『哲人』所說的都有老子那樣激烈，所行的也往往有少正卯鄧析那種遭忌的行爲。希臘的守舊派，如梭格拉底拍拉圖之流，對於那些『哲人』，非常痛恨。中國古國的守舊派，如孔子之流，對於這種『邪說』自然也非常痛恨。（「中國古代哲學史」）

中國中古思想

從這類的討論中，我們不禁要覺察到人文主義的精神、合理的精神、以及自由政治批評的精神。這種精神，就使孟子成爲人類史上民主政治的最早也許是最大的哲學家。

這個古典時代三重性質的遺產，就成爲後來中國各時代文化與理智生活的基礎。牠供給了種子，由那裏就生出了後來的成長與發展。牠又盡了肥沃土壤一樣的使命，在那裏面，許多種類的外國思想與信仰都種了下去，而且成長、開花、結果了。牠給中國以一個理智的標準，可以用來判斷及估計一切外國輸入的理想與制度。而一遇到中國思想變得太迷信、太停滯、或太不人道時，這一個富於創造性的理智遺產，總歸是出來救了牠。

雖然當中曾經有過一千年的時光，一般人都集體改信佛教，也還並沒有能够根除這個遺產。曾經有過一個時期，好像中國的合理性及人文主義，已經被一個中古時代思想的洪流所淹沒了。這個中古思想，就是由印度及印度化思想信仰統治下所產生的。成千成萬的男人女人，都出了家去當和尙或尼姑。宗教熱就像浪潮一樣的冲進了中國。作爲對於佛教神聖獻祭的最高形式，一個虔誠的和尙，可以欣然的燒掉一個手指、一條膀臂、或者甚至他的整個身體。上千萬的信男信女，有時甚至是宮庭中的人物，也都蜂湧到山上去，目擊而且泣悲一個高僧的自焚。

正是爲了這樣的出世態度，和這樣非人道的狂熱，才又把中國震動得恢復了知覺，恢復了理性，恢復了人性。在歷史上那幾次政府迫害佛教舉動的背後，永遠的有中國文明對於要使中國「蠻化」的這潮流的一種反抗態度存在着。

舉例來說，公元八四五年對佛教大迫害時，上諭裏的主要意思是說：「中國政府不能把中國人民棄之於對一個外國捨生宗教的崇奉了。」 這就是中國人道主義對於使中國思想文明印度化的一個革命。

中國反抗佛教的最大代表，及大聲疾呼得最厲害的領袖，是韓愈。他指出過，中國思想的最高理想，是說一切的個人道德及理智培養，必須有一個社會的目的，而這個目的呢，就是齊家，治國，平天下。所有一切志在由苦行及逃世以自救的個人教育，都是反社會的，因之也是非中國的。

韓愈爲這個反抗提出了著名的衝鋒吶喊，所謂：「人其人！」那就是說，使和尚和尼姑們一律恢復人性和人的生活！他對於佛教的嚴厲批評，特別是他對於皇家庇護佛教的攻擊，就使他在八一九年遭到了貶斥。然而，在精神上，他却是第十一，第十二世紀中新哲學運動的創造者。這個運動，後來就產生了「唯理哲學」（理學）的復興與形成。（「中國思想史綱要」）

中古思想史長編

「中古思想史」的「長編」寫出的約莫有十七八萬字。我那時是吳淞中國公學的校長。中國公學的朋友們很鼓勵我寫這「長編」，我每次寫成了一章，他們就用蠟紙複寫了付油印。油印本是送給朋友們看，請他們批評指教的。

寫成油印的「中古思想史長編」共有七章，十四萬字。其子目如下：

第一章　齊學

第二章　雜家

第三章　秦漢之間的思想狀態

第四章　道家
第五章　淮南王書
第六章　統一帝國的宗教
第七章　儒家的有爲主義
第八章　是「董仲舒」，我改寫了幾次，始終不能滿意，後來就擱下了。

「長編」的意思就是放開手去整理原料，放開手去試寫專題研究，不受字數的限制，不問篇幅的長短。一切刪削，剪裁，都留待將來再說。「長編」是寫通史的準備工作；這就是說，通史必須建築在許多「專題研究」的大基礎之上。（「『淮南王書』手稿影印本序」）

中古哲學的前奏

這種人生觀不想做人而妄想做『眞人』；名爲『貴身』，而其實是要謝絕『人累』而做到『無以生爲』的境界。精神訓說的最沉痛：

> 吾處於天下也，亦爲一物矣。不識天下之以我備其物歟？且惟（雖）無我而物無不備者乎？……其生我也將以何益？其殺我也將以何損？

這是『貴身』呢？還是『賤身』呢？又說：

> 夫造化者旣以我爲壞矣，將無所違之矣。吾安知夫刺灸而欲生者之非惑也？又安知夫絞經而求死

者之非福也？或者生乃徭役也，而死乃休息也？……

吾生也有七尺之形，吾死也有一棺之土。吾生之比於有形之類，猶吾死之淪於無形之中也。然則吾生也。物不以益衆；吾死也，土不以加厚。吾又安知所喜憎利害〔於〕其間者乎？

夫造化者之攫援物也，譬猶陶人之埏埴也。其取之地而已爲盆盎也，與其未離於地也無以異。其已成器而破碎漫瀾而復歸其故也，與其爲盆盎也，亦無以異矣！

這樣哀艷的文章，發揮一個最悲觀的人生觀，而出於一個安富尊榮的王者的書裏，這是何等重要的時代象徵！我們試囘想幾百年前的儒者教人『知其不可而爲之』，教人『士不可以不弘毅，任重而道遠』，教人『舜何人也，予何人也，有爲者亦若是』；試囘想不過一百年前的呂氏春秋『天下莫貴於生』的人生觀，——我們試一比較，便不能不感覺近一百年之中世界眞大變了，中國眞已深入中古時代了。

賤身

他們所謂『貴身』，其實是『賤身』，因爲他們所貴的不是身的全體，只是他們所認爲『精神』的部分；精神以外的部分都是不重要的。（「淮南王書」）

暮氣哲學

服食養形，治煉黃金，按摩導引一類的神仙方術，雖然含有不少的幼稚迷信，然而其中事事都含有自然科學的種子，都可說是醫學生理學物理學化學冶金學的祖宗。我們試翻淮南萬畢術（茆泮林輯本）的殘章斷句，都可以想見此種方術之士確是在那裏尋求自然界的秘密，搜集民間的經驗知識，作物理的試探。此種向外的尋求，儘管幼稚荒謬，往往可以走上科學發明的道路。不但阿剌伯與歐洲的學術史可以證明此象，即論中國古來的一點醫術藥物學冶金術的知識，其中大部分何嘗不是這班方術之士的遺賜？不幸這種向外的尋求一變而成爲向內的冥想，幼稚的物理試探一變而爲暮氣的出世哲學，這才是走上萬刼不復的死路上去了。試問『恬然無思，澹然無慮』，『不學而知，不爲而成』，『形若槁木，心若死灰，忘其五藏，損其形骸』，『存而若亡，生而若死』，——試問這種理想能帶我們走到那種去？爲什麼不做活潑潑的人却要歆羡那『存而若亡，生而若死』的槁木死灰境界？爲什麼不住這現實的人世界却要夢想『休息於無委曲之隅，而遊遨於無形埒之野』，『上游於霄雿之野，下出於無垠之門』？

故這種暮氣的出世哲學的完成，乃是中國民族的思想大踏步走入中古世界的信號。這時候印度的宗教還不曾開始征服中國，然而中國人已自己投入中古的暮氣裏去了。中國人已表示不願做人而要做神仙了，不願生活而願意『存而若亡，生而若死』了！（「淮南王書」）

征服自然

荀子自己深信「天行有常，不爲堯存，不爲桀亡」，但他極力主張人治而「不求知天」：

大天而思之，孰與物畜而制裁之？

從天而頌之，孰與制天命而用之？

望時而待之，孰與應時而使之？

因物而多之，孰與騁能而化之？

這是何等偉大的征服自然的戰歌！所以荀子明明是針對那崇拜自然的思想作戰，明明的宣言：「錯人而思天，則失萬物之情。」這個莊、荀之分，最可注意。左系思想到莊子而右傾，中系思想到荀卿而左傾更甚。荀卿門下出了韓非、李斯，充分容納時代變遷的觀念，同時又極力主張用人功變更法制以應付時變，於是向來的中系便成爲極左派了。淮南頗因襲呂氏春秋，兩書都顯出荀卿、韓非的影響，故儘管高談無爲，而都不能不顧到這種人爲主義與變法哲學。但從無爲跳到積極有爲的變法，這是很不可能的事，故不能不有一種調和的說法。故說不爲物先，又不爲物後；先之則太過，後之則不逮。變是要變的，但不可不先看看時機是否成熟。時機未成熟，却勉强要改革，便是「先之」，先之必須冒險犯難，這是「抱雌節」的哲學所不爲的。別人冒了險，犯了難，造成了時勢，時機已成熟了，我來順水推船，便「指約而易操，事少而功多」了。

但這種調和論終是很勉强的。他們一面要主張無爲，一面又承認人功的必要，故把一切行得通的事都歸到「無爲」，只留那「用已而背自然」的事如「以火熯井」之類叫做「有爲」。這不過是在名詞上變把戲，終究遮不住兩種不同的哲學的相違性。例如老子的理想國裏，「雖有舟車，無所用之」，這是澈底的不以人易天。莊子書裏的漢陰丈人反對用桔槔汲水（天地篇），馬蹄篇反對用覊勒駕馬，這也是澈底的不以人易天。淮南書便不同了。脩務訓裏明說，水之用舟，泥之用輴，等事，不算是有爲，仍算是無爲。用心思造舟楫，已是「用己」了；順水行舟，還算是不易自然；逆水行船，用篙，用縴，這不是「用己而背自然」嗎？如果撐船逆流，用篙用縴，都是無爲，那麼，用蒸汽機行駛輪船，用重於空氣的機器行駛飛機，也都是無爲了。究竟「自然」與「背自然」的界線畫在那一點呢？

須知人類所以能生存，所以能創造文明，全靠能用「智故」改造自然，全靠能「用己而背自然」。「自然」是不容易認識的，只有用最精細的觀察和試驗，才可以窺見自然的秘密，發見自然的法則。往往有表面上像是「背自然」，而其實是「因任自然」。一塊木片浮在水上是自然，造一隻五斤重的舢板船，是因任自然，造一隻兩萬噸的鐵汽船也是因任自然。鳥用兩翼飛行是自然，兒童放紙鳶是因任自然，輕氣球是因任自然，用重於空氣的機器駕駛載重萬斤的飛船也是因任自然。自然是個最狡猾的妖魔，最不肯輕易現原形，最不肯輕易吐露眞情。人類必須打的她現出原形來，必須拷的她吐出眞情來，才可以用她的秘密來駕御她，才可以用她的法則來「因任」她。無爲的嬾人儘管說因任自然，其實只是崇拜自然，其實只是束手受自然的征服。荀卿高唱着：

大天而思之，孰與物畜而制裁之？

從天而頌之，孰與制天命而用之？

「大天」便是崇拜自然，「從天」便是不易自然。「物畜而制裁之，制天命而用之」便是用人的智力征服天行，以利人用，以厚人生。中國古代哲人發現自然的宇宙論最早，在思想解放上有絕大的功效。然而二千五百年的自然主義的哲學所以不能產生自然科學者，只因爲崇拜自然太過，信「道」太篤，蔽於天而不知人，妄想無爲而可以因任自然，排斥智故，不敢用己而背自然，終於不曉得自然是什麼。（「淮南王書」）

用衆智

無爲的政治還有一個意義，就是說，君主的知識有限，能力有限，必須靠全國的耳目爲耳目，靠全國的手足爲手足。這便是「衆智衆力」的政治，頗含有民治的意味。主術訓說：

湯武，聖主也，而不能與越人乘舲舟而浮於江面。伊尹，賢相也，而不能與胡人騎騵馬而服騊駼。孔墨博通，而不能與山居者入榛薄，山險阻也。由此觀之，則人知之於物也淺矣。……故智不足以治天下也。

桀之力制觡伸鉤，……然湯革車三百乘，困之鳴條，擒之焦門。由此觀之，勇力不足以持天下矣。……

積力之所擧，則無不勝也。衆智之所爲，則無不成也。埳井之無黿鼉，隘也。園中之無脩木，小也。夫擧重鼎者，力少而不能勝也。及至其移徙之，不待其多力者。故千人之羣無絕梁，萬人之聚無廢功。……

夫人主之聽治也，清明而不闇，虛心而弱志，是故羣臣輻湊並進，無愚智賢不肖莫不盡其能。於是乃始陳其禮，建以爲基。於乘衆勢以爲車，御衆智以爲馬，雖幽野險塗，則無由惑矣。……乘衆人之智，則天下不足有也。專用其心，則獨身不能守也。……文王智而好問，故聖。武王勇而好問，故勝。夫乘衆人之智則無不任也。用衆人之力則無不勝也。千鈞之重，烏獲不能舉也。衆人相一，則百人有餘力矣。

這些議論裏很有民治主義的精神。呂氏春秋不主張民主政治的理由是因爲治亂存亡「如可知，如不可知；如可見，如不可見」，羣衆人的知識必不如少數賢智之士。淮南王書出於百年之後，封建社會已完全崩潰了，屠狗賣繒的無賴都可以建國作將相了，故此書對於羣衆人的智識能力，比較有進一步的認識。羣衆人的勢力可以推翻秦始皇的帝國，羣衆人是不可輕侮的。故此書中屢屢指出「積力之所擧無不勝也，而衆智之所爲無不成也」，一條很重要的原則。這便是民治主義的基本理論。況且人各有所長，各有所短；聖智之所不知，不如小兒女之所素習。所以說：

天下之物莫凶於奚毒（高注，烏頭也。許愼注，附子也），然而良醫橐而藏之，有所用也。是故林莽之材猶無可棄者，而況人乎？（主術訓）

故此書又屢屢指出「無愚智賢不肖，莫不盡其能」的原則，這也是民治主義的一個基本理論。主術訓說：

是故賢主之用人也。猶巧工之制木也。大者以爲舟航柱梁，小者以爲楫楔，修者以爲櫩榱，短者以爲朱儒枅櫨。無小大脩短，各得其所宜，規矩方圓各有所施。……

今夫朝廷之所不擧，鄉曲之所不譽，非其人不肖也，其所以官之者非其職也。鹿之上山，獐不能跂也；及其下，牧豎能追之；才有所修短也。是故有大略者，不可責以捷巧；有小智者，不可任以大功。人有其才，物有其形；有任一而太重，或任百而尙輕。

這都是說明「無愚智賢不肖莫不盡其能」的原則。民治的精神不在有無君主，而在能否使全國的人有各盡其能的平等機會。（「淮南王書」）

以退爲進

這一大段議論，只是要爭得駁難宋儒經學的自由。宋儒的躬行道德，我們可以不加非議，甚至於可以認爲「無可非議」。但我們必要爭取「執經義以商酌是非離合」的自由。這一點，表面上看來，似乎是一個大讓步。其實這是一種手段，是在那個時代不得不如此的一種策略。這個時代起來的「漢學運動」採取的正是這種策略。蘇州惠氏一門的口號是「六經尊服鄭，百行法程朱」，正是這一邊讓步一邊進攻的策略。歐洲近世學者向教會作戰，也採取同樣的戰略：他們把信仰（faith）的世界完全讓給教會，他們只要爭那理智（reason）的世界裏的思想言論自由。他們甚至於把整個精神的世界讓給教會，只要求保留一個物質的世界給他們去研究。這個策略是最聰明的：等他們把物質的世界征服了之後，那個所謂精神的世界也要歸到他們掌握之中了。

十八世紀的漢學家的策略確有這種意義。他們情願「百行法程朱」，來換得「六經尊服鄭」的自由。其實他們何嘗完全尊崇服鄭？他們抬出「漢人去古未遠」的口號來壓倒程朱的權威；他們的目標只是要爭取「執經義以與宋儒商酌是非離合」的自由而已。這裏面的戰略的意義也是要讓出信仰的世界來換得理智的自由。躬行道德屬於信仰世界，商榷經義屬於理智範圍。其實國家的「功令」只規定了一切考試場中的「經義」必須用朱子的四書集註，朱子的詩集傳，易本義，蔡沈的書集傳等等。功令並不問你贊成不贊成宋儒的道學。程廷祚和當時的「執經義以商酌是非離合」，正是「功令」所不許呵！正因爲說經的自由是「功令」所不許，所以當時的學者必須力爭。爲了要爭得說經的自由，他們很巧妙的放出一種煙幕彈來，說程朱所以「紹聖學之眞傳」其實不在經學而在躬行道德。我們都一致承認程朱的「道學」是無可非議的了，難道政府還不許我們在經學上給程朱做個諍臣諍子嗎？（「顏東學派的程廷祚」）

淮南書的政治思想，雖然處處號稱「無爲」，其實很有許多精義，不是「無爲」一個名詞所能包括。約而言之，此書的政治思想有三個要義：一是虛君的法治，一是充分的用衆智衆力，一是變法而不拘守故常。

虛君的政治是無爲主義的意義，我在前幾章已屢次說過了。主術訓說：

君人之道，其猶零星之戶也。儼然玄默，而吉祥受福。……是故重爲惠，若重爲暴，則治道通矣。（重爲惠，是不輕於施恩惠。要不輕施惠，如不輕爲暴一樣。）

爲惠者，尙布施也。無功而厚賞，無勞而高爵，則守職者懈於官而游居者亟於進矣。爲暴者，妄誅也。無罪而死亡，行直而被刑，則修身者不勸善，而爲邪者輕犯上矣。故爲惠者生姦，而爲暴者生亂。姦亂之俗，亡國之風。

是故明主之治，國有誅者而主無怨（原作怒，依下文改）焉，朝有賞者而君無與焉。誅者不怨君，罪之所當也。賞者不德上，功之所致也。……故太上，下知有之。

「尸」是祭祀時扮作受祭的人。他扮作祖宗的樣子，儼然玄默，寂然無爲，而受大衆的祭禱。詮言訓說此意更明白：

處尊位者如尸，守官者如祝宰。尸雖能剶狗燒彘，弗爲也；弗能，無虧也。俎豆之列次，黍稷之先後，雖知，弗敎也；弗能，無害也。不能祝者不可以爲祝，無害於爲尸。不能御者不可以爲僕，無害於爲左。（古時車上有三人，君在左，僕御在中，勇士在右。）故位愈尊而身愈佚，身愈大而事愈少。

尸的比喻，最可寫出虛君的意義。虛君之政治，君主不但不輕於爲暴，並且要不輕於施恩惠。必須能「重爲惠，若重爲暴」，然後可以做到愼到所謂「動靜無過，未嘗有罪」，立憲國家所謂君主不會做錯事，卽是此意。老子所謂「太上，下知有之」，也正如那扮作「尸」的祭主，受祭受福而已。

老子說無爲，還沒有想出一個可以實行的辦法。後世始有法治之說起來，主張虛君的法治。主術訓說：

夫權衡規矩，一定而不易，不爲秦楚變節，不爲胡越改容，常一而不邪，方行而不流，一日刑（型）之，萬世傳之，而以無爲爲之。……

法者，天下之度量，而人主之準繩也。……法定之後，中程者賞，缺繩者誅；尊貴者不輕其罰，而卑賤者不重其刑；犯法者雖賢必誅，中度者雖不肖必無罪，故公道通而私道塞矣。

古之置有司也，所以禁民使不得自恣也。其立君也，所以制有司使無專行也。法籍禮義者，所以禁君使無擅斷也。人莫得自恣則道勝，道勝而理達矣。故反於無爲，無爲者，非謂其凝滯而不動也，以言其莫從己出也。

有了這樣純粹客觀的法制。貴賤賢不肖都受絕對平等的待遇，誅賞予奪皆依客觀的標準，皆不從君心出，這才是「莫從己出」，故「誅者不怨君，而賞者不德上」，這才是「以無爲爲之」。

虛君的法治，意義如此。（「淮南王書」）

道先稱古

變法的哲學自然反對崇古的迷信。脩務訓說：

世俗之人多尊古而賤今，故爲道者必託之於神農黃帝而後能入說。亂世闇主高遠其所從來，因而貴之。爲學者蔽於論而尊其所聞，相與危坐而稱之，正領而誦之。此見是非之分不明。……

楚人有烹猴而召其隣人，隣人以爲狗羹也，而甘之。後聞其猴也，據地而吐之，盡寫其所食。此未始知味者也。邯鄲師有出新曲者，託之李奇，諸人皆爭學之。後知其非也，而皆棄其曲。此未始知音者也。……故有符（符，驗也）於中，則貴是而同今古。無以聽其說，則所從來者遠而貴之耳。

這裏譏笑那些假託神農黃帝的人，和那些迷信假古董的人，最近於韓非李斯的議論。氾論訓說：

夫存亡治亂（亡者使之存，亂者使之治），非智不能；而道先稱古，雖愚有餘。故不用之法，聖王弗行；不驗之言，聖王弗聽。

這完全是韓非的口吻了。

淮南之書雖然這樣攻擊「道先稱古」的惡習，却又時時自己犯這種毛病。道家本稱「黃老之學」，而黃帝便是完全假託的。脩務訓明白嘲笑那些假託神農黃帝的人，然而淮南書裏幾乎篇篇有太古聖王的奇蹟，無一不是信口開河的假造古史。試舉俶眞訓作例：

至德之世，甘瞑於溷澖之域，而徙倚於汗漫之宇。……當此之時，……渾渾蒼蒼，純樸未散，旁薄爲一，而萬物大優。……

及世之衰也，至伏羲氏，……而知乃始，昧昧楙楙，皆欲離其童蒙之心，而覺視於天地之間，是故其德煩而不能一。

乃至神農黃帝，剖判大宗，……枝解葉貫，萬物百族，使各有經紀條貫。於此萬民睢睢盱盱然，莫不竦身而載聽視，是故政治而不能和。

> 下棲遲至於昆吾夏桀之世，嗜欲連於物，聰明誘於外，而性命失其得。……
>
> 夫世之所以喪性命，有衰漸以然，所由來者久矣。是故聖人之學也，欲以返性於初而游心於虛也；達人之學也，欲以通性於遼廓而覺於寂漠也。

這正是「尊古而賤今」，正是「道先稱古」。道家認定一切有皆生於無，故先造爲無中生有的宇宙論，以爲無形貴於有形；又造爲有「衰（等衰之衰）漸以然」的古史觀，以爲無知勝於有知，渾沌勝於文明，故今不如古，於是有「返性於初而遊心於虛」的人生哲學。其實是他們先有了這種懶惰消極的人生哲學，然後空造一種古史觀來作根據。這是古代學者文人的普通習慣，風氣已成，人人信口開河，全不知道這是可恥的說誑了。

這樣假造的上古史觀，人名可以隨便捏造，時代可以隨便倒置，內容也不妨彼此矛盾衝突，決沒有人去追求考證。學者試檢覽冥訓說女媧伏羲黃帝力牧一段，本經訓說容成氏堯舜一段，氾論訓說古聖制作的一段，氾論訓說五聖制作的一段，和上文引的俶眞訓的一段，同是說古史，而全不相照應，最可以想見當日假造古事的虛妄風氣，司馬遷所謂「薦紳先生難言之」者，其實是薦紳先生所樂道而毫不以爲恥的呵！（「淮南王書」）

造假書

漢代的許多迷信都掛着「儒教」的招牌。許多極荒謬的書都假託儒家所謂聖人做的。這種虛妄詐僞的行爲，和當時人迷信假書的奴性，引起了王充的懷疑態度。王充明明的說當時有許多書是假造的。他說：

世信虛妄之書，以爲載於竹帛上者，皆聖賢所傳，無不然之事，故信而是之，諷而讀之。睹眞是之傳與虛妄之書相違，則謂短書不可信用。（漢代的古書長二尺四寸，後出新書篇幅減短僅長一尺，故名短書，看論衡正說篇）……夫世間傳書諸子之語，多欲立奇造異作驚目之論，以駭世俗之人；爲譎詭之書，以着殊略之名。（書虛）

他又說：

才能之士好談論者，增益實事，爲盛溢之語；用筆墨者，造生空文，爲虛妄之傳。聽者以爲眞然，說而不舍；覽者以爲實事，傳而不絕。（對作）

他不但懷疑那些假造的書，並且攻擊當時儒生說經的種種荒謬。他說：

儒者說五經，多失其實。前儒不見本末，空生妄說。後儒信前師之言，隨舊述故，滑習辭語。苟名一師之學，趨爲師教授，及時蚤仕，汲汲精進，不暇留精用心，考實根核，故虛說傳而不絕，實事沒而不見，五經並失其實。（正說）

我們知道當時經師的荒謬，便知道王充說的「五經並失其實」並非過當的責備。（正說篇引當時說經家的話，「春秋二百四十年者，上壽九十，中壽八十，下壽七十，孔子據中壽三世而作，三八二十四，故二百四十年也。」又「尙書二十九篇者，法北斗七宿也，四七二十八篇，其一曰斗矣，故二十九。」怪不得王充要痛罵。）（「王充的哲學」）

三　聖說

但最重要的是「聖人成之。」陸賈似乎受了韓非的歷史見解的影響；韓非分古史爲上古之世，中古之世，近古之世；（五蠹篇）陸賈也分古史爲「先聖」「中聖」「後聖」三時期。他說：

於是先聖仍仰觀天文，俯察地理，圖畫乾坤，以定人道。民始開悟，知有父子之親，君臣之誼，夫婦之別，長幼之序。於是百官立，王道乃生。

民人食肉飲血，衣皮毛；至於神農，以爲行蟲走獸難以養民，乃求可食之物，嘗百草木之實，察酸苦之味，教民食五穀。

天下人民野居穴處，未有室屋，則與禽獸同域；於是黃帝乃伐木構材，築作宮室，上棟下宇，以避風雨。

民知室居食穀而未知功力；於是后稷乃列封疆，畫畔界，以分土地之所宜；闢土植穀，以用養民；種桑麻，致絲枲，以蔽形體。

當斯之時，四瀆未通，洪水爲害；禹乃決江疏河，通之四瀆，致之於海，大小相引，高下相受，百川順流，各歸其所，然後人民得去高險，處平土。

川谷交錯，風化未通，九州隔絕，未有舟車之用，以濟深致遠；於是奚仲乃撓曲爲輪，因直爲轅，駕馬服牛，浮舟杖檝，以代人力；鑠金鏤木，分苞燒殖埴，以備器械。

於是民知輕重，好利惡難，避勞就逸；於是皐陶乃立獄制罪，懸賞設罰，異是非，明好惡，檢姦邪，消佚亂。

這都是先聖」的制作。

民知畏法而無禮義，於是中聖乃設辟雝庠序之教，以正上下之儀，明父子之禮，君臣之義，使强不淩弱，衆不暴寡，棄貪鄙之心，與清潔之行。

禮義教育是「中聖」的制作。

禮義不行，綱紀不立，後世衰廢；於是後聖乃定五經，明六藝，承天統地，窮事察微，原情立本，以緒人倫；宗諸天地，□修篇章，垂諸來世，被諸鳥獸（？），以匡衰亂。天人合策，原道悉備，智者達其心，百工窮其巧，乃調之以管絃絲竹之音，設鍾鼓歌舞之樂，以節奢侈，正風俗，通文雅。後世淫邪，增之以鄭衞之音。民棄本趨末，技巧橫出，用意各殊，則加雕文刻鏤，傅致膠漆，丹青玄黃琦瑋之色，以窮耳目之好，極工匠之巧。

夫驢驘駱駝犀象，瑇瑁琥珀珊瑚翠羽珠玉，山生水藏，擇地而居，潔清明朗，潤澤而濡，磨而不磷，涅而不緇，天氣所生，神靈所治，幽閒清淨，與神浮沈，莫之（疑當作不）效力爲用，盡情爲器。

故曰「聖人成之」，所以能統物通變，治性情，顯仁義也。

美術音樂雕刻工業都是後世的制作。

這一長段的歷史進化論，很可以使我們想到周易繫辭傳中論古聖人觀象制器的一段，文字也很有因襲的痕跡。繫辭傳的一段注重在「制器尚象」，却也有「易窮則變，變則通，通則久」的觀念，已含有文化演進的思想。莊子韓非以後，歷史演變的思想更流行了，故韓非說古史已不取「觀象」之說，只說「聖人不期循古，不法常可，論世之事，因爲之備」而已。陸賈此論，更爲詳細清楚，可算是古人的文化起原論中最有條理的作品。看他把教育放在中世，而美術工業放在後聖之世，而統統認爲「統物通變，治性情，顯仁義」的事業。這種很平允的文化史觀，確是很難能而可貴的。（陸賈晚年頗能享受一種美術的生活，大概他是一個有審美天才的人，故能欣賞美術音樂在文化史上的地位。）

（「述陸賈的的思想」）

符命

王充的時代——西曆二七至一〇〇——是很可注意的，這個時代有兩種特別色彩。第一，那時代是迷信的儒教最盛行的時代。我們看漢代的歷史，從漢武帝提倡種種道士迷信以後，直到哀帝、平帝、王莽的時候，簡直是一個災異符瑞的迷信時代。西漢末年最特別的是讖緯的書。（讖字訓驗，是一種預言，驗在後來，故叫做讖，緯是對於經而言，織錦的縱絲爲經，橫絲爲緯，圖讖之言都叫做緯書，以別於經書。）王莽當國的時候，利用當時天人感應的迷信，造作了「麟鳳龜龍衆祥之瑞七百有餘」，還不够用。於是他叫人造作許多預言的「符命」。（孺子嬰元年，（西曆六年）孟通浚井，得白石，上有丹書，文曰「告安漢公莽爲皇帝」，自此以後，符命繁多，王莽一一拜受，初始元年，（西曆八年）有一個無賴少年，名叫哀章，造作銅匱，內藏圖書，言王莽爲眞天子；到黃昏時候，哀章穿着黃衣，捧着銅匱，到高廟裏，交給守官；官聞奏，王莽遂親到高廟拜受金匱，明年，莽遂做皇帝。）圖讖的起原很有政治和宗教的意味。漢初的儒生用天人感應的儒教來做那「屈民而伸君，屈君而伸天」的事業。後來儒教總算成功了，居然養成了皇帝的尊嚴，居然做到了「辨上下，定民志」的大功。王莽生在儒教已成功之後，想要做皇帝，很不是容易的事。他不能不利用這天人感應的宗教來打破人民迷信漢室的忠心。解鈴還須繫鈴人，儒教造成的忠君觀念，只有儒教可以打破。王莽、劉歆一班人拼命造假的經書和假的緯書，正是這個道理。王莽提倡經術，起明堂、靈臺、辟雍、求古逸書，（即是叫人造假書）添設博士員，——騙得四十八萬七千五百七十二人上書稱頌他的功德。這是儒教的第一步成功。他那七百多種的祥瑞——白雉、鳳皇、神爵、嘉禾、甘露、醴泉、禾長丈餘，一粟三米，——騙得他的九錫。（九錫是當時九百零二個大儒根據「六藝通義經文所見周官禮記宜於今者」所定的古體。）這是儒教的第二步成功。平帝病了，王莽又模倣周公「作策請命於泰時，載璧秉圭，願以身代，策金縢，置於前殿，敕諸公勿敢言」。不幸平帝沒有成王的洪福，一病遂死了。王莽却因此做了周公「居攝踐阼，如周公故事」。這是儒教第三步成功。但是儒教的周公究竟不曾敢做眞皇帝。王莽沒有法子，只好造作符命圖讖，表示天命已歸周公，成王用不着了。於是這個新周公乃下書曰，「予以不德，託於皇初祖考黃帝之後，皇始祖考虞帝之苗裔，而太皇太后之末屬。皇天上帝隆顯大佑，成命統序，符契圖文，金匱策書，神明詔告，屬予以天下兆民。赤帝漢氏高皇帝之靈，承天命，傳國金策之書。予甚祇畏，敢不欽受」。明年，遂「順符命，去漢號」。讀策的時候，王莽親執小皇帝的手，流涕歔欷，說道：「昔周公攝位，終得復于明辟，今予獨迫皇天威命，不得如意」。哀歎良久。這齣戲遂唱完了。這是儒教的第四步大成功。

這是圖讖符命的起源。光武帝中興，也有許多圖讖。（李通造讖曰「劉氏復興，李氏爲輔」，又彊華奏赤伏符曰「劉秀發兵捕不道，四七之際火爲主」，光武遂卽帝位。）故光武很相信這些說讖的人，甚至用圖讖來決定嫌疑。（後漢書桓譚傳，又鄭興傳）光武末年，（西曆五七）初起靈臺、明堂、辟雍，又宣布圖讖於天下。明帝（西曆五八至七五）章帝（七六至八八）繼續提倡這一類的書，遂使讖緯之書布滿天下。漢人造的緯書，有河圖九篇，洛書六篇，都說是「自黃帝至周文王所受本文」。又別有三十篇，說是自初起到孔子九位聖人增演出來的。又有七經緯三十六篇，都說是孔子所作。（七經緯是，易緯六種，書緯五種，詩緯三種，禮緯三種，樂緯三種，孝經緯二種，春秋緯十三種，詳見後漢書樊英傳註）這種書的作僞的痕跡，很容易看出。據尹敏（光武時人）說：「其中多近鄙別字，頗類世俗之辭」。（後漢書尹敏傳）其實單看那些緯書的書名——鉤命決、是類謀、元命苞、文耀鈎、考異郵等等，——也就可以曉得那些書的鄙陋可笑了。又據張衡說：

春秋元命苞中有公輸班與墨翟事，見戰國，非春秋也。

又言「別有益州」。益州之置，在於漢世。其名三輔諸陵，世數可知。……至於王莽篡位，漢世大禍，八十篇何爲不戒？則知圖讖成於哀、平之際也。（後漢書張衡傳）

這四條證據都是作僞的鐵證。但是漢朝的君主和學者都是神迷了心竅，把這些書奉作神聖的經典，用來改元定曆，決定嫌疑。（看律曆志中屢引圖讖之處可證。）這種荒謬可笑的迷忌，自然要引起一般學者的反抗。桓譚、鄭興、尹敏在光武時已極力攻擊圖讖的迷信。（尹敏最滑稽，他攻擊圖讖，光武不聽，他就也在讀書的闕文上補了一段，說「君無口，爲漢輔。」光武問他，他說：「臣見前人增損圖書，敢不自量，竊幸萬一。」光武也無可如何。桓譚攻擊圖讖，光武大怒，說他「非聖無法」，要把他拿下去斬首。）但是迷信已深，這幾個人又不能從根本上推翻當時的天人感應的儒教。（鄭興尹敏都是信災異之學的，桓譚略好。）故不能發生效果。王充也是這種反抗運動的一個代表。不懂得這個時代荒謬迷忌的情形，便不能懂得王充的哲學。（「王充的哲學」）

距師伐聖

王充不但攻擊當時的經師，就是古代的聖賢也逃不了他的批評。他有問孔、非韓、刺孟三篇，我們可引他對於孔子的態度作例：

世儒學者好信師而是古，以爲賢聖所言皆無非。專精講習，不知難問。夫賢聖下筆造文，用意詳審，尙未可謂盡得實。況倉卒吐言，安能皆是？……案賢聖之言上下多相違，其文前後多相伐者，世之學者不能知也。……凡學問之法，不爲無才，難於距師核道實義，證定是非也。……世之解說說人者，非必須聖人教告乃敢言也。苟有不曉解之問，造難孔子，何傷於義？誠有傳聖業之知，伐孔子之說，何逆於理？（問孔）

我們雖不必都贊同他的批評，（有許多批評是很精到的，例如他評孟子「王何必曰利」一節。）但這種「距師」「伐聖」的精神是我們不能不佩服的（「王充的哲學」）

中國近世思想

這次現世的及創造性的哲學運動的復興，就爲中國思想的第三或近世時期開了先河。那是中國哲學的一個復興時代。在近世中國哲學前九百年的發展當中，古典時代的人文主義唯理主義，以及自由精神，又重新像花一樣地放了開來。

「唯理哲學」的最初階段，道院的苦行及學術性的冥想，仍然繼續存在。這些是從中古宗教時期接受過來的。不過就一般而論，理智自由精神已經產生了許多敵對的思想派別，而其中有幾派，曾經較爲澈底地脫出了中古勢力的牢籠。推想已變爲有條理得多，科學化得多；道德教訓也變得更人道些，更合理些。

十二世紀中，朱熹學派曾特別注重對於知識採取唯理主義的態度。這一派的口號是：「致知在格物」。主張「今日格一物，明日格一物」，「主於用力之久，而一旦豁然貫通焉，則衆物之表裏精粗無不到，而吾心之全體大用無不明矣。」

這種嚴格唯理智主義者的精神及方法論，在中國思想裏，就產生了新的唯理主義。可是因爲沒有對於自然本身實驗及處理的傳統和技術，終至於，這種科學的思想，並沒有能够產生一種自然科學，可是牠的精神，却漸漸在歷史及哲學的研究中被覺察出來了。過去三百年來，牠曾經在對於古典著作，對於歷史著作的研究方面，產生了一個科學的方法論。牠曾經展開了對於書本的批評，「高級」的批評，以及對於古代著述的哲學態度。那些圖謀推翻傳統註疏的學者們，現在却選取了一個新的工具，這就是一個新的方法論。這樣，他們可以憑藉歷史的證據及演繹的推理法，去掃除一切主觀的解釋，和傳統的權威。固有的唯理主義，現在變成科學性的了。而理智自由的精神，也就尋到了一個有力的武器。（「中國思想史綱要」）

中國學術史的一大轉機

朱子說，『人心之靈，莫不有知，而天下之物，莫不有理。』這是說『理』在物中，不在心內，故必須去尋求研究。陸子說，『此心此理，實不容有二。』心就是理，理本在心中，故說『理不解自明』。這種學說和程、朱一系所說『卽物而窮其理』的方法，根本上立於反對的地位。後來明代王陽明也攻擊朱子的格物方法。陽明說：

『衆人只說格物要依晦翁，何曾把他的說去用。我着實曾用來。初年與錢友同論做聖賢要格天下之物，因指亭前竹子，令去格看。錢子早夜去窮格竹子的道理，竭其心思，至於三日，便致勞神成疾。當初說他是精力不足，某因自去窮格，早夜不得其理，到七日亦以勞思致疾。遂相與歎，聖賢是做不得的，無他大力量去格物了！』

王陽明這樣挖苦朱子的方法，雖然太刻薄一點，其實是很切實的批評。朱子一系的人何嘗眞做過『卽凡天下之物，莫不因其已知之理而益窮之』的工夫？朱子自己說：『夫天下之物，莫不有理，而其精蘊則已具於聖賢之書，故必由是以求之。』從『天下之物』縮小到『聖賢之書』，這一步可算跨得遠了！

王陽明自己主張的方法大致和陸象山相同。陽明說：『心外無物』。又說：『物者，事也。凡意之所發，必有其事。意所在之事謂之物。』又說：『如吾心發一念孝親，卽孝親便是物。』他把『格』字當作『正』字解，他說：『格者，正也，正其不正以歸於正也。』他把『致知』解作『致吾心之良知』，故要人『於其良知所知之善者，卽其意之所在之物，而實爲之，無有乎不盡；於其良知所知之惡者，卽其意之所在之物，而實去之，無有乎不盡。』這就是格物。

陸王一派把『物』的範圍限於吾心意念所在之事物，初看去似乎比程、朱一派的『物』的範圍縮小得多了。其實並不然。程朱一派高談『卽凡天下之物』，其實祗有『聖賢之書』是他們的『物』。陸、王明明承認『格天下之物』是做不到的事，故把範圍收小，限定『意所在之事謂之物』。但是陸、王都主張『心外無物』的，故『意所在之事』一句話的範圍可大到無窮，比程、朱的『聖賢之書』廣大得多了。還有一層，陸、王一派極力提倡個人良知的自由，故陸子說，『六經爲我註脚。』王子說，『夫學貴得之心；求之於心而非也，雖其言之出於孔子，不敢以爲是也。』這種獨立自由的精神便是學問革新的動機。

但是獨立的思想精神，也是不能單獨存在的。陸、王一派的學說，解放思想的束縛是很有功的，但他們偏重主觀的見解，不重物觀的研究，所以不能得社會上一般人的信用。我們在三四百年後觀察程、朱、陸、王的爭論，從歷史的線索上看起來，可得這樣一個結論：『程、朱的格物論注重「卽物而窮其理」，是很有歸納的精神的。可惜他們存一種被動的態度，要想「不役其知」，以求那豁然貫通的最後一步。那一方面，陸、王的學說主張眞理卽在心中，抬高個人的思想，用良知的標準來解脫「傳注」的束縛。這種自動的精神很可以補救程、朱一派的被動的格物法。程、朱的歸納手續，經過陸、王一派的解放，是中國學術史的一大轉機。解放後的思想，重新又採取程、朱的歸納精神，重新經過一番「樸學」的訓練，於是有清代學者的科學方法出現，這又是中國學術史的一大轉機。』（「清代學者的治學方法」）

理　學

理學是什麼？理學掛着儒家的招牌，其實是禪宗、道家、道教、儒教的混合產品。其中有先天太極等等，是道教的分子；又談心說性，是佛教留下的問題；也信災異感應，是漢朝儒教的遺跡。但其中的主要觀念却是古來道家的自然哲裏學的天道觀念，又叫做『天理』觀念，故名爲道學，又名爲理學。（「幾個反理學的思想家」）

理學運動

理學的運動，在歷史上有兩個方面，第一是好的方面。學者提倡理性以爲人人可以體會天理，理附著於人性之中；雖貧富貴賤不同，而同爲有理性的人，即是平等。這種學說深入人心之後，不知不覺地使個人的價值抬高，使個人覺得只要有理可說，富貴利祿都不足羨慕，威武刑戮都不足畏懼。理既是不生不滅的，暫時的失敗和壓制終不能永遠把天理埋沒了，天理終有大白於天下的一日。我們試看這八百年的政治史，便知道這八百年裏的智識階級對政府的奮鬪，無一次不是掮着「理」字的大旗來和政府的威權作戰。北宋的元祐黨禁（一一〇二），南宋的慶元黨禁（一一九六），明初成祖的殺戮學者（一四〇二），明代學者和宦官或權相的奪鬪，直到明末的東林黨案（一六二四—一六二七），無一次沒有理學家在裏面做運動的中堅，無一次不是政府的權威大戰勝，却也無一次不是理學家得最後的勝利。生前竄逐的，死後不但追封賜謚，還常常請進孔廟裏去陪吃冷猪肉咧。生前廷杖打死的，死後不但追封賜謚，還往往封廕及於三代，專祠徧於國中咧。明末理學家呂坤說的最好：

『天地間唯理與勢最尊，理又尊之尊也。廟堂之上言理，則天子不得以勢相奪。卽相奪，而理則

常伸於天下萬世』。（語錄，焦循理說引）

我們試想程子朱子是曾被禁錮的，方孝孺是滅族的，王陽明是廷杖後貶逐的，高攀龍是自殺的，就可以知道理學家在爭自由的奮鬭史上佔的重要地位了。在這一方面，我們不能不頌贊理學運動的光榮。

第二是壞的方面。理學家把他們冥想出來的臆說認爲天理而強人服從。他們一面說存天理，一面又說去人欲。他們認人的情欲爲仇敵，所以定下許多不近人情的禮教，用理來殺人，吃人。譬如一個人說『餓死事極小，失節事極大』，這分明是一個人的私見，然而八百年來竟成爲天理，竟害死了無數無數的婦人女子。又如一個人說『天下無不是的父母』，這又分明是一個人的偏見，然而八百年來竟成爲天理，遂使無數無數的兒子媳婦負屈含寃，無處伸訴。八百年來，『理學先生』一個名詞竟成了不近人情的別名。理與勢戰時，理還可以得人的同情；而理與勢攜手時，勢力借理之名，行私利之實，理就成了勢力的護身符，那些負屈含寃的幼者弱者就無處伸訴了。八百年來，一個理字遂漸漸成了父母壓兒子，公婆壓媳婦，男子壓女子，君主壓百姓的唯一武器；漸漸造成了一個不人道，不近人情沒有生氣的中國。（「戴東原的哲學」）

理之害

宋明以來的理學先生們往往用理責人，而不知道他們所謂『理』往往只是幾千年因襲下來的成見與習慣。這些成見與習慣大都是特殊階級（君主，父母，舅姑，男子等等）的保障；講起『理』來，卑者幼者賤者實在沒有開口的權利。『囘嘴』就是罪！理無所不在；故背理的人竟無所逃於天地之間。所以戴震說，『死矣！無可救矣！』

『死於法猶有憐之者。死於理其誰憐之！』乾嘉時代的學者稍稍脫離宋儒的勢力，頗能對於那些不近人情的禮教，提出具體的抗議。吳敬梓，袁枚，汪中，俞正燮，李汝珍（小說鏡花緣的著者）等，都可算是當日的人道主義者，都曾有批評禮教的文字。但他們只對於某一種制度，下具體的批評；只有戴震能指出這種種不近人情的制度所以能殺人吃人，全因爲他們撐着『理』字的大旗來壓迫人，全因爲禮教的護法諸神——理學先生們——抬出理字來排斥一切以生以養之道，『雖視人之饑寒號呼，男女哀怨，以至垂死冀生，無非人欲！』

戴氏總論理欲之辨凡有三大害處。第一，責備賢者太苛刻了，使天下無好人，使君子無完行。他說：

『以無欲然後君子，而小人之爲小人也依然行其貪邪，猶執此以爲君子者謂不出於理則出於欲，不出於欲則出於理。（此四十六字，孔刻本在下文三十三字之下，文理遂不可讀。今細審原文上下文理，移此四十六字於此）。於是讒說誣辭反得刻議君子而罪之。此理欲之辨使君子無完行者，爲禍如是也！』（四三）

第二，養成剛愎自用，殘忍慘酷的風氣。他說：

『不寤意見多偏之不可以理名，而持之必堅；意見所非，則謂其人「自絕於理」。此理欲之辨適

成忍而殘殺之具，爲禍又如是也』！（四三）

第三，重理而斥欲，輕重失當，使人不得不變成詐僞。他說：

『今既截然分理欲爲二，治己以不出於欲爲理。治人亦必以不出於欲爲理。舉凡民之饑寒愁怨，飲食男女，常情隱曲之感，咸視爲人欲之甚輕者矣。輕其所輕，乃吾重。「天理」也，「公義」也，言雖美，而用之治人則禍其人。……古之言理也，就人之情欲求之，使之無疵之爲理。今之言理也，離人之情欲求之，使之忍而不顧之爲理。此理欲之辨適以窮天下之人盡轉移爲欺僞之人，爲禍何可勝言也哉！』（四三）

這三大害之中，第三項也許用得着幾句引申的註語。譬如愛生而怕死，乃是人的眞情；然而理學先生偏說『餓死事極小，失節事極大』。他們又造出貞節牌坊一類的東西來鼓動婦女的虛榮心。於是節婦坊，貞女祠的底下就埋葬了無數的『饑寒愁怨，飲食男女，常情隱曲』的歎聲。甚至於寡婦不能忍饑寒寂寞之苦的，或不能忍公婆虐待之苦的，也只好犧牲生命，博一個身後的烈婦的虛榮。甚至於女兒未嫁而夫死了的，也羡慕那虛榮而殉烈，或守貞不嫁，以博那『貞女』『烈女』的牌坊。這就是戴氏說的『今之言理也，離人之情欲求之，使之忍而不顧，……適以窮天下之人盡轉移爲欺僞之人』。（「戴東原的哲學」）

以理責人

戴震生於滿淸全盛之時，親見雍正朝許多慘酷的大獄，常見皇帝長篇大論地用「理」來責人；受責的人，雖有理，而無處可伸訴，只好屈伏受死，死時還要說死的道理。我們試讀大義覺迷錄，處處可以看見雍正帝和那『彌天重犯』曾靜高談『春秋大義。』一邊是皇帝，一面是『彌天重犯』，這二人之間如何有理可說？如何有講理的餘地？然而皇帝偏不肯把他拖出去剮了；偏要和他講理，講春秋大義，講天人感應之理！有時候，實在沒有理可講了，皇帝便說，『來！把山西巡撫奏報慶雲的摺子給他看看。』『來！把通政使留保奏報的慶雲圖給他看看。』『來！把雲貴總督鄂爾泰進獻的嘉穀圖發給他，叫他看看稻穀每穗有四五百粒至七百粒之多的，粟米有每穗長至二尺有奇的！』這都是天人感應之理。至於荆襄岳常等府連年的水災，那就是因爲『有你這樣狂背逆亂之人，伏藏匿處其間，秉幽險乖戾之氣，致陰陽愆伏之干；以肆擾天常爲心，以滅棄人理爲志，自然江水泛漲，示儆一方。災禍之來，實因你一人所致，你知道麼？有何說處？』那位彌天重犯連忙叩頭供道，『一人狂背，皆足致災，此則非精通天人之故者不能知。彌天重犯聞之，豁然如大寐初醒。雖朝聞夕死，亦實幸矣。』（大義覺迷錄卷三，頁一至二）這樣的講理，未免把理字太輕薄了。戴震親見理學之末流竟致如此，所以他的反動最激烈，他的抗議最悲憤。（「戴東原的哲學」）

以理殺人

宋儒的理學是從中古的宗教裏滾出來的。中古的宗教——尤其是佛教——排斥肉體，禁遏情欲，最反乎人情，不合人道。宋儒用人倫的儒教來代替出世的佛教，固然是一大進步。然而宋儒在不知不覺之中受了中古禁欲的宗教的影響，究竟脫不了那排斥情欲的根本態度，所以嚴辨『天理』『人欲』的分別，所以有許多不人道的主張。戴東原說宋儒的流弊遂使後世儒者『以理殺人』；近人也有『吃人的禮教』的名言，這都不算過當的判斷。劉鶚先生作這部書，寫兩個『清官』自信意見不出於私欲，遂固執自己的私見，自以爲得理之正，不惜殺人破家以執行他們心目中的天理：這就是『以理殺人』的具體描寫。璵姑的一段話也只是從根本上否認宋儒的理欲之辨。她不惜現身說法，指出宋儒的自欺欺人，指出『宋儒之種種欺人，口難罄述。』這雖是一個『頭腦不淸楚』的老新黨的話，然而在這一方面，這位老新黨却確然遠勝於今世恭維宋、明理學爲『內心生活』『精神修養』的許多名流學者了。（老殘遊記序）

格　物

當印度系的哲學盛行之後，中國系的哲學復興之初，第一個重要問題就是方法論，就是一種邏輯。那個時候，程子到朱子的時候，禪宗盛行，一個『禪』字幾乎可以代表佛學。佛學中最講究邏輯的幾個宗流，如三論宗和法相宗都很不容易研究，經不起少許政府的摧殘，就很衰徹了。只有那『明心見性，不立文字』的禪宗，仍舊風行一世。但是禪宗的方法完全是主觀的頓悟，決不是多數人『自悟悟他』的方法。宋儒最初有幾個人曾採用道士派關起門來虛造宇宙論的方法，如周濂溪、邵康節一班人。但是他們只造出幾種道士氣的宇宙觀，並不曾留下什麼方法論。直到後來宋儒把禮記裏面一篇一千七百五十個字的大學提出來，方才算是尋得了中國近世哲學的方法論。自此以後，直到明代和清代，這篇一千七百五十個字的小書仍舊是各家哲學爭論的焦點。程、朱、陸、王之爭，不用說了。直到二十多年前康有爲的長興學記裏還爭論『格物』兩個字究竟怎樣解說呢！

大學的方法論，最重要的是『致知在格物』五個字。程子、朱子一派的解說是：

> 所謂『致知在格物』者，言欲致吾之知，在卽物而窮其理也。蓋人心之靈莫不有知，而天下之物莫不有理。惟於理有未窮，故其知有不盡也。是以大學始教，必使學者卽凡天下之物，莫不因其已知之理而益窮之，以求至乎其極。至於用力之久，而一旦豁然貫通焉，則衆物之表裏精粗無不到，而吾心之全體大用無不明矣。（朱子補大學第五章。）

這一種『格物』說便是程、朱一派的方法論。這裏面有幾點很可注意。（1）他們把『格』字作『至』字解，朱子用的『卽』字，也是『到』的意思。『卽物而窮其理』，是自己去到事物上尋出物的道理來。這便是歸納的精神。（2）『卽凡天下之物，莫不因其已知之理而益窮之，以求至乎其極。』這是很偉大的希望。科學的目的，也不過如此。小程子也說，『語其大至天地之高厚，語其小至一物之所以然，學者皆當理會。』倘宋代的學者眞能抱着這個目的做去，也許做出一些科學的成績。

但是這種方法何以沒有科學的成績呢？這也有種種原因。（1）科學的工具器械不够用。（2）

沒有科學應用的需要。科學雖不專爲實用，但實用是科學發展的一個絕大原因。小程子臨死時說，『道著用，便不是。』這種絕對非功用說，如何能使科學有發達的動機？（3）他們既不講實用，又不能有純粹的愛眞理的態度。他們口說『致知』，但他們所希望的，並不是這個物的理和那個物的理，乃是一種最後的絕對眞理。小程子說，『今日格一件，明日格一件，積習旣多，然後脫然有貫通處。』又說，『自一身之中，至萬物之理，但理會得多，自然豁然有覺悟處。』朱子上文說的『至於用力之久，而一旦豁然貫通焉，則衆物之表裏精粗無不到，而吾心之全體大用無不明矣。』這都可證宋儒雖然說『今日格一事，明日格一事』，但他們的目的並不在今日明日格的這一事。他們所希望的是那『一旦豁然貫通』的絕對的智慧。這是科學的反面。科學所求的知識正是這物那物的道理，並不妄想那最後的無上智慧。丢了具體的物理，去求那『一旦豁然貫通』的大徹大悟，決沒有科學。

再論這方法本身也有一個大缺點。科學方法的兩個重要部分，一是假設，一是實驗。沒有假設，便用不着實驗。宋儒講格物全不注重假設。如小程子說，『致知在格物，物來則知起。物各付物，不役其知，則意誠不動。』天下那有『不役其知』的格物？這是受了樂記和淮南子所說『人生而靜，天之性也；感於物而動，性之欲也』那種知識論的毒。『不役其知』的格物，是完全被動的觀察，沒有假設的解釋，也不用實驗的證明。這種格物如何能有科學的發明？（「清代學者的治學方法」）

格物毛病

可看王陽明格竹子的故事。陽明說：

衆人只說格物要依晦翁，（朱子。）何曾把他的說去用？我着實曾用來。初年與錢友同論做聖賢要格天下之物，因指亭前竹子，令去格看。錢子早夜去窮格竹子的道理，竭其心思，至於三日，便致勞神成疾。當初說他是精力不足，某因自去窮格，早夜不得其理，到七日亦以勞思致疾。遂相與歎聖賢是做不得的，無他大力量去格物了！

這個故事很可以指出『格物』一派的毛病。格物致知是不錯的，但當時的學者沒有工具，沒有方法，如何能做格物的工夫？癡對着亭前的竹子，能格出竹子之理來嗎？故程、朱一派講格物，實無下手之處；所以他們至多只能研究幾本古書的傳注，在爛紙堆裏鑽來鑽去，跑不出來。反對他們的人都說他們『支離，破碎。』（幾個反理學的思想家）

敬與靜

宋儒自二程以後，多說『涵養須用敬，進學則在致知』兩句話。致知一方面，程朱一派與陸王一派大不相同，紛爭不了。但主敬一方面，無論是程朱，是陸王，總沒有人敢公然出來否認的。顏李之學始大聲疾呼地指出宋儒的主敬只是佛家打坐的變相；指出離事而說敬，至多不過做到禪門的惺惺寂寂，毫無用處。李塨說，『宋儒講主敬，皆主靜也。主一無適，乃靜之訓，非敬之訓也』。他又引一位潘用微（寧波人，與黃宗羲萬斯同同時，著有求仁錄等書。）的話道，『必有事之謂敬，非心無一事之謂敬』。他又說，『聖門不空言敬。「敬其事」，「執事敬」，「行篤敬」，「修己以敬」，孟子所謂必有事也』。（以上皆見傳注問）當日一班排斥陸王而擁護程朱的人，如張伯行之流，都說陸王主靜而不主敬，所以入於禪。

李塨指出宋儒主敬都只是主靜。『主靜立人極，周子之教也。靜坐雪深尺餘，程朱之學也。半日靜坐，半日讀書，朱子之功課也。然則主靜正宋儒學也。』（年譜）（「戴東原的哲學」）

反玄學

中國近世哲學的遺風，起於北宋，盛於南宋，中興於明朝的中葉，到了清朝，忽然消歇了。

清朝初年，雖然緊接晚明，已截然成了一個新的時代了。自顧炎武以下，凡是第一流的人才，都趨向做學問的一條路上去了；哲學的門庭大有冷落的景況。接近朱熹一脈的學者，如顧炎武，如閻若璩，都成了考證學的開山祖師。接近王守仁一派的，如黃宗羲自命爲劉宗周的傳人，如毛奇齡自命爲得王學別傳，也都專注在史學與經學上去了。北方特起的顏元李塨一派，雖然自成一個系統，其實只是一種强有力的『反玄學』的革命；固然給中國近世思想史開了一條新路，然而宋明理學却因此更倒霉了。這種『反玄學』的運動是很普遍的。顧炎武，黃宗羲，黃宗炎，閻若璩，毛奇齡，姚際恆，胡渭，都是這個大運動的一分子，不過各人專力攻擊的方向稍有不同罷了。

約略說來，當日『反玄學』的運動，在破壞的方面，有兩個趨勢。一是攻擊那談心說性的玄學；

一是攻擊那先天象數的玄學。清學的開山祖師顧炎武就兼有這兩種趨勢。他對於那高談心性的玄學，曾說：

『古之聖人所以教人之說，其行在孝弟忠信，其職在洒掃應對進退，其文在詩，書，禮，易，春秋；其用之身，在出處，去就，交際；其施之天下，在政令，教化，刑法。雖其和順積中，而英華發外，亦有體用之分，然並無用心於內之說』。（日知錄十八）

他又說當日的理學家：

『不習六藝之文，不考百王之典，不綜當代之務；舉夫子論學論政之大端一切不問，而曰「一貫」，曰「無言」；以明心見性之空言，代修己治人之實學』。（日知錄七）

『舍「多學而識」，以求「一貫」之方；置四海之困窮不言，而終日講危，微，精，一之說』。

（文集，與友人論學書）

同時他對於那先天圖象的玄學，也曾說：

『聖人之所以學易者，不過庸言庸行之間，而不在乎圖書象數也。今之穿鑿圖象以自爲能者，畔也。……』

『希夷之圖，康節之書，道家之易也。自二子之學興，而空疏之人，迂怪之士，舉竄迹於其中以爲易，而其易爲方術之書，於聖人寡過反身之學，去之遠矣』。（日知錄一）

這兩種趨勢後來都有第一流人才加入，繼續發揮。黃氏弟兄攻擊象數之學最力；毛奇齡也很有功；胡渭的易圖明辨可算是這一方面的集大成。心性的玄學在北方遇着顏元李塨的痛勦，在南方又遭費經虞費密等人的攻擊。閻若璩指出古文尚書裏『人心惟危，道心惟微；惟精惟一，允執厥中』十六個字是出於道經的：這也可算是對那『危微精一』之學放了一枝很厲害的暗箭。但當日的『反玄學』大革命，簡單說來，不出兩個根本方略：一是證明先天象數之學是出於道士的，一是證明那明心見性之學是出於禪宗的：兩者都不是孔門的本色。

反玄學的運動，在破壞的方面，居然能轉移風氣，使人漸漸地瞧不起宋明的理學。在建設的方面，這個大運動也有兩種趨勢。一面是注重實用，一面是注重經學：用實用來補救空疏，用經學來代替理學。前者可用顏李學派作代表，後者可用顧炎武等作代表。從顏李學派裏產出一種新哲學的基礎。從顧炎武以下的經學裏產生一種新的做學問的方法。（「戴東原的哲學」）

義　理

阮元纂輯經籍纂詁，更把一切古訓詁都搜集排列，看作有同等的參考作用。搜集古訓詁來作治古書的根據，這是清儒的一個基本方法。迷信說文固是可笑；但輕視古訓詁而空談義理，更是可笑了。方東樹最愛談義理，但他自己實在不曾明白他所謂『義理』是什麼東西。義理應該分兩層說：一是古經的意義，一是後人的見解。清代學者略有點歷史的眼光，故能指出宋儒用主觀見解來說古經的毛病。我們也應該認清楚：治古書是要依據古訓詁的：古訓詁有不完全之處，我們應該用精密的歸納比較，求出古書的意義。我們不可認後人的主觀見解爲古書的義理。方東樹的根本毛病卽在於誤認宋儒的義理爲『直與孔曾思孟無二』。這種完全缺乏歷史眼光的成見是不配批評清儒的方法的。（「戴東原的哲學」）

新理學與新經學

總而言之，清初的學者想用經學來代替那玄談的理學，而他們的新經學又確然有許多特殊的長處，很可以獨立成一種學術。自從朱熹和陸九淵分門戶互相攻擊以來，陸王一派的理學家往往指訓詁章句之學爲『支離』，爲『瑣碎』；所以聰明才智之士往往不屑去做經學的工夫。顧炎武以後的經學便大不同了。主觀的臆說，穿鑿的手段，一概不中用了。搜求事實不嫌其博，比較參證不嫌其多，審察證據不嫌其嚴，歸納引申不嫌其大膽。用這種方法去治古書，眞如同新得汽船飛艇，深入不曾開闢的奇境，日有所得而年有所成；才大的可以有創造的發現，而才小的也可以盡一點『襞績補苴』的微勞。經學竟成了一個有趣味的新世界了！我們必須明白這一層，然後可以明白爲什麼明朝的第一流人才都做理學，而清朝的經學居然可以牢籠無數第一流的人才。

我在上文曾指出顏元李塨提倡一種新哲學而終究不受歡迎，並且受許多人的排斥。我指出幾個理由：一是大家厭倦哲學了，二是時勢不相宜，三是顏李排斥程朱，時機還不曾成熟。明末大亂之後，大家對於理學都很厭倦了；顏李之學要排斥宋明理學的精微玄妙，而回到六藝三事的平實淡薄。他們的主張固然不錯；但理學所以能牢籠人心，正爲他說的那樣玄妙恍惚。顏李生當理學極絢爛之後，要想挽人回到平實的新理學，那如何做得到呢？顏元不要人讀書，而李塨便說他在這一點上『與先生所見微有不同』。顏元說，『道不在章句，學不在誦讀』；而李塨發憤要遍註諸經。（他有論語，中庸，周易，詩經等書的傳注）。

再傳而後，南方的顏李信徒程廷祚便也成了一個經學大師。新理學終於被新經學吸收過去了。（「戴東原的哲學」）

清朝的新理學

以上略述戴震同時或以後的思想。這幾十年之中，反對戴學的人固然不少，但戴學的影響却漸漸發展，使清朝中葉的學術史起一種重大的變化。什麼變化呢？這時期的經學家漸漸傾向於哲學化了。凌廷堪，焦循，阮元很可以代表這個傾向。他們的學說雖然都不算是戴學的眞傳，然而他們都想在經學上建立他們的哲學思想，這一點不能不說是戴學的影響。戴震在那個『襞績補苴』的時代裏，獨自發憤要建立一種成系統的哲學，——一種建築在新經學之上的新理學。他的弟子王念孫段玉裁諸人不能肩此重擔子，只向那訓詁，名物，制度上去用力，只繼續發展了戴學的考證的方面。然而幾個私淑戴學的學者，焦循，凌廷堪，阮元一班人，便不甘心專做這種『襞績補苴』的工力了，便要從『通核』的方面去謀發展了。各人的才力有限，見解有偏，沒有一個人能像戴震那樣澈底地朝着理智主義方面走。然而他們的努力至少發展了戴學的片面；他們的缺陷也都可以供我們後人的參考，使我們格外了解戴學的眞意義與眞價值。他們努力的新方面更使我們明瞭戴學確然有建立新理學，恢復中國學者的哲學興趣的大功。所以我們可以說：從戴震到阮元是清朝思想史上的一個新時期；這個時期，我們可以叫做『新理學時期』

但是，激烈的反動不久就起來了。阮元是清代樸學的大護法：他從經學起家，做了幾十年的總督，門生故吏遍於國中；他又在浙江設詁經精舍在廣州設學海堂，彙刻清代經師的經解，造成了一種偉大的學風。故這個時期可算是清學最時髦的時期。清學是反理學的；從顏元到阮元，都是反理學的。理學家本來早已憤怒，要謀大舉反抗了；程晉芳姚鼐等早已提起抗議了。到阮元得意的時候，『漢學』越得勢，『宋學』也就更妬忌，更憤恨。

於是姚鼐的同鄉弟子方東樹憤憤地起來提出最激烈的反革命。（「戴東原的哲學」）

樸學

十七八世紀是個反理學的時期。第一流的思想家大抵都鄙棄那談心說性的理學。風氣所趨，遂成了一個『樸學』時代，大家都不講哲學了。『樸學』的風氣最盛于十八世紀，延長到十九世紀的中葉。『樸學』是做『實事求是』的工夫，用證據作基礎，考訂一切古文化。其實這是一個史學的運動，是中國古文化的新研究，可算是中國文化的新研究，可算是中國的『文藝復興』(Renaissance)

時代。這個時期的細目有下列各方面：

（1）語言學（Philology），包括古音的研究，文字的假借變遷等等。

（2）訓詁學（Semantics），用科學的方法，客觀的證據，考定古書文字的意義。

（3）校勘學（Textual Criticism），搜求古本，比較異同，校正古書文字的錯誤。

（4）考訂學（Higher Criticism），考定古書的眞僞，著者的事蹟等等。

（5）古物學（Archaeology），搜求古物，供歷史的考證。

這個大運動，又叫做『漢學』，因爲這時代的學者信漢儒『去古未遠』，故崇信漢人過于宋學。又叫做『鄭學』，因爲鄭玄是漢代的大師。但『樸學』一個名詞似乎最爲妥當。

這個運動的特色是沒有組織大哲學系統的野心，人人研究他的小問題，做專門的研究：或專治一部書，（如說文。）或專做一件事，（如輯佚書。）或專研究一個小題目。（如『釋繪』。）這個時代的風氣是逃虛就實，寗可做細碎的小問題，不肯妄想組成空虛的哲學系統。

但這個時代也有人感覺不滿意。如章學誠（實齋）便說這時代的學者只有功力，而沒有理解，終身做細碎的工作，而不能做貫串的思想，如蠶食葉而不吐絲。（幾個反理學的思想家）

「清　官」

清儒戴東原曾指出，宋、明理學的影響養成一班愚陋無用的理學先生，高談天理人欲之辨，自以爲體認得天理，其實只是意見；自以爲意見不出於自私自利便是天理，其實只是剛愎自用的我見。理是客觀的事物的條理，須用虛心的態度和精密的方法，方才尋得出。不但科學家如此，偵探訪案，老吏折獄，都是一樣的。古來的『清官』，如包拯之流，所以能永久傳誦人口，並不是因爲他們清廉不要錢，乃是因爲他們的頭腦子清楚明白，能細心考查事實，能判斷獄訟，替百姓伸寃理枉。如果『清官』只靠清廉，國家何不塑幾個泥像，雕幾個木偶，豈不更能絕對不要錢嗎？一班迂腐的官吏自信不要錢便可以對上帝，質鬼神了，完全不講求那些搜求證據，研究事實，判斷是非的法子與手段，完全信任他們自己的意見，武斷事情，固執成見，所以『小則殺人，大則誤國』。劉鶚先生眼見毓賢、徐桐、李秉衡、一班人，由清廉得名，後來都用他們的陋見來殺人誤國，怪不得他要感慨發憤，著作這部書，大聲指斥『清官』的可恨可怕了。（老殘遊記序）

宗教・迷信

孝的宗教

宗教家要人行善，又怕人不肯行善，故造出一種人生行爲的監督，或是上帝，或是鬼神，多可用作做人生道德的裁制力。孔子是不狠信鬼神的，他的門弟子也多不深信鬼神。（墨子常說儒家不信鬼神。）所以孔門不用鬼神來做人生的裁制力。但是這種道德的監督似乎總不可少，於是想到父子天性上去。他們以爲五倫之中父子的親誼最厚，人人若能時時刻刻想着父母，時時刻刻惟恐對不住父母，便決不致做出玷辱父母的行爲了。所以儒家的父母便和別種宗教的上帝鬼神一般，也有裁制鼓勵人生行爲的効能。如曾子的弟子樂正子春說：

吾聞諸曾子，曾子聞諸夫子曰：『天之所生，地之所養，無人爲大。父母全而生之，子全而歸之，可謂孝矣。不虧其體，不辱其親，可謂全矣。』故君子頃步而不敢忘孝也。……一舉足而不敢忘父母，一出言而不敢忘父母，一舉足而不敢忘父母，是故道而不徑，舟而不游，不敢以先父母人遺體行殆。一出言而不敢忘父母，是故惡言不出於口，忿言不反於身，不辱其身，不羞其親可謂孝矣。（祭義）

人若能一舉足，一出言，都不敢忘父母，他的父母便是他的上帝鬼神；他的孝道便成了他的宗教。曾子便眞有這個樣子。看他臨死時對他的弟子說：

啓予足，啓予手。詩云：『戰戰兢兢，如臨深淵，如履薄冰。』而今而後，吾知免夫，小子論語八這是完全一個宗教家的口氣。這種『全受全歸』的宗教大弊病在於養成一種畏縮的氣象，使人銷磨一切勇往冒險的膽氣。漢書王尊傳說：

王陽爲益州刺史，行部至邛郲九折阪，歎曰：『奉先人遺體，奈何數乘此險！』後以病去。

這就是：『不敢以先父母之遺體行殆』的宗教的流毒了。

儒家又恐怕人死了父母，便把父母忘了，所以想出種種喪葬祭祀的儀節出來，使人永永紀念着父母。曾子說：

吾聞諸夫子：人未有自致者也，必也親喪乎！論語十九。孟子也說『親喪固所自盡也』

因爲儒家把親喪的時節看得如此重要，故要利用這個時節的心理，使人永久紀念着父母。儒家的喪禮，孝子死了父母，『居於倚廬，寢苫枕塊，哭泣無數，服勤三年，身病體羸，扶而後能起，杖而後能行。』還有種種怪現狀，種種極瑣細的儀文，試讀禮記中喪大記，喪服大記，奔喪，問喪諸篇，便可略知大概，今不詳說。三年之喪，也是儒家所創，並非古禮，其證有三。墨子非儒篇說：

儒者曰：親親有術，尊賢有等……其禮曰：喪父母三年。……

此明說三年之喪是儒者之禮。是一證。論語十七記宰我說三年之喪太久了，一年已够了。孔子弟子中尚有人不認此制合禮，可見此非當時通行之俗。是二證。孟子滕文公篇記孟子勸滕世子行三年之喪，滕國的父兄百官皆不願意，說道：『吾宗國魯先君莫之行，吾先君亦莫之行也。』魯爲周公之國，尚不曾行過三年之喪。是三證。至於儒家說堯死時三載如喪考妣，商高宗三年不言，和孟子所說：『三年之喪，三代共之』，都是儒家託古改制的慣技，不足憑信。

祭禮乃是補助喪禮的方法。三年之喪雖久，究竟有完了的時候。於是又創爲以時祭祀之法，使人時時紀念着父母祖宗。祭祀的精義，祭義說得最妙：

齋之。日思其居處，思其笑語，思其志意，思其所樂，思其所嗜，齋三日仍見其所爲齋者。祭之，日入室，僾然必有見乎其位，周還出戶，肅然必有聞乎其容聲出戶而聽，愾然必有聞乎其歎息之聲。（祭義）這一段文子，寫祭祀的心理，可謂妙絕。近來有人說儒教不是宗教，我且請他細讀祭義篇。

但我不說儒家是不深信鬼神的嗎？何以又如此深信祭祀呢？原來儒家雖不深信鬼神，卻情願自己造出鬼神來崇拜。例如孔子明說：『未知生焉知死』，他卻又說：『祭如在，祭神如神在』。一個『如』字，寫盡宗教的心理學。上文所引祭義一段，寫那祭神的人，齋了三日，每日凝神思念所祭的人，後來自然會『見其所爲齋者。』後文寫祭之日一段，眞是見神見鬼，其實只是中庸所說：『洋洋乎如在其上，如在其左右』。依舊是一個『如』字。

有人問，儒家爲什麼情願自己造出鬼神來崇拜呢？我想這裏面定有一層苦心。曾子說：

愼終追遠，民歸厚矣。（論語一）

孔子說：

君子篤於親，則民興於仁。（論語八）

一切喪葬祭祀的禮節，千頭萬緒，只是『愼終追遠』四個字，只是要『民德歸厚』，只是要『民興於仁』。

這是『孝的宗教』。（「中國古代哲學史」）

孝的宗教與喪禮

後世學者（如何焯，如近人程樹德先生）都以爲漢制但不許大官告寧丁憂，而士人小吏卻都行三年之喪。他們的意思似乎以爲一般民人更容易行喪禮了。但我們看上文所引各條記載，可以看出歷史演進的痕跡並不如此。三年之喪在西漢晚年還是絕希有的事。光武以後，不准官吏丁憂，此制更無法行了。直到二世紀上半，鄧太后始著於詔令，長吏不爲父母行服者不得典城，不得選擧；又有詔許大臣三年喪。但久喪實在太不方便，故幾年之後，大官丁憂之制仍取消了。只剩『不行三年服，不得選擧』一條律文，漢末的應劭還引此文。大官旣不行此禮，小吏士人也必須用禁令去消極鼓勵，小百姓自然不行此禮了。久喪不便於做官，更不便於力田行商的小百姓。劉愷不曾說嗎？『濁其源而望流淸，曲其形而欲影直，不可得也』。但安帝以後，三年之喪已成爲選擧的一種資格，故久而久之，漸漸成爲風俗，這是淮南王書所謂『以僞輔情』的結果。千百年後，風氣已成，人都忘了歷史演變沿革的事實，遂以爲三年之喪眞是『天下之通喪』，眞是『三代共之』的古禮了！殊不知這種制度乃是漢朝四百年的儒敎徒逐漸建立的呵！

我擧此一端，以表見『孝的宗教』在漢朝逐漸推行的歷史。（三年喪服的逐漸推行）

喪禮

我再舉一個例，辦喪事的糜費，大概列位都承認是不對的。從前我住在竹竿巷底時候，在我們鄰近有一所洗衣服底人家，也曾給我們洗衣服，所賺的錢是很少很少的；但是到他辦喪事底時候，也免不了糜費。中國人辦喪事要糜費，因爲那是一種大禮。所以要從喪禮的歷史去研究，才能得着其中的眞相。

原來古代的喪服制度，有好幾等。有行禮的，有不行禮的。第一等的人，可以哭好幾天，不必做什麼事；因爲所有的事情，都有人替他辦理，所以他整天躺着，哀至就哭，哭到要用人扶才站起來。所謂「百官備，百物具，不言而事行者，扶而起」。就是說這一等的喪禮，要行這樣禮，不是皇帝就不能辦得到。次一等的呢？有好些事體都要差人去辦，所以自己要出主意，哭的時間也就少了，起來的時候，只用杖就可以，再不必用人去扶。所謂「言而後事行者，杖而起」，就是指着這一類說的。古代的大夫、士，都是行這樣的禮。下等的人，所有的事都要自己去做，可以不必行禮，只要不洗臉就够了。所以說「身自執事而后行者，面垢而已」。這幾等的制度，都是爲古代的人而設的，所謂「禮不下庶人，刑不上大夫」。就是表明古禮盡爲「士」以上的人而作，小百姓不必講究。後來貴族階級打破了，這種守禮底觀念還留住，並且行到小百姓身上去。

現在中國一般人所行的喪禮，都是隨着「四民之首」底「士」。他們守禮，本來沒有「扶而後能起，扶而後能行」的光景，爲行禮就存着一個形式，走路走得很穩，還要用杖。古時的喪服，本來不縫，現在的人，只在底下鉸開一點，這都是表明從前的帝王、諸侯、大夫、士所行的眞禮，一到小百姓用的時候，就變成假的。所以我們從歷史方面去研究喪禮，就知道某禮節從前可以行，現在可以不必行，從前行了有意思，現在就沒有意思。我們從這方面研究，將來要改良他，就可以減少許多阻力。（「研究社會問題底方法」）

古代宗教成分

道家自附於老子，老子提出一個自然的天道觀念，本可以掃除不少的宗教迷信。但這個自然的天道論是很抽象的，一般人士未必能了解。故自然主義在人生哲學上只有命定論還能引起一部分人的注意，和一部分人的反抗。孔孟都是信命定論的，知『死生有命，富貴在天』，便不肯去求神媚竈了。墨子一派是擁護傳統的天鬼宗教的，故極力反對有命之說，非命卽是反對自然主義了。古代的宗教有三個主要成分：一是一個鑒臨下民而賞善罰惡的天，一是無數能作威福的鬼神，一是天鬼與人之間有感應的關係，故福可求而禍可避，敬有益而暴有災（用墨子非命上的語意）。這個民間宗教，勢力最大，決不是幾個自然主義的哲學家所能完全掃滅。何況左傾的中系思想（儒家）從不敢明白反對他呢？何況右派的思想（墨家）又極力替他主持作戰呢？何況又有君主的提倡，國家的尊崇呢？所以幾百年之間，不但民間宗教迷信漸漸成爲國教，並且連那左系的思想家也都不知不覺的宗教化了。老子變到莊子，天道已成了『造化者』了，宗教的意味已很濃厚了。戰國晚年，老子之外，又跳出了個黃帝；黃帝是上海話所謂『垃圾馬車』，什麼荒謬的迷忌都可以向這裏裝塞進去。試看漢書藝文志所收：

道家有黃帝書七十八篇。
陰陽家有黃帝泰素二十篇。
小說家有黃帝說四十篇。
兵家的『陰陽』類有黃帝十六篇。
天文有黃帝雜子氣三十三篇。
曆譜有黃帝五家曆三十三卷。
五行有黃帝陰陽二十五卷，黃帝諸子論陰陽二十五卷。
雜占有黃帝長柳占夢十一卷。
醫經有黃帝內經十八卷，外經三十九卷。
經方有泰始黃帝扁鵲俞拊方二十三卷。
房中有黃帝三王養陽方二十卷。
神仙有黃帝書四種，凡六十一卷。

黃帝一個人名下有十二類，四百二十四卷書，眞正算是一部極大的垃圾馬車了！這裏面什麼烏烟瘴氣的迷忌都包羅在內，而神仙與陰陽最佔大勢力。神仙與陰陽都假託於黃帝，於是老子加上黃帝便等於自然主義加上神仙陰陽的宗教，這便是所謂『道家』。道家再一變，便成中古的道教了。

陰陽家

我們須要知道，陰陽家的迷忌所以能在中國哲學思想發達之後風靡一世者，正因為陰陽家的學說頗能利用當日的哲學思想，表面上頗能掛出一面薄薄的自然主義的幌子，用陰陽五行等等自然界的勢力來重新說明『感應』的道理。他們並不說那些幼稚的天鬼宗教了；他們竟可以說天是氣，地是氣，鬼神也是氣，這豈不是自然主義的解釋嗎？如淮南天文訓說：

虛廓生宇宙，宇宙生氣，氣有涯垠，淸陽者薄靡而為天，重濁者凝滯而為地。……天地之襲精為陰陽，陰陽之專精為四時，四時之散精為萬物。……

這樣的說法，純是自然主義的，純是唯物的，豈不能令自然主義者點頭贊同嗎？好了！陰陽家又說，陰陽之氣分為五行，陰陽相推，而五行相生相勝，相為終始。這豈不也是純粹自然的，唯物的嗎？於是五德終始之說可以得哲學家的承認了。如淮南地形訓說的：

木勝土，土勝水，水勝火，火勝金，金勝木。（參看呂氏春秋應用篇。）

這豈不是常識和哲學都可以公認的嗎？好了！陰陽家又說：『我們現在可以來談舊宗教裏的「感應」了。感應並不是我在地下叩個頭，就可以感動天上的上帝老頭子。那是迷信，我們不要保他。我們現在要談談科學的感應論！也可以說是哲學的感應論！你愛聽嗎？』你當然愛聽了。（「淮南王書」）

方士迷信

中國古代哲學的一大特色就是幾乎完全沒有神話的迷信。當哲學發生之時，中國民族的文化已脫離了幼稚時代，已進入成人時代，故當時的文學，（如國風小雅。）史記，（如春秋、）哲學，都沒有神話性質。老子第一個提出自然無為的天道觀念，打破了天帝的迷信，從此以後，這種天道觀念遂成中國『自然哲學』（老子、楊朱、莊子、淮南子、王充、以及魏晉時代的哲學家。）的中心觀念。儒家的孔子荀子都受了這種觀念的影響，故多有破除迷信的精神。但中國古代通行的宗教迷信，有了幾千年的根據，究竟不能打破。這種通行的宗教，簡單說來，約有幾個要點：（一）是一個有意志知覺，能賞善罰惡的天帝；（說見第二篇。）（二）是崇拜自然界種種質力的迷信，如祭天地日月山川之類；（三）是鬼神的迷信，以為人死有知，能作禍福，故必須祭祀供養他們。這幾種迷信，可算得是古中國的國教。這個國教的教主即是『天子』。（天子之名、乃是古時有此國教之鐵證。）試看古代祭祀頌神的詩歌，（如周頌及大小雅。）及天子祭天地，諸侯祭社稷，大夫祭宗廟等等禮節，可想見當時那種半宗教半政治的社會階級。更看春秋時人對於一個宗社的重要，也可想見古代的國家組織實含有宗教的性質，周靈王時，因諸侯不來朝，萇弘為那些不來朝的諸侯設位，用箭去射，要想用這個法子使諸侯來朝。這事雖極可笑，但可考見古代天子對於各地諸侯，不單是政治上的統屬，還有宗教上的關係。古代又有許多宗教的官，如祝宗，巫，覡之類。後來諸國漸漸強盛，周天子不能統治諸侯，政治權力與宗教權力都漸漸銷滅。政教從此分離，宗祝巫覡之類也漸漸散在民間。哲學發生以後，宗教迷信更受一種打擊。老子有『其鬼不神，其神不傷人』的話；儒家有無鬼神之論。（見墨子。）春秋時人叔孫豹說：『死而不朽』，以爲立德，立功，立言，是三不朽；至於保守宗廟，世不絕祀，不可謂之不朽。這已是根本的推翻祖宗的迷信了。但後來又發生幾種原因，頗爲宗教迷信增添一些勢燄。一是墨家的明鬼尊天主義，二是儒家的喪禮祭禮。三是戰國時代發生的仙人迷信。（仙人之說、古文學如詩三百篇中皆無之。似是後起的迷信。）四是戰國時代發生的陰陽五行之說。（看本篇第一章論鄒衍一節。）五是戰國時代發生的鍊仙藥求長生之說。——這五種迷信，漸漸混合，遂造成一種方士的宗教。這五項之中，天鬼，喪祭，陰陽五行三件都在別篇說過了。最可怪的是戰國時代哲學科學正盛之時，何以竟有仙人的迷信求長生仙藥的迷信？依我個人的意見看來，大概有幾層原因：（一）那個時代乃是中國本部已成熟的文明開化四境上各種新民族的時代。（試想當日開化中國南部的一段歷史。）新民族吸收中原文化，自不必說。但是新民族的許多富於理想的神話也隨時輸入中國本部。試看屈原宋玉一輩人的文學中所有的神話，都是北方文學所無，便是一證。或者神仙之說也是從這些新民族輸入中國文明的。（二）那時生計發達，航海業也漸漸發達，於是有海上三神山等等神話自海邊傳來。（三）最要緊的原因是當時的兵禍連年，民不聊生，於是出世的觀念也更發達。同時的哲學也有楊朱的厭世思想和莊子一派的出世思想，可見當時的趨勢。莊子書中有許多仙人的神話，（如列子御風藐姑射仙人之類。）又有『眞人』『神人』，『大浸稽天而不溺，大旱金石流，土山焦而不熱』種種出世的理想。故仙人觀念之盛行，其實只是那時代厭世思想流行的表示。（「中國古代哲學史」）

佛法與科學

我是研究歷史的人，在我的眼裏，一切學術思想都是史料而已。佛法只是人類的某一部分在某時代倡出的思想和信仰；科學也只是人類的某一部分在某時代研究出來的學術思想。這兩項材料在人類歷史上各有其相當的地位，但我們治歷史的人沒有把他們拉攏來做『搭題八股』的必要。

其實信仰佛法的人，也大可以不必枉費精力來做這種搭題文章。王先生說佛弟子應守三歸依，其中歸依法卽是『不誦習外道經典』；歸依僧卽是『不聽信異教徒之謬說』。依此標準，科學家雖有實證的知識，終不能入眞正弟子的耳膜；至多不過摭拾一二偶合之點，供佛弟子宏法衞道之一助。這種工作。旣够不上科學家所謂『求眞』的戒律，也終『莫能廻科學家先入之見』。何則？科學家自有他的立場，並不靠這一二偶合之點爲他增高身價。他在實驗室裏研究元子，電子，素子，並不因爲古希臘有過元子論便增加他的信仰；也並不因爲古印度有過極微論便取消他眼前的研究。他至多不過說，『很難得，古人沒有我們的設備，居然敢提出這樣大膽的假設！』

反過來說，佛弟子也自有他的立場。老實說，他的立場是迷信。他儘管擺出科學分析的架子，說什麼七識八識，百法五百四十法，到頭來一切唯識的心理學和因明的論理學都只是那最下流的陀羅尼迷信的掩眼法！其實迷信咒術，崇拜生殖器，與七識八識有何交涉？與百法五百四十法又有何交涉？卽使他證明了四大皆空，萬法唯識，他怎麼會一跳就跳上了這條下流的路？話到歸根，他本來早已上了這條路了，七識八識，百法五百四十法不過是變把戲而已。他本來不靠這一套！

王小徐先生是絕頂聰明的人，但聰明的人也不免有時懞懂。聰明人濫用他的聰明，而不肯用嚴格的方法來裁制他的思考力，便不免陷入懞懂裏去了。王先生自己提出他的推理的原則如下：

（1）凡我人對於一事而懷疑，必此事在此時此處雖未為我人所親歷，而在他時他處已曾為我人所親歷者。

（2）又我人對於一事而可以推知，必此事在此時此處雖未為我人所親歷其與某事並存或繼起，而在他時他處已曾為我人所親歷其與某事並存或繼起者。

王先生用這兩條原則來『決定否認宇宙之客觀的存在』。他很大膽的說：

今我人決不能於何時何處可親歷有一客觀的宇宙，何得有所懷疑？

今我人更決不能於何時何處可親歷有一客觀的宇宙與種種現象並存或繼起，何得有所推知？

好大膽的推論！

然而王先生對於別的許多問題，却不肯用這種嚴格的論理，便很恭順的承認了。我們不能不問王先生：

你對於客觀的宇宙，既然決定否認，你為什麼能相信『一切衆生輪廻六趣』呢？

你為什麼能相信勤修觀行便『能得六種神通』呢？

你為什麼能相信『六種神通，除漏盡外，餘之五通，外道鬼神亦多有之』呢？

這幾項之中，可有那一項是王先生『所親歷者』？可有那一項是『我人所親歷者』？王先生說：

故非親證其現量，或依據佛及大菩薩之眞現量以爲前提，決不能立眞比量。……乃猶執迷不悟，反疑佛法證眞現量者所見之輪廻、所獲之神通爲妄，何其太不自量乎？

如此說來，王先生的信仰也不過建築在『佛法證眞現量者所見』罷了。王先生何不稍稍應用他否認客觀宇宙的論理條件來批評他自己的信仰呢？王先生何嚴於彼而寬於此乎？我們不能不說，王先生也不過迷信『佛及大菩薩之眞現量』而已。

什麼叫做『眞現量』？王先生說：

例如眼見青山，但有青之感覺，尚無青之概念，更無大小方圓等概念，尤無山之概念，方爲眞現量。

我們請問，王先生證過這種『眞現量』沒有？我們沒有『親歷』過，不敢瞎說。但就王先生學的例子看來，這不過是下等動物的知覺狀態，有了又何足貴？卽使有了這種眞現量，『以爲大前提』，難道我們就可以證知輪廻六道以及六神通了嗎？這裏面的論理關係，我們淺陋的人實在想不通。

以上所說，只是略舉一二事，來說明佛弟子（包括王小徐先生）的立場是迷信。他們說『我』是妄，眼前的桌子是妄，手裏的筆也是妄。但他們却深信輪廻六道是眞，六神通是眞，眞現量是眞，極樂世界是眞。他們的妄，只是他們的妄；他們的眞，只是他們的眞；他們所謂科學，也只是他們的科學而已。（「讀王小徐先生的『佛法與科學』」）

地獄

有一天，我正在温習朱子的小學，念到一段司馬温公的家訓，其中有論地獄的話說：

形既朽滅，神亦飄散，雖有剉燒舂磨，亦無所施。……

我重讀了這幾句話，忽然高興的直跳起來。目連救母，玉歷鈔傳等書裏的地獄慘狀，都呈現在我眼前，但我覺得都不怕了。放焰口的和尚陳設在祭壇上的十殿閻王的畫像，和十八層地獄的種種牛頭馬面用鋼叉把罪人叉上刀山，叉下油鍋，拋下奈何橋下去餵餓狗毒蛇，——這種種慘狀也都呈現在我眼前，但我現在覺得都不怕了。我再三念這句話：『形既朽滅，神亦飄散，雖有剉燒舂磨，亦無所施。』我心裏很高興，眞像地藏王菩薩把錫杖一指，打開地獄門了。（「四十自述」）

這件事我記不清在那一年了，大概在十一歲時。這時候，我已能夠自己看古文書了。禹臣先生教我看綱鑑易知錄，後來又敎我改看御批通鑑輯覽。易知錄有句讀，故我不覺喫力。通鑑輯覽須我自己用硃筆點讀，故讀的很遲緩。有一次二哥從上海回來，見我看御批通鑑輯覽，他不贊成；他對禹臣先生說，不如看資治通鑑，於是我就點讀資治通鑑了。這是我硏究中國史的第一步。我不久便很喜歡這一類的歷史書，並且感覺朝代帝王年號的難記，就想編一部『歷代帝王年號歌訣』！近仁叔很鼓勵我做此事，我眞動手編這部七字句的歷史歌訣了。此稿已遺失了，我已記不得這件野心工作編到了那一朝代。但這也可算是我的『整理國故』的破土工作。可是誰也想不到司馬光的資治通鑑竟會大大的影響我的宗教信仰，竟會使我變成一個無神論者。

有一天，我讀到資治通鑑第一百三十六卷，中有一段記范縝（齊梁時代人，死時約在西歷五一〇年）反對佛教的故事，說：

「縝著神滅論，以爲『形者神之質，神者形之用也。神之於形，猶利之於刀。未聞刀沒而利存，豈容形亡而神在哉？』此論出，朝野喧譁，難之，終不能屈。」

我先已讀司馬光論地獄的話了，所以我讀了這一段議論，覺得非常明白，非常有理。司馬光的話教我不信地獄，范縝的話使我更進一步，就走上了無鬼神的路。范縝用了一個譬喻，說形和神的關係就像刀子和刀口的鋒利一樣；沒有刀子，便沒有刀子的『快』了；那麼，沒有形體，還能有神魂嗎？這個譬喻是很淺顯的，恰恰合一個初開知識的小孩子的程度，所以我越想越覺得范縝說的有道理。司馬光引了這三十五個字的神滅論，居然把腦子裏的無數鬼神都趕跑了。從此以後，我不知不覺的成了一個無鬼無神的人。

我那時並不知道范縝的神滅論全文載在梁書（卷四八）裏，也不知道當時許多人駁他的文章保存在弘明集裏。我只讀了這三十五個字，就換了一個人。大概司馬光也受了范縝的影響，所以有『形既朽滅，神亦飄散』的議論；大概他感謝范縝，故他編通鑑時，硬把神滅論摘了最精采的一段，插入他的不朽的歷史裏。他決想不到，八百年後這三十五個字竟感悟了一個十一二歲的小孩子，竟影響了他一生的思想。

通鑑又記述范縝和竟陵王蕭子良討論『因果』的事，這一段在我的思想上也發生了很大的影響。原文如下：

子良篤好釋氏，招致名僧，講論佛法。道俗之盛，江左未有。或親爲衆僧賦食行水，世頗以爲失宰相體。

范縝盛稱無佛。子良曰，『君不信因果，何得有富貴貧賤？』縝曰，『人生如樹花同發，隨風而散，或拂簾幌，墜茵席之上；或關籬牆，落糞溷之中。墜茵席者，殿下是也，落糞溷者，下官是也。貴賤雖復殊途，因果竟在何處？』子良無以難。

這一段議論也只是一個譬喻，但我當時讀了只覺得他說的明白有理，就熟讀了記在心裏。我當時實在還不能了解范縝的議論的哲學意義。他主張一種『偶然論』，用來破壞佛教的果報輪廻說。我小時聽慣了佛家果報輪廻的敎訓，最怕來世變猪變狗，忽然看見了范縝不信因果的譬喻，我心裏非常高興，膽子就大的多了。他和司馬光的神滅論敎我不怕地獄；他的無因果論敎我不怕輪廻。我喜歡他們的話，因爲他們敎我不怕。我信服他們的話，因爲他們敎我不怕。（「四十自述」）

禪學趨勢

在中國方面，賴有中國古代思想的抵抗力，這種煩瑣的分析同中國人的頭腦不能相容。中國的文字也不配玩這種分析牛毛的把戲，故五世紀以下的禪學趨勢便是越變越簡單，直到呵佛駡祖而後止！

中間雖有玄奘、窺基的大賣氣力，而中國思想終走不上唯識的煩瑣哲學上去；雖有不空、金剛智同許多帝后的提倡，而中國居然不曾墮落成爲眞言宗與喇嘛教的國家。（「神學古史考」）

頓　悟

這是中國思想對於印度思想的革命的第一大炮。革命的武器是『頓悟』。革命的對象是那積功積德，調息安心等等繁瑣的『漸修』工夫。生公的頓悟論可以說是『中國禪』的基石，他的『善不受報』便是要打倒那買賣式的功德說，他的『佛無淨土論』便是要推翻他的老師（慧遠）提倡的淨土教，他的『一闡提人皆得成佛』便是一種極端的頓悟論。我們生在千五百年後，在頓宗盛行之後，聽慣了『放下屠刀立地成佛』的話頭，所以不能了解爲什麼在當日道生的頓悟論要受舊學僧黨的攻擊擯逐。須知頓漸之爭是一切宗教的生死關頭，頓悟之說一出，則一切儀式禮拜懺悔念經念佛寺觀佛像僧侶戒律都成了可廢之物了。故馬丁路得提出一個自己的良知，羅馬天主教便坍塌了半個歐洲。故道生的頓悟論出世，便種下了後來頓宗統一中國佛教的種子了。（「荷澤大師神會傳」）

聖　經

謝謝你五月十日的長信。謝謝你寄贈的白話舊約新約全書。我很感謝你送我這本聖經的好意——把你拾到的寶貝送給我的好意。我雖然不是基督徒，我一生很愛讀新舊約全書，也常常買這書的好本子姪給青年的朋友。

我自己是一個不信神的人，但我感謝這個社會能容忍我不信神，所以我一生自律，我也應該容忍世間一切誠心信神的人，應該恭敬一切，相信宗教的人。這是我報答社會對我的容忍的一點微意。所以我感謝你贈我聖經的好意，感謝你關切我身體不大好，也相信你確曾得到信仰的益處，正如我認識的某些朋友確曾得到信仰的益處一樣。敬祝你一家安樂。（「致俞耕葆」）

新理性主義

新起的理性主義（Rationalism）的趨勢。二十五年前，傳教事業的敵人是愚昧的迷信。二十五年後，傳教事業的難關是開明的理性主義。我們現在不怕基督教士挖眼珠子去作藥了；我們現在對於基督教的教義與信條也漸漸明白了。但我們有人要進一步疑問基督教教的根本教義能不能成立。我們有人要問上帝究竟有沒有，靈魂究竟有沒有。西洋近代科學思想輸入中國以後，中國固有的自然主義的哲學逐漸回來，這種東西的結合就產生了今日自然主義的運動。這種自然主義對於宗教的態度是：

（1）宇宙及其中一切萬物的運行變化皆是自然的，自己如此的，用不着什麼超自然的主宰或造物者。

（2）生物界的生存競爭的慘酷與浪費，使我們明白那仁愛慈祥的主宰是不會有的。

（3）人不過是動物的一種，死後是要腐爛朽滅的；朽滅是自然的現象，不足使我們煩心。我們則應該努力做我們能做的事業，建造我們人世的樂國，不必去諸死後的淨土天堂。

這種新的理性主義的根本態度是懷疑：他要人疑而後信。他的武器是『拿證據來！』

這種理性主義現在雖然祇是少數人的信仰，然而他們的勢力是不可輕視的。中國民族本是一種薄於宗教心的民族；古代的道家，宋、明的理學，都帶有自然主義的色彩。所以西洋近代的自然主義到了中國便尋着了膏腴之地，將來定能繼長增高，開花結果。在這個『拿證據來』的旗幟之下，不但同善社、悟善社等等變相的道教要受理性主義的評判與打擊，就是基督教的教義與信條也免不掉他的評判與攻擊。

傳教的事業二十五年前打義和團和紅燈教的難關過來了，現在到了這『理性關』前，還是偷關而過呢？還是指名搦戰呢？（今日教會教育的難關）

基督教

怡蓀吾兄足下：

得手書，及哭樂亭詩之後，已有書奉復，想已得之。此後日益無聊，適大考已畢，益無所事事，適此間耶教學生會會於孛可諾（Pocono）山之巔，余往赴之。此會合二會而成：一為 Chinese Student's Christian Association，一為美國東省耶教學生會。計中國學生到者約三十五人，美國學生約二百人。此山地高二千英尺，故寒如在深秋，早晚方擁爐者，可稱避暑福地。會中有名人演說，如 Mott

即（青年會報所稱之穆德，乃世界名人），Beach，（此君曾居中國，能通說文，亦一奇也），Gilbert Reid（李佳白）等。弟愁苦之中，處此勝境，日聆妙論，頗足殺吾悲懷。連日身所經歷，受感益甚，昨日之夜，弟遂爲耶氏之徒矣。想故人聞之，必多所駭怪，頗思以五日以來感人最甚之事爲足下言之。

方弟入中國公學時，有同學陳紹唐君（廣西人）與弟同班，一年之後，此君忽入守眞堂專讀英文，後遂受洗爲耶教徒。他於前年來美，今於此相見。其人之言行，眞如程朱學者，令人望而敬愛。其人信道之篤，眞令人可驚。然其人之學問見識非不如吾輩也。此可見宗教之能變化氣質矣。

昨日之夜，有 Mercer 者，爲 Mott 之副，其人自言在大學時染有種種惡習（美國大學學生之風俗有時眞如地獄），無所不爲，其父遂擯棄之，逐之於外。後此人流落四方，貧不能自活，遂自投於河；適爲水上巡警所救，得不死，而送之於一善堂。堂中人勸令奉耶教。從此此人大悔前行，遂力行善以自贖。數年之後，一日有會集，此君偶自述其一生所歷，有一報紙爲揭登其詞；其父於千里之外偶閱是報，知爲其子，遂自往覓之。既至，知其果能改行，遂爲父子如初。此君現卒成善士，知名於時。此君之父爲甚富之律師，其戚即美國前任總統也。此君吾幼時育於白宮（總統之宮），則所受教育不言可知，而卒至於此，一旦以宗教之力，乃舉一切教育所不能助，財產所不能助，家世所不能助，友朋所不能助，貧窮所不能助之惡德而一掃空之，此其功力豈可言喻！方此君述其父再見其子時，抱之於懷而呼曰：“My toy, My boy…”，予爲墮淚，聽衆亦無不墮淚。會終有七人（此是中國學生會會員，大抵皆敎中人，惟八九人未爲敎徒耳。）起立，自言願爲耶敎信徒，其一人卽我也。是會在一小屋之中，門矮可打頭，室小如吾南林里所居之半，拾門外落葉枯枝爲爐火，圍爐而坐，初無宗敎禮儀之聲容節奏，而感人之深一至此，不亦異乎？現弟尚留此，三日後卽歸 Ithaca 城。……匆匆奉聞，卽祝

無恙。

弟適頓首。六月廿一日。

此書所云『遂爲耶氏之徒』一層，後竟不成事實。然此書所記他們用『感情的』手段來捉人，實是眞情。後來我細想此事，深恨其玩這種『把戲』，故起一種反動。但是這書所記，可代表一種重要的過渡，也是一件個人歷史的好材料。適八年十月追記。（「胡適留學日記」）

清敎徒

美洲建國始於英國清淨敎徒（The Puritans）之避地西來。清淨敎徒者，痛恨英國敎（The Anglican Church-Episcopalian）之邪侈腐敗，而欲掃除清淨之者也。英國大革命卽起於此。及王政復辟，清淨敎徒結會西遷，將於新大陸立一清淨新國，故名其土曰『新英蘭』。其初建之時，社會政權多在敎士之手。故其初俗崇禮義，尊天，篤行，以衞道自任。其遺風所被，至於今日，尚有存者。今所謂美國之『清淨敎風』（Puritanism）者是也。此風在今日已失其宗敎的性質，但呈一種極

陋隘的道德觀念。其極端流於守舊俗，排異說，與新興之潮流爲仇。故"Puritanism"一字每含諷刺，非褒詞矣。

此『淸淨教風』之一結果在於此邦人之狹義的私德觀念，往往以個人私德細行與政治能力混合言之，甚至使其對於政治公僕私德之愛憎，轉移其對於其人政策之愛憎。如故總統麥荆尼所享盛名，大半由於其私人細事之嘖嘖人口也。數年以來，余屢聞人言，於今總統威爾遜氏之家庭細事，大半最微詞。一年中以此告者不下七八人。在綺色佳時，聞某夫人言威氏妻死未一年卽再娶，其影響或致失其再任之機會。余初聞而不信之。及來紐約，乃屢聞之。一日余與此間一洗衣婦人談及選擧事，此婦人告我此間有多人反對威氏之再任，以婦人界爲尤甚，其理由之一，則謂威氏妻死未期年卽再娶也。又一日，余與吾友墨茨博士談。博士告我，言斯丹福大學（Leland Stanford University）前校長朱爾丹氏（President David Starr Jordan）自言雖極贊成威氏之政策，然此次選擧幾不欲投威氏之票。其故云何?則以威氏妻死不期年而再娶，又以威氏作王城大學（Princeton University）校長時，曾以花球贈一婦人。朱爾丹氏爲此邦名人之一，其思想之陋狹至此，可謂怪事!此尤可見此邦之狹陋的Puritanism也。

此種陋見最足阻礙社會之進步。如今之新體戲劇，小說，多直寫男女之事不爲之隱諱，其在歐洲久能通行無忌者，至此邦乃不能出版，不能演唱。又如『生育裁制』之論，久倡於歐洲，如荷蘭乃以政府命令施行之，而在此邦則倡此說者有拘囚之刑，刋布之書有銷燬之罰。可謂頑固矣!

余非謂政治公僕不當重私德也。私德亦自有別。如貪贓是私德上亦是公德上之罪惡，國人所當疾視者也。又如休棄貧賤之妻，而娶富貴之女以求倖進，此關於私德亦關於公德者也，國人鄙之可也。至於妻死再娶之遲早，則非他人所當問也。（「胡適留學日記」）

傳教

有某夫人問余對於耶教徒在中國傳道一舉，意見何若。答曰：『吾前此頗反對此舉，以爲「人之患在好爲人師。」英文所謂 Proselyting 者是也。年來頗覺傳道之士，正亦未可厚非。彼等自信其所信，又以爲其所信足以濟人淑世也，故必欲與世人共之，欲令人人皆信其所信，其用心良可敬也。新約之馬太書有云：「未有燃燭而以斛覆之者也，皆欲揷之檠上，令室中之人畢受其光耳。且令汝之光照耀人前，俾人人皆知汝之事業而尊榮汝在天之父（上帝也）。」（馬太五篇十五十六節）此傳道之旨也。顧傳道之士，未必人人皆知此義耳。』某夫人極以爲然。（「胡適留學日記」）

教會教育

爲基督徒計，與其得許多幼稚可欺的教徒，還不如得少數晚年入教的信徒。早年受勸誘入教的人，中年智識開發之後，往往要起反感。天才高的也許變成福爾泰（Voltaire）一類的革命家；中下的也許放恣流蕩，打破一切教義的拘束。倒是那些中年以後信教的人，信心不易減退，宗旨不易變遷。給他自由思想的機會，他若從經驗中感覺宗教的需要，從經驗裏體會得基督教的意義，那種信徒才是眞信徒，一個可抵千百個的。聖奧古斯丁便是一個有名的先例。

我所謂教會教育拋棄傳教，專辦教育，只是要做到這幾件：（1）不強迫做禮拜，（2）不把宗教教育列在課程表裏，（3）不勸誘兒童及其父兄信教，（4）不用學校做宣傳教義的機關，（5）用人以學問爲標準，不限於教徒，（6）教徒子弟與非教徒子弟受同等待遇，（7）思想自由、言論自由、信仰自由。（今日教會教育的難關）

女青年會

這幾十年中的婦女解放運動，可以說全是西洋文明的影響。基督教女青年會便是一個最好的例。今年是女青年會成立二十年的紀念，我很誠懇地慶賀她們二十年來的種種成績，並且祝她們繼續做中國婦女解放運動的一個先鋒。

女青年會是一個基督教的團體，同時又是一個社會服務的團體。我們生在這個時代，大概都能明白宗教的最高表現是給人羣盡力。社會服務便是宗教。中國的古人說：『未能事人，焉能事鬼？』西洋的新風氣也主張『服事人就是服事神』。謀個人靈魂的超度，希冀天堂的快樂，都是自私自利的宗教。盡力於社會，謀人羣的幸福，那才是眞宗教。

『天國在人死後』，這是最早的宗教觀念。

『天國在你心裏』，這是一大革命。

『天國不在天上也不在人心裏，是在人間世』，這是今日的新宗教趨勢。大家努力，要使天國在人世實現，這便是宗教。

我們盼望女青年會繼續二十年光榮的遺風，用她們的宗教精神，不斷地努力謀中國婦女的解放，謀中國家庭生活的改善。有一分努力，便有一分效果；減得一分苦痛，添得一分幸福，便是和天國接近一步。（祝賀女青年會）

名教

『名教』便是崇拜寫的文字的宗教；便是信仰寫的字有神力，有魔力的宗教。

這個宗教，我們信仰了幾千年，却不自覺我們有這樣一個偉大宗教。不自覺的緣故正是因爲這個宗教太偉大了，無往不在，無所不包，就如同空氣一樣，我們日日夜夜在空氣裏生活，竟不覺得空氣的存在了。（名教）

打倒

少年人抱着一腔熱沸的血，無處發洩，只好在牆上大書『打倒賣國賊』，或『打倒日本帝國主義』。寫完之後，那二尺見方的大字，那顏魯公的書法，個個挺出來，好生威武，他自己看着，血也不沸了，氣也稍稍平了，心裏覺得舒服的多，可以坦然回去休息了。於是他的一腔義憤，不曾收斂回去，在他的行爲上與人格上發生有益的影響，却輕輕地發洩在牆頭的標語上面了。

這樣的發洩情感，比什麼都容易，既痛快，又有面子，誰不愛做呢？一回生，二回熟，便成了慣例了，於是『五一』『五三』『五四』『五七』『五九』『六三』……都照樣做去：放一天假，開個紀念會，貼無數標語，喊幾句口號，就算做了紀念了！

於是月月有紀念，週週做紀念週，牆上處處是標語，人人嘴上有的是口號。於是老祖宗幾千年相傳的『名教』之道遂大行於今日，而中國遂成了一個『名教』的國家。（名敎）

口號標語

現在我們中國已成了口號標語的世界。有人說，這是從蘇俄學來的法子。這是很寃枉的。我前年在莫斯科住了三天，就沒有看見牆上有一張標語。標語是道地的國貨，是『名教』國家的祖傳法寶。

試問牆上貼一張『打倒帝國主義』，同牆上貼一張『對我生財』或『擡頭見喜』，有什麼分別？是不是一個師父傳授的衣鉢？

試問牆上貼一張『活埋田中義一』，同小孩子貼一張『雷打王阿毛』，有什麼分別？是不是一個師父傳授的法寶？

試問『打倒唐生智』『打倒汪精衞』，同王阿毛貼的『阿發黃病打死』，有什麼分別？王阿毛儘够做老師了，何須遠學莫斯科呢？

自然，在黨國領袖的心目中，口號標語是一種宣傳的方法，政治的武器。但在中小學生的心裏，在第九十九師十五連第三排的政治部人員的心裏，口號標語便不過是一種出氣洩憤的法子罷了。如果『打倒帝國主義』是標語，那麼，第十區的第七小學爲什麼不可貼『殺盡矮賊』的標語呢？如果『打倒汪精衞』是正當的標語，那麼『活埋田中義一』爲什麼不是正當的標語呢？（名教）

丁文江的宗教

最後，我要指出在君在「答張君勱」一篇文字裏曾表示他自己對於宗教的見解，並且很明白的敍述他自己的宗教信念。這都可以說是他的人生觀的一個重要部分，所以值得記載在他的傳記裏。他說：

「我豈但不反對美術，並且不反對宗教，不過我不承認神學是宗教。十二年前，我做動物學教科書，說蟻類優勝的理由：

『所謂優勝者，就蟻之種系言則然耳。……合至愚之蟻爲羣，而蟻之種乃優勝，何哉？曰蟻性個體之利益以圖一羣之利益也，犧牲一羣一時之利益以圖一種萬世之利益也。言羣學者可以鑒矣。』（頁一一八至一一九）

論天演的末節，我又說：

『綜觀動物生活之景象以及天演流行之方法，而知所謂優勝劣敗者，不關於個體而關於全種，不關於一時而關於萬世。然個體一時之利害往往與全種萬世之利害相衝突，故天演之結果，凡各動物皆有爲全種萬世而犧牲個體一時之天性，蓋不如是不足以生存也。人爲萬物之靈，……當上古智識初開之時，有有宗教心者，有無宗教心者，有者爲優，無者爲劣，故無者滅而有者存。迭世聚積而成今日宗教之大觀。然則宗教者，亦天演之產物也，所謂神道設教者非也。』

「所以我的宗教的定義是爲全種萬世而犧牲個體一時的天性，是人類同動物所公有的。這種天功不是神學同玄學所能貪的。所以有許多人儘管不信神學玄學，他們的行爲仍然同宗教根本相合，就是這個原故。……

「人性有一部分是適宜於合羣的，一部分是相衝突的，都是要受物質的影響的。一個人的善惡，一是看他先天的秉賦，一是看他後天的環境。……我們所以極力提倡科學教育的原故，是因爲科學教育能使宗教性的衝動，從盲目的變成功自覺的，從黑暗的變成功光明的，從籠統的變成功分析的。我們不單是要使宗教性發展，而且要使他發展的方向適宜於人生。……」

我詳細的引在君這一段話，因爲這裏面有他二十四五歲寫動物學教科書的見解，有他三十七歲寫「玄學與科學，答張君勱」時的見解，這兩個時期的見解和他晚年（民國二十三年，一九三四，他四十八歲）寫的「我的信仰」大致相同，可見這一大段文字裏提出的「我的宗教的定義」是他一生的宗教信念。這當然值得在他的傳記裏特別標擧出來。

在這大段裏，他的「宗教」的定義是「爲全種萬世而犧牲個體一時的天性」，他說這種天性「是人類同動物所公有的」。他引他自己在民國元年出版的動物學教科書說的蟻類所以優勝是由於蟻類有「犧牲一羣一時之利益以圖一種萬世之利益」的天性。教科書又說，「故天演之結果，凡各動物皆有爲全種萬世而犧牲個體一時之天性，蓋不如是不足以生存也。」他在民國元年用的「天性」一個名詞，似卽等於後來比較流行的「本能」。他把動物如蟻類所以優勝的種系本能，推到人類的「天演」，認爲人類的「宗教心」就是各動物「爲全種萬世而犧牲個體一時之天性」。爲什麼他這樣「類推」呢?因爲他——動物學者丁在君——好像只承認人類的「上古智識初開之時」僅有這「宗教心」的有與無就是優勝與劣敗的原因，「無者滅而有者存」。

這裏面的理論根據，我個人認爲不很堅强。第一、動物各類的優勝劣敗的因素似乎不能這樣簡單不能這樣一元的罷?倒如食品所需的多寡，蟻類所需極少，而象與恐龍所需極多，在某種環境之中，蟻可以生存而象與恐龍不能生存，未必都由於這種犧牲的天性之有無。第二、人類的生存競爭的勝敗的因素似乎比各種動物更要複雜的多，似乎更不能這樣簡單一元的罷?似乎不能說某種特殊意義的「宗教心」之有與無就是優勝與劣敗的原因罷?

我們必須明白，在君的「天演」論和他的「宗教的定義」都不免帶有個人情感的成分，也不免帶有他常說的神學家主持的英國中等高等學校的教育影響。他在民國二十三年發表的「我的信仰」（五月六日天津大公報星期論文，並載獨立第一百號），也有很相同的見解。他說：

「……我不相信有主宰世界的上帝，有離身體而獨立的靈魂。……

「許多人……誤解了宗教的來源了。宗教心是爲全種萬世而犧牲個體一時的天性，是人類合羣以後長期演化的結果，因爲不如此則不能生存。不但人類，就是合羣的動物如蟻，如蜂，都有這種根性。神秘的宗教包含這一種天性在內，不過神秘的部分是從恐懼自然界演化出來的。現在我們對於自然界的了解逐日的明白起來，我們的態度由恐懼而變爲利用，神秘當然無法保存。然而這幾十萬年合羣天擇的結果，已經把宗教心種在人類的精血裏，不是可以隨着神秘消滅的。……」

這段議論是和「答張君勱」文中的議論差不多完全相同的。可見他到了最後的一兩年還抱着這種宗教的見解和信念。不過在「我的信仰」裏，他公開的承認這個信仰的「一部分是個人的情感，無法證明是非，難免有武斷的嫌疑，請讀者原諒。」他在「我的信仰」裏又曾說：

「我並不是說人人都有同樣的宗教心。因爲人不但不是同樣的，而且不是平等的。……宗教心是人人有的，但是正如人的智慧，强弱相去得很遠。凡是社會上的眞正的首領，都是宗教心特別豐富的，都是少數。……」

這下面就牽涉到在君的政治主張了：他「對於平民政治——尤其是現行的議會的政體——沒有任何迷信」；但他同時「也不是迷信獨裁制的」。這些問題，我們留在後面再討論。我在這裏要指出：在君在「我的信仰」裏，很明白的表示他所謂人類與動物同有的「爲全種萬世而犧牲個體一時」的宗教根性，實在不過「正如人的智慧」，雖然同是「幾十萬年合羣天擇的結果」，並不是人人有同樣分量的，「强弱相去得很遠」。在君自己實在是「宗教心特別豐富的」「少數」人中的一個。他對於家庭，對於社會，對於學問，對於民族國家，眞有「爲全種萬世而犧牲個體一時」的宗教情感，他的「個人的情感」影響到他的政治主張，也影響到他對宗教和「宗教心」的見解。所以他的宗教信仰，雖然穿上了動物學天演論的科學袍子，其實「一部分是個人的情感，無法證明是非，難免有武斷的嫌疑。」

在那個「玄學與科學」、「科學與人生觀」的論戰之中，唐擘黃（鉞）曾說：

「人生觀不過是一個人對於世界萬物同人類的態度，這種態度是隨着一個人的神經構造、經驗、知識等而變的。神經構造等就是人生觀之因。」

在君在「答張君勱」的「結論」也說：

「在知識界內，科學方法萬能。知識界外還有情感，情感界內的美術宗教都是從人類天性來的，都是演化生存的結果。情感是知識的原動，知識是情感的嚮導，誰也不能放棄誰。我現在斗膽給人生觀下一個定義：『一個人的人生觀是他的知識情感，同他對於知識情感的態度。』……」

在君從不諱他的人生觀——他的「信仰」——含有知識和情感兩個成分。他的嚴格訓練的知識使他不相信「有主宰世界的上帝，有離身體而獨立的靈魂」。但是他的「宗教心特別豐富」的情感使他相信「爲全種萬世犧牲個體一時」就是宗教。他的情感使他不能完全了解這種宗教心可以含有絕大的危險性，可以瘋狂到屠戮百千萬生靈而還自以爲是「爲全種萬世而犧牲個體一時」！在君在「我的信仰」

裏，曾說：

「打倒神秘最努力的是蘇俄，但是最富於宗教性的莫過於共產黨。……」

這兩句話最可以暗示這種「宗教性」的危險和瘋狂性。這種「爲全種萬世而犧牲個體一時」的信念，只可以做一個感想特別豐富的人用來律己的信條，而不可以用作律人或治人的宗教。

在君的動物學教科書裏這樣描寫那優勝的蟻類的個體生活：

「所謂優勝者，就蟻之種系言則然耳。若以蟻之個體觀之，則固有難言者。如彼后蟻，當其初生時，無家室之累，生殖之勞，有翅能飛，來去自在，其樂何如也？未幾而巢穴成而翅去，蟄居土中，日以產卵爲事，終身不復有他望。……如彼工蟻，……又不能生殖，無子孫可言，壽不過數月，而終日僕僕覓食，爲數年之蓄。……合至愚之蟻爲羣，而蟻之種乃優勝。……言羣學者可以鑒矣。」

我們也可以說：「言羣學者可以鑒矣。」這一羣「至愚之蟻」怕不够做我們的宗教信仰的法則罷？（「丁文江的傳記」）

東西文化

東西文化之別

一個民族的文化，可說是他們適應環境勝利的總和。適應環境之成敗，要看他們發明器具的智力如何。文化之進步就基於器具之進步。所謂石器時代、銅器時代、鋼鐵時代、機電時代等，都是說明文化發展之各時期。各文化之地域的發展也與歷史的發展差不多。東西文化之區別，就在於所用的器具不同。近二百年來西方之進步遠勝於東方，其原因就是西方能發明新的工具，增加工作的能力，以戰勝自然。至於東方雖然在古代發明了一些東西，然而沒有繼續努力，以故仍在落後的手工業時代，而西方老早就利用機械與電氣了。

這才是東西文明眞正的區別了。東方文明是建築在人力上面的，而西方文明是建築在機械力上面的。有一個美國朋友向我說：『美國每個男女老幼有二十五個以至三十個機械的奴僕替他當差，但是每個中國人祇有四分之三的機械奴僕替他服務。』還有一個美國工程師說：『美國每人有三十五個看不見的奴僕替他做事。美國的工人，並不是工資的奴隸，而是許多工人的頭目。』這就是東西文化不同之處。牠們原來不過是進步之程度不同，後來時日久遠，就變爲兩種根本不同的文化了。（「東西文化之比較」）

物質文明是精神的

那些誇耀東方精神文明者，對於這種種事實可以考慮考慮。一種文化容許殘忍的人力車存在，其『精神』何在呢？不知什麼是最低限度的工資，也不知什麼工作時間的限制，一天到晚只知辛苦的工作，這還有什麼精神生活呢？一個美國的工人可以坐他自己的汽車去上工，星期日帶着一家人出去遊山玩水，可以不花錢用無線電機聽極好的音樂，可以送他的兒女到學校裏去讀書，那學校裏有最好的圖書館試驗室等。我們是否相信一個拖洋車的苦力的生活，比較美國的工人要精神化些道德化些呢？

除非我們眞正感到人力車夫的生活是這樣痛苦，這樣有害於他們的身體，我們才會尊敬哈格理佛士（Hargreaves）、卡特賴特（Cartwright）、瓦特、福爾敦（Fulton）、斯蒂芬孫、福特等。他們創造機器，使人類脫離痛苦，如現今東方民族所忍受的。

這種物質文明——機械的進步——才眞正是精神的。機械的進步是利用智力創造機器，增加人類工作與生產的能力，以免徒手徒脚的勞苦而求生活。這樣，我們才有閒餘的時間與精力去欣賞較高的文化。如果我們要勞苦工作，才能够生存；那麼我們就沒有什麼生活了，還有什麼文化可言呢？凡够得上文化這名詞，必須先有物質的進化爲基礎。二千六百年前管仲曾經說過：『衣食足而後知榮辱，倉廩實而後知禮義。』這並不是什麼經濟史觀，乃是很簡單的常識。我們試想想：一羣婦女孩子們，提着竹籃，拿着棍子，圍聚在垃圾堆中尋找一塊破布或是煤屑，這叫做什麼文明呢？在這種環境裏能產生什麼道德的精神的文明麼？

那麼，恐怕有人對於這種物質文明很低的民族，要談到他們的宗教生活了。在此我不必討論東方的各種宗教，牠們最高的聖神也不過是些泥塑木雕的菩薩而已。不過我要問問：『譬如一個老的叫化婆子，貧困得要死了，她死的時候口裏還唸着南無阿彌陀佛，深信自己一定能够到佛爺的西天那裏去的。用一種假的信仰，去欺哄一個貧困的叫化子，使他願意在困苦的生活中生存或死亡，這叫做道德文明精神文明嗎？如果她生在另一種文化裏，會到這種困苦的地步嗎？』

不，絕對不是如此，人老了，不能抵抗自然的力量，才會接受那種催眠式的宗教。他很失望，不願意奮鬪，於是他設法自慰，宣言財富是可鄙的，窮困是榮幸的。這樣的人，正像狐狸吃不着葡萄，而反說葡萄味苦一樣。這種議論，差不多是說現世的生活沒有什麼價值，幸福的生活，還在來生。哲人們既宣傳了這種思想，那些過激派更進而禁慾，自制，甚至自殺。西方的祭司們常常祈禱，禁食，在柱頭上鞭笞自己。中國中古時代也有許多和尙祈禱，禁食，天天吃香油，甚至用油布捆着自己燒死，獻給佛菩薩作爲祭品。

世界的文化，就是爲中古時代這種自棄的宗教所淹沒了。一千餘年之後，人類才打倒那種以困苦爲中心的文化，而建設以生活爲中心的新文化。現在我們環顧四周，中古的宗教還存在，巍偉的教堂還存在，一切廟宇也還存在；但是何以我們對於人生的觀念完全改變了呢？這種變遷，是因爲人類近二百年來，發明了許多器皿與機器，以駕馭天然的財富與能力。利用這種機器，就可以節省人工，縮短距離，飛行空中，通過山嶺，潛行海底，用電流來拖我們的車子，用『以太』來傳我們的消息。科學與機械可以隨意運用自然。人生逐漸舒適些，快樂些；人類對於自己的信仰，也加大些。這樣，人就把自己的命運，握在自己的手掌中了。（「東西文化之比較」）

所謂「精神文明」

人們常說東方文明是精神的文明，西方文明是物質的文明，或唯物的文明。這是有誇大狂的妄人捏造出來的謠言，用來遮掩我們的羞臉的。其實一切文明都有物質和精神的兩部分：材料都是物質的，而運用材料的心思才智都是精神的。木頭是物質；而刳木爲舟，構木爲屋，都靠人的智力，那便是精神的部分。器物越完備複雜，精神的因子越多。一隻蒸汽鍋爐，一輛摩托車，一部有聲電影機器，其中所含的精神因子比我們老祖宗的瓦罐，大車，毛筆多的多了。我們不能坐在舢舨船上自誇精神文明，而嘲笑五萬噸大汽船是物質文明。

但物質是倔強的東西，你不征服他，他便要征服你。東方人在過去的時代，也曾製造器物，做出一點利用厚生的文明。但後世的懶惰子孫得過且過，不肯用手用腦去和物質抗爭，並且編出『不以人易天』的懶人哲學，於是不久便被物質戰勝了。天旱了，只會求雨；河決了，只會拜金龍大王；風浪大了，只會禱告觀音菩薩或天后娘娘。荒年了，只好逃荒去；瘟疫來了，只好閉門等死；病上身了，只好求神許願；樹砍完了，只好燒茅草；山都精光了，只好對着歎氣。這樣又愚又懶的民族，不能征服物質，便完全被壓死在物質環境之下，成了一分像人九分像鬼的不長進民族。所以我說：

這樣受物質環境的拘束與支配，不能跳出來，不能運用人的心思智力來改造環境改良現狀的文明，於懶惰不長進的民族的文族，是眞正唯物的文明。

反過來看看西洋的文明，

這樣充分運用人的聰明智慧來尋求眞理以解放人的心靈，來制服天行以供人用，來改造物質的環境，來改革社會政治的制度，來謀人類最大幸福，——這樣的文明是精神的文明。

這是我的東西文化論的大旨。

少年的朋友們，現在有一些妄人要煽動你們的誇大狂，天天要你們相信中國的舊文化比任何國高，中國的舊道德比任何國好。還有一些不曾出國門的愚人鼓起喉嚨對你們喊道，『往東走！往東走！西方的這一套把戲是行不通的了！』

我要對你們說：不要上他們的當！不要拿耳朶當眼睛！睜開眼睛看看自己，再看看世界。我們如果還想把這個國家整頓起來，如果，還希望這個民族在世界上佔一個地位，——只有一條生路，就是我們自己要認錯。我們必須承認我們自己百事不如人，不但物質機械上不如人，不但政治制度不如人，並且道德不如人，知識不如人，文學不如人，音樂不如人，藝術不如人，身體不如人。

肯認錯了，方才肯死心塌地的去學人家。不要怕模倣，因爲模倣是創造的必要預備工夫。不要怕喪失我們自己的民族文化，因爲絕大多數人的惰性已儘够保守那舊文化了，用不着你們少年人去擔心。你們的職務在進取，不在保守。

請大家認淸我們當前的緊急問題。我們的問題是救國，救這衰病的民族，救這半死的文化。在這件大工作的歷程裏，無論什麼文化，凡可以使我們起死回生、返老還童的，都可以充分採用，都應該充分收受。我們救國建國，正如大匠建屋，只求材料可以應用，不管他來自何方。（「介紹我自己的思想」）

妖言

今日最沒有根據而又最有毒害的妖言是譏貶西洋文明為唯物的（Materialistic），而尊崇東方文明為精神的（Spiritual）。這本是很老的見解，在今日却有新興的氣象。從前東方民族受了西洋民族的壓迫，往往用這種見解來解嘲，來安慰自己。近幾年來，歐洲大戰的影響使一部分的西洋人對於近世科學的文化起一種厭倦的反感，所以我們時時聽見西洋學者有崇拜東方的精神文明的議論。這種議論，本來只是一時的病態的心理，却正投合東方民族的誇大狂；東方的舊勢力就因此增加了不少的氣燄。（「我們對於西洋近代文明的態度」）

精神文明的基礎

崇拜所謂東方精神文明的人說，西洋近代文明偏重物質上和肉體上的享受，而略視心靈上與精神上的要求，所以是唯物的文明。

我們先要指出這種議論含有靈肉衝突的成見，我們認為錯誤的成見。我們深信，精神的文明必須建築在物質的基礎之上。提高人類物質上的享受，增加人類物質上的便利與安逸，這都是朝着解放人類的能力的方向走，使人們不至於把精力心思全抛在僅僅生存之上，使他們可以有餘力去滿足他們的精神上的要求。東方的哲人曾說：

衣食足而後知榮辱，倉廩實而後知禮節。

這不是什麼舶來的『經濟史觀』；這是平素的常識。人世的大悲劇是無數的人們終身做血汗的生活，而不能得着最低限度的人生幸福，不能避免凍與餓。人世的更大悲劇是人類的先知先覺者眼看無數人們的凍餓，不能設法增進他們的幸福，却把『樂天』『安命』『知足』『安貧』種種催眠藥給他們吃，他們自己欺騙自己，安慰自己。西方古代有一則寓言說，狐狸想吃葡萄，葡萄太高了，他吃不着，只好說『我本不愛吃這酸葡萄』！狐狸吃不着甜葡萄，只好說葡萄是酸的；人們享不着物質上的快樂，只好說物質上的享受是不足羨慕的，而貧賤是可以驕人的。這樣自欺自慰成了懶惰的風氣，又不足爲奇了。於是有狂病的人又進一步，索性回過頭去，戕賊身體，斷臂，絕食，焚身，以求那幻想的精神的安慰。從自欺自慰以至於自殘自殺，人生觀變成了人死觀，都是從一條路上來的：這條路就是輕蔑人類的基本的欲望。朝這條路上走，逆天而拂性，必至於養成懶惰的社會，多數人不肯努力以求人生基本欲望的滿足，也就不肯進一步以求心靈上與精神上的發展了。（「我們對於西洋近代文明的態度」）

物質的文明

因爲一切文明都少不了物質的表現，所以『物質的文明』（Material Civilization）一個名詞不應該有什麼譏貶的涵義。我們說一部摩托車是一種物質的文明，不過單指他的物質的形體；其實一部摩托車所代表的人類的心思智慧決不亞於一首詩所代表的心思智慧。所以『物質的文明』不是和『精神的文明』反對的一個貶詞，我們可以不討論。（「我們對於西洋近代文明的態度」）

西洋近代文明的特色

西洋近代文明的特色便是充分承認這個物質的享受的重要。西洋近代文明，依我的鄙見看來，是建築在三個基本觀念之上：

第一、人生的目的是求幸福。

第二、所以貧窮是一樁罪惡。

第三、所以衰病是一樁罪惡。

借用一句東方古話，這就是一種『利用厚生』的文明。因爲貧窮是一樁罪惡，所以要開發富源，獎勵生產，改良製造，擴張商業。因爲衰病是一樁罪惡，所以要研究醫藥，提倡衞生，講求體育，防止傳染的疾病，改善人種的遺傳。因爲人生的目的是求幸福，所以要經營安適的起居，便利的交通，潔淨的城市，優美的藝術，安全的社會，清明的政治。縱觀西洋近代的一切工藝，科學，法制，固然其中也不少殺人的利器與侵略掠奪的制度，我們終不能不承認那利用厚生的基本精神。（「我們對於西洋近代文明的態度」）

心靈上的要求

我們可以大膽地宣言：西洋近代文明絕不輕視人類的精神上的要求。我們還可以大膽地進一步說：西洋近代文明能够滿足人類心靈上的要求的程度，遠非東洋舊文明所能夢見。在這一方面看來，西洋近代文明絕非唯物的。乃是理想主義的（Idealistic），乃是精神的（Spiritual）。（「我們對於西洋近代文明的態度」）

唯物屬誰

東方的文明的最大特色是知足。西洋的近代文明的最大特色是不知足。

知足的東方人自安於簡陋的生活，故不求物質享受的提高；自安於愚昧，自安於『不識不知』，故不注意眞理的發見與技藝器械的發明；自安於現成的環境與命運，故不想征服自然，只求樂天安命，不想改革制度，只圖安分守己，不想革命，只做順民。

這樣受物質環境的拘束與支配，不能跳出來，不能運用人的心思智力來改造環境改良現狀的文明，是懶惰不長進的民族的文明，是眞正唯物的文明。這種文明只可以遏抑而決不能滿足人類精神上的要求。

西方人大不然。他們說『不知足是神聖的』（Divine Discontent）。物質上的不知足產生了今日鋼鐵世界，汽機世界，電力世界。理智上的不知足產生了今日的科學世界。社會政治制度上的不知足產生了今日的民權世界，自由政體，男女平權的社會，勞工神聖的喊聲，社會主義的運動。神聖的不知足是一切革新一切進化的動力。

這樣充分運用人的聰明智慧來尋求眞理以解放人的心靈，來制服天行以供人用，來改造物質的環境，來改革社會政治的制度，來謀人類最大多數的最大幸福，——這樣的文明應該能滿足人類精神上的要求；這樣的文明是精神的文明，是眞正理想主義的（Idealistic）文明，決不是唯物的文明。（「我們對於西洋近代文明的態度」）

紙上文章與實際表現

固然東方也曾有主張博愛的宗教，也曾有公田均產的思想。但這些不過是紙上的文章，不曾實地變成社會生活的重要部分，不曾變成範圍人生的勢力，不曾在東方文化上發生多大的影響。在西方便不然了。『自由、平等、博愛』成了十八世紀的革命口號。美國的革命，法國的革命，一八四八年全歐洲的革命運動，一八六二年的南北美戰爭，都是在這三大主義的旗幟之下的大革命。美國的憲法，法國的憲法，以至於南美洲諸國的憲法，都是受了這三大主義的絕大影響的。舊階級的打倒，專制政體的推翻，法律之下人人平等的觀念的普遍，『信仰、思想、言論、出版』幾大自由的保障的實行，普及教育的實施，婦女的解放，女權的運動，婦女參政的實現，……都是這個新宗教新道德的實際的表現。這不僅僅是三五個哲學家書本子裏的空談；這都是西洋近代社會政治制度的重要部分，這都已成了範圍人生，影響實際生活的絕大勢力。（「我們對於西洋近代文明的態度」）

新宗教

近世文明在表面上還不曾和舊宗教脫離關係，所以近世文化還不曾明白建立他的新宗教、新道德。但我們研究歷史的人不能不指出近世文明自有他的新宗教與新道德。科學的發達提高了人類的知識，使人們求知的方法更精密了，評判的能力也更進步了，所以舊宗教的迷信部分漸漸被淘汰到最低限度，漸漸地連那最低限度的信仰——上帝的存在與靈魂的不滅——也發生疑問了。所以這個新宗教的第一特色是他的理智化。近世文明仗着科學的武器，開闢了許多新世界，發現了無數新眞理，征服了自然界的無數勢力，叫電氣趕車，叫『以太』送信，眞個作出種種動地掀天的大事業來。人類的能力的發展使他漸漸增加對於自己的信仰心，漸漸把向來信天安命的心理變成信任人類自己的心理。所以這個新宗教的第二特色是他的人化。智識的發達不但抬高了人的能力，並且擴大了他的眼界，使他胸襟闊大，想像力高遠，同情心濃摯。同時，物質享受的增加使人有餘力可以顧到別人的需要與痛苦。擴大了的同情心加上擴大了的能力，遂產生了一個空前的社會化的新道德，所以這個新宗教的第三特色就是他的社會化的道德。（「我們對於西洋近代文明的態度」）

求知

求知是人類天生的一種精神上的最大要求。東方的舊文明對於這個要求，不但不想滿足他，並且常想裁制他，斷絕他。所以東方古聖人勸人要『無知』，要『絕聖棄智』，要『斷思惟』，要『不識不知，順帝之則。』這是畏難，這是懶惰。這種文明，還能自誇可以滿足心靈上的要求嗎？（「我們對於西洋近代文明的態度」）

東方人的「精神生活」

胡帝尼的試驗的精神是很可佩服的。其實卽使這班東方道人眞能活埋三點鐘以至三天，完全停止呼吸，這又算得什麼精神生活？這裏面那有什麼『精神的份子』？泥裏的蚯蚓，以至一切冬天蟄伏的爬蟲，不是都能這樣嗎？（「漫遊的感想」）

聖神

我們坐在人力車上，眼看那些圓顱方趾的同胞努起筋肉，彎着背脊梁，流着血汗，替我們做牛做馬，拖我們行遠登高，爲的是掙幾十個銅子去活命養家，——我們當此時候，不能不感謝那發明蒸汽機的大聖人，不能不感謝那發明電力的大聖人，不能不祝福那制作汽船汽車的大聖人：感謝他們的心思才智節省了人類多少精力，減除了人類多少苦痛！你們嫌我用『聖人』一個字嗎？孔夫子不說過嗎？『制而用之謂之器。利用出入，民咸用之，謂之神。』孔老先生還嫌『聖』字不够，他簡直要尊他們爲『神』呢！（「漫遊的感想」）

人力車

人力車又叫做東洋車，這眞是確切不移。請看世界之上，人力車所至之地，北起哈爾濱，西至四川，南至南洋，東至日本，這不是東方文明的區域嗎？

人力車代表的文明就是那用人作牛馬的文明。摩托車代表的文明就是用人的心思才智制作出機械來代替人力的文明。把人作牛馬看待，無論如何，够不上叫做精神文明。用人的智慧造作出機械來，減少人類的苦痛，便利人類的交通，增加人類的幸福，——這種文明却含有不少的理想主義，含有不少的精神文明的可能性。（「漫遊的感想」）

認錯

因爲我們從不曾悔禍，從不曾澈底痛責自己，從不曾澈底認錯。二三十年前，居然有點悔悟了，所以有許多譴責小說出來，暴揚我們自己官場的黑暗，社會的卑汚，家庭的冷酷。十餘年來，也還有一些人肯攻擊中國的舊文學，舊思想，舊道德宗教，——肯承認西洋的精神文明遠勝於我們自己。但現在這一點點悔悟的風氣都消滅了。現在中國全部瀰漫着一股誇大狂的空氣：義和團都成了應該崇拜的英雄志士，而西洋文明只須『帝國主義』四個字便可輕輕抹煞！政府下令提倡舊禮教，而新少年高呼『打倒文化侵略』！（「請大家來照照鏡子」）

全盤西化

這幾個月裏，我讀了各地雜誌報章上討論『中國本位文化』『全盤西化』的爭論，我常常想起阿博特父子的議論。因此我又聯想到五六年前我最初討論這個文化問題時，因爲用字不小心，引起的一點批評。那一年（一九二九）中國基督教年鑑（Christian Year-book）請我做一篇文字，我的題目是『中國今日的文化衝突』，我指出中國人對於這個問題，曾有三派的主張：一是抵抗西洋文化，二是選擇折衷，三是充分西化。我說，抗拒西化在今日已成過去，沒有人主張了。但所謂『選擇折衷』的議論，看去非常有理，其實骨子裏只是一種變相的保守論。所以我主張全盤的西化，一心一意的走上世界化的路。

那部年鑑出版後，潘光旦先生在中國評論週報裏寫了一篇英文書評，差不多全文是討論我那篇短文的。他指出我在那短文裏用了兩個意義不全同的字，一個是 Wholesale westernization，可譯爲

『全盤西化』；一個是 Wholehearted modernization，可譯爲『一心一意的現代化』，或『全力的現代化』，或『充分的現代化』。潘先生說，他可以完全贊成後面那個字，而不能接受前面那個字。這就是說，他可以贊成『全力現代化』，而不能贊成『全盤西化』。

陳序經、吳景超諸位先生大概不曾注意到我們在五六年前的英文討論。『全盤西化』一個口號所以受了不少的批評，引起了不少的辯論，恐怕還是因爲這個名詞的確不免有一點語病。這點語病是因爲嚴格說來，『全盤』含有百分之一百的意義，而百分之九十九還算不得『全盤』。其實陳序經先生的原意並不是這樣，至少我可以說我自己的原意並不是這樣。我贊成『全盤西化』，原意只是因爲這個口號最近於我十幾年來『充分』世界化的主張；我一時忘了潘光旦先生在幾年前指出我用字的疏忽，所以我不曾特別聲明『全盤』的意義不過是『充分』而已，不應該拘泥作百分之百的數量的解釋。

所以我現在很誠懇的向各位文化討論者提議：爲免除許多無謂的文字上或名詞上的爭論起見，與其說『全盤西化』，不如說『充分世界化』。『充分』在數量上卽是『儘量』的意思，在精神上卽是『用全力』的意思。

我的提議的理由是這樣的：

第一，避免了『全盤』字樣，可以免除一切瑣碎的爭論。例如我此刻穿着長袍，踏着中國緞鞋子，用的是鋼筆，寫的是中國字，談的是『西化』，究竟我有『全盤西化』的百分之幾，本來可以不生問題。這裏面本來沒有『折衷調和』的存心，只不過是爲了應用上的便利而已。我自信我的長袍和緞鞋和中國字，並沒有違反我主張『充分世界化』的原則。我看了近日各位朋友的討論，頗有太瑣碎的爭論，如『見女人脫帽子』，是否『見男人也應該脫帽子』；如我們『能吃番菜』，是不是我們的飲食也應該全盤西化；這些事我看都不應該成問題。人與人交際，應該『充分』學點禮貌，飲食起居，應該『充分』注意衞生與滋養：這就够了。

第二，避免了『全盤』的字樣，可以容易得着同情的贊助。例如陳序經先生說：『吳景超先生既能承認了西方文化十二分之十以上，那麼吳先生之所異於全盤西化論者，恐怕是釐毫之間罷。』我却以爲，與其希望別人犧牲那『毫釐之間』來牽就我們的『全盤』，不如我們自己拋棄那文字上的『全盤』來包羅一切在精神上或原則上贊成『充分西化』或『根本西化』的人們。依我看來，在『充分世界化』的原則之下，吳景超、潘光旦、張佛泉、梁實秋、沈昌曄……諸先生當然都是我們的同志，而不是論敵了。就是那發表『總答覆』的十教授，他們既然提出了『充實人民的生活，發展國民的生計，爭取民族的生存』的三個標準，而這三件事又恰恰都是必須充分採用世界文化的最新工具和方法的，那麼，我們在這三點上邊可以歡迎『總答覆』以後的十教授做我們的同志了。

第三，我們不能不承認，數量上的嚴格『全盤西化』是不容易成立的。文化只是人民生活的方式，處處都不能不受人民的經濟狀況和歷史習慣的限制，這就是我從前說過的文化惰性。你儘管相信『西菜較合衞生』，但事實上決不能期望人人都吃西菜，都改用刀叉。況且西洋文化確有不少的歷史因襲的成分，我們不但理智上不願採取，事實上也決不會全盤採取。你儘管說基督教比我們的道教、佛教高明的多多，但事實上基督教有一兩百個宗派，他們自己就互相詆毀，我們要的是那一派？若說，『我們不妨採取其宗教的精神』，那也就不是『全盤』了。這些問題，說『全盤西化』則都成爭論的問題，說『充分世界化』則都可以不成問題了。（「充分世界化與全盤西化」）

文化變動

薩、何十教授的根本錯誤在於不認識文化變動的性質。文化變動有這些最普遍的現象：第一，文化本身是保守的。凡一種文化既成爲一個民族的文化，自然有他的絕大保守性，對內能抵抗新奇風氣的起來，對外能抵抗新奇方式的侵入。這是一切文化所公有的惰性，是不用人力去培養保護的。

第二，凡兩種不同文化接觸時，比較觀摩的力量可以摧陷某種文化的某方面的保守性與抵抗力的一部分。其被摧陷的多少，其抵抗力的强弱，都和那一個方面的自身適用價値成比例：最不適用的，抵抗力最弱，被淘汰也最快，被摧陷的成分也最多。如鐘錶的替代銅壺滴漏，如槍礮的替代弓箭刀矛，是最明顯的例。如泰西曆法之替代中國與回回的曆法，是經過一個時期的抵抗爭鬬而終於實現的。如飲食衣服，在材料方面雖不無變化，而基本方式則因本國所有也可以適用，所以至今沒有重大的變化：吃飯的，決不能都改吃『番菜』，用筷子的，決不能全改用刀叉。

第三，在這個優勝劣敗的文化變動的歷程之中，沒有一種完全可靠的標準可以用來指導整個文化的各方面的選擇去取。十教授所夢想的『科學方法』，在這種鉅大的文化變動上，完全無所施其技。至多不過是某一部分的主觀成見而美其名爲『科學方法』而已。例如婦女放脚剪髮，大家在今日應該公認爲合理的事。但我們不能濫用權力，武斷的提出標準來說：婦女解放，只許到放脚剪髮爲止，更不得燙髮，不得短袖，不得穿絲襪，不得跳舞，不得塗脂抹粉。政府當然可以用稅則禁止外國奢侈品和化裝品的大量輸入，但政府無論如何聖明，終是不配做文化的裁判官的，因爲文化的淘汰選擇是沒有『科學方法』能做標準的。

第四，文化各方面的激烈變動，終有一個大限度，就是終不能根本掃滅那固有文化的根本保守性。這就是古今來無數老成持重的人們所恐怕要隕滅的『本國本位』。這個本國本位就是在某種固有環境與歷史之下所造成的生活習慣；簡單說來，就是那無數無數的人民。那才是文化的『本位』。那個本位是沒有毀滅的危險的。物質生活無論如何驟變，思想學術無論如何改觀，政治制度無論如何翻造，日本人還只是日本人，中國人還只是中國人。試看今日的中國女子，脚是放了，髮是剪了，體格充分發育了，曲線美顯露了，但她無論如何摩登化，總還是一個中國女人，和世界任何國的女人都絕不相同。一個澈底摩登化的都市女人尚且如此，何況那無數無數僅僅感受文化變動的些微震盪的整個民族呢？所以『中國本位』，是不必勞十教授們的焦慮的。戊戌的維新，辛亥的革命，五四時期的潮流，民十五六的革命，都不曾動搖那個攀不倒的中國本位。在今日有先見遠識的領袖們，不應該焦慮那個中國本位的動搖，而應該焦慮那固有文化的惰性之太大。今日的大患並不在十教授們所痛心的『

中國政治的形態，社會的組織，和思想的內容與形式，已經失去它的特徵。』我們的觀察，恰恰和他們相反。中國今日最可令人焦慮的，是政治的形態，社會的組織，和思想的內容與形式，處處都保持中國舊有種種罪孽的特徵，太多了，太深了，所以無論什麼良法美意，到了中國都成了踰淮之橘，失去了原有的良法美意。政治的形態，從娘子關到五羊城，從東海之濱到峨嵋山脚，何處不是中國舊有的把戲？社會的組織，從破敗的農村，到簇新的政黨組織，何處不具有『中國的特徵』？思想的內容與形式，從讀經祀孔，國術國醫，到滿街的性史，滿牆的春藥廣告，滿紙的洋八股，何處不是『中國的特徵』？

我的愚見是這樣的：中國的舊文化的惰性實在大的可怕，我們正可以不必替『中國本位』擔憂。我們肯往前看的人們，應該虛心接受這個科學工藝的世界文化和它背後的精神文明，讓那個世界文化和我們的老文化自由接觸，自由切磋琢磨，借它的朝氣銳氣來打掉一點我們的老文化的惰性和暮氣。將來文化大變動的結晶品，當然是一個中國本位的文化，那是毫無可疑的。如果我們的老文化裏眞有無價之寶，禁得起外來勢力的洗滌衝擊的，那一部分不可磨滅的文化將來自然會因這一番科學文化的淘洗而格外發輝光大的。

總之，在這個我們還只僅僅接受了這個世界文化的一點皮毛的時候，侈談『創造』固是大言不慚，而妄談折衷也是適足爲頑固勢力添一種時髦的煙幕彈。（「試評所謂『中國本位的文化建設』」

中國本位

十教授在他們的宣言裏，曾表示他們不滿意於『洋務』『維新』時期的『中學爲體西學爲用』的見解。這是狠可驚異的！因爲他們的『中國本位的文化建設』正是『中學爲體西學爲用』的最新式的化裝出現。說話是全變了，精神還是那位勸學篇的作者的精神。『根據中國本位』，不正是『中學爲體』嗎？『採取批評態度，吸收其所當吸收』，不正是『西學爲用』嗎？

我們在今日必須明白『維新』時代的領袖人物也不完全是盲目的抄襲，他們也正是要一種『中國本位的文化建設」。他們很不遲疑的『檢討過去』，指出八股，小脚，鴉片等等爲『可詛咒的不良制度』；同時他們也指出孔敎，三綱，五常等等爲『可贊美的良好制度，偉大思想』。他們苦心苦口的提倡『維新』，也正如薩、何諸先生們的理想，要『存其所當存，去其所當去』。

他們的失敗是薩、何諸先生們在今日所應該引爲鑒戒的。他們的失敗只是因爲他們的主張裏含的保守的成分多過於破壞的成分，只是因爲他們太捨不得那個他們心所欲而口所不能言的『中國本位』。他們捨不得那個『中國本位』，所以他們的維新政綱到後來失敗了。到了辛亥革命成功之後，帝制推翻了，當年維新家所夢想的改革自然在那大變動的潮流裏成功了。辛亥的革命是戊戌維新家所不敢要求的，因爲推翻帝制，建立民主，豈不要毀了那個『中國本位』了嗎？然而在辛亥大革命之後，『中國本位』依然存在，於是不久大家又都安之若固有之了！

辛亥以來，二十多年了，中國經過五四時代的大震動，又經過民國十五六年國、共合作的國民革命的大震動。每一次大震動，老成持重的人們，都疾首蹙額，悲歎那個『中國本位』有隕滅的危險。尤其是民十五六的革命，其中含有世界最激烈的社會革命思潮，所以社會政治制度受的震撼也最厲害。那激烈震盪在一剎那間過去了，雖然到處留下了不可磨滅的創痕，始終沒有打破那個『中國本位』。然而老成持重的人們，却至今日還不曾擱下他們悲天憫人的遠慮。何鍵、陳濟棠、戴傳賢諸公的復古心腸當然是要維持那個『中國本位』，薩孟武、何炳松諸公的文化建設宣言也只是要護持那個『中國本位』。何鍵、陳濟棠諸公也不是盲目的全盤復古：他們購買飛機槍砲，當然也會挑選一九三五的最新模特兒；不過他們要用二千五百年前的聖經賢傳來教人做人罷了。這種精神，也正是薩、何十教授所提倡的『存其所當存，吸收其所當吸收』。

我們不能不指出，十教授口口聲聲捨不得那個『中國本位』，他們筆下儘管宣言『不守舊』，其實還是他們的保守心理在那裏作怪。他們的宣言也正是今日一般反動空氣的一種最時髦的表現。時髦的人當然不肯老老實實的主張復古，所以他們的保守心理都托庇於折衷調和的煙幕彈之下。對於固有文化，他們主張『去其渣滓，存其精英』；對於世界新文化，他們主張『取長捨短，擇善而從』：這都是最時髦的折衷論調。陳濟棠、何鍵諸公又何嘗不可以全盤採用十教授的宣言來做他的煙幕彈？他們並不主張八股小脚，他們也不反對工業建設，所以他們的新政建設也正是『取長捨短，擇善而從』；而他們的讀經祀孔也正可以掛起『去其渣滓，存其精英』的金字招牌！十教授的宣言，無一句不可以用來替何鍵、陳濟棠諸公作有力的辯護的。何也？何、陳諸公的中心理論也正是要應付『中國此時此地的需要』，建立一個中國本位的文化。（試評所謂『中國本位的文化建設』）

文化背景

但每一種新發展，不能孤立，必定有他的文化背景，必定是那個文化背景的產兒。埋頭做駢文律詩律賦八股，或者靜坐講理學的智識階級，決不會產生一個佛薩利司（Vesalius）更不會產生一個哈維（Harvey），更不會產生一個巴斯脫（Pasteur）或一個郭霍（Koch）。巴斯脫和郭霍完全是十九世紀科學最發達時代的人傑，是不用說的。佛薩利司和哈維都是那十六七世紀的歐洲一般文化的產兒，都是那新興的醫科大學教育的產兒，——他們都是意大利的巴度阿（Padua）大學出來的。那時候，歐洲的大學教育已有了五百年的發展了。那時時，歐洲的科學研究早已遠超過東方那些高談性命主靜主敬的「精神文明」了。其實東文文化的落後，還不等到十六七世紀，——到了十六七世紀，高低早已定了，勝敗早已分了：我們不記得十七世紀初期利瑪竇帶來的新天文學在中國已是無堅不摧的了嗎？——我們的科學文化的落後還得提早兩千年！老實說，我們東方人根本就不曾有過一個自然科學的文化背景。我們讀了西格里斯先生的這部醫學史，我們不能不感覺我們東方不但沒有佛薩利司、哈維、巴斯脫、郭霍；我們簡直沒有蓋倫（Galen），甚至於沒有黑剌克萊底斯（Hippocrates）！我們在今日重讀兩千幾百年前的「黑剌克萊底斯誓詞」（此書的第七篇內有全文）；不能不感覺歐洲文化的科學精神的遺風眞是源遠流長，怪不得中間一千年的黑暗時期始終不能完全掃滅古希臘羅馬的聖哲研究自然愛好眞理的遺風！這個黑剎克萊斯——蓋倫的醫學傳統，正和那多祿某（Ptolemy）的天文學傳統一樣，雖然有錯誤，終不失爲最可寶貴的古代科學的遺產。沒有多祿某，也決不會有解白勒（Keppler）葛利略（Galileo）牛敦（Newton）的新天文學。沒有黑剎克萊底斯和蓋倫，也決不會有佛薩利司、哈維以後的新醫學。——這樣的科學遺產就是我們要指出的文化背景。

「人與醫學」這部書的最大特色就是他處處使我們明白每一種新學理或新技術的歷史文化背景。埃及巴比倫的治療術固然是古希臘醫學的背景；但是希臘人的尚武精神，體力競賽的風氣，崇拜健美的人生觀，等等，也都是那個文化背景的一部分。希臘羅馬的古醫學遺產固然是文藝復興以後的新醫學的文化背景；但是中古基督教會（在許多方面是敵視科學的）重視病人，看護病人隔離不潔的風氣，文藝復興時代的好古而敢於疑古的精神，巴羅克美術（Baroque Art）注重動作的趨勢，全歐洲各地的大學教育的展開，等等，也都是這新醫學的文化背景的一部分。

這樣的描寫醫學的各個部分的歷史發展，纔是著者自己說的「用一般文化作畫布，在那上面畫出醫學的全景來」。這樣的一部醫學史最可以引導我們了解這世界新醫學的整個的意義。這樣的一部醫學史不但能使我們明白新醫學發展的過程，還可以使我們讀完這書之後回頭想想我們家裏的陰陽五行的「國醫學」在這個科學的醫學史上能夠佔一個什麼地位。（『人與醫學』的中譯本序）

文化交流

所以我們說，一百四十年的輪船，一百二十年的火車，一百年的電報，五十年的汽車，四十年的飛機，三十年的無線電報——這些重要的交通工具，在區區一百年之內，把地面更縮小，把種種自然的阻隔物都打破了，使各地的貨物可以流通，使東西南北的人可以往來交通，使各色各樣的風俗習慣，信仰思想，都可以彼此接觸，彼此了解，彼此交換。這一百多年，民族交通，文化交流的結果，已經漸漸的造成了一種混同的世界文化。

以我們中國來說：無論在都市、在鄉村，都免不了這個世界文化的影響。電燈、電話、自來水、公路上的汽車、鐵路上的火車、電報、無線電廣播、電影、空中飛來飛去的飛機，這都是世界文化的一部份。不用說了。紙煙捲裏的煙草，機器織的布，機器織的毛巾，計算時間的鐘表，也都是世界文化的一部份，甚至於我們人人家裏自己園地的大豆、老玉米，也都是世界文化的一部份。大豆是中國的土產，現在已成爲世界上最有用的一種植物了。老玉米是美洲的土產，在四五百年當中，傳遍了全世界，久已成爲世界公用品，很少人知道他是從北美來的。

反過來看，在世界別的角落裏，在歐洲美洲的都市與鄉村裏，我們也可以隨地看見許多中國的東西變成了世界文化的一部份。中國的磁器，中國的銅器，中國畫，中國雕刻，中國蠶絲，中國刺綉，是隨地可以看見的。茶葉是中國去的，橘子，菊花是中國去的，桐油是全世界工業必不可少的。中國春天最早開的迎春花，現在已成了西方都市與鄉村最常見的花了。西方女人最喜歡的白菊花，梔子花，都是中國去的。西方家園裏，公園裏，我們常看見的藤蘿花、芍藥花、丁香花、玉蘭花，也都是中國去的。

文化的交流，文化的交通，都是自由挑選的，這裏面有一個大原則，就是「以其所有，易其所無，交易而退，各得其所」。翻成白話是「我要什麼，我挑什麼來，他要什麼，他挑什麼去。」老玉米現在傳遍世界，難道是洋槍大砲逼我們種的麼？桐油，茶葉傳遍了世界，也不是洋槍大砲來搶去的。小的小到一朶花一個豆，大的大到經濟政治學術思想都逃不了這個文化自由選擇，自由流通的大趨向，三四百年的世界交通，使各色各樣的文化有個互相接近的機會。互相接近了，才可以自由挑選，自由採用。（眼前世界文化的趨向）

科學成績

這個世界文化的最重要成分是三四百年的科學成績。有些悲觀的人，看了兩次世界大戰，尤其是看了最近幾年的第二次世界大戰，他們常常說，科學是殺人的利器，是毀滅世界文化的大魔王。他們聽了兩個原子彈毀滅了日本兩個大都市，殺了幾十萬人，他們就想像將來的世界大戰一定要把整個世界文明都毀滅完了，所以他們害怕科學，咒駡科學。這種議論是錯誤的。在一個大戰爭的時期，爲了國家的生存，爲了保存人類文明，爲了縮短戰爭，科學不能不盡他的最大努力，發明有力量的武器，如第二次大戰爭裏雙方發明的種種可怕武器。但這種戰時工作，不是科學的經常工作，更不是科學的本意。科學的正常使命是充分運用人的聰明才智來求眞理，求自然界的定律，要使人類能够利用這種眞理這種定律來管理自然界種種事務力量，譬如叫電氣給我們趕車，叫電波給我們送信，這才是科學的本分，這才是利用科學的成果來增進人生的幸福。

這幾百年來的科學成績，都是朝着這個方向做去的。無數聰明才智的人，抱着求眞理的大決心，終身埋頭在科學實驗室裏，一點一滴的研究，一步一步的進步，幾百年繼續不斷的努力，發明了無數新事業，新理論，新定律，造成了人類歷史上空前的一個科學新世界。在這個新世界裏，人類的病痛減少了，人類的傳染病在文明國家裏差不多沒有了，平均壽命延長了幾十年，科學的成果應用到工業技術上造出了種種替代人工的機器，使人們可以減輕工作的勞力，增加工作的效能，使人們可以享受無數機械的奴隸伏侍。總而言之：科學文明的結果使人類痛苦減除，壽命延長，增加生產，提高生活。

因爲科學可以減除人類的痛苦，提高人生的幸福，所以現代世界文化的第一個理想目標是充分發展科學，充分利用科學，充份利用科學的成果來改善人們的生活。近世科學雖然是歐洲產生的，但在最近三十年中，科學的領導地位，已經漸漸的從歐洲轉到美國了，科學是沒有國界的，科學是世界公有的。只要有人努力，總可以有成績，所以新起來的國家如日本，如蘇俄，如印度，如中國，有一分的努力，總可以有一分科學成績，我希望我們在世界文化上有這種成分（「眼前世界文化的趨向」）

模仿與創造

壽生先生不贊成那些舊人『拿什麼五千年的古國哟，精神文明哟，地大物博哟，來遮醜』。這是不錯的。然而他自己提出的民族信心的根據，依我看來，文字上雖然和他們不同，實質上還是和他們同樣的站在散沙之上，同樣的擋不住風吹雨打。例如他說：

我們今日之改進不如日本之速者，就是因爲我們的固有文化太豐富了。富於創造性的人，個性必强，接受性就較緩。

這種思想在實質上和那五千年古國精神文明的迷夢是同樣的無稽的誇大。第一，他的原則『富於創造性的人，個性必强，接受性就較緩』，這個大前提就是完全無稽之談，就是懶惰的中國士大夫揑造出來替自己遮醜的胡說。事實上恰是相反的：凡富於創造性的人必敏於模倣，凡不善模倣的人決不能創造。創造是一個最誤人的名詞，其實創造只是模倣到十足時的一點點新花樣。古人說的最好：「太陽之下，沒有新的東西。」一切所謂創造都從模倣出來。我們不要被新名詞騙了。新名詞的模倣就是舊名詞的『學』字；『學之爲言效也』是一句不磨的老話。例如學琴，必須先模倣琴師彈琴；學畫必須先模倣畫師作畫；就是畫自然界的景物也是模倣。模倣熟了，就是學會了，工具用的熟了，方法練的細密了，有天才的人自然會『熟能生巧』，這一點工夫到時的奇巧新花樣就叫做創造。凡不肯模倣，就是不肯學人的長處。不肯學如何能創造？葛理略（Galileo）聽說荷蘭有個磨鏡匠人做成了一座望遠鏡，他就依他聽說的造法，自己製造了一座望遠鏡。這就是模倣，也就是創造。從十七世紀初年到如今，望遠鏡和顯微鏡都年年有進步，可是這三百年的進步，步步是模倣，也步步是創造。一切進步都是如此：沒有一件創造不是先從模倣下手的。孔子說的好：

三人行，必有我師焉：擇其善者而從之，其不善者而改之。

這就是一個聖人的模倣。懶人不肯模倣，所以決不會創造。一個民族也和個人一樣，最肯學人的時代就是那個民族最偉大的時代；等到他不肯學人的時候，他的盛世已過去了，他已走上衰老僵化的時期了，我們中國民族最偉大的時代，正是我們最肯模倣四鄰的時代：從漢到唐、宋，一切建築、繪畫、雕刻、音樂、宗教、思想、算學、天文、工藝，那一件裏沒有模倣外國的重要成分？佛教和他帶來的美術建築，不用說了。從漢朝到今日，我們的曆法改革，無一次不是採用外國的新法；最近三百年的曆法是完全學西洋的，更不用說了。到了我們不肯學人家的好處的時候，我們的文化也就不進步了。我們到了民族中衰的時代，只有懶勁學印度人的吸食鴉片，却沒有精力學滿洲人的不纏脚，那就是我們自殺的法門了。（「信心與反省」）

日本人的模仿

我們不可輕視日本人的模倣。壽生先生也犯了一般人輕視日本的惡習慣，抹殺日本人善於模倣的絕大長處。日本的成功，正可以證明我在上文說的『一切創造都從模倣出來』的原則。壽生說：

從唐以至日本明治維新，千數百年間，日本有一件事足爲中國取鏡者嗎？中國的學術思想在她手裏去發展改進過嗎？我們實無法說有。

這又是無稽的誣告了。三百年前，朱舜水到日本，他居留久了，能了解那個島國民族的優點，所以他寫給中國的朋友說，日本的政治雖不能上比唐、虞，可以說比得上三代盛世。這一個中國大學者在長期寄居之後下的考語，是值得我們的注意的。日本民族的長處全在他們肯一心一意的學別人的好處。他們學了中國的無數好處，但始終不曾學我們的小脚，八股文，鴉片煙。這不够『爲中國取鏡』嗎？他們學別國的文化，無論在那一方面，凡是學到家的，都能有創造的貢獻。這是必然的道理。淺見的人都說日本的山水人物畫是模倣中國的；其實日本畫自有他的特點，在人物方面的成績遠勝過中國畫，在山水方面也沒有走上四王的笨路。在文學方面，他們也有很大的創造。近年已有人賞識日本的小詩了。我且舉一個大家不甚留意的例子。文學史家往往說日本的源氏物語等作品是模倣中國唐人的小說遊仙窟等書的。現今遊仙窟已從日本翻印回中國來了，源氏物語也有了英國人衞來先生（Arthur Waley）的五巨册的譯本。我們若比較這兩部書，就不能不驚歎日本人創造力的偉大。如果『源氏』眞是從模倣遊仙窟出來的，那眞是徒弟勝過師傅千萬倍了！壽生先生原文裏批評日本的工商業，也是中了成見的毒。日本今日工商業的長脚發展，雖然也受了生活程度比人低和貨幣低落的恩惠，但他的根基實在是全靠科學與工商業的進步。今日大阪與蘭肯歇的競爭，骨子裏還是新式工業與舊式工業的競爭。日本今日自造的紡織器是世界各國公認爲最新最良的。今日英國紡織業也不能不購買日本的新機器了。這是從模倣到創近的最好的例子。不然，我們工人的工資比日本更低，貨幣平常比日本錢更賤，爲什麼我們不能『與他國資本家搶商場』呢？我們到了今日，若還要抹煞事實，笑人模倣，而自居於『富於創近性者』的不屑模倣，那眞是盲目的誇大狂了。（「信心與反省」）

固有文化並不豐富

再看看『我們的固有文化』是不是眞的『太豐富了』。壽生和其他誇大本國固有文化的人們，如果眞肯平心想想，必然也會明白這句話也是無根的亂談。這個問題太大，不是這篇短文裏所能詳細討論的，我只能指出這個比較重要之點，使人明白我們的固有文化實在是貧乏的，談不到『太豐富』的夢話。近代的科學文化，工業文化，我們可以撇開不談，因爲在那些方面，我們的貧乏未免太丟人了。我們且談談老遠的過去時代罷。我們的周、秦時代當然可以和希臘、羅馬相提比論，然而我們如果平心研究希臘、羅馬的文學、雕刻、科學、政治，單是這四項就不能使我們感覺我們的文化的貧乏了。尤其是造形美術與算學的兩方面，我們眞不能不低頭愧汗。我們試想想，『幾何原本』的作者歐幾里得（Euclid）正和孟子先後同時；在那麼早的時代，在二千多年前，我們在科學上早已太落後了！（少年愛國的人何不試拿墨子經上篇裏的三五條幾何學界說來比較『幾何原本』？）從此以後，我們所有的，歐洲也都有；我們所沒有的，人家所獨有的，人家都比我們強。試舉一個例子：歐洲有三個一千年的大學，有許多個五百年以上的大學，至今繼續存在，繼續發展：我們有沒有？至於我們所獨有的寶貝，駢文，律詩，八股，小脚，太監，姨太太，五世同居的大家庭，貞節牌坊，地獄活現的監獄，廷杖，板子夾棍的法庭，……雖然『豐富』，雖然『在這世界無不足以單獨成一系統』，究竟都是使我們抬不起頭來的文物制度。即如壽生先生指出的『那更光輝萬丈』的宋、明理學，說起來也眞正可憐！講了七八百年的理學，沒有一個理學聖賢起來指出裹小脚是不人道的野蠻行爲，只見大家崇信『餓死事極小，失節事極大』的吃人禮教：請問那萬丈光輝究竟照耀到那裏去了？（「信心與反省」）

舊道德

子固先生的主要論點是：

我們民族這七八十年以來，與歐、美文化接觸，許多新奇的現象炫盲了我們的眼睛，在這炫盲當中，我們一方面沒出息地丟了我們固有的維繫並且引導我們向上的文化，另一方面我們又沒有能够抓住外來文化之中那種能够幫助我們民族更爲强盛的一部份。結果我們走入迷途，墮落下去！

忠孝仁愛信義和平是維繫並且引導我們民族向上的固有文化，科學是外來文化中能够幫助我們民族更爲强盛的一部分。

子固先生的論調，其實還是三四十年前的老輩的論調。他們認得了富强的需要，所以不反對西方的科學工業；但他們心裏很堅決的相信一切倫紀道德是我們所固有而不須外求的。老輩之中，一位最偉大的孫中山先生，在他的通俗講演裏，也不免要敷衍一般誇大狂的中國人，說：『中國先前的忠孝仁愛信義種種的舊道德』都是『駕乎外國人』之上。中山先生這種議論，在今日往往被一般人利用來做復古運動的典故，所以有些人就說『中國本來是一個由美德築成的黃金世界』了！（這是民國十八年葉楚傖先生的名言。）

子固先生也特別提出孫中山先生的偉大，特別頌揚他能『在當時一班知識階級盲目崇拜歐、美文化的狂流中，巍然不動地指示我們救國必須恢復我們固有文化，同時學習歐、美科學。』但他如果留心細讀中山先生的講演，就可以看出他當時說那話時是很費力的，很不容易自圓其說的。例如講『修身』，中山先生很明白的說：

但是從修身一方面來看，我們中國人對於這些功夫是很缺乏的。中國人一舉一動都欠檢點，只要和中國人來往過一次，便看得很清楚。（三民主義六。）

他還對我們說：

所以今天講到修身，諸位新青年，便應該學外國人的新文化。（三民主義六。）

可是他一會兒又回過去頌揚固有的舊道德了。本來有保守性的讀者只記得中山先生頌揚舊道德的話，却不曾細想他所頌揚的舊道德都只是幾個人類共有的理想，並不是我們這個民族實行最力的道德。例如他說的『忠孝仁愛信義和平』，那一件不是東西哲人共同提倡的理想？除了割股治病，臥冰求鯉，一類不近人情的行動之外，那一件不是世界文明人類公有的理想？孫中山先生也曾說過：

照這樣實行一方面講起來，仁愛的好道德，中國人現在似乎遠不如外國。……但是仁愛還是中國的舊道德。我們要學外國，只要學他們那樣實行，把仁愛恢復起來，再去發揚光大，便是中國固有的精神。（同上書。）

在這短短一段話裏，我們可以看出中山先生未嘗不明白在仁愛的『實行』上，我們實在遠不如人。所謂『仁愛還是中國的舊道德』者，只是那個道德的名稱罷了，中山先生很明白的敎人：修身應該學外國人的新文化，仁愛也『要學外國』。但這些話中的話都是一般人不注意的。（「再論信心與反省」）

道德的高明

吳先生在他的一個新信仰的宇宙觀及人生觀裏，很大膽的說中國民族的『總和道德是低淺的』；同時他又指出西洋民族

> 什麼仁義道德，孝弟忠信，吃飯睡覺，無一不較上三族（亞剌伯，印度，中國）的人較有作法，較有熱心。……講他們的總和道德叫做高明。

這是很公允的評判。忠孝信義仁愛和平，都是有文化的民族共有的理想；在文字理論上，猶太人，印度人，亞剌伯人，希臘人，以至近世各文明民族，都講的頭頭是道。所不同者，全在吳先生說的『有作法，有熱心』兩點。若沒有切實的辦法，沒有眞摯的熱心，雖然有整千萬册的理學書，終無救於道

德的低淺。宋、明的理學聖賢，談性談心，談居敬，談致良知，終因爲沒有作法，只能走上『終日端坐，如泥塑人』的死路上去。

我所以要特別提出子固先生的論點，只因爲他的悲憤是可敬的，而他的解決方案還是無補於他的悲憤。他的方案，一面學科學，一面恢復我們固有的文化，還只是張之洞一輩人說的『中學爲體，西學爲用』的方案。老實說，這條路是走不通的。如果過去的文化是値得恢復的，我們今天不至糟到這步田地了。況且沒有那科學工業的現代文化基礎，是無法發揚什麼文化的『偉大精神』的。忠孝仁愛信義和平是永遠存在書本子裏的；但是因爲我們的祖孫只會把這些好聽的名詞都寫作八股文章，畫作太極圖，編作理學語錄，所以那些好聽的名詞都不能變成有作法有熱心的事實。西洋人跳出了經院時代之後，努力做征服自然的事業，征服了海洋，征服了大地，征服了空氣電氣，征服了不少的原質，征服了不少的微生物，——這都不是什麼『保存國粹』『發揚固有文化』的口號所能包括的工作，然而科學與工業發達的自然結果是提高了人民的生活，提高了人類的幸福，提高了各個參加國家的文化。結果就是吳稚暉先生說的『總和道德叫做高明』。（「再論信心與反省」）

西洋也有臭蟲

這些責備的話，含有一種共同的心理，就是不願意揭穿固有文化的短處，更不願意接受『祖宗罪孽深重』的控訴。一聽見有人指出『駢文，律詩，八股，小脚，太監，姨太太，貞節牌坊，地獄的監牢，板子夾棍的法庭』等等，一般自命爲愛國的人們總覺得心裏怪不舒服，總要想出法子來證明這些『未必特別羞辱我們』，因爲這些都是『不可免的現象』，『無論古今中外是一樣的』（吳其玉先生的話）。所以吳其玉先生指出日本的『下女，男女同浴，自殺，暗殺，娼妓的風行，賄賂，强盜式的國際行爲』；所以壽生先生也指出歐洲中古武士的『初夜權』，『貞操鎖』。所以子固先生也要問：『歐洲可有一個文化系統過去沒有類似小脚、太監，姨太太，駢文，律詩，八股，地獄活現的監獄，廷杖，板子夾棍的法庭一類的醜處呢？』（獨立一〇五號。）本期（獨立一〇七號）有周作人先生來信，指出這又是『西洋也有臭蟲』的老調。這種心理實在不是健全的心理，只是『遮羞』的一個老法門而已。從前笑話書上說：甲乙兩人同坐，甲摸着身上一個虱子，有點難爲情，把牠拋在地上，說：『我道是個虱子，原來不是的。』乙偏不識竅，彎身下去，把虱子拾起來，說：『我道不是個虱子，原來是個虱子！』甲的做法，其實不是除虱的好法子，乙的做法，雖然可惱，至少有『實事求是』的長處。虱子終是虱子，臭蟲終是臭蟲，何必諱呢？何必問別人家有沒有呢？

況且我原來舉出的『我們所獨有的寶貝』：駢文，律詩，八股，小脚，太監，姨太太，五世同居的大家庭，貞節牌坊，地獄的監牢，廷杖，板子夾棍的法庭，這十一項，除姨太太外，差不多全是『我們所獨有的』，『在這世界無不足以單獨成一系統的』。高跟鞋與木屐何足以媲美小脚？『貞操鎖』我在巴黎的克呂尼博物院看見過，並且帶有照片回來，這不過是幾個色情狂的私人的特製，萬不配上比那普及全國至一千多年之久，詩人頌爲香鉤，文人尊爲金蓮的小脚。我們走遍世界，研究過初民社會，沒有看見過一個文明的或野蠻的民族把他們的女人的脚裹小到三四寸，裹到骨節斷折殘廢，而一千年公認爲『美』的！也沒有看見過一個文明的民族的智識階級有話不肯老實的說，必須湊成對子，做成駢文律詩律賦八股，歷一千幾百年之久，公認爲『美』的！無論我們如何愛護祖宗，這十項的『國粹』是洋鬼子家裏搜不出來的。

況且西洋的『臭蟲』是裝在玻璃盒裏任人研究的，所以我們能在巴黎的克呂尼博物院縱觀高跟鞋的古今沿革，縱觀『貞操鎖』的製法，並且可以在博物院中購買精製的『貞操鎖』的照片寄回來讓國中人士用作『西洋也有臭蟲』的實例。我們呢？我們至今可有一個歷史博物館敢於搜集小脚鞋樣，模型，圖畫，或鴉片煙燈，煙槍，煙膏，或廷杖，板子，閘床，夾棍，等等極重要的文化史料，用歷史演變的原理排列展覽，供全國人的研究與警醒的嗎？因爲大家都要以爲滅跡就可以遮羞，所以青年一輩人全不明白祖宗造的罪孽如何深重，所以他們不能明白國家民族何以墮落到今日的地步，也不能明白這三四十年的解放與改革的絕大成績。不明白過去的黑暗，所以他們不認得今日的光明；不懂得祖宗罪孽的深重，所以他們不能知道這三四十年革新運動的努力並非全無效果。我們今日所以還要鄭重指出八股，小脚，板子，夾棍，等等罪孽，豈是僅僅要宣揚家醜？我們的用意只是要大家明白我們的脊梁上駄着那二三千年的罪孽重擔，所以幾十年的不十分自覺的努力還不能够叫我們海底翻身。同時我們也可以從這種歷史的知識上得着一種堅强的信心：三四十年的一點點努力已可以廢除三千年的太監，一千年的小脚，六百年的八股，四五百年的男娼，五千年的酷刑，這不够使我們更決心向前努力嗎！西洋人把高跟鞋，細腰模型，貞操鎖都裝置在博物院裏，任人觀看，叫人明白那個『美德造成的黃金世界』原來不在過去，而在那遼遠的將來。這正是鼓勵人們向前努力的好方法，是我們青年人不可不知道的。（「三論信心與反省」）

固有文化的三點長處

固然，博物院裏同時也應該陳列先民的優美成績，談固有文化的也應該如吳其玉先生說的『優劣並提』。這雖然不是我們現在討論的本題。（本題是『我們的固有文化眞是太豐富了嗎？』）我們也可以在此談談。我們的固有文化究竟有什麼『優』『長』之處呢？我是研究歷史的人，也是個有血氣的中國人，當然也時常想尋出我們這個民族的固有文化的優長之處。但我尋出來的長處實在不多，說出來一定叫許多青年人失望。依我的愚見，我們的固有文化有三點是可以在世界上佔數一數二的地位的：第一是我們的語言的『文法』是全世界最容易最合理的。第二是我們的社會組織，因爲脫離封建時代最早，所以比較的是很平等的，很平民化的。第三是我們的先民，在印度宗教輸入以前，他們的宗教比較的是最簡單的，最近人情的；就在印度宗教勢力盛行之後，還能勉力從中古宗教之下爬出來，勉強建立一個人世的文化：這樣的宗教迷信的比較薄弱，也可算是世界希有的。然而這三項都夾雜着不少的有害的成分，都不是純粹的長處。文法是最合理的簡易的，可是文字的形體太繁難，太不合理了。社會組織是平民化了，同時也因爲沒有中堅的主力，所以缺乏領袖，又不容易組織，弄成一個一盤散沙的國家；又因爲社會沒有重心，所以一切風氣都起於最下層而不出於最優秀的分子，所以小脚起於舞女，鴉片起於游民，一切賭博皆出於民間，小說戲曲也皆起於街頭彈唱的小民。至於宗教，因爲古代的宗教太簡單了，所以中間全國投降了印度宗教，造成了一個長期的黑暗迷信的時代，至今還留下了不少的非人生活的遺痕。——然而這三項究竟還是我們在這個世界上最特異的三點：最簡易合理的文法，平民化的社會構造，薄弱的宗教心。此外，我想了二十年，實在想不出什麼別的優長之點了。如有別位學者能够指出其他的長處來，我當然很願意考慮的。（這個問題當然不是一段短文所能討論的，我在這裏不過提出一個綱要而已。）

所以，我不能不被逼上『固有文化實在太不豐富』之結論了。我以爲我們對於固有的文化，應該採取歷史學者的態度，就是『實事求是』的態度。一部文化史平舖放着，我們可以平心細看：如果眞是豐富，我們又何苦自諱其豐富？如果眞是貧乏，我們也不必自諱其貧乏。如果眞是罪孽深重，我們也不必自諱其罪孽深重。『實事求是』，纔是最可靠的反省。自認貧乏，方纔肯死心塌地的學；自認罪孽深重，方纔肯下決心去消除罪愆。如果因爲發現了自家不如人，就自暴自棄了那只是不肖的紈袴子弟的行徑，不是我們的有志青年應該有的態度。（「三論信心與反省」）

發　明

話說長了，其他的論點不能詳細討論了，姑且討論第二個論點，那就是模倣與創造的問題。吳其玉先生說文化進步發展的方式有四種：㈠模倣，㈡改進，㈢發明，㈣創作。這樣分法，初看似乎有理，細看是不能成立的。吳先生承認『發明』之中『很多都由模倣來的』。『但也有許多與舊有的東西毫無關係的』。其實沒有一件發明不是由模倣來的。吳先生舉了兩個例：一是瓦特的蒸汽力，一是印字術。他若翻開任何可靠的歷史書，就可以知道這兩件也是從模倣舊東西出來的。印字術是模倣抄寫，這是最明顯的事：從抄寫到刻印章，從刻印章到刻印板畫，從刻印板畫到刻印符咒短文，逐漸進到刻印大部書，又由刻板進到活字排印，歷史具在，那一個階段不是模倣前一個階段而添上的一點新花樣？瓦特的蒸汽力，也是從模倣來的。瓦特生於一七三六年，他用的是牛可門（Newcomen）的蒸汽機，不過加上第二個凝冷器及其他修改而已。牛可門生於一六六三年，他用了同時人薩維里（Savery）的蒸汽機。牛薩兩人又都是根據法國人巴平（Denis Papin）的蒸汽唧筒。巴平又是模倣他的老師荷蘭人胡根斯（Huygens）的空氣唧筒的。（看 Kaempffert: Modern Wonder Workers, pp. 467—503）吳先生舉的兩個『發明』的例子，其實都是我所說的『模倣到十足時的一點新花樣』。吳先生又說：『創作也須靠模倣爲入手，但祇模倣是不夠的。』這和我的說法有何區別？他把『創作』歸到『精神文明』方面，如美術，音樂，哲學等。這幾項都是『模倣以外，還須有極高的開闢天才，獨立的精神。』我的說法並不曾否認天才的重要。我說的是：

模倣熟了，就是學會了，工具用的熟了，方法練的細密了，有天才的人自然會『熟能生巧』這一點功夫到時的奇巧新花樣就叫做創造。（信心與反省頁四八〇。）吳先生說：

『創造須由模倣入手。』我說：『一切所謂創造都從模倣出來。』我看不出有一絲一毫的分別。

如此看來，吳先生列擧的四個方式，其實只有一個方式：一切發明創作都從模倣出來。沒有天才的人只能死板的模倣；天才高的人，功夫到時，自然會改善一點；改變的稍多一點，新花樣添的多了，就好像是一件發明或創作了，其實還只是模倣功夫深時添上的一點新花樣。

這樣的說法，比較現時一切時髦的創造論似乎要減少一點弊竇。今日青年人的大毛病是誤信『天才』『靈感』等等最荒謬的觀念，而不知天才沒有功力只能蹉跎自誤，一無所成。世界大發明家愛迭生說的最好：『天才（Genius）是一分神來，九十九分汗下。』他所謂『神來』（Inspiration），卽是玄學鬼所謂『靈感』。用血汗苦功到了九十九分時，也許有一分的靈巧新花樣出來，那就是創作了。頽廢懶惰的人，癡待『靈感』之來，是終無所成的。壽生先生引孔子的話：『吾嘗終日不食，終夜不寢，以思，無益，不如學也。』這一位最富於常識的聖人的話是值得我們大家想想的（「三論信心與反省」）

中國思想的敗績

我們將日本與中國兩相比較，對於這一點就更易於明瞭。一千二百年前，中國就開始反對佛教了。孔子之人道主義，老子之自然主義，都是極力反對中古之宗教的。八世紀時的大乘佛教變爲禪宗，而禪宗不過是中國古代的自然主義而已。九世紀時，禪宗極力反對偶像，差不多與佛教脫離了。

到了十一世紀，儒教又復興。自此以後，佛教的勢力，就逐漸消失了。因此，後來新起的儒教，成爲學者的哲理，以理智的態度，『致知格物』。到了十七世紀中葉，學者對於一切研究考據，純粹用科學的方法。凡文字版本歷史等考據學，都必須以事實爲根據。各學者既採用此種方法，以故中國近三百年的學術，極合乎科學的方法；而許多歷史的科學，如文字學、版本學、漢學、古物學等，都極其發達。

中國雖則倡導人文主義，脫離宗教的覊絆，然而今日仍舊在落後的地位。她推翻了中古時代的宗教，但是對於大多人民的生活，仍舊沒有什麼改進。她善於利用科學方法，但是這方法只限於圖籍方面。她的思想得了自由，但是她沒有利用思想戰勝物質的環境，使人民的日常生活也得自由。五百年的哲學思想，不能使中國逃出盜賊饑荒的災害，以故十七世紀的學者，實在是灰心。於是他們不得不捨棄那空洞的哲學，而從事於他們所謂『有用的學識』。但是他們何嘗夢想到這三百年來所用的苦工，雖則是用科學方法，仍不免只限於書本上的學識，而對於普通人民的日常生活，毫無補救呢？（「東西文化之比較」）

中國前途

中國急需之三術

今日吾國之急需，不在新奇之學說，高深之哲理，而在所以求學論事觀物經國之術。以吾所見言之，有三術焉，皆起死之神丹也：

一曰歸納的理論，

二曰歷史的眼光，

三曰進化的觀念。（「胡適留學日記」）

穩健派

人問今日國事大勢如何。答曰，很有希望。因此次革命的中堅人物，不在激烈派，而在穩健派，即從前的守舊派。這情形大似美國建國初年的情形。美國大革命，本是激烈的民黨鬧起來的。後來革命雖成功，政府可鬧得太不成樣子。那時的美國，比今日的中國正不相上下，怕還更壞呢。後來國中一般穩健的政客，如漢彌兒登華盛頓之類，起了一次無血的革命，推翻了臨時約法（The Articles of Confederation）重造新憲法，重組新政府，遂成今日的憲法。從前的激烈派如節非生之徒，那時都變成少數的在野黨（即所謂反對黨——Opposition），待到十幾年後纔掌國權。

我國今日的現狀，頑固官僚派和極端激烈派兩派同時失敗，所靠者全在穩健派的人物。這班人的守舊思想都爲那兩派的極端主義所掃除，遂由守舊變爲穩健的進取。況且極端兩派人的名譽（新如黃興，舊如袁世凱）皆已失社會之信用，獨有這班穩健的人物如梁啓超張謇之流名譽尚好，人心所歸。有此中堅，將來勢力擴充，大可有爲。

將來的希望，要有一個開明强硬的在野黨做這穩健黨的監督，要使今日的穩健不致變成明日的頑固，——如此，然後可望有一個統一共和的中國。（「胡適留學日記」）

人擇

今之持强權之說者，以爲此天演公理也。不知『天擇』之上尚有『人擇』。天地不仁，故弱爲强食。而人擇則不然。人也者，可以勝天者也。吾人養老而濟弱，扶創而治疾，不以其爲老弱殘疾而淘汰之也，此人之仁也。或問墨子：『君子不鬬，信乎？』曰：『然』。曰：『狗彘猶鬬，而況於人乎』？墨子曰：『傷哉！言則稱於湯文，行則同於狗彘』！今之以弱肉强食之道施諸人類社會國家者，皆墨子所謂『行則同於狗彘』者也。

今之欲以增兵備救中國之亡者，其心未嘗不可嘉也，獨其愚不可及耳。試問二十年內中國能有足以敵日俄英法之海陸軍否？必不能也。卽令能矣，而日俄英法之必繼長增高，無有已時，則吾國之步趨其後亦無有已時，而戰禍終不可免也，世界之和平終不可必也。吾故曰此非根本之計也。

根本之計奈何？與吾敎育，開吾地藏，進吾文明治吾內政：此對內之道也。對外則力持人道主義，以個人名義兼以國家名義力斥西方强權主義之非人道，非耶教之道，一面極力提倡和平之說，與美國合力鼓吹國際道德。國際道德進化，則世界始可謂眞進化，而吾國始眞能享和平之福耳。

難者曰，此迂遠之談，不切實用也，則將應之曰：此七年之病，求三年之艾也。若以三年之期爲迂遠，則惟有坐視其死耳。吾誠以三年之艾爲獨一無二之起死聖藥也，則今日其求之之時矣，不可緩矣。

此吾所以提倡大同主義也，此吾所以自附於此邦之『和平派』也，此吾所以不憚煩而日夕爲人道主義之研究也。吾豈好爲迂遠之談哉？吾不得已也。（「胡適留學日記」）

造因

………適近來勸人，不但勿以帝制攖心，卽外患亡國亦不足顧慮。儻祖國有不能亡之資，則祖國決不致亡。儻其無之，則吾輩今日之紛紛，亦不能阻其不亡。不如打定主意，從根本下手，爲祖國造不能亡之因，庶幾猶有雖亡而終存之一日耳。

………適以爲今日造因之道，首在樹人；樹人之道，端賴教育。故適近來別無奢望，但求歸國後能以一張苦口，一支禿筆，從事於社會教育，以爲百年樹人之計：如是而已。

………明知樹人乃最迂遠之圖。然近來洞見國事與天下事均非捷徑所能爲功。七年之病，當求三年之艾。儻以三年之艾爲迂遠而不爲，則終亦必亡而已矣。………（「胡適留學日記」）

造新因

可靠的民族信心，必須建築在一個堅固的基礎之上，祖宗的光榮，自是祖宗之光榮，不能救我們的痛苦羞辱。何況祖宗所建的基業不全是光榮呢？我們要指出：我們的民族信心必須站在『反省』的唯一基礎之上。反省就是要閉門思過，要誠心誠意的想，我們祖宗的罪孽深重，我們自己的罪孽深重；要認清了罪孽所在，然後我們可以用全副精力去消災滅罪。壽生先生引了一句『中國不亡是無天理』的悲歎詞句，他也許不知道這句傷心的話是我十三四年前在中央公園後面柏樹下對孫伏園先生說的，第二天被他記在晨報上，就流傳至今。我說出那句話的目的，不是要人消極，是要人反省：不是要人灰心，是要人起信心，發下大弘誓來懺悔，來替祖宗懺悔，替我們自己懺悔；要發願造新因來替代舊日種下的惡因。（「信心與反省」）

活馬作死馬醫

吾嘗以爲今日國事壞敗，不可收拾，決非剜肉補瘡所能收效。要須打定主意，從根本下手，努力造因，庶猶有死灰復燃之一日。若事事爲目前小節細故所牽掣，事事但就目前設想，事事作敷衍了事得過且過之計，則大事終無一成耳。

吾國古諺曰，『死馬作活馬醫』。言明知其無望，而不忍決絕之，故盡心力而爲之是也，吾欲易之曰，『活馬作死馬醫』、活馬雖有一息之尚存，不如斬釘截鐵，認作已死，然後敢拔本清源，然後忍斬草除根。若以其尚活也，而不忍痛治之，而不敢痛治之，則姑息苟安，終於必死而已矣。（「胡適留學日記」）

現代化

我個人近年常常想過，我們這幾十年的革新工作，無論是緩和的改良運動，或是急進的革命工作，都犯了一個大毛病，就是太偏重主義而忽略了用主義來幫助解決的問題。主義起於問題，而迷信主義的人往往只記得主義而忘了問題。「現代化」也只是一個問題，這個問題的明白說法應該是這樣的：「怎樣解決中國的種種困難，使她在這個現代世界裏可以立脚，可以安穩過日子。」中國的現代化只是怎樣建設起一個站得住的中國，使她在這個現代世界裏可以佔一個安全平等的地位。問題在於建立中國，不在於建立某種主義。一切主義都只是一些湯頭歌訣，他們的用處只在於供醫生的參考採擇，可以在某種症候之下醫治病人的某種苦痛，醫生不可只記得湯頭歌訣，而忘了病人的苦痛；我們也不可只記得主義，而忘了我們要用主義來救治建立的祖國（「建國問題引論」）

武　化

在這裏，我可以連帶提到廣西給我的第四個印象，那就是武化的精神。我用「武化」一個名詞，不是譏諷廣西，實是頌揚廣西。我的朋友傅孟眞先生曾說，「學西洋的文明不難，最難學的是西洋野蠻。」他的意思是說，學西洋文化不難，學西洋的武化最難。我們中國人聰明才智足够使我們學會西洋的文明。但我們的傳統的舊習慣，舊禮教，都使我們不能在短時期內學會西洋人的尚武風氣。西洋民族所到的地方，個個國家都認識他們的武力的優越，然而那無數國家之中，只有日本學會了西洋的武化，其餘的國家——從紅海到太平洋——沒有一個學會了這個最令人歆羡而又最不易學的方面。然而學不會西洋武化的國家，也沒有工夫來好好的學習西洋的文化，因爲他們沒有自衞力，所以時時在救亡圖存的危機中，文化的努力是不容易生效力的。

中國想學人家的武化（强兵），如今已不止六十年了，始終沒有學到家。這是很容易解釋的。中國本是一個受八股文人統治的國家，根本就有賤視武化的風氣，所以當日倡辦武備學堂和軍官學校的大臣，決不肯把他們自己的子弟送進去學武備。日本所以容易學會西洋的武化，正因爲武士在封建的日本原是地位最高的一個階級。在中國，儘管有歌頌綠林好漢的小說，當兵却是社會最賤視的職業，比做綠林强盜還低一級！在這種心理沒有轉變過來的時候，武化是學不會的。

在最近十年中，這種心理才有點轉變了。轉變的原因是頗複雜的：第一是新式教育漸漸收效了，「壯健」漸漸成爲人們羡慕的對象了，運動場上的好漢也漸漸被社會崇拜了。第二是辛亥革命以來中央各省的政權往往落在軍人手裏，軍人的地位抬高了。第三是民十四五年之間，革命軍隊有了主義的宣傳，多有青年學生的熱心參加，使青年人對於「革命軍人」發生信仰與崇羡。第四是最近四年的國難，尤其是淞滬之戰與長城之戰，使青年人都感覺武裝捍衞國家是一種最光榮的事業。——這裏最後的兩個原因，是上文所說的心理轉變的最重要原因。軍人的可羨慕，不在乎他們的地位之高或權威之大，在乎他們的能爲國家出死力，爲主義出死力。這才是心理轉變的眞正起點。

可惜這種心理轉變來的太緩、太晚，所以我們至今還不曾做到武化，還不曾做到民族國家的自衞力量。但在全國之中，廣西一省似乎是個例外。我們在廣西旅行，不能不感覺到廣西人民的武化精神確是比別省人民高的多，普遍的多。這不僅僅是全省灰布制服給我們的印象，也不僅僅是民團制度給我們的印象。我想這裏的原因，一部分是歷史的，一部分是人爲的。一是因爲廣西民族中有苗、猺、獞、狪、猓猓（今日官書均改寫「傜、童、同、令、果果」）諸原種，富有強悍的生活力，而受漢族柔弱文化的惡影響較少。（廣西沒有鄒魯校長和古直主任，所以我這句話是不會引起廣西朋友的誤會的。）一是因爲太平天國的威風至今還存留在廣西人的傳說裏。一是因爲廣西在近世史上頗有受民衆崇拜的武將，如劉永福、馮子材之流，而沒有特別出色的文人，所以民間還不曾有重文輕武的風氣。一是因爲在最近的革命戰史上，廣西的軍隊和他們的領袖曾立大功，得大名，這種榮譽至今還存在民間。一是因爲最近十年中，全省雖然屢次經過大亂，收拾整頓的工作都是幾個很有能力的軍事領袖主持的，在全省人民的心目中，他們是很受崇敬的。——因爲這種種原因，廣西的武化，似乎比別省特別容易收效。我到邕寧的時候，還在「新年」時期，白健生先生邀我到公共體育場去看「舞獅子」的競賽，獅子有九隊，都是本地公務人員和商人組織的。舞獅子之外，還有各種武術比賽，參加的有不少的女學生，有打拳的、有舞刀的。利用「過年」來提倡尚武的精神，也是廣西武化的一種表示。至於民團訓練的成績是大家知道的。去年蕭克西竄，廣西派出剿禦的軍隊只有六團是省軍，其餘都是民團，結果是把蕭克主力差不多打完了。去冬朱毛西竄，廣西派出的省軍作戰的只有十一團，民團加入的有十五聯隊，共約二萬人，結果是朱毛大敗而逃，死的三千多，俘虜的七千多。廣西學校裏的軍事訓練，施行比別省早，成績也比別省好。在學校裏，不但學生要受軍訓，校長教職員也要受軍訓，所以學校裏的「大隊長」的地位與權力往往比校長高的多。中央頒布的兵役法，至今未能實行。廣西却已在實行了；去多剿共之後，軍隊需要補充，省府實行徵兵八千名，居然如期滿額。若在江南各省，能做到這樣的成績嗎？廣西徵兵之法是預先在各地宣傳國民服兵役的重要和光榮；由政府派定各區應抽出壯丁的比例，例如某村有壯丁百人，應徵二十分之一，村長（卽小學校長，卽後備隊隊長）卽召集這一百壯丁，問誰願應徵；若願去者滿五人，卽已足額；若不足五人，卽用抽籤法決定誰先去應徵。這次徵來的新兵，我們在桂林遇見一些，都是很活潑高興的少年，有進過中學一兩年的有高小畢業的。在那獨秀峯最高亭子上的晚照裏，我們看那些活潑可愛的灰布青年在那兒自由眺望，自由談論，我們眞不勝感歎國家民族爭生存的一線希望是在這一輩武化青年的身上了！（「南遊雜憶」）

民國以來

在旁的國家，往往有統制者，有良風美德的中心，故往往可以不流血而改革。在我們中國，根本就沒有這良風美德的中心，自古以來根本就沒有貴族、資產、知識階級在上頭領導着，根本就是平民化的社會，忽然在上面加上一層壓力，憑着祖宗偶然的成功的異族，用吃人的禮教包庇這高壓的手段，在這狀況之下，非破壞不可，因爲中國根本就沒有領袖階級，所以好壞風氣都由民間來的，往往民間運動一出來，就會被上面壓力制止的。清末北京演新戲，只要御史奏上一本，立刻就可摧殘了。還有一八八九年的帝制改革一百天裏頭，建樹了不少的新政，當時很惹起全世界的注意。但是不久，老太太出來了，一聲令下，把所有的新政都摧毀淨盡，辦新政的人們死的死，亡的亡。假如沒有辛亥的成功，推倒高壓勢力的話，恐怕在這二十三年裏更沒有什麼建樹了，所以我們第一要算一算，破壞的究竟是些什麼？

皇帝的打倒，兩次復辟的消滅！

除非再由外面來一個高壓勢力，我想我們中國不會再有帝制了，所以這是中國有史以來第一個大改革，不但皇帝被打倒了，像什麼三宮、六院、太監、貴胄……種種制度，都被皇帝帶走了，這層壓迫打破了以後，人民可以自由了。例如婦女剪髮，在二十三年前，能這樣容易嗎？在二十三年前男女能夠同校嗎？從前京師大學堂只許二十幾歲的青年講經讀文，一點改革也不許，學監是戴紅纓帽的，一切一切，都是換湯不換藥，在那時雖然說是「天高皇帝遠」，但不許你動，你就不敢動，現在是大大的改變了。特別是政治上的改革，很明顯的看出來，至於古文、駢文、非刑種種、都被打倒了。

至於建設方面呢，雖然人民還沒達到自由平等的地步，但物質建設上不能不承認有很快的進步，例如交通方面，隴海、平綏等路都拉長了，公路的發展，雖然在商業上價值不大，但也較勝於無啊！譬如在民初甘肅的商會代表到北京來，得走一百零四天，而現在只用十四天就够了，要乘坐飛機，三天就可以到，這樣看來，進步不爲不多啦。教育方面，王部長在廣播電台演說中，他報告全國小學生較民初加四倍，中學生加十倍，大學生加一百倍，固然這樣增加是不正當，但進步不能算不快啊！我記得我在中學時代，幾何、代數，都是日本人敎，其餘如博物、理化……沒有一個不是日本人敎，現在呢，在一百一十個大學裏，除去少數有歷史關係外，凡科學主任敎師都是中國人了，如清華的物理系，和北大的地質系，成績到那國都說得出了，特別是地質學，不但研究而且有組織，兩三個人領導之下，在二十一年中，居然在世界上得有很重要的地位了，可見我們中國的學術是在長足邁進呢。其次我們要看看社會上的改革，如不久以前，天津地方法院判決了一個父母謀害親女案，因爲他們的女兒和人通姦，法律上沒追究，而他們任意追究處理，將親女溺死，判了十三年徒刑，這種改革是多麼大！此外如婚姻問題，在上海報紙上天天可以看到「某某意見不合，双方脫離關係……」等啓事，這種情形在已往是不允許的，到現在都不認爲稀奇了，並且在民法上規定了十一條，只要有其中的某個條件，就可以離異，這不能不承認是社會上一大改革呀！（「究竟在這二十三年裏做些什麼」）

五四以後的方向

張熙若先生很大膽的把五四運動和民國十五六年的國民革命運動相提並論，並且很大膽的說這兩個運動走的方向相同的。這種議論在今日必定要受不少的批評，因爲有許多人決不肯承認這個看法。平心說來，張先生的看法也不能說是完全正確。民國十五六年的國民革命運動至少有兩點是和民國六七八年的新運動不同的：一是蘇俄輸入的黨紀律，一是那幾年的極端民族主義。蘇俄輸入的鐵紀律含有絕大的「不容忍」（Intoleration）的態度，不容許異己的思想，這種態度是和我們在五四前後提倡的自由主義很相反的。民國十六年的國共分離，在歷史上看來，可以說是國民黨對於這種不容異己的專制態度的反抗。可惜清黨以來，六七年中，這種「不容忍」的態度養成的專制習慣還存在不少人的身上。剛推翻了布爾什維克的不容異己，又學會了法西斯蒂的不容異己，這是很不幸的事。

「五四」運動雖然是一個很純粹的愛國運動，但當時的文藝思想運動却不是狹義的民族主義運動。蔡元培先生的教育主張是顯然帶有「世界觀」的色彩。（言行錄一九七頁）「新青年的同人都很嚴厲的批評指斥中國舊文化。其實孫中山先生也是抱着大同主義的，他是信仰「天下爲公」的理想的。但中山先生晚年屢次說起鮑洛庭同志勸他特別注重民族主義的策略，而民國十四五年的遠東局勢，又逼我們中國人不得走上民族主義的路。十四年到十六年的國民革命的大勝利，不能不說是民族主義的旗幟大成功。可是民族主義有三個方面：最淺的是排外，其次是擁護本國固有的文化，最高又最艱難的是努力建立一個民族的國家。因爲最後一步是最艱難的，所以一切民族主義運動往往最容易先走上前面的兩步。濟南慘案以後，九一八以後極端的叫囂的排外主義稍稍減低了，然而擁護舊文化的喊聲又四面八方的熱鬧起來了。這裏面容易包藏守舊開倒車的趨勢，所以也是很不幸的。

在這兩點上，我們可以說，民國十五六年的國民革命運動，是不完全和五四運動同一個方向的。但就大體上說，張熙若先生的看法也有不小的正確性。孫中山先生是受了很深的安格魯撒克遜民族的自由主義的影響的，他無疑的是民治主義的信徒，又是大同主義的信徒。他一生奮鬥的歷史都可以證明他是一個愛自由愛獨立的理想主義者。我們看他在民國九年一月「與海外同志書」（引見上期獨立）裏那樣贊揚五四運動，那樣承認「思想之轉變」爲革命成功的條件；我們更看他在民國十三年改組國民黨時那樣容納異己思想的寬大精神，——我們不能不承認，至少孫中山先生理想中的國民革命是和五四運動走同一方面的，因爲中山先生相信「革命之成功必有賴於思想之轉變」，所以他能承認五四運動前後的「新文化運動實爲最有價值的事」。思想的轉變是在思想自由言論自由的條件之下個人不斷的努力的產兒。個人沒有自由，思想又何從轉變，社會又何從進步，革命又何從成功呢？（「各人自由與社會進步」）

五大仇敵

我們要打倒五個大仇敵：

第一大敵是貧窮。

第二大敵是疾病。

第三大敵是愚昧。

第四大敵是貪汚。

第五大敵是擾亂。

這五大仇敵之中，資本主義不在內，因爲我們還沒有資格談資本主義。資產階級也不在內，因爲我們至多有幾個小富人，那有資產階級？封建勢力也不在內，因爲封建制度早已在二千年前崩壞了。帝國主義也不在內，因爲帝國主義不能侵害那五鬼不入之國。帝國主義爲什麼不能侵害美國和日本？爲什麼偏愛光顧我們的國家！豈不是因爲我們受了這五大惡魔的毁壞，遂沒有抵抗的能力嗎？故即爲抵抗帝國主義起見，也應該先剷除這五大敵人。（「我們走那條路」）

貧窮

這五大敵人是不用我們詳細證明的。余天休先生曾說中國人口百分之九十五在貧窮線以下。張振之先生（目前中國社會的病態）估計貧民數目佔全國人口三分之一以上。張先生引四川李敬穆先生的話，說：依據甘布爾，狄麥爾，以及北京的成府，安徽的湖邊村的調查，中國窮人總數當佔全國人口百分之五十。（李先生假定一家最低生活費爲一三〇元至一六〇元，凡一家庭每年收入在這數目以下，便是窮人。）近來所得社會調查的結果，如李景漢先生『北平郊外之鄉村家庭』等書所報告，都可以證明李敬穆先生的估計是大體不錯的。有些地方的窮人竟在百分之七十三以上，（李景漢調查北平郊外掛甲屯的結果。）或竟至百分之八十二以上（民十一華洋義賑會調查結果。）這就離余天休先生的估計不遠了。這是我們的第一大敵。（「我們走那條路」）

疾病

疾病是我們種弱的大原因。瘟疫的殺人，肺結核花柳病的殺人滅族，這都是看得見的。還有許多不明白殺人而勢力可以毀滅全村，可以衰弱全種的疾病，如瘧疾便是最危險又最普遍的一種。近年有科學家說希臘之亡是由於瘧疾，羅馬的衰亡也由於瘧疾。這話我們聽了也許不相信。但我們在中國內地眼見整個的村莊漸漸被瘧疾毀爲荆棘地，眼見害瘧疾的人家一代之後人丁絕滅，眼見有些地方竟認瘧疾爲與生俱來不可避免的病痛，（我們徽州人叫牠做『胎瘧』，說人人都得害一次的！）我們不得不承認瘧疾可怕甚於肺結核，甚於花柳，甚於鴉片，在別的國家，瘧疾是可以致死的，故人人知道牠可怕。中國人受瘧疾的侵害太久了，養成了一點抵抗力，可以苟延生命，不致於立死，故人都不覺其可怕。其實正因爲牠殺人不見血，滅族不留痕，故格外可怕。我們沒有人口統計，但世界學者近年都主張中國人口減少而不見增加。我們稍稍觀察內地的人口減少的狀態，不能不承認此說的眞確。張振之先生在他的中國社會的病態裏，引了一些最近的各地統計，無一處不是死亡率超過出生率的。例如：

廣州市　十七年五月到八月　每週死亡超過出生平均爲六十人。

廣州市　十七年八月到十一月　每週死亡超過出生平均六十七人。

南京市　十七年一月到十一月　平均每月多死二百七十一人，每週平均多死六十二人。不但城市如此，內地人口減小的速度也很可怕。我在三十年之中就親見家鄉許多人家絕嗣衰滅。疾病瘟疫橫行無忌，醫藥不講究，公共衞生不講究，那有死亡不超過出生的道理？這是我們的第二大敵。（「我們走那條路」）

愚昧

愚昧是更不須我們證明的了。我們號稱五千年的文明古國，而沒有一個三十年的大學。北京大學去年十二月滿三十一年，聖約翰去年十二月滿五十年，都是連初期幼稚時代計算在內。）在今日的世界，那有一個沒有大學的國家可以競爭生存的？至於每日費一百萬元養兵的國家，而沒有錢辦普及教育，這更是國家的自殺了。因爲愚昧，故生產力低微，故政治力薄弱，故知識不够救貧救災救荒救病，故缺乏專家，故至今日國家的統治還在沒有知識學問的軍人政客手裏。這是我們的第三大敵。（「我們走那條路。」）

貪污

貪污是我們這個民族的最大特色。不但國家公開『捐官』曾成爲制度，不但二十五年沒有考試任官制度之下的貪污風氣更盛行，這個惡習慣其實已成了各種社會的普遍習慣，正如亨丁頓說的：

中國人生活裏有一件最惹厭的事，就是有一種特殊的貪小利行爲，文言叫做『染指』，俗語叫做『揩油』。上而至於軍官的尅扣軍糧，地方官吏的刮地皮，庶務買辦的賺錢，下而至於家裏老媽子的『揩油』，都是同性質的行爲。這是我們的第四大敵。（「我們走那條路」）

擾亂

擾亂也是最大的仇敵。太平天國之亂毀壞了南方的精華區域，六七十年不能恢復。近二十年中，紛亂不絕，整個的西北是差不多完全毀了，東南西南的各省也都成了殘破之區，土匪世界。美國生物學者卓爾登（David Starr Jordan）曾說，日本所以能革新強盛，全靠維新以前有了二百五十年不斷的和平，積養了民族的精力，才能够發憤振作。我們眼見這二十年內戰的結果，貧窮是更甚了，疾病死亡是更多了，教育是更破產了，——避兵避匪逃荒逃死還來不及，那能辦教育？——租稅是有些省分預征到民國一百多年的了，貪汚是更明目張膽的了。（中國評論週報本年一月三十日社論說，民國成立以來，官吏貪汚更甚於從前。）然而還有無數人天天努力製造內亂！這是我們的第五大仇敵。（「我們走那條路」）

我們要建立的

我們要建立的是什麼？

我們要建立一個治安的，普遍繁榮的，文明的，現代的統一國家

『治安的』包括良好的法律政治，長期的和平，最低限度的衞生行政。『普遍繁榮的』包括安定的生活，發達的工商業，便利安全的交通，公道的經濟制度，公共的救濟事業。『文明的』包括普遍的義務教育，健全的中等教育，高深的大學教育，以及文化各方面的提高與普及。『現代的』總括一切適應現代環境需要的政治制度，司法制度，經濟制度，教育制度，衞生行政，學術研究，文化設備等等。

這是我們的目的地。我們深信：決沒有一個『治安的，普遍繁榮的，文明的，現代的統一國家』而不能在國際不享受獨立，自由，平等的地位的。我們不看見那大戰後破產而完全解除軍備的德國在戰敗後八年被世界列國恭迎入國際聯盟，並且特別爲她設一個長期理事名額嗎？（「我們走那條路」

「反　革　命」

我們都是不滿意於現狀的人，我們都反對那孏惰的『聽其自然』的心理。然而我們仔細觀察中國的實際需要和中國在世界的地位，我們也不能不反對現在所謂『革命』的方法。我們很誠懇地宣言：中國今日需要的，不是那用暴力專制而製造革命的革命，也不是那用暴力推翻暴力的革命，也不是那懸空捏造革命對象因而用來鼓吹革命的革命。在這一點上，我們寧可不避『反革命』之名，而不能主

張這種種革命都只能浪費精力，煽動盲動殘忍的劣根性，擾亂社會國家的安寧，種下相殘害相屠殺的根苗，而對於我們的眞正敵人，反讓他們逍遙自在，氣燄更兇，而對於我們所應該建立的國家，反越走越遠。

我們的眞正敵人是貧窮、是疾病、是愚昧、是貪汚、是擾亂。這五大惡魔是我們革命的眞正對象，而他們都不是用暴力的革命所能打倒的。打倒這五大敵人的眞革命只有一條路，就是認清了我們的敵人，認清了我們的問題，集合全國的人才智力，充分採用世界的科學知識與方法，一步一步的作自覺的改革，在自覺的指導之下，一點一滴的收不斷的改革之全功。不斷的改革收功之日，即是我們的目的地達到之時。

這個根本態度和方法，不是嬾惰的自然演進，也不是盲目的暴力革命，也不是盲目的口號標語式的革命，只是用自覺的努力作不斷的改革。

這個方法是很艱難的，但是我們不承認別有簡單容易的方法。這個方法是很迂緩的，但是我們不知道有更快捷的路子。我們知道，喊口號貼標語不是更快捷的路子。我們知道，機關槍對打不是更快捷的路子，我們知道，暴動與屠殺不是更快捷的路子。然而我們又知道，用自覺的努力來指導改革，來促進變化，也許是最快捷的路子，也許人家需要幾百年逐漸演進的改革，我們能在幾十年中完全實現。（「我們走那條路」）

老祖宗造孽

我們的大病源，依我看來，是我們的老祖宗造孽太深了，禍延到我們今日。二三十年前人人都知道鴉片、小脚、八股，爲『三大害』；前幾年有人指出貧、病、愚昧、貪汚、紛亂，爲中國的『五鬼』；今年有人指出儀文主義、貫通主義、親故主義爲『三個亡國性的主義』。（獨立第十二號。）這些話，現在的青年人都看做老生常談了，然而這些大病根的眞實是絕對無可諱的。這些大毛病都不是一朝一夕發生的，都是千百年來老祖宗給我們留下的遺產。這些病痛『有一於此，未或不亡』，何況我們竟是兼而有之，種種亡國滅種的大病都叢集在一個民族國家的身上！向來所謂『東方病夫國』，往往單指我們身體上的多病與軟弱，其實我們身體上的病痛固然不輕，精神上的病痛更多，又更難治。卽如『纏脚』，豈但是殘賊肢體而已！把半個民族的分子不當作人看待，讓她們做了牛馬，還要砍折她們的兩腿，這種精神上的風狂慘酷，是千百年不容易洗刷得乾淨的。又如『八股』，豈但是一種文章格式而已！把全國的最優秀秀子的聰明才力都用在變文字戲法上，這種精神上的病態養成的思想習慣也是千百年不容易改變的。——這些老祖宗遺留下的孽障，是我們這個民族的根本病。在這個心身都病的民族遺傳上，無論什麼良法美意一到中國都成了『踰淮之橘』，都變成四不像了。

所謂民族自救運動，其實只是要救治這些根本病痛。這些病根不除掉，什麼打倒帝國主義，什麼民族復興，都是廢話。例如鴉片，現在帝國主義的國家並不用兵力來强逼我們銷售了，然而各省的鴉片，勒種的是誰呢？抽稅的是誰呢？包運包銷的是誰呢？那無數自己情願吸食的又是誰呢？（「慘痛的回憶與反省」）

九一八

九一八的事件，不是孤立的，不是偶然的，不是意外的，他不過是五六十年的歷史原因造成的一個危險局面的一個爆發點。這座火山的爆發已不止一次了。第一次的大爆發在三十八年前的中、日戰爭，第二次在三十五年前的俄國佔據旅順、大連，第三次在庚子拳亂期間俄國進兵東三省，第四次在二十八年前的日、俄戰爭，第五次在十七年前的二十一條交涉。去年九一八之役是第六次的大爆發，總給我們一個絕大的刺激，所以第一、二次的爆發引起了戊戌維新運動和庚子的拳亂。日、俄戰爭促進了中國的革命運動，滿清皇室終於顚覆。二十一條的交涉對於後來國民革命的成功也有絕大的影響：袁世凱的帝制運動及其失敗，安福黨人的賣國借款，巴黎和約引起的學生運動，學生運動引起的中國共產黨的組織與中國國民黨的改組：此等事件都與國民革命的運動有直接或時間的關繫。所以我們可以說民四的中、日交涉產生了民十五六年的國民革命。

反響是有的，然而每一次反響都不曾達到挽救危亡的目標，都不曾做到建設一個有力的統一國家的目標。況且每一次的前進，總不免同時引起了不少的反動勢力：戊戌維新沒有成功，反動的慈禧黨早已起來了，就引起了庚子的國耻。辛亥革命剛推倒了一個枯朽的滿淸帝室，北洋軍人與政客的反動大團結又早已起來了。民十五六年的國民革命還沒有完全勝利，腐化和惡化的趨勢都已充分顯露了。三十多年的民族自救運動，沒有一次不是前進的新勢力和反動勢力同時出現，彼此互相打消，已得的進步往往還不够反動勢力的破壞，所得雖不少而未必能抵償所失之多。結果竟成了進一步得退一步，甚至於退兩三步。到了今日，民族自救的運動還是一事無成！練新兵本是爲了禦外侮的，於今我們有了二百多萬人的陸軍，既不能禦外侮，又不能維持地方的安寧，只給國家添了一個絕大的亂源！謀革命也是爲了救危亡，圖民族國家的復興；然而三十年的革命事業，到今日還只到處聽見『尙未成功』的一句痛語。辦新教育也是爲了興國强種，然而三十多年的新教育，到今日不曾爲國家添得一分富，一分强，只落得人人痛恨教育的破產。

四十年的奇恥大辱，刺激不可謂不深；四十年的救亡運動，時間不可謂不長。然而今日大難當前，三百六十五個晝夜過去了，我們還是一個束手無策。這是我們在這個絕大紀念日所應該深刻反省的一篇慘史，一筆苦帳。

我們應該自己反省：爲什麼我們這樣不中用？爲什麼我們的民族自救運動到於今還是失敗的！『七年之病求三年之艾』，這固然是今日的急務；然而還有許多人不信我們的民族國家是有病的，也還有許多人不肯相信我們生的是七年之病，也還有一些人不肯費心思去診斷我們的病究竟在那裏。我說的『反省』，就是要做那已經太晚了的診斷自己。（「慘痛的回憶與反省」）

社會重心

病根太深，是我們的根本困難。但是我們還有一層很重大的困難，使一切療治的工作都無從下手。這個大困難就是我們的社會沒有重心，就像一個身體沒有一個神經中樞，醫頭醫脚好像都搔不着眞正的痛癢。試看日本的維新所以能在六十年中收絕大的功效，其中關鍵就在日本的社會組織始終沒有失掉他的重心：這個重心先在幕府，其後幕府崩潰，重心散在各強藩，幾乎成一個潰散的局面；然而幕府歸政於天皇之後（一八六七），天皇成爲全國的重心，一切政治的革新都有所寄託，有所依附，故幕府廢後，卽改藩侯爲藩知事，又廢藩置縣，藩侯皆入居京師，由中央委任知事統治其地（一八七一），在四五年之中做到了剷除封建割據的大功。二十年後，憲政成立，國會的政治起來替代藩閥朝臣專政的政治（一八九〇），憲政初期的糾紛也全靠有個天皇作重心，都不曾引起軌道外的衝突，從來不曾因政爭而引起內戰。自此以後，四十年中，日本不但解決了他的民族自救問題，還一躍而爲世界三五個大強國之一，其中雖有幾個很偉大的政治家的功績不可磨滅，而其中最大原因是因爲社會始終不曾失其重心，所以一切改革工作都不至於浪費。

我們中國這六七十年的歷史所以一事無成，一切工作都成虛擲，都不能有永久性者，依我看來，都只因爲我們把六七十年的光陰抛擲在尋求建立一個社會重心而終不可得。帝制時代的重心應該在帝室，而那時的滿淸皇族已到了一個很墮落的末路，經過太平天國的大亂，一切弱點都暴露出來，早已失去政治重心的資格了。所謂『中興』將相，如曾國藩、李鴻章諸人，在十九世紀的後期，儼然成為一個新的重心。可惜他們不敢進一步推倒滿清，建立一個漢族國家；他們所依附的政治重心一天一天的崩潰，他們所建立的一點事業也就跟着那崩潰的重心一齊消滅了。戊戌的維新領袖也曾轟動一時，幾乎有造成新重心的形勢，但不久也就消散了。辛亥以後民黨的領袖幾乎成為社會新重心了，但舊勢力不久捲土重來，而革命日子太淺，革命的領袖還不能得着全國的信仰，所以這個新重心不久也崩潰了。在革命領袖之中，孫中山先生最後死，奮鬬的日子最久，資望也最深，所以民十三以後，他改造的中國國民黨成為一個簇新的社會重心，民十五六年之間，全國多數人心的傾向中國國民黨，眞是六七十年來所沒有的新氣象。不幸這個新重心因為缺乏活的領袖，缺乏遠大的政治眼光與計劃，能唱高調而不能做實事，能破壞而不能建設，能箝制人民而不能收拾人心，這四五年來，又漸漸失去做社會重心的資格了。六七十年的歷史演變，僅僅得這一個可以勉强作社會重心的大結合，而終於不能保持其已得的重心資格，這是我們從歷史上觀察的人所最惋惜的。

這六七十年追求一個社會政治重心而終不可得的一段歷史，我認為最值得我們的嚴重考慮。我以為中國的民族自救運動的失敗，這是一個最主要的原因。我的朋友翁文灝先生說的好：『進步是歷次的工作相繼續相積累而成的，尤其是重大的建設事業，非逐步前進不會成功。』（獨立第五號，頁十二。）日本與中國的維新事業的成敗不同，只是因為日本不曾失掉重心，故六七十年的工作是相繼續的，相積累的，一點一滴的努力都積聚在一個有重心的政治組織之上。而我們始終沒有重心，無論什麼工作，做到了一點成績，政局完全變了，機關改組了或取消了，領袖換了人了，一切都被推翻，都得從頭做起；沒有一項事業有長期計劃的可能，沒有一個計劃有繼續推行的把握，沒有一件工作有長期持續的機會，沒有一種制度有依據過去經驗積漸改善的幸運。試舉議會政治爲例：四十二年前，日本第一次選舉議會，有選舉權者不過全國人口總數百分之一；但積四十年之經驗，竟做到男子普遍選舉了。我們的第一次國會比日本議會不過遲二十一年，但是曇花一現之後，我們的聰明人就宣告議會政治是不值得再試的了。又如教育，日本改定學制在六十年前，六十年不斷的努力就做到了强迫教育的普及，高等教育也達到了很可驚的成績。我們的新學堂章程也是三十多年前就有了的，然而因爲沒有長期計劃的可能，普及教育至今還沒有影子，高等教育是年年跟着政局變換的，至今沒有一個穩定的大學。我們拿北京大學、南洋公學的跟着政局變換的歷史，來比較慶應大學和東京帝大的歷史，眞可以使我們慚愧不能自容了。（「慘痛的回憶與反省」）

社會重心的條件

我開始做一篇紀念『九一八』的文字，寫了半天，好像是跑野馬跑的去題萬里了。然而這都是我在紀念九一八的情感裏的回憶與反省。我今天讀了一部請纓日記，是臺灣民主國的大總統唐景崧的日記，記的是他在一八八二年自己告奮勇去運動劉永福（當時的『義勇軍』）出兵援救安南的故事。我看了眞有無限的感慨！五十年前，我們想倚靠劉永福的『義勇軍』去抵抗法蘭西。五十年後，我們有了二百多萬的新式軍隊了，依舊還得倚靠東北的義勇軍去抵抗日本。五十年了！把戲還是一樣！這不是很值得我們追憶與反省的嗎？我們要禦外侮，要救國，要復興中華民族，這都不是在這個一盤散沙的社會組織上所能做到的事業。我們的敵人公開的譏笑我們是一個沒有現代組織的國家，我們聽了一定很生氣；但是生氣有什麼用處？我們應該反省：我們所以缺乏現代國家的組織，是不是因爲我們至今還不曾建立起我們的社會重心？如果這個解釋是不錯的，我們應該怎樣努力方纔可以早日建立這麼一個重心？這個重心應該向那裏去尋求呢？

爲什麼六七十年的歷史演變不曾變出一個社會重心來呢？這不是可以使我們深思的嗎？我們的社會組織和日本和德國和英國都不相同。我們一則離開封建時代太遠了，二則對於君主政體的信念已被那太不像樣的滿清末期完全毀壞了，三則科學盛行以後社會的階級已太平等化了，四則人民太貧窮了，沒有一個有勢力的資產階級，五則教育太不普及又太幼稚了，沒有一個有勢力的智識階級：有這五個原因，我們可以說是沒有一個天然候補的社會重心。既然沒有天然的重心，所以只可以用人功創造一個出來。這個可以用人功建立的社會重心，依我看來，必須具有這些條件：

第一、必不是任何個人，而是一個大的團結。

第二、必不是一個階級，而是擁有各種社會階級的同情的團體。

第三、必須能吸收容納國中的優秀人才。

第四、必須有一個能號召全國多數人民的感情與意志的大目標：他的目標必須是全國的福利。

第五、必須有事功上的成績使人民信任。

第六、必須有制度化的組織使他可以有持續性。

我們環顧國內，還不曾發現有這樣的一個團結。凡是自命爲一個階級謀特殊利益的，固然不够作社會的新重心；凡是把一黨的私利放在國家的福利之上的，也不够資格。至於那些擁護私人作老板的利害結合，更不消說了。

我們此時應該自覺的討論這種社會重心的需要，也許從這種自覺心裏可以產生一兩個候補的重心出來。這種說法似乎很迂緩。但是我曾說過，最迂緩的路也許倒是最快捷的路。（「慘痛的回憶與反省」）

全國人不知恥

今日的大患在於全國人不知恥。所以不知恥者，只是因爲不曾反省。一個國家兵力不如人，被人打敗了，被人搶奪了一大塊土地去，這不算是最大的恥辱。一個國家在今日還容許整個的省分遍種鴉片煙，一個政府在今日還要依靠鴉片煙的稅收——公賣稅、吸戶稅、煙苗稅、過境稅——來做政府的收入的一部分，這是最大的恥辱。一個現代民族在今日還容許他們的最高官吏公然提倡什麼『時輪金剛法會』，『息災利民法會』，這是最大的恥辱。一個國家有五千年的歷史，而沒有一個四十年的大學，甚至於沒有一個眞正完備的大學，這是最大的恥辱。一個國家能養三百萬不能捍衞國家的兵，而至今不肯計劃任何區域的國民義務教育，這是最大的恥辱。

眞誠的反省自然發生與眞誠的愧恥。孟子說的好：『不恥不若人，何若人有？』眞誠的愧恥自然引起向上的努力，要發弘願努力學人家的好處，剗除自家的罪惡。經過這種反省與懺悔之後，然後可以起新的信心：要信仰我們自己正是撥亂反正的人，這個擔子必須我們自己來挑起。三四十年的天足運動已經差不多完全剗除了小脚的風氣：從前大脚的女人要裝小脚，現在小脚的女人要裝大脚了。風氣轉移的這樣快，這不够堅定我們的自信心嗎？（「信心與反省」）

全國人反省

所以我十分誠摯的對全國人說：我們今日還要反省，還要閉門思過，還要認清祖宗和我們自己的罪孽深重，決不是這樣淺薄的『與歐、美文化接觸』就可以脫胎換骨的。我們要認清那個容忍擁戴『小脚，八股，太監，姨太太，駢文，律詩，五世同居的大家庭，貞節牌坊，地獄監牢，夾棍板子的法庭』到幾百年之久的固有文化，是不足迷戀的，是不能引我們向上的。那裏面浮沉着的幾個聖賢豪傑，其中當然有值得我們崇敬的人，但那幾十顆星兒終究照不亮那滿天的黑暗。我們的光榮的文化不在過去，是在將來，是在那掃清了祖宗的罪孽之後重新改造出來的文化。替祖國消除罪孽，替子孫建立文明，這是我們人人的責任。古代哲人曾參說的最好：

士不可以不弘毅：任重而道遠。

先明白了『任重而道遠』的艱難，自然不輕易灰心失望了。凡是輕易灰心失望的人，都只是不曾認清他挑的是一個百斤的重擔，走的是一條萬里的長路。今天挑不動，努力磨鍊了總有挑得起的一天。今天走不完，走得一里前途就縮短了一里。『播了種一定會有收穫，用了力決不至於白費』，這是我們最可靠的信心。（「再論信心與反省」）

悲觀與樂觀

我們在這個雙十節的前後，總不免要想想，究竟辛亥革命至今二十三年中我們幹了些什麼？究竟有沒有成績值得紀念？在這個最危急的國難時期裏，我們最容易走上悲觀的路，最容易灰心短氣，只覺得革命革了二十三個整年，到頭來還是一事無成，文不能對世界文化有任何的貢獻，武不能抵禦一個强鄰的侵暴，我們還有什麼興致年年做這樣照例的紀念？這是很普遍的國慶日的感想。所以我覺得我們不肯灰心的人應該用公平的態度和歷史的眼光，來重新估計這二十三年中的總成績，來替中華民國盤一盤帳。

今日最悲觀的人，實在都是當初太樂觀了的人。他們當初就跟本沒有了解他們所期望的東西的性質，他們夢想一個自由平等，繁榮强盛的國家，以爲可以在短時期中就做到那種夢想的境界。他妄想一個『奇蹟』的降臨，想了二十三年，那『奇蹟』還沒有影子，於是他們的信心動搖了，他們的極度樂觀變成極度悲觀了。

換句話說，悲觀的人的病根在於缺乏歷史的眼光。因爲缺乏歷史的眼光，所以第一不明白我們的問題是多麼艱難，第二不了解我們應付艱難的憑藉是多麼薄弱，第三不懂得我們開始工作的時間是多麼遲晚，第四不想想二十三年是多麼短的一個時期，第五不認得我們在這樣短的時期裏居然也做到了一點很可觀的成績。

如果大家能有一點歷史的眼光，大家可以明白這二十多年來，『奇蹟』雖然沒有光臨，至少也有了一點很可以引起我們的自信心的進步。進步都是比較的。必要有歷史的比較，方纔可以明白那一點是進步，那一點是退化。我們要計算這二十三年的成績，必須要拿現在的成績來比較二十三年前的狀態，然後可以下判斷。這是歷史眼光的最淺近的說法。（「悲觀聲浪裏的樂觀」）

中國的進步

我們囘想到我們三十年前在村學堂讀書的時候，每年開學是要向孔夫子叩頭禮拜的；每天放學，拿了先生批點過的習字，是要向中堂（不一定有孔子像）拜揖然後囘家的。至今囘想起來那個時代的人情風尚，也未見得比現在高多少。在許多方面，我們還可以確定的說：「最近二十年」比那個拜孔夫子的時代高明的多多了。這二三十年中，我們廢除了三千年的太監，一千年的小脚，六百年的八股，四五百年的男娼，五千年的酷刑，這都沒有借重孔子的力量。八月二十七那一天汪精衞先生在中央黨部演說，也指出『孔子沒有反對納妾，沒有反對蓄奴婢；如今呢，納妾蓄奴婢，虐待之固是罪惡，善待之亦是罪惡，根本納妾蓄奴婢便是罪惡。』汪先生的解說是：『仁是萬古不易的，而仁的內容與條件是與時俱進的。』這樣的解說畢竟不能抹煞歷史的事實。事實是『最近』幾年中，絲毫沒有借重孔夫子，而我們的道德觀念已進化到承認『根本納妾蓄奴婢便是罪惡』了。

平心說來，『最近二十年』是中國進步最速的時代：無論在知識上，道德上，國民精神上，國民人格上，社會風俗上，政治組織上，民族自信力上，這二十年的進步都可以說是超過以前的任何時代。這時期中自然也有不少的怪現狀的暴露，劣根性的表現，然而種種缺陷都不能減損這二十年的總進步的淨贏餘。這裏不是我們專論這個大問題的地方。但我們可以指出這個總進步的幾個大項目：

第一，帝制的推翻，而幾千年托庇在專制帝王之下的城狐社鼠，——一切妃嬪，太監，貴胄，吏胥，捐納，——都跟着倒了。

第二，教育革新。淺見的人在今日還攻擊新教育的失敗，但他們若平心想想舊教育是些什麼東西，就可以明白這二三十年的新教育，無論在量上或質上都比三十年前進步至少千百倍了。在消極方面，因舊教育的推倒，八股，駢文，律詩，等等謬制都逐漸跟着倒了；在積極方面，新教育雖然還膚淺，然而常識的增加，技能的增加，文字的改革，體育的進步，國家觀念的比較普遍，這都是舊教育萬不能做到的成績。（汪精衞先生前天曾說：『中國號稱以孝治天下，而一開口便侮辱人的母親，甚至祖宗妹子等。』試問今日受過小學教育的學生還有這種開口駡人媽媽妹子的國粹習慣嗎？）

第三，家庭的變化。城市工商業與教育的發展使人口趨向都會，受影響最大的是舊式家庭的崩潰，家庭變小了，父母公婆與族長的專制威風減削了，兒女宣告獨立了。在這變化的家庭中，婦女的地位的抬高與婚姻制度的改革是五千年來最重大的變化。

第四，社會風俗的改革。小脚男娼，酷刑等等，我已屢次說過了。在積極方面，如女子的解放，如婚喪禮俗的新試驗，如青年對於體育運動的熱心，如新醫學及公共衞生的逐漸推行，這都是古代聖哲所不曾夢見的大進步。

第五，政治組織的新試驗。這是帝制推翻的積極方面的結果。二十多年的試驗雖然還沒有做到滿意的效果，但在許多方面如新式的司法，如警察，如軍事，如胥吏政治之變爲士人政治，都已明白的顯出幾千年來所未曾有的成績。不過我們生在這個時代，往往爲成見所蔽，不肯承認罷了。單就最近幾年來頒行的新民法一項而論，其中含有無數超越古昔的優點，已可說是一個不流血的絕大社會革命了。

這些都是毫無可疑的歷史事實，都是『最近二十年』中不曾借重孔夫子而居然做到的偉大的進步。革命的成功就是這些，維新的成績也就是這些。可憐無數維新志士，革命仁人，他們出了大力，冒了大險，替國家民族在二三十年中做到了這樣超越前聖、凌駕百王的大進步，到頭來，被幾句死書迷了眼睛，見了黑旋風不認得是李逵，反倒唉聲歎氣，發思古之幽情，痛惜今之不如古，夢想從那『荊棘叢生，簾角傾斜』的大成殿裏抬出孔聖人來『衞我宗邦，保我族類』！這豈不是天下古今最可怪笑的愚笨嗎？（「寫在孔子誕辰紀念之後」）

瞎子牽着鼻子走

我們今日要想研究怎樣解決中國的許多問題，不可不先審查我們對於這些問題根本上抱着什麼態度。這個根本態度的決定，便是我們走的方向的決定。古人說得好：

今夫盲者行於道，人謂之左則左，謂之右則右。遇君子則得其平易，遇小人則蹈於溝壑。（淮南氾論訓，文字依意林引）。

這正是我們中國人今日的狀態。我們平日都不肯徹底想想究竟我們要一個怎樣的社會國家，也不肯徹底想想究竟我們應該走那一條路纔能達到我們的目的地。事到臨頭，人家叫我們向左走，我們便撑着旗，喊着向左走；人家叫我們向右走，我們也便撑着旗，喊着向右走。如果我們的領導者是眞眞睜開眼睛看過世界的人，如果他們確是睜着眼睛領導我們，那麼，我們也許可以跟着他們走上平陽大路上去。但是，萬一我們的領導者也都是瞎子，也在那兒被人牽着鼻子走，那麼，我們眞有『盲人騎瞎馬，夜半臨深池』的大危險了。

我們不願意被一羣瞎子牽着鼻子走的人，在這個時候應該睜開眼睛看看面前有幾個岔路，看看那一條路引我們到那兒去，看看我們自己可以並且應該走那一條路。

我們的觀察和判斷自然難保沒有錯誤，但我們深信自覺的探路總勝於閉了眼睛讓人牽着鼻子走。我們並且希望公開的討論我們自己探路的結果可以使我們得着更正確的途徑。（「我們走那條路」）

等　待

總而言之，國家的生命是千年萬年的生命，我們不可因爲眼前的迫害就完全犧牲了我們將來在這世界上抬頭做人的資格。國家的生命是國際的，世界的，不是孤立的；我們不可因爲怕一個强暴的敵人就完全拋棄了全世界五六十個同情於我們的友邦。

我們此時也許無力收復失地，但我們決不可在這全世界的道德的援助完全贊助我們的時候先就把失地簽讓給我們的敵人。我們也許還要受更大更慘的侵略，但我們此時已被「逼上梁山」，已是義無反顧的了。我們此時對自己，對世界，都不能不堅持那道德上的「不承認主義」，就是決不承認侵略者在中國領土內用暴力造成的任何局面，條約，或協定。

我們要準備犧牲，要準備更大更慘的犧牲。同時我們要保存一點信心。沒有一點信心，我們是受不起大犧牲的。我們現在至少要有這樣的信心：「現在全世界的正誼的贊助是在我們的方面，全世界的道德的貶議是在我們敵人的頭上，我們的最後的勝利是絲毫無可疑的！」

一九一四年比利時全國被德國軍隊佔據蹂躪之後，過了四年，才有光榮的復國。一八七一年法國割地兩省給普魯士，過了四十八年，才收回失地。

我們也許應該準備等候四年，我們也許應該準備等候四十八年！在一個國家的千萬年生命上，四五年或四五十年算得什麼？（「我們可以等候五十年」）

防弊

人性是不容易改變的，公德也不是一朝一夕造成的。故救濟之道不在乎妄想人心大變，道德日高，乃在乎制定種種防弊的制度。中國有句古話說：『先小人而後君子』。先要承認人性的脆弱，方才可以期望大家做君子。故有公平的考試制度，則用人可以無私；有精密的簿記與審計，則帳目可以無弊。制度的訓練可以養成無私無弊的新習慣。新習慣養成之後，保管的責任心便成了當然的事了。

（「請大家來照照鏡子」）

發展科學

在我們今天的報告裏，我已指出，我們在這兩年裏共總支配了新臺幣一億一千萬元，約等於二百七十五萬美元。這個數字似乎是很小的。但這是一個起點，一個有希望的起點。在這樣很困難的情形之下，我們能够有一億一千萬臺幣用在「長期發展科學與技術的研究」的開山工作上面，我們至少可以說科學在自由中國已開始得到「重視」，開始得到「資助」了。我們當然不可感覺滿足，我們至少應該感覺我們的責任之重大。我們應該感覺古人說的「任重而道遠」五個字的意義。為國家計劃發展科學，這個責任「不亦重乎?」我們的任務是「長期發展科學」，「長期」「不亦遠乎?」

去年我過舊習慣所謂「七十」生日，常向朋友們提起顧亭林先生五十生日的兩句詩：

遠路不須愁日暮，老年終自望河清。

今年我要特別提出前面的七個字：「遠路不須愁日暮！」我們要走的路是「長期」的「遠路」，是「緜緜無盡期」的遠路。走遠路不怕晚，「不須愁日暮」。今天黑了，明天起早行。我們老了，還有無數青年人在。一代完了，還有一代繼起。兩年的工作，只做了一點探路的工作。開路的工作。從今天起，我們可以平心靜氣想想這條「遠路」的藍圖了。（「發展科學的重任和遠路」）

政治

烏托邦

吾曩謂吾國人未嘗有精心結構之烏託邦，以視西人柏拉圖之共和國，穆爾之烏託邦，有愧色矣。今始知吾此說之大謬不然也。吾國之烏託邦正復不遜西人，今試舉二者以實吾言。

第一，管子乃絕妙之烏託邦也。管仲之霸業，古人皆艷稱之。然其所行政策，左傳絕無一語及之。今所傳其『作內政以寄軍令』及『官山海』（鹽鐵官有）諸制，皆僅見管子之書，（國語所載全同小匡篇。蓋後人取管子之文以爲齊語耳）。疑未必眞爲管仲所嘗行者也。以適觀之，其書蓋後人僞託管子以爲烏託邦，近人所謂『託古改制』者是也（說詳余所作讀管子上下）。然其政治思想何其卓絕（法治主義），而其經濟政策何其周密也。後人如國語之作者，（不知何人，然決非左氏也）。如司馬遷，不知管子之爲僞書，乃以烏託邦爲眞境，豈非大可笑乎？

第二，周禮乃世間最奇闢之烏託邦之一也。此書不知何人所作，然決非『周公致太平之迹』也。周禮在漢世，至劉向父子校書始得著錄。其時諸儒共排以爲非。林孝存（亦作臨孝存，名碩）至作十論七難以排之。何休亦以爲六國陰謀之書。何休之言近似矣。要之，此書乃戰國時人『託古改制』者之作。他日當詳考諸書，爲文論之。然其結構之精密，理想之卓絕，眞足壓倒一切矣。（「胡適留學日記」）

國家與世界

吾今年正月曾演說吾之世界觀念，以爲今日之世界主義，非復如古代 Cynics and Stoics哲學家所持之說，彼等不特知有世界而不知有國家，甚至深惡國家之說，其所期望在於爲世界之人（A citizen of the world），而不認爲某國之人。今人所持之世界主義則大異於是。今日稍有知識之人莫不知愛其國。故吾之世界觀念之界說曰：『世界主義者，愛國主義而柔之以人道主義者也』。頃讀鄧耐生（Tennyson）詩至"Hands All Round"篇有句云：

"That man's the best cosmopolite
Who loves his native country best."

（彼愛其祖國最摯者，乃眞世界公民也）。

深喜其言與吾暗合。故識之。（「胡適留學日記」）

民族主義

若『一民族之自治終可勝於他民族之治之』一前提不能成立，則民族主義國家主義亦不能成立。然此前提究可成立乎？

此問題未可一概而論也。此前提之要點在一『終』字。終也者，今雖未必然，終久必然也。如此立論，駁無可駁，此無窮之遁辭也。

今之論者亦知此前提之不易證實，故另立一前提。威爾遜連任演說辭中有云：

That Governments derive all their just powers from the consent of the governed, and that no other powers should be supported by the common thought, purpose or power of the family of nations.

此言『政府之權力生於被治者之承認』。此共和之說也，而亦可爲民族主義之前提。如英國之在印度，若印度人不承認之，則革命也可。又如美國多歐人入籍者，今以二百萬之德國人處於美國政府之下，若此二百萬德人承認美國政府，則不革命也。

然被治者將何所據而『承認』與『不承認』乎？若云異族則不認之，同族則認之，是以民族主義爲前提，而又以其斷辭爲民族主義之前提也。此『環中』之邏輯也。若云當視政治之良否，則仍回至上文之前提，而終不能決耳。

今之狹狹義的國家主義者，往往高談愛國，而不知國之何以當愛；高談民族主義，而不知民族主義究作何解。（甚至有以仇視日本之故而遂愛袁世凱且贊成其帝政運動者）。故記吾所見於此，欲人知民族主義不能單獨成立。若非種皆必當鋤去，則中國今日當爲滿族立國，又當爲蒙藏立國矣。（「胡適留學日記」）

國家主義與世界主義

吾友訥司密斯博士(George W. Nasmyth)自波士頓來。訥君爲此邦持和平主義者之一鉅子，嘗周遊歐洲諸國，隨在演說，創設大同學生會，今爲『世界和平基金』（World Peace Foundation）董事之一；今以父病奔回綺城，今日下午枉顧余室，談國家主義及世界主義之沿革甚久。訥氏素推崇英人安吉爾（Norman Angell）。安氏之書大幻覺（The Great Illusion），以爲列強之侵略政策毫無實在利益，但有損害耳，不惟損人，實乃損己。蓋今日之世界爲航路電線所聯絡，譬之血脈，一管破而全身皆受其影響。英即敗德，不能無損其本國財政也。德之敗英法亦然。能知斯義，自無戰禍矣。其書頗風行一世，謂之安吉爾主義（Angellism）。余以爲此一面之辭耳。公等徒見其金錢生計之一方面，而不知此乃末事，而非根本之計也。今之英人、法人、德人豈爲金錢而戰耶？爲『國家』而戰耳。惟其爲國家而戰也，故男輸生命，婦女輸金錢奩飾以供軍需。生命尚非所恤，何況金錢？故欲以生計之說弭兵者，愚也。

今之大患，在於一種狹義的國家主義，以爲我之國須凌駕他人之國，我之種非凌駕他人之種（德意志國歌有曰：『德意志，德意志，臨御萬方（über alles））』，凡可以達此自私自利之目的者，雖滅人之國，殲人之種，非所恤也。凡國中人與人之間之所謂道德、法律、公理、是非、慈愛、和平者，至國與國交際，則一律置之腦後，以爲國與國之間強權即公理耳，所謂『國際大法』四字，即弱肉强食是也。(德大將卑恩赫低〔Bernhardi〕著書力主此說，其言甚辯)。此眞今日之大患。吾輩醉心大同主義者不可不自根本着手。根本者何?一種世界的國家主義是也。愛國是大好事，惟當知國家之上更有一大目的在，更有一更大之團體在，葛得宏斯密斯(Goldwin Smith)所謂『萬國之上猶有人類在』(Above all Nations is Humanity)是也。

强權主義(The Philosophy of Force)主之最力者爲德人尼采(Nietzsche)。達爾文之天演學說，以『競存』爲進化公例，優勝劣敗，適者生存，其說已含一最危險之分子。猶幸英國倫理派素重樂利主義(Utilitarianism)，以最大多數之最大幸福爲道德之鵠，其學說入人甚深。故達爾文著人類進化(The Descent of Man)，追溯人生道德觀念之由來，以爲起於慈憫之情。雖以斯賓塞之個人主義，本競爭生存優勝劣敗之說，以爲其倫理學說之中堅，終不敢倡爲極端之强權主義。其說以『公道』(Justice)爲道德之公理。而其所謂公道之律曰:

> 人人皆得恣所欲爲，惟必不可侵犯他人同等之自由。

即『我之自由，以他人之自由爲界』是也。則猶有所限制也。至於尼采則大異矣。其說亦以競爭生存爲本，而其言曰:

> 人生之目的不獨在於生存，而在於得權力(The Will to Power)而超人。人類之目的在於造成一種超人社會(Superman)。超人者，强人也。其弱者皆在淘汰之列，殲除之、摧夷之，毋使有噍類。世界者，强有力者之世界也。今之所謂道德、法律、慈悲、和平，皆所以扞衞弱者，不令爲强者

所摧夷，皆人道之大賊也。耶穌敎以慈愛爲本，力衞弱者，以與强者爲敵，故耶敎乃人類大患。耶敎一日不去，此超人社會一日不可得也。慈悲也、法律也、耶敎也、道德也，皆無力者之護符也，皆奴隸之道德也，皆人道之蟊賊也，皆當斬除淨盡也。

自尼采之說出，而世界乃有無道德之倫理學說。尼氏爲近代文豪，其筆力雄健無敵以無敵之筆鋒，發駭世之危言，宜其傾倒一世，——然其遺毒乃不勝言矣。文人之筆可畏也！

訥博士新自歐洲歸，當戰禍之開，博士適居英倫，與安吉爾之徒日夜謀所以沮英人之加入戰事，皆無效。比利時既破，博士冒險至歐陸訪察戰國實情，故博士知戰事甚詳。博士謂余曰：

吾此次在大陸所見，令我益嘆武力之無用。吾向不信托爾斯泰及耶穌敎匱克派（Quakers）所持不抵抗主義（Nonresistance）卽老氏所謂『不爭』是也），今始稍信其說之過人也。不觀乎盧森堡以不抵抗而全，比利時以抗拒而殘破乎？比利時之破也，魯問（Louvain）之城以抗拒受屠，而卜路塞爾（Brussels）之城獨全。卜城之美國公使屬匱克派，力勸卜城市長馬克斯（M. Max）勿抗德師，市長從之，與師約法而後降，今比之名城獨卜路塞爾巋然獨存耳。不爭不抗之惠蓋如此！

博士之言如此。老子聞之，必曰是也。耶穌釋迦聞之，亦必曰是也。老子之言曰：

夫惟不爭，故天下莫能與之爭。

又曰：

上善若水，水利萬物而不爭。………夫唯不爭，故無尤。

又曰：

天下莫柔弱於水，而攻堅强者莫之能勝，以其無以易之。弱之勝强，柔之勝剛，天下莫不知，莫能行。

耶穌之言曰：

人則告汝矣，曰，抉而目者而亦抉其目，拔汝齒者汝亦拔其齒。我則詔汝曰，毋報怨也。人有披而右頰者以左頰就之；人有訟汝而奪汝裳者，以汝衣並與之；人有强汝行一里者，且與行二里焉。

此二聖之言也。今之人則不然。其言曰弱肉强食，曰强權卽公理，曰競爭者，天演之公理也，曰世界者，强有力者之世界也。此亦一是非也，彼亦一是非也，古今人之間果孰是而孰非耶？（「胡適留學日記」）

國家思想

杜工部兵車行但寫征人之苦，其時所謂戰事，皆開邊拓地，所謂『侵略政策』，詩人非之，是也。至於執戈以衞國，孔子猶亟許之；杜工部但寫戰之一面，而不及其可嘉許之一面，失之偏矣。杜詩後出塞之第一章寫從軍樂，而其詞曰，『男兒生世間，及壯當封侯』，其志鄙矣。要而言之，兵者、凶器、不得已用之。用之而有名，用之而得其道，則當嘉許之。用之而不得其道，好戰以逞，以凌弱欺寡，以攻城略地，則罪戾也。此圖但寫征人離別之慘，而其人自信以救國而戰，雖死無憾，此意不可沒也。

國家思想惟列國對峙時乃有之。孔子之國家思想，乃春秋時代之產兒；正如今人之國家思想，乃今日戰國之產兒。老杜生盛唐之世，本無他國之可言，其無國家之觀念，不足責也。記中有過詞，誌之以自儆（「胡適留學日記」）

國防

即以吾國言之，今人皆知國防之不可緩。然何謂國防乎？海陸軍與日本並駕，可以謂之國防乎？未可也。以日乃英之同盟國也。海陸軍與日英合力之海陸軍相等，足矣乎？未也。以日英又法俄之與國也。故今日而言國防，眞非易事，惟淺人無識之徒始昌言增軍備之爲今日惟一之急務耳。增軍備，非根本之計也；根本之計，在於增進世界各國之人道主義。（「胡適留學日記」）

禁書

六月八日見着先生和少川先生時，曾以警廳禁賣胡適文存的事奉詢，蒙先生允爲訪問：過了兩天，夢麐先生代達尊意，說已代詢過內務部及警廳，據云，胡適文存及獨秀文存並未曾禁賣；並云，前次向各書店收去檢閱的書，均已發還原店了。當時我自然很覺得滿意；但迄今已近一月，而警廳仍在干涉各書攤，不許他們發賣這兩部書，前次沒收的書也並不曾發還。

我曾把先生轉告的話，說給一兩家書攤掌櫃的，他們信以爲眞，就試把一兩部胡適文存擺出來看看。不料各區警察署仍派便衣偵探干涉此書，不准售賣。

我想再奉托先生再爲一問，究竟北京的政令是什麼機關作主？究竟我的書爲什麼不許售賣？禁賣書籍爲什麼不正式佈告該禁的理由？爲什麼要沒收小販子出錢買來的書？（我所知道的，南城有一家書攤被收去胡適文存三部獨秀文存七部。西城錦什坊街有一家被收去兩種文存約十幾部）。

我很盼望先生替我一問，因爲現在各書攤的掌櫃疑心我說誑；我既不能疑心夢麐先生和先生說誑，自然只好請先生再爲一問了。

最奇怪的是現在警察廳禁售的書，不但有這兩部文存，還有便衣偵探把一張禁書的書單傳給各書攤，內中有什麼愛的成年，愛美的戲劇，自己的園地等書。這眞是大笑話！愛的成年乃是英國著名老宿嘉本德（Edward Carpenter）的名著，世界各國文字皆有譯本，不料在中國竟遭禁賣之厄。自己的園地乃是周作人先生評論文學的小品文字的結集，爲近年文學界希有的作品，亦不知爲何遭此災厄。

這些書固然於我無關，但這種昏謬的禁令實在太可笑了，我連帶說及一句，也很盼望先生們能設法銷除這種笑話，不要太丟中國的臉。（「致張國淦」）

（一）專制是否建國的必要階段？

關於這一點，我的觀察和蔣廷黻先生有一個根本的不同。蔣先生所學的英法俄三國的歷史，在我看來，只是那三個國家的建國史，而建國的範圍很廣，原因很複雜；我們不能單指「專制」一項做建國的原因或條件。我們可以說那三個朝代（英的頓頭，法的布彭，俄的羅馬羅夫）是建國的時代；但我們不能證明那三個國家的建立都是由於專制。英國的頓頭一朝的歷史，最可以說明這一點。亨利七八兩世做到了統一的功績，亨利八世的一個兒子和兩個女兒繼續王位，尤其是他的小女兒伊里沙伯女王享國最久，史家稱爲伊里沙伯時代。英吉利民族在這一百年之中，成爲一個强盛的民族國家，是有種種原因的。頓頭一朝的幾個君主雖然也有很專制的，如瑪麗女王在三四年間因宗教罪過燒殺男女異教徒三百人之多，但這種專制的行爲只够引起人民很嚴重的反抗，而不能增民族國家的建立。瑪利女王的末年是英國人民最痛恨的：她的恢復天主教的政策，也是最違反民意的行爲。史家說她的時代的英國是幾百年來最紊亂的時代，「不但法紀廢弛，無領袖、無武備、無精神、無統一性，平時戰時俱受侮辱；而且無論從那一方面講，英國只是西班牙的一個附庸國。」（錢端升譯屈勒味林的英國史，頁四〇九）頓頭一朝的兩國英主，前有亨利八世，後有伊里沙伯，都能利用英國人民的心理，脫離羅馬教皇的管轄，樹立英國國教，扶植國會，培養國力，提倡本國方輿的文化。凡此種種，固然也可說是開明的專制。但英國民族國家的造成，並不全靠君主之力。英國語的新文學的產生傳播，英文翻譯的聖經與祈禱書的流行，牛津與劍橋兩大學的勢力，倫敦的成爲英國的政治經濟文化的中心，紡織業的長足的發展，中級社會的興起，這些都是造成英國民族國家的重要因子。這種種因子大都不是在這一個朝代發生的，他們的起源往往都遠在頓頭朝之前；不過在這百年的統一承平時代，他們的發展自然更快了。

蔣先生的本意大概也只是要說統一的政權是建國的必要條件；不過他用了「專制」一個名詞來包括政權的統一，就不免容易使人聯想到那無限的獨裁政治上去。其實政權統一不一定就是獨裁政治。英國的亨利第八時代正是國會的勢力抬頭的時代，國會議員從此有不受逮捕的保障，而國王建立新國教也須借國會的力量。所以我們與其說專制是建國的必要階段，不如說政權統一是建國的條件，而政權統一固不必全學羅馬羅夫朝的獨裁政治。（「建國與專制」）

專制與民族國家

（二）中國幾千年的專制何以不曾造成民族國家？

關於這一點，我和蔣先生也有不同的看法。照廣義的說法，中國不能不說是早已形成的民族國家。我們現在感覺欠缺的，只是這個中國民族國家還夠不上近代民族國家的鞏固性與統一性。在民族的自覺上，在語言文字的統一上，在歷史文化的統一上，在政治制度（包括考試，任官，法律，等等）的統一與持續上，——在這些條件上，中國這兩千年來都夠得上一個民族的國家。其間雖有外族統治的時期，而在那些時期，民族的自覺心更特別顯露，歷久而不衰，終於產生劉裕朱元璋洪秀全孫文一流的民族英雄起來做民族革命的運動。我們今日所有的建國的資本，還是這兩千年遺留下來的這個民族國家的自覺心。

這個民族的國家，不能不說是兩千年的統一政權的遺產。最重要的是那個最光榮的兩漢帝國的四百年的統一。我們至今是「漢人」，這就是漢朝四百年造成的民族自覺心的結果。其次是唐朝的三百年的統一，使那些新興的南方民族至今還自稱是「唐人」。有了漢唐兩個長期的統一，我們才養成了一個整個中國民族的觀念。我們讀宋明兩朝的遺民的文獻，雖然好像都不脫忠於一個朝代的見解，其實朝代與君主都不過是民族國家的一種具體的象徵。不然，何以蒙古失國後世無人編纂元遺民錄？何以滿清失國後一班遺老只成社會上的笑柄而已？我們所以特別表同想於宋明兩代的遺民，這正可以表現中國早已成爲一個民族的國家；這種思古的同情並不起於今日新的民族思想興起的時代，其種子早下在漢唐盛世，在蒙古滿洲入主中國的時期已有很悲壯的表現了。

至於蔣先生指出的三種缺陷，只可以證明舊日的社會與政治的惡果，而不足以證明中國不是一個民族的國家。第一，「一班人民的公忠是對個人或家庭或地方的，不是對國家的。」這是因爲舊日國家的權力本來不能直接達到一般人民，在那「天高皇帝遠」的情勢之下，非有高等的知識，誰能超過那直接影響他的生活的親屬而對那抽象的國家表示公忠呢？十八世紀的英國名人布爾克（Bulke）曾說：「要人愛國家，國家必須可愛才行。」難道我們因此就說十八世紀的英國還不成一個民族的國家嗎？今日一班人民的不能愛國家，一半是因爲人民的教育不够，不容易想像一個國家；一半是因爲國家實在沒有恩惠到人民。

第二，「我們的專制君主並沒有遺留可作新政權中心的階級。其實中國專制政體的歷史使命就是摧殘皇室以外一切可作政權中心的階級和制度。」歐洲各國都是新從封建時代出來，舊日的統治階級還存在，尤其是統治階級的最下層，——武士的階級，——所以政權的轉移是逐漸由舊統治階級移歸那新興的中等社會的領袖階級，更逐漸移到那更廣大的民衆。我們的封建時代崩潰太早了，兩千年來就沒有一個統治階級。科擧的制度發達以後，連「士族」都不固定了。我們又沒有像英國那樣的「冡子襲產制」，遺產總是諸子均分，所以世家大族沒有能維持到幾代而不衰微的。這是中國社會結構；平民化的結果，雖有專制君主有意維持某種特殊階級（如滿淸之維持八旗民族），終敵不住那平民化的自然傾向。辛亥革命之後，那些君主立憲黨也無處可以請出一個中國家族來做那候補的皇室，於是竟有人想到衍聖公的一門！因爲今日中國社會本無「可作新政權中心的階級」，所以我們的建國（建立一個在現代世界裏站得住的國家）事業比歐美日本要困難無數倍。但這是一個政權中心的問題，而不是民族國家的問題。

第三，蔣先生又說，「在專制政體之下，我們的物質文明太落伍了。」物質文明的落後，是由於我們的知識不够，人才不够，又因爲舊式的民族自大心的抵抗，不肯急起直追。這是和專制政體無大關係的，也不足以證明中國不是一個民族國家。（「建國與專制」）

獨裁問題

這個問題的發生，當然是因爲這三年的國難時期中一般人不能不感覺到國家統一政權的迫切，所以有些人就自然想尋出一條統一的捷徑。所以政黨中人的言論與活動，時時有擁護領袖獨裁政制的傾向。政黨以外的輿論機關也有時發表同樣主張的言論。去年十一月中，福建忽然有獨立組織「人民革命政府」的舉動，這事件更使一般人畏懼一個已够分裂的國家或者還有更破碎分裂的危險。去年十二年初，清華大學歷史教授蔣廷黻先生發表了一篇「革命與專制」，（獨立評論第八十號）他的主旨是反對革命的，所以他很沉痛的指出，革命的動機無論如何純潔，結果往往連累國家失地喪權。他因此推論到爲什麼我們中國只能有內亂而不能有眞正的革命，他的答案是：中國還沒有經過一個專制時代，所以還沒有建立一個民族的國家，還沒有做到「建國」的第一步工作。必須先用專制（如英國頓頭朝的百年專制，如法國布彭朝的光明專制，甚至於如俄國羅馬羅夫朝的專制）來做到「建國」，然後可以「用國來謀幸福」。

對於蔣廷黻先生的主張，我在同月裏先後發表了兩篇答辯。第一篇「建國與專制」（獨立第八十一號）提出了兩個問題：

（一）專制是否建國的必要階段？

（二）中國何以至今不曾造成一個民族國家？

關於（一）項，我的意見是：建國並不一定要靠專制。即如英國的頓頭（Tudor）一朝，正是議會政治的抬頭時代，又是商業與文藝的發達時代，何嘗單靠專制。關於（二）項，我的答案是：中國自從兩漢以來，已形成了一個「民族國家」了。「我們今日所有的建國的資本，還是這兩千年遺留下來的這個民族國家的自覺心」。

在我的第二篇文字「再論建國與專制」（獨立第八十二號）裏，我提出了蔣先生原文暗示的第三個問題：

中國的舊式專制既然沒有做到建國的大業，我們今日的建國事業是不是還得經過一度的新式專制呢？

我在那一篇裏，表示我自己是反對中國採用種種專制或獨裁的政制的，因為我不承認中國今日有專制或獨裁的可能。我提出三項專制不可能的理由：

第一，我不信中國今日有能專制的人，或能專制的黨，或能專制的階級。今日夢想開明專制的人，都只是不知專制訓政是人世最複雜繁難的事業。

第二、我不信中國今日有什麼有大魔力的活問題可以號召全國人的情緒與理智，使全國能站在某個領袖或某黨某階級的領導之下，造成一個新式專制的局面。

第三，我觀察世界各國的政治，不能不承認民主政治只是一種幼稚的政治制度，最適宜於訓練一個缺乏政治經驗的民族；而現代的獨裁政治是一種特別英傑的政治，是需要很大多數的專家的政治，在中國今日是做不到的。

我提出的這三項理由，至今不曾得着一個滿意的答辯。這三點之中，我自己認爲比較最重要的還是那第三點，然而這一點似乎最不能引起政治學者的注意，這大概是因爲學政治的人都受了教科書的矇蔽，誤信議會式的民主政治需要很高等的公民知識程度，而專制與獨裁只需要少數人的操縱，所以他們（例如蔣廷黻先生）總覺得我這個見解是有意開玩笑的，不值得一駁的。（「一年來關於民治與獨裁的討論」）

幼稚園的政治

我現在鄭重的說明，我近年觀察考慮的結果，深信英美式的民主政治是幼稚園的政治，而近十年中出現的新式獨裁政治眞是一種研究院的政治；前者是可以勉强企及的，而後者是很不容易輕試的。有些幼稚民族，很早就有一種民主政治，毫不足奇怪。民主政治的好處正在於不需要出類拔萃的人才；在於可以逐漸推廣政權，有伸縮的餘地；在於集思廣益，「三個臭皮匠，湊成一個諸葛亮；」在於可以訓練多數平凡的人參加政治。民主政治只需要那些有選舉權的公民能運用他們的選舉權，這種能力是不難訓練的。凡知道英美政治的人，都知道他們的國會與地方議會都不需要特別出色的專家人才；而他們的選民很少是能讀「倫敦太晤士報」或「曼哲斯脫高丁報」的。可是近十年中起來的現代獨裁政治（如俄、如意、如美國現時，）就大不同了。這種政治的特色不僅僅在於政權的集中與弘大，而在於充分集中專家人才，把政府造成一個完全技術的機關，把政治變成一種最複雜紛繁的專門技術事業，用計日程功的方法來經營國家人民的福利。這種政治是人類歷史上的新鮮局面：他不但需要一個高等的「智囊團」來做神經中樞，還需要整百萬的專門人才來做手足耳目：這種局面不是在短時期中可以趕造得成的。（俄國今日需要的一百五十萬的專家，固然一部分是趕造成的，然而我們不要忘了俄國有二百年的大學與科學院，還有整個歐洲做他們的學術外府。）兢兢業業的學民主政治，刻鵠不成也許還像隻鴨子；若妄想在一個沒有高等學術的國家造成現代式的獨裁政治，那就眞要做到畫虎不成反類狗了（「一年來關於民治與獨裁的討論」）

武力統一

因爲這兩篇都主張武力統一，所以我在獨立第八十五號發表了一篇「武力統一論」答覆他們兩位。在這一篇裏，我指出這二十年中，統一所以不曾完成，「毛病不在軍閥，在中國的意態和物質狀況」這句話本是蔣先生說的，但我說的「意態」是指中國智識思想界的種種衝突矛盾的社會政治潮流，包括「打倒專制」的喊聲，共產黨的思想和運動，「反對內戰」的口號，以及在外患國恥下造成的一種新民族觀念。我說的「物質狀況」是指中國疆域之大，交通之不便。我說：

簡單的說，中國人今日的新意態不容許無名的內戰；中國的物質狀況也不容許那一點子中央軍去做西征南伐的武力統一工作。

在幾個月之後，我在「中國無獨裁的必要與可能」一篇裏（獨立第一三〇號），重提到這個問題：

今日統一的障礙也不完全是二等軍閥的武力，某些「意態」也是很有力量的。共產黨的中心意態，不用說了。「反對獨裁」也是今日不能統一的一個重要原因。蔣廷黻先生也說過：「每逢統一有成功可能的時候，二等軍閥就連合起來，假打倒專制的名，來破壞統一。」「打倒專制」的口號可以使統一不能成功，這就是一個新時代的新意態的力量，不是劉邦朱元璋的老把戲所能應付的了。吳景超先生曾分析中國歷史上的內亂，建立他的內亂八階段說（獨立第八四號），也以爲只有武力統一可以完成統一的使命。但他忘了他那八階段裏沒有「打倒獨裁」一類的階段。這一類的新意態不是武力能夠永久壓伏的。在今日這些新意態已成不可無視的力量的時代，獨裁決不是統一政權的方法。所以從統一政權的觀點看，我們也不信獨裁制度是必要的。

我在獨立第八十六號又發表了一篇「政治統一的途徑，」我說：

我們要認清，幾十年來割據的局勢的造成是因爲舊日維繫統一的種種制度完全崩壞了，而我們至今還沒有建立起什麼可以替代他們的新制度。所以我主張今日必須建立起一個中央與各省互相聯貫的中央政府制度，方才有個統一國家的起點。我在那篇文字裏舉出「國會」的制度做一個例子。我說：

國會的功用是要建立一個中央與各省交通聯貫的中樞。它是統一國家的一個最明顯的象徵，是全國向心力的起點。舊日的統一全靠中央任命官吏去統治各省。如今此事既然做不到了，統一的方式應該是反其道而行之，要各省選出人來統治中央，要各省的人來參加中央的政治，幫助中央統一全國。這是國會的意義。

我至今還相信這種民主政治的方式是國家統一的最有效方法。（「一年來關於民治與獨裁的討論」）

訓政

我們考察這些主張；可以說，這些主張無論內容有多大的出入，都可以表示憲政運動的開始進展。其中最大的異點，約有這些：

第一，政府派不主張縮短訓政年限，要到民國二十四年才算訓政結束；而在野派（包括暫時在野的孫科先生們）則主張提早憲政的開始。其實這一點不成多大問題。如果在這兩年半之中，政府和人民都能積極準備憲政的施行，如果訓政的目的是（汪精衞先生去年十二月十日說的）「在訓練民衆行使政權」，——那麼，兩年半的光陰也許是值得的。如果訓政的延長只是爲了保持政治飯碗，畏懼人民參政，執政權而不能做點治國利民的事業，號稱訓政而所行所爲都不足爲訓，——那麼，訓政多延一日只是爲當國的政黨多造一日的罪孽而已。

第二，政府派（包括國難會議中通過提出政治改革案的先生們）雖然勉強承認民意機關的必要，而處處縮小民意機關的權限。如國難會議原案的國民代表大會，本有議決預算決算，國債，重要國際條約的三項職權。反之，在野派如孫科先生則主張國民代表大會有很大的權限，為「代表中華民國國民統治國家之最高權力機關，不受解散及任何之干涉」。這一點是值得討論的。替國難會議原案辯護的梅思平先生（在時代公論第六號）說：「我們經過去北京時代國會的經驗看起來，知道在初行民治的國家，議會的權力越大，他的腐化也越容易。」歷史是可以有種種看法的。我們研究民國初年國會的歷史，也可以說：在初行民治的國家，如果解散國會之權在行政首領手裏，議會政治是不够制裁那反民治的惡勢力的。梅思平先生指出「質問，查辦，彈劾諸權，都變成敲竹桿的利器；官吏任命的同意權，簡直是納賄的好機會。」梅先生何不進一步說：預算決算和國債的議決權更是敲竹桿和納賄的好機會？敲財政部的竹桿，豈不更肥？如此說來，還是爽快不要議會為妙！（「憲政問題」）

辛亥革命

帝制推翻之後，中國變成一個民主共和，這也是歷史造成的局勢。在二百七十年的滿族統治之下，漢人沒有一家能長久保持一種特殊尊貴地位的，也沒有一家能得國民愛戴，而被擁戴做統治中國的皇室的。即使君主立憲黨人出頭當政，他們也沒有法子憑空揑造出一個皇室來。所以辛亥革命不能不建立一種共和政體，乃是歷史必然的趨勢。還有一個歷史的理由，就是中國向來的專制帝政實在太糟，太無限制，太醜惡了，一旦戳穿了紙老虎，只看見萬惡而無一善。這是中國和日本的一個根本不同之點。日本自從九世紀以來，一千餘年中，天皇沒有實權，大權都在權臣的手裏：天皇深居宮中，無權可以爲惡，而握專制實權的幕府成爲萬惡所歸，所以後來憂國的志士都要尊王倒幕。後來日本天皇成爲立憲的君主，其實很得了那一千多年倒霉的幫助。中國則不然：一切作威作福的大權都集中在皇帝一身，所以一切罪惡也都歸到他的一身。在紙老虎有威風的時候，一切人都敢怒而不敢言；等到紙老虎不靈的時候，「專制萬惡」的思想處處都可以得着鐵憑鐵據，自然衆口一聲的要永遠推翻專制帝政了。帝制的罪惡是歷史上最明顯的事實，何況還有共和自由平等的幸福的期望在將來等着我們的享受？所以日本維新變成君主立憲，而中國革命不能不打倒帝制，都是歷史上的自然趨勢。袁世凱張勳的帝制失敗都是這個趨勢的旁證。

但辛亥革命的政治的意義不止於此。帝制的推翻，雖然好像是不曾費大力，然而那件事究竟是五千年中國歷史上的一件最大的改革。在一般人的心裏，這件事的意義是：「連皇帝也會革掉的！」這是中國革新的一個最深刻的象徵。辛亥以前，中國人談了四五十年的改革，實在沒有改變多少。因爲那班老狗是教不會新把戲的。八股改了，來的是策論；策論廢了，來的是紅頂子做監督提調的學堂；要預備立憲了，來的是差不多「清一色」的親貴政府。——但是辛亥以後，帝制倒了，在積極方面雖然沒有能建立起眞正的民主政體，在破壞的方面確是有了絕大的成績。第一是整個的滿洲親貴階級倒了，第二是妃嬪太監的政治倒了，第三是各部的書辦階級倒了，第四是許多昏庸老朽的舊官僚也跟着帝制倒了。這多方面的崩潰，造成了一個大解放的空氣。這個大解放的空氣是辛亥政治革命的眞意義。在辛亥以前，無論什麼新花樣，——例如編排一齣新戲——只消一位昏庸的御史上一個參本，就可以興起一場大獄。在辛亥以後，許多私人提倡的改革事業都可以自由發展，不能不說是政治革命的恩賜。即如民國六七年北京大學的教授提倡的白話文學，在當時雖然也有林紓先生們夢想有大力的人出來干涉，究竟沒有受着有效的摧殘。若在帝政之下，我們那班二十多歲的青年壓根兒就不能走進京師大學堂的門牆裏去講中國學問，更不用說在「輦轂」之下提倡非聖無法的思想了！民國十三年以後的政治社會的改革當然是比辛亥革命激烈的多了：但若沒有辛亥革命的政治大解放，也決不會有這十年來的種種革命。辛亥革命變換了全國的空氣，解除了一個不能爲善而可以爲惡的最上層高壓勢力，然後才能有各種革命的新種子在那個解放的空氣裏生根發芽。

所以我們可以說辛亥革命是後來一切社會改革的開始。中國古來的政治雖然是完全放任的，然而那個「天高皇帝遠」的放任政治之下，一切社會制度實在都還是倚靠那個禮法分不清的政治制度的維持。放任是放任的，但變換新花樣是不容許的；其實也並不是有意的不容許，只是無法子變換出來。那個上層的硬殼子殭化了，他的壓力自然能殭化一切他所籠罩的東西。辛亥革命只是揭起了，打破了那個硬殼子，底下的社會就顯出流動性來了。

這二十年中最容易看見的改革是婦女的解放。然而婦女的解放運動，無論在家庭、在學校、在社會，都直接間接的受了辛亥政治革命的推動。即如今日男女同學的普遍，在舊日帝制之下，是誰也夢想不到的。又如新民法根本推翻了舊禮教所護持的名分、親屬關係、宗法觀念，造成了一種不流血的禮教革命。這樣澈底的法律革命，舊日禮教與刑法互相維護的帝政之下決沒有實行的機會。這不過是隨便舉出的一兩點，已可以說明辛亥革命有解放全社會的大影響（「雙十節的感想」）

種族革命

辛亥革命在當時最容易使一般人了解的意義是「排滿」，是種族的革命。種族的革命在當時頗有人反對，一半是因爲有些持重的人恐怕革命要引起瓜分，一半是因爲有些人對於滿洲皇室還抱一點中興的希望。現在回頭看來，怕瓜分還有點歷史的根據，期望滿洲皇室的中興是完全錯誤的。滿洲民族，到了乾隆以下，已成了强弩之末：皇室都成了敗家子弟，後來竟連女兒都生不出來了；八旗兵丁也都「文」化了，在乾嘉之間的匪亂裏，他們的戰鬪力已大衰了。太平天國之變更證明了這一羣外族統治階級已絲毫沒有抵抗力了。從十九世紀中葉到辛亥革命，滿族的統治權全靠漢族新興領袖的容忍。其間戊戌年的「百日維新」，不足以證明滿族可以出個維新皇帝，只足以證明他們只配擁戴一個昏殘頑固的西太后。拳匪之禍，主要的政治領袖都是皇室的貴族，從此滿洲皇室更被全國人民厭恨了。崩潰的統治階級早已不能抵抗那次爆發的民族仇恨了；只有那七百年理學餘威還在那裏支持一個尊君的局面，使曾國藩左宗棠李鴻章諸人不敢作進一步取而代之的革命。但理學的本身也早已成了强弩之末，禁不起西來的民族觀念與平等自由的思想的摧盪。這一道最後的壁壘有了漏洞之後，他所掩庇的滿洲帝室自然瓦解了。所以辛亥革命「排滿」成功的意義只是推翻一個久已不能自存的外族統治；那種「摧枯拉朽」的形勢，更可以證明時機的眞正成熟。這個說法不是小看了革命先烈的功績，這正是要表明他們的先見遠識。倘使當時那班昏愚的帝室親貴能繼續維持他們的統治權到今日，中國的形勢更不堪想像了！（「雙十節的感想」）

憲政根據

反過來說，我們恐怕，今日有許多求治過急的人的夢想領袖獨裁，是不但不能得着黨外的同情，還可以引起黨內的破裂與內訌的。憲政有中山先生的遺敎作根據，是無法隱諱的；獨裁的政制如果實現，將來必有人抬出中山遺敎來做「護法」「救黨」的運動。求統一而反致分裂，求救國難而反增加國家的危機，古人說的「欲速則不達」的名言是不可不使我們三思熟慮的。

所以我們爲國家民族的前途計，無論黨內或黨外的人，都應該平心靜氣考慮一條最低限度的共同信仰，大略如陳之邁先生指出的路線，卽是汪蔣兩先生感電提出的「國內問題取決於政治而不取決於武力」的坦坦大路。黨內的人應該尊重孫中山先生的遺敎，尊重黨內重要領袖的公開宣言，大家努力促進憲政的成功；黨外的人也應該明白中山先生手創的政黨是以民主憲政爲最高理想的，大家都應該承認眼前一切「帶民主色彩的制度」（如新憲法草案之類），都是實現民主憲政的歷史步驟，都是一種進步的努力，都值得我們的誠意的贊助使它早日實現的。

我們深信，只有這樣的一個最低限度的共同信仰可以號召全國人民的感情與理智，使這個飄搖的國家散漫的民族聯合起來做一致向上的努力！（「從民主與獨裁的討論裏求得一個共同政治信仰」）

不可懷疑憲政

奇怪，在這個憲政問題剛開始進展的時候，悲觀的論調早已起來了。在時代公論第六號，我們得讀何浩若先生的「不關重要的國民代表」一文，根本懷疑民主政治的功用。他的結論是：

民主政治便是資產階級的政治，便是保護有產階級而壓迫貧苦民衆的政治。……

建國首要在民生；舍民生而談民主，便是舍本求末。

在國聞週報第九卷十八期中，我們得讀李廉先生的「憲政能救中國?」一文，也是根本懷疑憲政的，他說，實行憲政必須具備三個條件：（一）教育進步，（二）交通發達，（三）政風良好。因爲中國沒有這三個條件，憲政是無望的。況且憲政論的根本立場就不甚健全，因爲

第一，從理論上言，議會政治是資本主義的產物，現在資本主義早踏上沒落的階段，議會政治更破綻畢露了。

第二，從事實上言，英美的民主政治並不足取法。

第三，從中國需要上言，憲政不能解決目前困難，如「土皇帝」及共產黨等等。

第四，爲立國久遠計，我們不應拾資本主義的唾餘，我們應該採用「社會主義的政治制度」。

這種議論都不是在短評裏所能討論的。我們只想在這裏提出幾個問題，作這種討論的引子：

第一，我們要明白憲政和議會政治都只是政治制度的一種方式，不是資產階級所能專有，也不是專爲資本主義而設的。在歷史的過程上，議會政治確曾作過中產階級向獨裁君主作戰的利器，但現今各國的普遍選舉權實行後，也曾屢次有工黨代表因會議政治而得掌握政權。近百年來所有保障農工和制裁資產階級的種種「社會立法」，也都經議會裏產生出來。一種政治制度就好比一輛汽車，全靠誰來駕駛，也全靠什麼目的來駕駛。我們不因爲汽車是資本主義的產物而就不用汽車，也不應該用「議會政治是資本主義的產物」一類的話來抹煞議會政治。

第二，議會政治與憲政不是反對「民生」的東西，也不是和李廉先生所謂「社會主義的政治制度」不相容的東西。「社會主義的政治制度」難道只有無產階級專政的一種方式？如果只有這一種方式，那麼，不信中國可行憲政的先生們，難道以爲中國已具備無產階級專政的種種條件了嗎？

第三，我們不信「憲政能救中國」，但我們深信憲政是引中國政治上軌道的一個較好的方法。憲政論無甚玄秘，只是政治必須依據法律，和政府對於人民應負責任，兩個原則而已。議會政治只是人民舉代表來辦政治的制度而已。今日之土皇帝固然難制裁，但黨不能制裁土皇帝，政府不能制裁土皇帝，我們何妨試試人民代表的制裁能力呢？當倪嗣沖馬聯甲盤踞安徽的時代，一個很腐敗的省議會，居然能反抗鹽斤加價，居然能使安徽全省人民不增加一個錢的負擔。現在堂堂黨國之下，有誰能制裁我們的綏靖主任呢！季廉先生舉出最近一月二十日何應欽部長提議削減各軍經費，二十二日便有各軍駐京七十二軍事機關代表齊赴軍部請願，要求維持原案。季廉先生何不想想，那七十二個軍事機關都有駐京代表在那裏替他們七十二土皇帝爭權利，我們四萬五千萬的老百姓受了無窮的寃屈，不應該請幾位國民代表去說說話，伸伸寃嗎？難道我們應該袖手坐待季廉先生說的「那應運而生的政治集團」起來，才有救星嗎？（「憲政問題」）

獨裁下的新奴隸

我們在今日紀念這個革命節日，一面當然感謝那許多爲革命努力犧牲的先烈，一面當然也不能不感覺我們自己在這二十年中太不努力了，所以雖有一點成績，究竟不够酬償他們流的血，出的力。他們夢想一個自由平等，繁榮强盛的國家。二十三年過去了，我們還只是一個抬不起頭來的三等國家。他們夢想造成一國民主立憲的自由國民，二十三年了，却有不少的人自以爲眼界變高了，瞧不起人權與自由了，情願歌頌專制，夢想做獨裁下的新奴隸！這是我們在今日不能不感覺慚愧的。（「雙十節的感想」）

無爲政治

此時所需要的是一種提倡無爲的政治哲學。古代哲人提倡無爲，並非教人一事不做，其意只是教人不要盲目的胡作胡爲，要睜開眼睛來看看時勢，看看客觀的物質條件是不是可以有爲。所以說：「無爲者，不先物爲也」。所以說：「不爲物先，不爲物後；與時推移，應物變化」。所謂「時」，卽是時勢，卽是客觀的物質條件。第一是經濟能力，第二是人才。沒有經濟能力，就須用全力培養經濟能力；沒有人才，就須用全力培養人才。在這種條件未完備之先，決不能做出什麼有爲的政治。

現時中國所需要的政治哲學決不是歐美十九世紀以來的積極有爲的政治哲學。歐美國家有富厚的財力，有濟濟蹌蹌的專門人才，有精密强固的政治組織，所以能用政府的工具來做大規模的建設事業。我們只是貧兒，豈可以妄想模倣富家的大排場？我們只是嬰孩，豈可以妄想想做精壯力士的事業？我們此時只能努力撫養這嬰孩使他長大，教練這貧兒使他撙節積蓄，養成一點可以有爲的富力。

（「從農村救濟談到無爲的政治」）

無爲史

再看看中國歷史上，統一帝國的成立全靠漢朝四百年立下了一個基礎，而漢朝四百年的基礎又全靠開國六七十年的無爲政治。漢書食貨志說：

漢興，接秦之敝，諸侯竝起，民失作業，而大饑饉，凡米石五千。（史記平準書作「米至石萬錢。」）人相食，死者過半。高祖乃令民得賣子就食蜀漢。天下旣定，民亡蓋藏，自天子不能具醇駟（四匹馬一色），而將相或乘牛車。

經濟的狀況如此，自然不是可以有爲的時勢。所以魯國的儒生對叔孫通說：

今天下初定，死者未葬，傷者未起，又欲起禮樂！禮樂所由起，積德百年而後可興也。吾不忍爲公所爲。

所以當時哲人陸賈也主張無爲的政治。最奇怪的是當日的武將，「身被七十創，攻城略地功最多」的平陽侯曹參，也極力主張無爲的政治。曹參和韓信平定了齊地，高祖把韓信調開了，封他的長子肥爲齊王，用曹參做齊相國（前二〇二年）。曹參以戰功第一人，做韓信的繼任者，他豈不明白高祖的用意？司馬遷說：

參之相齊，齊七十城，天下初定，悼惠王富於春秋。參盡召長老諸生，問所以安集百姓如齊故俗，諸儒以百數，言人人殊，參未知所定。聞膠西有蓋公，善治黃老言，使人厚幣請之。既見蓋公，蓋公爲言治道貴清靜而民自定，推此類具言之。

參於是避正堂，舍蓋公焉。其治要用黃老術，故相齊九年（二〇二——一九三），齊國安集，大稱賢相。

惠帝二年（一九三），……參去，囑其後相曰，「以齊獄市爲寄，愼勿擾也。」後相曰，「治無大於此者乎？」參曰，「不然。夫獄市者，所以並容也。今君擾之，姦人安所容也？吾是以先之。」（史記五四）

曹參在齊相國任內，行了九年的清靜無爲的政治，已有成效了，故他到了中央做相國，也抱定這個無爲不擾民的主義。

參代【蕭】何爲漢相國，舉事無所變更，一遵蕭何約束。擇郡國吏，木（漢書二九木字作「長大」二字，孟康說，年長大者。）詘於文辭，重厚長者，卽召除爲丞相史；吏之言文刻深，欲務聲名者，輒斥去之。日夜飮醇酒。卿大夫以下吏及賓客，見參不事事，來者皆欲有言。至者，參輒飮以醇酒間之，欲有所言，復飮之，醉而後去，終莫得開說。……相舍後園近吏舍，日飮歌呼，從吏惡之，無如之何，乃請參游園中，聞吏醉歌呼，從吏幸（希冀）相國召按之。乃反取酒張坐飮，亦歌呼與相應和。參見人之有細過，專掩匿覆蓋之。府中無事。

惠帝看了曹參的行爲，有點奇怪，叫他的兒子曹窋去規諫他。曹窋回去問他的父親爲什麼「日飮，無所請事。」曹參大怒，打了他二百下，說，「天下事不是你應該說的！」第二天，惠帝只好老實說是他叫曹窋去說的，

參免冠謝，曰：「陛下自察聖武孰與高帝？」

上曰，「朕乃安敢望先帝乎？」

曰，「陛下觀臣能孰與蕭何賢？」

上曰，「君似不及也。」

參曰，「陛下言之是也。且高帝與蕭何定天下，法令旣明，今陛下垂拱，參等守職，遵而勿失，不亦可乎？」

惠帝曰，「善，君休矣。」

這裏明明說出他的無爲政治的意義是：「我們都不配有爲，還是安分點，少做點罷。」曹參的尊重蓋

公，實行黃老的思想，便已是有意的試行無爲主義了。孝文孝景二帝的政治也都含有一點自覺的無爲政策。文帝在位二十三年，所行政策，如除肉刑，除父母妻子同產相坐律，減賦稅，勸農商，以及對南越及匈奴的和平政策，都像是有意的與民休息。他的皇后竇氏便是一個尊信黃老的婦人。她做了二十三年的皇后，十六年的皇太后，六年太皇太后，先後共四十五年（前一七九——一三五。史記四九）說：

> 竇太后好黃帝老子言，帝（景帝）及太子（武帝）諸竇不得不讀黃帝老子，尊其術。

從曹參到竇太后死時，五六十年中，無爲的政治已發生了絕大的效果，做到了全國的太平與繁榮。司馬遷在呂后本紀後面說：

> 孝惠皇帝高后之時，黎民得離戰國之苦，君臣俱欲休息乎無爲，故惠帝垂拱，高后女主稱制，政不出房戶，天下晏然。刑罰罕用，罪人是希，民族稼穡，衣食滋殖。（史記九）

可見當時的政治儘管齷齪，而「政不出房戶」人民便受惠不少。幾十年的無爲，有這樣大成效：

> 至今上（武帝）卽位數歲，漢興七十餘年（二〇二——一三〇）之間，國家無事，非遇水旱之災，民則人給家足，都鄙廩庾皆滿，而府庫餘貨財。京師之錢累巨萬（萬萬爲巨萬），貫朽而不可校。太倉之粟陳陳相因，充溢露積於外，至腐敗不可食。衆庶街巷有馬，阡陌之間成羣，而乘字牝者擯而不得聚會。守閭閻者食粱肉，爲吏者長子孫（吏不時時更換，至生長子孫而不轉職），居官者以爲姓號。故人人自愛而重犯法，先行義而後絀恥辱焉。（史記三十）

有了這六七年的無爲政治做底子，所以漢武帝可以有幾十年的大有爲。這一段漢初的無爲政治的故事也許可以供我們今日的政治家開會議做紀念週完時的一點有趣味的讀物罷？（「從農村救濟談到無爲的政治」）

三　無

我們的總結蔣先生是終身爲國家勤勞的愛國者。我在二十五年前第一次寫信給他，就勸他不可多管細事，不可躬親庶務。民國二十二年，我在武漢第一次見他時，就留下我的一册「淮南王書」，托人送給他，盼望他能够想想淮南主術訓裏的主要思想，就是說，做一國元首的法子是「重爲善，若重爲暴。」「重」是「不輕易」。要能够自己絕對節制自己，不輕易做一件好事，正如同不輕易做一件壞事一樣，這才是守法守憲的領袖。

二十多年的光陰輕輕的飛去了。蔣先生今年七十歲了，我也六十六了。我在今天要貢獻給蔣先生的話，還只是淮南王書裏說的「積力之所擧，則無不勝（平聲）也。衆智之所爲，則無不成也。」要救今日的國家，必須要努力做到「乘衆勢以爲車，御衆智以爲馬。」

怎樣才能够「乘衆勢以爲車，御衆智以爲馬」呢？我想來想去，還只能奉勸蔣先生要澈底想想「無智，無能，無爲」的六字訣。我們憲法裏的總統制本來是一種沒有行政實權的總統制，蔣先生還有近四年的任期，何不從現在起，試試古代哲人說的「無智，無能，無爲」的六字訣，務力做一個無智而能「御衆智」，無能無爲而能「乘衆勢」的元首呢？（「述艾森豪總統的兩個故事給蔣總統祝壽」）

警察權

最好的撫乳培養的方法是一種無爲的政治，「損之又損，以至於無爲」，以至於無可再損。這種老子的話頭也許太空泛；我們可以用十九世紀後期哲人斯賓塞（Spencer）的話：要把政府的權力縮小到警察權。這就是無爲政治的摩登說法。警察權只是維持人民的治安，別的積極事業都可以不管；人民只要有了治安，自然會去發展種種積極的事業。斯賓塞在十九世紀的英國提倡此種消極的政治主張自然是背時。但這種思想在今日一切落後的中國，我們認爲是十分值得我們的政治家注意考慮的。

試看中國境內的幾處租界發達的歷史，那一處不是先從努力做到警察權下手？租界的政府只是一個工部局，俗名爲巡捕房，他的唯一作用只是維持公共治安。治安維持住了，一切公用事業，一切商業工業，一切建設，自然有人來發展，自然有法子發展。決沒有一個政府不能做到維持治安，而能發展建設事業的！（「從農村救濟談到無爲的政治」）

急進革命與漸進的改革

極權政治的第一個基本特徵，是全體擁護急進而驟變的革命，他們嘲笑漸進的改革，認爲這種辦法是膚淺而無效的。由於强暴的革命，他們不但獲得了絕對的政治力量，而且還要拚命推行這種殘暴的革命，想要使這種革命普遍化，使整個世界發生同樣激變的革命。他們自稱爲「集體革命」的信徒，同時他們也是「世界革命」、「永久革命」、「永久戰爭」的信徒。

一八四八年的「共產黨宣言」就呼籲全世界共產黨革命，它說：「共產黨員並不隱藏他們的見解和目標」。他們公開宣佈，他們達到目的的唯一方法，就是用武力摧毀整個現存的社會制度。

自一九一七年以來，所有新興的極權政治制度，都採取急進而過激的革命方式；他們一切行爲，似乎都本着一句話：「把現存世界摧毀，另建一個新的世界。」他們的領袖都中了一種觀念的毒，就是認爲如果想要推翻一個國家整個現存的社會制度，就非同時把所有與該國毗連的各國的社會制度一齊推翻不可。所以才有世界革命的必要，才有「全體」革命的必要。並且革命的手段更須殘暴而激烈，爲的是摧毀舊制度下一切的一切。繞士寧（H. Raushning）在他的「虛無主義革命」一本書裏說：「破壞應當十分澈底，要使任何事物，無一倖免。舊制度下的任何東西，不論是軍隊或教堂，不論是資產的制度或文化的傳統，一律不准拿到新的制度下，使之生存或殘留」。

爲了特別着重急進的革命，不管在內政或外交上，都認爲它是絕對必需的手段。這個基本觀念是極權政治與近代民主政治根本的不同點。我們說「近代」二字，因爲我們知道在一百五十年前，有許多主張共和主義者，像羅伯斯比爾、聖鞠斯特、巴伯甫等，也都曾相信並實行急進革命的方法。甚至倍因也認爲，歐洲各國政治制度終久會遭遇一次普遍的革命，並曾以此自慰，他在一七九二年二月致拉法夷脫的信裏說：「等到法國四周圍都起了革命，法國就得到和平與安寧了。」

但是，近代的民主主義已拋棄了急進革命的念頭，而對社會、經濟、及政治上的逐漸改革，感到滿意。近代民主政治程序的基本哲學，是認爲殘暴的破壞行爲決不會產生進步，進步是許多具體的改革積聚起來的結果。美國的哲學家們曾設法想使這種不知不覺的趨勢，成爲明白淸楚的哲學。威廉詹母斯使用「社會改善論」一名詞，標明一種倫理的哲學，勸告世人謂目前的世界，雖不是完美的世界，但人類却可以使之改善。杜威曾發表過一個關於進步的理論說：「進步並不是一種批發的買賣，而是零售的生意，應當一部一部的定約，一批一批的成交。」這種進步觀念，旣不致引起急進的革命，也不發生宿命論的放任主義，但是它需要個人的努力和專心，智慧和忍耐。羅斯福說：「民主主義已獨自創立一種無限制的文明，它在改善人類生活方面，具有無限進步的能力。」由於近幾世紀的歷史看來，這種改善人類的生活的進步，大半是按照杜威所謂「零售的生意」方式成功的。

我認爲急進革命與逐漸改革二者的區別，正是民主的生活方式與極權的生活方式最基本的不同。這種根本的差別，幾乎可以解釋這兩個互相衝突的制度中的任何問題。我們擧一個例子，它可以解釋反民主的國家爲何一定要採取獨裁的手段。一切急進主義必然走上極權政治的道路，因爲只有絕對的力量能够完成急進革命的工作，只有用兇暴的手段，與令人極端恐怖的專制政治，才能把現存的社會制度整個推翻，阻止它恢復或再生。列寧說：

「無疑的，革命是世界上最有權威的東西。革命就是一部份人民，利用步槍刺刀以及其他有威力的工具，迫使另一部份人民，依照他們的意志去行動。」

對於這類的革命，獨裁是絕對不可少的，因爲列寧給「獨裁」二字下的定義是：「一種直接使用武力，不受法律約束的權威。」馬克斯曾說過，在由資本主義社會過渡到共產主義社會的期間內，無產階級的革命獨裁是必要的。但是急進的革命永遠也沒有完成的一天，那些被打倒被放逐的敵黨，永遠會有捲土重來的危險。這種世界革命的到來，似乎是非常的緩慢。甚至在已革命的國家中，仍時常發生反革命的運動。因此獨裁政治必須無盡無休一直繼續下去！

從另一方面看，習慣於逐漸改革的民主主義國家，並不感覺需要絕對的獨裁力量。在戰爭期間或在國家內部發生嚴重危機時，他們時常可以將某種特權，交付與行政首腦。但在和平時期，他們願意逐漸改革，也就是說，國家有某種需要，便予以某種措施。也許需要二十年的工夫，才能使美國聯邦所得稅通行無阻。也許需要十年的工夫，才能取銷全國的酒禁。以一個國家的壽命之悠遠長久，如果把幾天的光陰，用在辯論上，甚至把幾年的時間，用在討論上，根本也算不了什麼浪費，至少比較處於極權統治之下，失去了基本自由强得多。

這同樣的基本差別，也把反民主的制度爲什麼那樣羡慕理想主義的精神一個問題，解釋清楚。民主主義的逐漸改革，時常是遲緩的，甚至是不得體不適當的，以致沒有耐性的人們，自然會受到所謂「革命的」制度的吸引，因爲在革命的制度下，獨裁者的力量，似乎能使他們的理想主義的迷夢，更澈底更迅速的實現。但是經過了長時期的艱苦經驗，和一再的幻想消滅之後，這些理想主義的迷夢者，才會明白：走向進步，並無捷徑，而逐步改革的程序，畢竟還是眞正民主的生活的方式。（「民

劃一與互異

極權主義的第二個特徵是根本不容許差異的存在或個人的自由發展。它永遠在設法使全體人民，適合於一個劃一的軌範之內。對於政治信仰、宗教信仰、學術生活、以及經濟組織等無一不是如此。政治活動一律受一小組人員的統制指導，這小組的編制，類似軍事機構，對於領袖絕對的服從和信仰。一切反對的行爲與反對的論調，都遭受查禁和清除。在宗教方面，極權主義國家的領袖們，聲稱已由傳統的超自然的宗教束縛下，解放出來了。同時更儘量對全體人民宣傳反宗教的學說，並竭力壓制一切自由獨立的宗教團體。在學術方面，不准許有思想言論自由存在。科學和教育只佔次等地位，黨國的權利高於一切，而且思想不得離「黨的路線」。在經濟方面，政府將一個劃一的制度，强加在整個社會上，以期適應其所規定的經濟政策。不論是共產主義，或國家社會主義，或農業集體主義，都是政府不容分說，不擇手段，强迫推行一個劃一的制度。在極權國家內，勞工運動已經不存在了，因爲實業與生產都是由政府通盤籌劃的。在這種國家裏，不許罷工，不許勞工抗議，唯一可能的消極抗議，只有怠工，但怠工是被認爲罪大惡極的。

在上述三方面的生活中，規定人民應行接受的「路線」永遠是由黨、國、或領袖來決定。而這三方面又制定爲三位一體，名異實同。任何人不准違反黨綱或政策。極權主義者說：「個人是沒有自由的，只有國家，民族才談得到自由。」極權主義者爲黨的絕對正確性而辯護，不允許一切與黨義不合的事物存在。他們說：「因爲我們深信，我們的一切行爲都是正當的，我們決不能坐視我們的鄰人也宣稱，他們的行爲也是正當的。」

正因爲這種在生活各方面過份企圖劃一與排除異己，才把反民主的政治的生活方式標出根本的差別來。

民主主義的生活方式，根本上是個人主義的。由歷史觀點看來，它肇始於「不從國教」，這初步的宗教個人主義，引起了最初的自由觀點。保衞宗教自由的人們，寧願犧牲自己的生命財產，而反抗壓迫干涉的鬪爭。個人按照自己的意思敬奉上帝，乃是近代民主精神與制度在歷史上的發端。這種不從國教的精神，也和其他各種自由，有密切的關係，如思想、言論、出版、集會等自由是。根本的問題是，我人企圖獲得機會，自由發展與表達其自己的感覺、思想、與信仰。於是成了一種爲爭取我行我素的權利的爭鬪。所謂我行我素的權利，是指一種不必墨守成規，不必遵守命令式的軌範而行動的權利。

民主制度，乃是在宗教信仰、知識醒覺、政治言論、以及等等一切生活方面，這種「不從國教」精神的產物。民主文明，也就是由一般愛好自由的個人主義者所手創的。這些人重視自由，勝過他們的日用飲食，酷愛眞理，寧願犧牲他們的性命。我們稱之爲「民主」的政治制度，也不過就是這般具有「不從國教」的自由精神的人們，爲了保衞自由，所建立的一種政治的防禦物而已。

就是連民主文明的經濟情況，也並不是像一般人心目中所想像的一律都是資本主義的。私人的產權與自由的企業之所以能夠長久維持，由歷史看來，都是因為這兩種制度，具有充份的力量，幫助個人的發展；都是因為這兩種制度已使一種極高的經濟福利標準，有實現的可能。

在經濟發展的千頭萬緒中，我們可以明顯的看出近代民主文明中經濟情勢的特點。一位現代的經濟學家認為近代美國的經濟情形，至少可以分成五種互相懸殊的組織，而這五種組織，是並駕齊驅，不分軒輕的。第一、是傳統的資本主義組織，如個人所有的商店、農場、洗衣店、茶店等。第二、是大公司的經濟組織。第三、是公共事業的經濟組織。第四、如郵政局及「田納西開發區域管理局」等公共團體的經濟組織。第五、是各種的「私人的集體組織」如大學、教會、以及消費生產合作社等。這一切組織，以及其他可能的各種不同的「組織」，同時都在發生作用，以滿足人民經濟的需要。至於其他民主國家的情形，多半也是如此。最值得注意的一點是，在這些不同的組織中，並沒有人企圖按照一個格式，把它們一律劃一。

因此，我們可能說，這區分民主制度與極權制度的第二個基本觀念，就是前者採取生硬的劃一，而後者主張變化及個別發展。這種差異，在任何生活方面，都很顯著。企圖劃一，則必須走上壓制個人發展的道路，則必將發生偏私、壓迫、與奴役等情事，甚至於構成知識上的欺騙，與道德上的偽善。由另一方面看，對於自由發展的重視與鼓勵，可以增進人格修養，加強團體生活，可使公正而富於創造性的藝術思想，自由的開花結果，可以養成容忍與愛好自由眞理的良好精神。（「民主與極權的衝突」）

民主制度

最後，世界文化還有第三個共同的理想目標，就是民主的政治制度。

有些人聽了我這句話，也許要笑我說錯了。他們說最近卅十年，民主政治已不時髦了，時髦的政治制度是一個代表勞農階級的少數黨專政，剷除一切反對黨，用强力來統治大多數的人民。個人的自由是資本主義的遺產，是用不着的。階級應該有自由，個人應該犧牲自由，以謀階級的自由。這一派的理論在眼前的世界裏，代表一個很有力量的大集團。而胡適之偏要說民主政治是文化的一個共同的理想目標，這不是大錯了嗎？

我不承認這種批評是對的。

我是學歷史的人，從歷史上來看世界文化上的趨向，那是民主自由的趨向，是三四百年來的一個最大目標，一個明白的方向。最近三十年的反自由、反民主的集體專制的潮流，在我個人看來，不過是一個小小的波折，一個小小的逆流。我們可以不必因爲中間起了這一個三十年的逆流，抹煞那三百年的民主大潮流、大方向。

俄國大革命，在經濟方面要爭取勞農大衆的利益，那是我們同情的。可是階級鬪爭的方法，造成了一種不容忍，反自由的政治制度，我認爲那是歷史上的一件大不幸的事。這種反自由，不民主的政治制度站不住，所以必須依靠暴力強力來維持他，結果是三十年很殘忍的壓迫與消滅反對黨。終於從一黨的專制走上一個人的專制。三十年的苦鬪，人民所得的經濟利益，還遠不如民主國家從自由企業與社會立法得來的經濟利益那麼多。這是很可惋惜的。

我們縱觀這三十年的世界歷史，只看見那些模倣這種反自由，不容忍的專制制度，一個一個的都被打倒了、毀滅了。今日的世界，無論是在老文明的歐洲，或是在新起的亞洲，都還是朝着爭民主、爭自由的方向走。印度的獨立，中國結束一黨訓政，都是顯明的例子。

所以我毫不遲疑的說：世界文化的第三個理想目標，是爭取民主，爭取更多更合理的民主。

有些人看見現在世上兩個大集團的對立，「兩世個界」的明朗化，就以爲第三次世界大戰禍，不久即將來臨了，將來勝敗不知如何，我們不要押錯寶，以致後悔無及！

這是很可憐的敗北主義。所謂「兩個世界」的對壘，其實不過是那個反自由不容忍的專制集團，自己害怕自己氣餒的表現。這個集團至今不敢和世界別的國家自由交通，這就是害怕的鐵證！這就是氣餒。我們認清了世界文化的方向，儘可以不必擔憂，儘可以放大膽子，放開脚步，努力建立我們自己的民主自由政治制度。我們要解放我們自己，我們要造成自由獨立的國民人格，只有民主的政治，可以滿足我們的要求。（「眼前世界文化的趨向」）

自由民主的潮流

我並不否認我「袒偏」那個自由民主的潮流，這是我的基本立場，我從來不諱飾，更不否認，這個基本立場，也許值得申說一遍。

第一，我深信思想信仰的自由與言論出版的自由是社會改革與文化進步的基本條件。自從四百多年前馬丁路得發動宗教革新以來，爭取各種自由的運動漸漸成功，打開了一個學術革新，思想多元發展，社會革新，政治改造的新鮮世界，如果沒有思想信仰言論出版的自由，天文物理化學生物進化的新理論當然都不會見天日，洌克、伏爾泰、盧騷、節浮生、以至馬克斯、恩格爾的政治社會新思想也當然都不會流行傳播，這是世界近代史的明顯事實，用不着我多說。

第二，我深信這幾百年中逐漸發展的民主政治制度是最有包含性，可以推行到社會的一切階層，最可以代表全民利益的。民主政治的意義，千言萬語，只是政府統治須得人民的同意。這個同意權，起初只限於貴族紳士與教會領袖，後來推廣到納稅的商人，後來經過了長時期的推廣，一切成年的男女公民都有選舉權了。這樣包括全體人民的政治制度，不須採用慘酷的鬪爭屠殺，可以用和平的方式，做到代表最大多數人民利益的政治。因爲這種民主政制可以代表全民利益，所以從歷史上看來，社會主義的運動只是民主運動的一部分，只是民主運動的一個當然而且必然的趨勢。在這六七十年之中，社會化的經濟立法逐漸加多，勞工也往往可以用和平方法執掌重要國家的政權，積極推行社會的經濟政策。這也都是明顯的史實，使我們明瞭民主政治確是可以擴充到包括全民利益，包括社會化的經濟政策的。

第三，我深信這幾百年（特別是這一百年）演變出來的民主政治，雖然還不能說是完美無缺陷，確曾養成一種愛自由，容忍異己的文明社會。法國哲人伏爾泰說的最好：「你說的話，我一個字也不贊成，但是我要拼命力爭你有說這話的權利。」這是多麼有人味的容忍態度！自己要爭自由，同時還得承認別人也應該享受同等的自由，這便是容忍。自己不信神，要爭取自己不信神的自由，但同時也得承認別人眞心信神，當然有他信神的自由。如果一個無神論者一旦當權就要禁止一切人信神，那就同中古宗敎殘殺「異端」一樣的不容忍了。宗敎信仰如此，其他政治主張、經濟理論、社會思想，也都應該如此，民主政治作用全靠這容忍反對黨，尊重反對黨的雅量。我們看報紙上記載英國保守黨領袖邱吉爾上個月病癒後回到議會時全體一致熱烈的歡迎慰問他，我們讀那天工黨議員同他說笑話的情形，我們不能不感覺這種有人味的文明社會是可愛可羡的。

以上說的三點，是我「偏袒」這個民主自由大潮流的主要理由（「我們必須選擇我們的方向」）

逆流

至於那個反自由、反民主，不容忍的專制集團，他自己至今還不敢自信他站得住。關於這一點，證據似乎不少。第一，這個專制集團至今還不敢相信他自家的人民，還得用很冷酷的暴力壓制大多數的人民。第二，這個集團至今還不敢和世界上別的國家自由交通，還不敢容許外國人到他國去自由視察遊歷，也還不敢容許他自己的人民自由出國和外國人往來。第三，這個集團擁有全世界最廣大的整片疆域和最豐富的原料礦藏，然而他至今還在他的四週圍擴充他的「屏藩」，樹立他的「衞星」，同時他至今還不放棄世界革命的傳統政策，還迷信只有在世界紛亂裏才可以得着自己安全的保障。這些都是不自信的表現，都是害怕與氣餒的表示。

所以我們很可以宣告這個反自由不容忍的專制運動只是這三十年歷史上的一個小小的逆流，一個小小的反動。因爲他是一個反動，一個逆流，所以他在最近十年之中，越走越倒回去了。馬克斯不够用了，列寧也不够取法了，於是彼得大帝被抬出作民族英雄了，甚至於「可怕的伊凡」也被御用的史家與電影作家歌頌作民族英雄了！這不是開倒車嗎？這不是反動的逆流嗎？

這個專制集團，在他三十年前革命理想最高潮的時期，也曾宣告放棄帝俄時代用暴力取得的一切外國權益。現在呢！他在中國東北的行爲，他在大連旅順的行爲，處處是回到帝俄時代的侵略政策，這是崇拜彼得，崇拜伊凡的反動心理的當然結果。所以我們說這是一個小小的逆流，應該是不錯的。開歷史的倒車，所以說是逆流。不自信，害怕而氣餒，所以說是小的反動。（「我們必須選擇我們的方向」）

政　黨

在三十年前，談政治的人只知道一種政黨，那就是英國美國和西歐的政黨。但在這最近三十年之中，出現了一種政治組織，雖然也用「政黨」的名稱，性質和英美西歐所謂政黨完全不相同。俄國的共產黨，意大利的法西斯黨，德國的納粹黨，主張雖有左右的大不同，但在黨的組織紀律上是很相同的，都屬於後一類。

爲便利起見，我們可以把英美西歐式的政黨叫做甲式政黨，把這三十年來蘇俄意德諸國後起的政黨叫做乙式政黨。

甲式政黨的性質有這幾點特色：

(一)甲式政黨的黨員沒有確定的人數，沒有黨籍可以查考，人人可以自由登記爲某黨黨員，人人可以自由脫離本黨。如英國邱吉爾從前是自由黨後來是保守黨，如美國威爾基本是民主黨，後來竟做共和黨的總統候選人。

(二)黨員投票是無記名的，秘密的，黨員言論是自由的。沒有黨的紀律可以約束黨員的投票，也沒有特務偵探可以干涉黨員的言論行動。最近美國民主黨的華萊士在國外批評本黨的政策，是最明顯的例子，英國工黨的議員也有嚴厲批評本黨的政策的。這種行爲，本黨固然無法制裁，社會也往往特別贊許「獨立」，稱爲「不黨不偏。」

(三)甲式政黨的原則是在兩個或多個政黨之中爭取多數黨的地位。每個政黨總希望成爲多數黨，但每個政黨得容忍並且尊重少數黨的權利，因爲今年的少數黨也許明年變成多數黨，今年在朝的多數黨也許明年下野成爲少數黨。最後的決定是人民的選舉票。在選舉之前，沒有一個政黨可以確知全國人民們最後決定，也沒有一個政黨可以操縱把持全國人民的投票。例如美國一九二八年的大選舉，共和黨胡佛得二千一百多萬票而當選總統；四年之後，民主黨羅斯福得二千二百多萬票而當選總統。這都是人民自由選擇的結果。

（四）選舉結果確定之後，在法定的日期，勝利的黨從失敗的黨手裏依法接收政權。失敗的黨決不敢用警察軍隊的力量來霸佔政權，或毀滅得勝的反對黨。因爲他們知道幾年之後他們又可以有競選的機會，所以他們都努力培養「勝固可喜，敗亦欣然」的雅量。試看英國邱吉爾一九四五年負着何等威望，然而那年選舉的結果，保守黨慘敗了，邱吉爾只能坦然交出政權，退居反對黨領袖的地位。

以上所說的是甲式政黨的組織與作風。至於乙式政黨，便完全不同了。乙式政黨的性質也可以分作幾點來說：

（一）乙式政黨是一種嚴密的組織，有確定的人數，有詳細精密的黨籍。黨員入黨必須經過審愼的調查察看，入黨之後黨員可以受懲戒，被開除，但不能自由脫黨。

（二）乙式政黨的黨員必須服從黨的紀律。黨員沒有自由，也沒有秘密。乙式政黨必須有嚴密的特務偵察機關，他們的作用不但是偵查防範黨外的人，還須監視黨員的言論，思想，行動。黨員必須服從黨的命令，思想言論必須依照黨的路線。

（三）乙式政黨的目的是一黨專政。未取得政權之時，他們不惜用任何方法取得政權；既得政權之後他們不惜用任何方法鞏固政權，霸住政權。乙式政黨本身是少數黨，但因爲組織的嚴密堅強，往往能利用政治的特殊權威，壓服大多數人民，以少數黨統治全國。

（四）乙式政黨絕對不承認，也不容許反對黨的存在。一切反對力量，都是反動，都必須澈底肅清剷除，才可以鞏固一黨永久專政的權力。

以上列舉的甲乙兩式的政黨的性質，都是很淺近的政治常識，不值得政治學者的一笑。可是這些區別，正因爲很淺近，所以往往爲一般人所忽略，甚至於爲高明的學者所忽略。例如前些日子有人討論美國與蘇俄對峙的兩個世界的區別，曾說：「美國給人民一張選擧票，蘇俄給人民一塊麵包。」這似乎不是公允的比較論。美國人民未嘗沒有麵包，蘇俄人民也未嘗沒有選擧票。但這兩個世界的根本不同，正在那兩張選擧票使用方式的根本不同，蘇俄因爲沒有反對黨，故一九三六年新憲法之下的選擧結果總是百分之一百或是百分之九十九。美國因爲容許反對黨自由競爭，所以羅斯福最大的勝利總不過人民投票總數之百分之六十。（此指一九三六年大選的結果。一九三二年他只得百分之五十七；一九四零年他只得百分之五十四）。這百分之六十的大勝利，代表自由的政治，代表獨立的思想與行動，代表容忍異黨的雅量。所謂「兩個世界」的畫分正在這自由與不自由，獨立與不獨立，容忍與不容忍的畫分。

中國國民黨的創立者孫中山先生本是愛自由講容忍的政治家，他在革命事業最困難的時期，感覺到一個「有組織，有力量的革命黨」的需要，所以他改組國民黨，從甲式的政黨變成乙式的政黨。但中山先生究竟是愛自由講容忍的人，所以在他的政治理想系統裏，一黨專政不是最後的境界，只是過渡憲政的暫時訓政階段。他的最後理想還是那甲式的憲政政治。

近年國民黨準備結束訓政，推行憲政。這個轉變可以說是應付現實局勢的需要，也可以說孫中山先生的政治綱領的必然趨勢。一個握有政權的政黨自動的讓出一部份政權，請別的政黨來參加，這是近世政治史上希有的事。所以無論黨內或黨外的人，似乎都應該仔細想想這種轉變的意義。依我個人看法，這個轉變應該是從乙式的政黨政治變到甲式的政黨政治，這裏面似乎應該包括黨的內容與作風的根本改革，而不僅僅是幾個政黨分配各種選擧名額或分配中央與地方的官職地位。如果訓政的結束能够引起一個愛自由的提倡獨立思想的，容忍異己的政治新作風，那才可算是中國政治大革新的開始了。（「兩種根本不同的政黨」）

個人主義

張先生所謂「個人主義「，其實就是「自由主義」（Liberalism）我們在民國八九年之間，就感覺到當時的「新思潮」「新文化」「新生活」有仔細說明意義的必要。無疑的，民國六七年北京大學所提倡的新運動，無論形式上如何五花八門，意義上只是思想的解放與個人的解放。蔡元培先生在民國元年就提出「循思想自由言論自由之公例，不以一流派之哲學一宗門之敎義梏其心」的原則了。他後來辦北京大學，主張思想自由，學術獨立，百家平等。在北京大學裏，辜鴻銘、劉師培、黃侃、和陳獨秀、錢玄同等同時敎書講學。別人頗以爲奇怪，蔡先生只說：「此思想自由之通則，而大學之所以爲大也」。（言行錄頁二二九）這樣的百家平等，最可以引起青年人的思想解放。我們在當時提倡的思想，當然很顯出個人主義的色彩。但我們當時曾引杜威先生的話，指出個人主義有兩種：

①假的個人主義就是爲我主義（Individvality）他的性質是只顧自己的利益，不管羣衆的利益。

②眞的個人主義就是個性主義（Individuality），他的特性有兩種：一、是獨立思想，不肯把別人的耳朶當耳朶，不肯把別人的眼睛當眼睛，不肯把別人的腦力當自己的腦力。二、是個人對於自己思想信仰的結果要負完全責任，不怕權威，不怕監禁殺身，只認得眞理，不認得個人的利害。

這後一種就是我們當時提倡的「健全的個人主義」。我們當日介紹易卜生（Ibsen）的著作，也正是因爲易卜生的思想最可以代表那種健全的個人主義。這種思想有兩個中心見解：第一是充分發展個人的才能，就是易卜生說的：「你要想有益於社會，最好的法子莫如把你自己這塊材料鑄造成器。」第二是要造成自由獨立的人格，像易卜生的「國民公敵」戲劇裏的斯鐸曼醫生那樣「貧賤不能移，富貴不能淫，威武不能屈」。這就是張熙若先生說的「養成忠誠勇敢的人格」。

近幾年來，五四運動頗受一班論者的批評，也正是爲了這種個人主義的人生觀。平心說來，這種批評是不公道的，是根據於一種誤解的。他們說個人主義的人生觀是資本主義社會的人生觀。這是濫用名詞的大笑話。難道在社會主義的國家裏就可以不用充分發展個人的才能了嗎？難道社會主義的國家裏就用不着有獨立自由思想的個人了嗎？難道當時辛苦奮鬪創立社會主義共產主義的志士仁人都是資本主義社會的奴才嗎？我們試看蘇俄現在怎樣用種種方法來提倡個人的努力（參看獨立第一二九號西瀅的「蘇俄的青年」，和蔣廷黻的「蘇俄的英雄」），就可以明白這種人生觀不是資本主義社會所獨有的了。（「個人自由與社會進步」）

自由主義

自由主義的最淺顯的意思是尊重自由。現在有些人否認自由價值，同時又自稱是自由主義者。自由主義裏沒有自由，那就好像「長坂坡」裏沒有趙子龍，「空城計」裏沒有諸葛亮，總有點叫不順口罷。據我的笨見，自由主義就是人類歷史上那個提倡自由，崇拜自由，爭取自由，充實並推廣自由的大運動。世間的民族，在這個大運動裏，努力有早有晚，成功有多有少。在這個大運動裏，凡是愛自由的，凡是承認自由是個人發展與社會進步的基本條件的，凡是承認自由難得而易失故必須隨時隨地勤謹護視培養的，都是自由主義者。

「自由」在中國古文裏的意思是「由於自己」，就是「不由於外力」。在歐洲文字裏，「自由」含有「解放」之意，是從外力裁制之解放出來。中國禪宗和尚愛說「治病解縛」，自由在歷史上意義是「解縛」。解除了束縛，方才可以自由自在。

人類歷史上那個自由主義大運動實在是一大串「解縛」的努力。宗教信仰自由只是解除某個某個宗教威權的束縛。思想自由只是解除某派正統思想威權的束縛。在這些方法，——在信仰與思想的方面，東方歷史上也有很大膽的批評者與反抗者：從墨翟楊朱到桓譚王充，從范縝傅奕韓愈到李贄顏元李塨，都可以說是爲信仰思想自由奮鬬的東方豪傑之士，很可以同他們的許多西方同志齊名比美。

但東方的自由主義運動始終沒有抓住政治自由的特殊重要性，所以始終沒有走上建設民主政治的路子。西方的自由主義的絕大貢獻正在這一點：他們覺悟到只有民主的政治方才能够保障人民的基本自由。

所以自由主義的政治的意義是强調的擁護民主：一個國家的統治權必須操在多數人民的手裏。近代民主政治制度是安格羅撒克遜民族的貢獻居多：代議制度是英國人的貢獻，成文而可以修改的憲法是英美人的創制，無記名投票是澳洲的英國人的發明。這都是政治的自由主義被包含的意義。

自由主義在這兩百年的演進史上，還有一個特殊的，空前的政治意義，就是容忍反對黨，保障少數人的自由權利。向來的政治鬭爭，不是東風壓了西風，就是西風壓了東風。被壓倒的人是沒有好日子過的。但近代西方民主政治却漸漸養成了一種容忍異己的度量與風氣。因爲政權是多數人民授與的。在朝執政權的黨一旦失去了多數人民的支持，就成了在野黨了。所以執政權的人都得準備下臺時坐冷板櫈的生活，而個個少數黨都有逐漸變成多數黨的可能，甚至於極少數人的信仰與主張，「好像一個芥子，在各種種子裏是頂小的，等到他生長起來，却比各種蔬菜都大，竟成了小樹，空中的飛鳥可以來停在他的枝上。」（新約馬太十四。聖地的芥菜可以高達十英尺。）人們能這樣想，就不能不存容忍別人的態度了，就不能不尊重少數人的基本自由了。在近代民主國家裏，容忍反對黨，保障少數人的權利，久已成了當然的政治作風，這是近代自由主義裏最可愛慕而最基本的一個方面。（「自由主義是什麼」）

不革命主義

前些時，北平華北日報翻譯了哥倫比亞大學史學教授納文斯（Nevins）的一篇文字，其中有這樣一句話：「眞正自由主義者，——連正統的社會主義者都包括在內，——雖然意見互有不同，但其最後歸趨都一致認爲多數人的統治應以尊重少數人的基本權利爲原則。」納文斯生長在一個自由主義的社會裏，享受慣了自由主義造成的幸運環境，單單指出眞正自由主義的最後歸宿是「多數人的統治應以尊重少數人的基本權利爲原則。」基本權利是自由，多數人的統治是民主，而多數人的政權能夠尊重少數人的基本權利才是眞正自由主義的精髓。

爲什麼現代的學者如納文斯教授之流要這樣特別重視「尊重少數人的基本權利」一點呢？我們的答案是：正因爲容忍反對黨，尊重少數人權利，是和平的基本權利，是和平的政治社會改革的唯一基礎。反對黨的對立。第一是爲政府樹立最嚴格的批評監督機關，第二是使人民可以有選擇的機會，使國家可以用法定和平方式來轉移政權。嚴格的批評監督，和平的改換政權，都是現代民主國家做到和平的革新的大路。近代最重大的政治變遷莫過於英國工黨的執掌政權。英國工黨在五十多年前，只能選舉出十幾個議員。三十年後，工黨兩次執政，但還站不長久。到了大戰勝利之年（一九四五），工黨得到了絕對多數的選票，故這一次工黨的政權是鞏固的，在五年之內誰都不能推翻他們，他們可以放手改革英國的工商業，可以放手改革英國的經濟制度。這樣重大的變化，——從資本主義的英國變到社會主義的英國，——不用流一滴血，不用武力革命，只靠一張無記名的選擧票！這種和平的革命的基礎只是那容忍反對黨的雅量，只是那保障少數人自由權利的政治制度，頂小的芥子不會受摧殘，在五十年裏居然變成大樹了。

自由主義在歷史上有解除束縛的作用。故有時不能避免流血的革命。但自由主義的運動在最近百年中最大成績，——例如英國自從一八三二年以來的政治革新，直到今日的工黨政府，——都是不流血的和平革新。所以在許多人的心目中，「自由主義」竟成了「和平改革主義」的別名。有些人反對自由主義，說它是「不革命主義」，也正是爲此。

我個人也承認現代的自由主義正應該有「和平改革」的含義。因爲在民主政治已上了軌道的國家裏，自由與容忍鋪下了和平改革的大路，自由主義者也就不覺得有暴力革命的必要了。（「自由主義是什麼」）

革命和演進

革命和演進本是相對的，比較的，而不是絕對相反的。順着自然變化的程序，如瓜熟蒂自落，如九月胎足而產嬰兒，這是演進。在演進的某一階段上，加上人功的促進，產生急驟的變化；因爲變化來的急驟，表面上好像打斷了歷史上的連續性，故叫做革命。其實革命也都有歷史演進的背景，都有歷史的基礎。如歐洲的『宗教革命』，其實已有了無數次的宗教革新運動作歷史的前鋒，如中古晚期的唯名論（Nominalism）的思想，如十三世紀以後的文藝復興的潮流，如弗浪西斯派的和平的改革，如威克立夫（Wyclif）和赫司（Huss）等人的比較急進的改革，如各國的君主權力的擴大，這都是十六世紀的宗教革命的歷史背景。火藥都埋好了，路得等人點着火線，於是革命爆發了。故路得等人的宗教革新運動可以叫做革命，也未嘗不可以說是歷史演進的一個階段。

又如所謂『工業革命』，更顯出歷史逐漸演進的痕跡，而不是急驟的革命。基本的機械知識，在十六世紀已漸漸發明了；十六世紀已有專講機器的書了，十七世紀已是物理的科學很發達的時代了，故十八世紀後半的機器生產方法，其實反是幾百年逐漸積聚的知識與經驗的結果。不過瓦特（Watt）的蒸汽機出世以後，機器的動力根本不同了，表面上便呈現一個驟變的現象，故我們叫這個時代做工業革命時代。其實生產方法的革新，前面可以數到十五六世紀，後面一直到我們今日還在不斷的演進。

政治史上所謂『革命』，也都是不斷的歷史演進的結果。美國的獨立，法國的大革命，俄國的一九一七的兩次革命，都有很長的歷史背景。莫斯科的『革命博物館』把俄國大革命的歷史一直追溯到三四百年前的農民暴動，便是這個道理。中國近年的革命至少也可以從明末敍起。

所以革命和演進反有一個程度上的差異，並不是絕對不相同的兩件事。變化急進了，便叫做革命；變化漸進，而歷史上的持續性不呈露中斷的現狀，便叫做演進。但在方法上，革命往往多含一點自覺的努力，而歷史演進往往多是不知不覺的自然變化。因為這方法上的不同，在結果上也有兩種不同：第一，無意的自然演變是很遲慢的，是很不經濟的，而自覺的人功促進往往可以縮短改革的時間。第二，自然演進的結果往往留下許多久已失其功用的舊制度和舊勢力，而自覺的革命往往能多剷除一些陳腐的東西。在這兩點上，自覺的革命都優於不自覺的演進。（「我們走那條路」）

革命對象

就是那些號稱有主張的革命者，喊來喊去，也反是抓住幾個抽象名詞在那裏變戲法，有一班人天天對我們說：『中國革命的對象是封建階級。』又有一班人天天說『中國革命的對象是封建勢力。』我們孤陋寡聞的人，就不知道今日中國有些什麼封建階級和封建勢力。我們研究這些高喊打倒封建勢力的先生們的著作言論，也尋不着一個明瞭清楚的指示。一位教育革命的鼓吹家在民國十八年二月二十日出版的教育雜誌（二十一卷二號二頁）上說：

中國秦以前，完全爲一封建時代。自黃帝歷堯、舜、禹、湯、以至周武王，爲封建之完成期。自周平王東遷，歷春秋戰國以至秦始皇，爲封建之破壞期。統一之中國，即於此封建制度之成毀過程中完全產出。（原註：封建之形勢早已破壞，而封建之勢力至今猶存。）

但是隔了兩個月，這位教育家把他所說的話完全忘記了，便又在四月二十日出版的教育雜誌（同卷四號二頁）上說：

中國在秦以前，爲統一專制一尊的封建國家成長之時代。……到秦始皇時，……統一的封建國家纔完全確立。（原註：列爵封土的制度，到這時候，當然改變了許多。然國家仍可以稱爲『封建的』者，因『封建的』三字並非單指列爵封土之制而言。凡一國由中央劃分行政區域，設爲種種制度，位置許多地方官吏，地方官吏更一方面負責維持地方次序，另一方面吸收地方一部分經濟的利益，以維持中央之存在。平民於此，無說話之餘地。凡此等等，都可以代表『封建的』三字之一部分的精神。）兩個月之前，封建制度到秦始皇時破壞了；兩個月之後，封建國家又在秦始皇時纔完全確立！然而教育雜誌的編者與讀者都毫不感覺矛盾。這位作者本人也毫不感覺矛盾。他把中央集權制度叫做封建國家，教育雜誌的編者與讀者也毫不覺得奇怪荒謬。爲什麼呢？因爲這些名詞本來反是口頭筆下的玩意兒，愛變什麼戲法就變什麼戲法，本來大可不必認眞，所以作者可以信口開河，讀者也由他信口開河。

那麼，這個革命的對象——封建勢力——究竟是什麼東西呢？去年大公報上登着一位天津市黨部的某先生的演說，說封建勢力是軍閥，是官僚，是留學生。去年某省黨部提出一個剷除封建勢力的計劃，裏面所擧的封建勢力包括一切把持包辦以及含有佔有性的東西，故祠堂，同鄉會，同學會，都是封建勢力。然而現代的把持包辦最含有佔有性的政黨却不在內。所以我們直到今天還不明白究竟什麼東西是封建勢力。前幾天我們看見中國共產黨中的『反對派』王阿榮、陳獨秀等八十一人的『我們的政治意見書』，其中有這麼一段：

我們以為：說中國現在還是封建勢力的統治，把資產階級的反動性及一切反動行為都歸到封建，這不但是說夢話，不但是對於資產階級的幻想，簡直是有意義為資產階級當辯護士！其實在經濟上，中國封建制度之崩壞，土地權歸了自由地主與自由農民，政權歸了國家，比歐洲任何國家都早。……土地早已是個人私有的資本而不是封建的領地，地主已資本家化，城市及鄉村所遺留一些封建式的剝削，乃是資本主義襲用舊的剝削方法；至於城市鄉村各種落後的現象，乃是生產停滯，農村人口過剩，資本主義落後國共有的現象，也並不是封建產物。（頁十六—一七。）封建先生地下有知，應該叩頭感謝陳獨秀先生等八十一位裁判官宣告無罪的判決書。但獨秀先生們一面判決了封建制度的無罪。一面又捉來了一個替死鬼，叫做資產階級，硬定他為革命的對象。然而同時他們又告訴我們，中國『生產停滯，人口過剩，資本主義落後』，本國的銀行資本不過在一萬五千萬元以上。在一個四萬萬人口的國家裏，止有一萬五千萬元的銀行資本資產級階只好在顯微鏡底下去尋了，這個革命的對象也就夠可憐了，不如索性開恩也宣告無罪，放他去罷。

以上所說，不過是要指出今日所謂有主義的革命，大家是嚮壁虛造一些革命的對象，然後高喊打倒那個自造的革命對象；好像捉妖的道士，先造出狐狸精山魈木怪等等名目，然後畫符念咒用桃木寶劍去捉妖，妖怪是收進葫蘆去了，然而床上的病人仍舊在那兒呻吟痛苦。（「我們走那條路」）

革命與武力

但革命的根本方法在於用人功促進一種變化，而所謂『人功』有和平與暴力的不同。宣傳鼓吹，組織與運動，使少數人民主張逐漸成爲多數人的主張，或由立法，或由選擧競爭，使新主張能替代舊的制度，這是和平的人功促進。而在未上政治軌道的國家，舊的勢力濫用壓力摧殘新的勢力，反對的意見沒有法律的保障，故革新運動往往不能用和平的方法公開活動，往往不能走上武力解決的路上去。武力鬭爭的風氣旣開，而人民的能力不够收拾已紛亂的局勢，於是一亂再亂，能發而不能收，能破壞而不能建設，能擾亂而不能安寧，如中美洲的墨西哥，如今日的中國，皆是最明顯的例子。

武力暴動不過是革命方法的一種，而在紛亂的中國却成了革命的唯一方法，於是你打我叫做革命，我打你也叫做革命。打敗的人只圖準備武力再來革命。打勝的人也只能時時準備武力防止別人用武力來革命。這一邊剛打平，又得招兵購械，籌款設計，準備那一邊來革命了。他們主持勝利的局面，最怕別人來革命，故自稱爲『革命的』。而反對的人都叫做『反革命』。然而孔夫子正名的方法終不能叫人不革命；而終日憑藉武力隄防革命也終不能消除革命，於是人人自居於革命，而革命永遠是『尙未成功』，而一切興利除弊的改革都擱起不做不辦。於是『革命』便完全失掉用人功促進改革的原意了。

我們認爲今日所謂『革命』，眞所謂『天下多少罪惡假汝之名以行』。用武力來替代武力，用這一般軍人，用這一種盲目勢力來替代那一種盲目勢力，這算不得眞革命。至少這種革命是沒有多大意義的，沒有多大價値的。結果只是兵化爲匪，匪化爲兵，兵又化爲匪，造成一個兵匪世界而已。於國家有何利益？於人民有何利益？（「我們走那條路」）

解決武力

原來從前也有人想過「解決武力」的法子，大概有兩條：

（一）用以毒攻毒的法子。你用武力，我也用武力。你練兵，我也練兵。你造鐵甲船，我也造鐵甲船。你造飛機，我也造飛機。

（二）用不回手的法子。你用武力，我決不回手。你打我一個嘴巴，我把臉湊過來，請你多打兩下。你拿了我的東三省，我拿內蒙古一齊奉送。

這兩個法子都是有大害的。

（一）以毒攻毒的法子是不行的。爲什麼呢？因爲武力是沒有限制的。英國總算强了，然而打不過德國；德國的武力總算天下第一强了，然而德國到底打不過世界各國的大聯軍。這叫做「强中更有强中手，惡人終怕惡人磨」。武力到底是不行的。

（二）不回手的法子，也是不行的。爲什麼呢？因爲國家對國家，所關係的很大，不但關係自己國內幾千萬人或幾萬萬人的生命財產，還要帶累旁的國家。如這一次大戰開始時，德國要通過比國去攻法國。比國是極小的國，若是不回手，就讓德國通過，那時德國立刻就打到巴黎，英國法國多來不及防備，德國早就完全大勝了。幸而比國抵住一陣，英法的兵隊，方才有預備的功夫。只此一件事就可見不同手的法子，不但自己吃虧，還要連累別人。所以也是不行的。（「武力解決與解決武力」）

帝國主義

革命論的文字，也曾看過不少，但終覺其太缺乏歷史事實的根據。先生所說，『這本是今日三尺童子皆能說的濫調，誠亦未必悉中情理』，我的意思正是如此。如說，『貧窮則直接由於帝國主義的經濟侵略』，則難道八十年前的中國果眞不貧窮嗎？如說『擾亂則間接由於帝國主義之操縱軍閥』，試問張獻忠、洪秀全又是受了何國的操縱？今日馮、閻之戰又是受了何國的操縱？

這都是歷史事實的問題，稍一翻看歷史，當知此種三尺童子皆能說的濫調大抵不中情理。鴉片固是從外國進來，然吸鴉片者究竟是什麼人？何以世界的有長進民族都不蒙此害，而此害獨鍾於我神州民族？而今日滿田滿地的鶯粟，難道都是外國的帝國主義者強迫我們種下的嗎？

帝國主義者三叩日本之關門，而日本在六十年之中便一躍而爲世界三大強國之一。何以我堂堂神州民族便一叩不振如此？此中『癥結』究竟在什麼地方？豈是把全副責任都推在洋鬼子身上便可了事？（「答梁漱溟先生」）

以夷制夷

在你的答書的後幅，你指出我們兩國之間的仇恨心理之所由來。你似乎也把這種仇恨心理看作中國「以夷制夷」的政策的結果。你問我們：「中國的敵人，是日本還是英國?應該是日本，應該是英國?」

這一段話，若在一篇外交詞令裏或軍人演說裏發見，我毫不驚異。但在你的文章裏，我讀了不能不感覺一點驚訝。

「以夷制夷」是句古文，翻成白話，就是「借一個友誼的國家的援助來抵禦一個敵對的國家」。這是一切國家常做的事，這裏只有成敗可評量，沒有什麼是非可判斷。

貴國昔年不也曾受了「不列顛的誘惑」，做了她的二十年的同盟國嗎?後來爲了美國的滿洲開放論，貴國不也曾聯俄制美嗎?這都是很晚近的歷史，大家總還不會全忘記吧?

至於中國，老實說，我們這個國家還不配與誰爲友，更不配與誰爲敵。友是平等的，敵也是平等的。孫中山先生曾有遺言：「聯合世界上以平等待我之民族，共同奮鬭」。然而誰是眞正「以平等待我之民族」呢?孫中山先生的那句遺訓，恐怕是十年前的一個夢想吧?

今日我們應該夢醒了。我們今日不妄算尋得一個「以平等待我之民族」。我們今日只能這樣想：凡對於我們最少侵略的野心的，凡不妨害我們國家的生存與發展的，都可以做我們的朋友。凡侵略我們的，凡阻害我們國家的生存與發展的，都是我們的敵人。（「答室伏高信先生」）

不列顛的誘惑

你不贊或「猶太主義」。但是猶太主義中有一種奇論，勸人「愛你的仇敵」。我這二十五年來曾深信這種「猶太主義」。但是，我很慚愧，我信道不篤，守道不堅，在最近幾個月中，我頗有點懷疑這種主義不是我們肉體凡夫所能終身信奉的了！

我近來感覺得到，這種猶太主義不如我們「東方遺產」裏幾句老話：「不遷怒」、「不念舊惡，怨是用希」。這些是近於人情的，是我們稍稍加一點理智力就可以實行的。譬如我怨日本的某個某個軍人，同時我可以敬愛我的朋友高木八尺教授，這樣「不遷怒」，不是很容易的事嗎？又如日本帝國一旦改塗易轍，變成了中國的好朋友，我當然可以忘記過去的許多怨恨，這樣「不念舊惡」不也是很容易的事嗎？

但是，如果一個强國乘人之弱，攻人之危，不但種下了仇恨，還要繼續播種你所說的「第二仇恨」「第三、第四而至於永久的仇恨」——在這樣迅速播種之下，敝國卽有聰明理智的「指導者」，恐怕也就無法勸導國民對那個國家「發生眞正的友情」了吧？

你對我們發出警告：「不要受不列顛的誘惑」。室伏先生，你願意聽我講一個歷史的故事嗎？

從民國十四年六月到民國十六年，是中國仇視英國最激烈的時期。那三年英國工商業受的絕大損失，你也許還記得。民國十五年的多天，我正在英國，天天讀的是保守黨報紙上主張嚴厲懲討中國的論調。然而英國的政治家堅決的抱定他們的和平政策。他們派一個藍博森（Miles Lampson）來做公使：他們在那年十二月裏發表了一篇所謂「耶誕節覺書」，表示英國政府對中國的和平政策。中國革命黨人不信「不列顛的誘惑」，要逼 John Bull 拔出刀來。於是有次年一月初旬用武力佔據漢口英國租界的事。英國的外交家依舊忍耐着，不但不拔出刀來，並且派遣專員到武漢去和陳友仁訂立漢口協定。這樣忍耐的結果，幾個月之後，風頭轉了，仇英的心理漸漸轉過了。「不列顛的誘惑」終於收效了！

這個故事足够答覆來書的質問了嗎？你問我們：「貴國是不是善於忘記英國給貴國的苦楚？」我可以回答說：我們行的只是上文說的東方聖人「不念舊惡」的古訓。「美貌的，狡猾的誘惑」是可以令人忘記過去的苦楚的。聰明的室伏先生，誰能不受「美貌的，狡猾的誘惑」呢？

反過來說，「帶甲的拳頭」是善忘病的最靈治療劑。今天開一礮，明天開十架轟炸飛機來，後天開十列車的軍隊來，先生，你想，我們的「善忘病」應該不應該被嚇跑了呢？（「答室伏高信先生」

紙老虎

司汀生的紐約演說確是近代史上一篇極重要的宣言。他代表美國的外交政策背後的一種理想主義的政治哲學。他所謂「新觀點」，不但日本的侵略主義者不能了解，我們國內一般懷疑主義者也不容易相信。其實他的論點並不難懂，他並不是大言欺人之談。國際政治原來與國內政治是同一理的。一個政府自然是建築在一種力量之上，但那種力量不全靠武力，大部分還得靠社會的習慣和公論的制裁。說的淺一點，政府的力量就好比一個紙老虎，全靠思想、信仰、習慣等等無形的勢力來共同維持。紙老虎未戳穿的時候，一紙空文可以叫一個大將軍束手就縛，砍頭時還得謝聖恩。紙老虎戳穿時，錢也買不動了，兵也征不服了。所以善為政者只是要養成威信，情願做一個紙老虎，有力量而不肯濫用力量。如果每一個契約，每一條法律，每一道命令，都得動有干戈方能有效，那就不成其為政府了。國際政治也是如此。華盛頓會議正當歐戰之後，只有日本的實力是整個不曾損失的。然而那時代的「威爾遜理想主義」的餘波居然能使日本放棄山東、放棄她在歐戰期中已到手的遠東獨霸地位。現在的國聯也就是建築在一種空泛的，理想的公論的護持之上的。其實全世界今日的互相維繫也不是全靠武力的：所靠的還是國際間有守信誓的義務，有顧忌公論的需要。說破了也只是一個紙老虎。可是這個紙老虎一旦戳穿了，條約不成了條約，承諾不成了承諾，這個世界就沒有一日的安寧了。所以為了自身的安全，為了世界的安全，歐美國家是決不願意叫日本公然戳穿這個紙老虎的。美國今日之與國聯互相提携，也只是要維持這個紙老虎，——就是司汀生所謂「道德的裁判」。他對日本說：

道德的貶議，一旦成了全世界的貶議，他的意義的重大是國際公法從來不曾有過的！

日本的侵略主義者何嘗不怕這種貶議？試看他們迸出那麼多的宣傳，花出那麼多的錢來做宣傳，為的是什麼？為的是妄想減輕一分半分「全世界的道德的貶議」而已。你再看看，為什麼日本政府要說他們的行為「與任何條約均無牴觸」？為什麼他們口口聲聲要說明他們只是行使他們所謂「自衞權」？為的是非戰公約排斥一切戰爭，而只留下了一個漏洞，就是所謂「自衞權」，但是這種不成話的自辯是決不會遮蓋世人的耳目心思的。司汀生在八月八日對日本說：

一個國家儘管假借保衞本國臣民的名義來掩飾他的侵略主義的政策，不久總會被剝去那假面具的。在這樣一個容易明瞭的問題（自衞權）上，在這一個容易搜集事實考訂是非的現今世界裏，那樣的國家莫想長久惑亂世界的公論！這是很嚴厲的警告。（「究竟那一個條約是廢紙」）

九國條約

九國條約的本身是中國現代史上的一件不光榮的事。一個國家不能自己保護其主權與獨立及領土與行政之完整，而讓別的國家締結條約來「尊重」他們，這是很可恥的事。然而華盛頓會議的召集實在是因爲歐洲大戰後各國的均勢局面已完全破壞，太平洋西面的霸權已完全操在日本的手裏，中國又毫無能力可以自己支撐那個已失掉的危局，所以美國與英國協商召集這個會議，附帶挽救這個遠東問題，使中國於日本一個的掌握中脫離出來，變成歐美亞三洲共同護持的國家。這是華盛頓會議與九國條約的歷史的意義。

十年以來，我國雖然不能充分利用九國條約造成的局面來做自己的民族復興事業，究竟我們因此收回不少的利益，得着國際上十年的苟安。這都是日本的侵略主義者所最痛心疾首的。不幸不列顚帝國的連年多故，全世界近三年的經濟大蕭條，美國自身的經濟凋敝，這些因子都使歐美不能用全力顧到遠東的局面。於是日本的野心家以爲機會到了，可以一舉而推翻華盛頓會議的束縛，解決滿洲的問題，壓迫中國的民族運動，使中國仍然回到歐戰期中完全在日本掌握之中的局面；一擧而雪十年之憤，償百年之大欲，這是九一八事件的國際的意義。

所以在太平洋的國際關係上，九國條約的重要確然比什麼條約都更大。中國在這三十年中完全在國際均勢的局面之下討生活，而這個國際均勢的具體方案，歐戰以前爲美國的門戶開放宣言及英日同盟條約，歐戰以後則爲這兩項合併擴大變成的九國條約。國際聯盟的盟約自然有他的重要地位，然而因爲美國與蘇俄都不是國聯會員，國聯盟約在太平洋上的地位就不如九國條約的重要。蘇俄也不曾參與九國條約，然而九國條約的主體爲美國、日本、與英國，已包括太平洋上的四個最重要的國家，所以可以補助國聯盟約在太平洋西岸的勢力的缺陷。但九國條約並不是孤立的。在這十二個月之中，國聯自身感覺在太平洋上勢力的薄弱，所以極力拉攏美國，漸漸的把九國條約與非戰公約，和國聯盟約牽合在一起；到了現在，這三項國際和平的協約差不多成了一個連環大協約了。九國條約加入者只有十二國，國聯盟約加入者五十五國，非戰公約加入者六十二國，這個大連環包括全世界，是任何國家不能輕易藐視的。（「究竟那一個條約是廢紙」）

日本前途

我要說的第三句話，是：日本國民不可不珍重愛惜自己國家的過去的偉大成績和未來的偉大前途。

日本國民在過去六十年中的偉大成績，不但是日本民族的光榮，無疑的也是人類史上的一樁「靈蹟」。任何人讀日本國維新以來六十年的光榮歷史，無不感覺驚嘆興奮的。

但東方古哲人說：「靡不有初，鮮克有終。」一個偉大的國家也可以輕易毀壞的。古代大帝國的崩潰，我們且不論。西班牙盛時，佔有半個西半球，殖民地遍於世界，而今安在哉？德意志的勃興，其迅速最像日本：當一九一四年大戰之前夕，德意志的武備，政治、文化、科學、工業陷入最紛亂最貧苦的境地，至今二十年，還不能恢復戰前的地位。

我們看這些明白的史例，可以覺悟「人事不可怠終」的古訓是最有意義的。百年創業之艱難往往毀於三年五載的輕率。

日本帝國的前途是無限的。沒有他國可以妨害她的進展，除非她自己要毀壞她自己。三年前，一個英國研究國際關係史的專家 Arnold Toynbee 曾指出日本軍人的行爲是一個全民族「切腹」的行爲。這個史學者的警告是值得日本國民的深省的。

我是一個最讚嘆日本國民已往的成績的人。我曾想像日本的前途，她的萬世一系的天皇，她的勤儉愛國的人民，她的武士道的遺風，她的愛美的風氣的普遍，她的好學不厭的精神，可以說是兼有英吉利與德意志兩個民族的優點，應該可以和平發展成一個東亞最可令人愛羡的國家。

但我觀察近幾年日本政治的趨向，很使我替日本擔憂。第一，六十年來政治上很明顯的民治憲政的趨勢，在短時期中被截斷了，變成了一種武人專政的政治。第二，一個最以紀律秩序著名的國家，在幾年之中，顯出了紀律崩壞的現象，往往使外國人不知道日本的政權究竟何在，軍權究竟何在。第三，一個應該最可愛羡的國家變成了最可恐怖的國家，在偌大的世界裏只有敵人，而無友國。第四，武力造的國際新局勢，只能用更大的武力去維持，所以軍備必須無限制的擴充；而無限制的軍備擴充適足以增加國際上的疑忌，因而引起全世界的軍備競賽，也許終久還要引起國際大戰禍。——僅僅舉這四大端，已够使外人替日本擔憂了。

一大塊新佔有的土地在手裏，一個四億民族的仇恨在心裏，一個陸軍的强鄰在大陸上，兩個海軍的敵手在海上，——這個局勢是需要最神明睿智的政治眼光與手腕來小心應付的。稍一不愼，可以鬧成絕大的爆炸，可以走上全民族自殺之路。

古人說的「懸崖勒馬」是最艱難的工作，世界政治史上尚不多見。但苦海無邊，回頭是岸。不回頭的危險是不能想像的。

所以我要說的最後一句話是：日本國民不可不珍重愛惜日本過去的光榮，更不可不珍重愛惜日本未來的前途。我因爲不信日本的毀壞中國之福，所以不忍不向日本國民說這最後的忠言。（「敬告日本國民」）

民族仇恨

我要說的第二句話，是：請日本國民不要輕視一個四億人口的民族仇恨心理。「蜂蠆尙有毒」，何況四億人民的仇恨？

在這幾年之中，中國政府與人民對日本的態度總可以算是十分委曲求全了。這是因爲中國的領袖明白日本武力的優越，總想避免紛爭的擴大，總想避免武力的抵抗，總想在委曲求全的形勢之下繼續努力整頓我們的國家。

（但我們現在觀察日本軍人的言論，我們知道日本軍人的侵略野心是無止境的。滿洲不够，加上了熱河，熱河不够，延及了察哈爾東部：現在的非戰區還不够作緩衝地帶，整個華北五省又都有被分割的危險了。這樣的步步進逼，日本軍人的侵略計畫沒有止境），但中國人的忍耐是有盡頭的。仇恨之上加仇恨，侮辱之上加侮辱，終必有引起舉國反抗的一日。

阿比西尼亞（Abyssinia）反抗意大利的榜樣，最可以引起中國人民的反省，最可以令中國人民感覺新的慚愧與新的興奮。「我們難道不能學阿比西尼亞嗎？」這是處處聽得見的問話。

自然，學阿比西尼亞也不是容易的事。但是。我可以警告日本國民：如果這個四億人口的國家被逼到無路可走的時候，被逼到忍無可忍的時候，終有不顧一切，咬牙作困鬬的一天，準備把一切工商業中心區，一切文化教育中心區，都在二十世紀的飛機重砲下化成焦土。前年日本的領袖曾有「焦土外交」的口號。我們審察今日的形勢，如果日本軍人的言論眞可以代表日本的政策，中國眞快到無路可走的時候了。無路可走的中國，只有一條狹路，那就是困獸的死鬬，用中國的「焦土政策」來應付日本的「焦土政策」。

所以我的第二句話是：日本國民不可輕視中國民族的仇恨心理。今日空談「中日親善」，不如大家想想如何消釋仇恨。日本國民必須覺悟：兩國交戰，強者戰勝弱者，這是常事，未必就種下深仇恨。日俄戰後，不出五年，日俄已成同盟國了。中日戰後，不出十年，當日俄戰時，中國人大多數是同情於日本的。普魯士戰勝奧國，不久兩國就成了同盟國。故我說，戰勝未必足以結仇恨，只有乘人之弱，攻人之危，使人欲戰不能，欲守不得，這是武士道所不屑為，也是最足使人仇恨的。仇恨到不能忍的時候，必有衝決爆發之患，中國化為焦土又豈是日本之福嗎？（「敬告日本國民」）

中日親善

「告於日本國民」的題目，是室伏高信先生提出來的。我接到了這個題目，三個月不曾下筆，一小半是因為我太忙，一大半是因為我深懷疑這種文章有何用處。說面子上的假話嗎？我不會。說心坎裏的眞話嗎？我怕在此時沒有人肯聽。

但今天我決定寫這篇文章了，因為我不忍不說我心坎裏要說的眞話。凡是眞話都是不悅耳的，我要說的話，當然不能是例外。所以我先要乞求日本讀者的耐心與寬恕。

我要說的第一句話，是：我十分誠摯的懇求日本國民不要再談「中日親善」這四個字了。我在四年之中，每次聽到日本國民談這四個字，我心裏眞感覺十分難受，——同聽日本軍人談「王道」一樣的難受。老實說：我聽不懂。明明是霸道之極，偏說是王道；明明是播種仇恨，偏說是提攜親善！

日本國民也有情緒，也有常識，豈不能想像在這種異常狀態之下高談「中日親善」是完全沒有意義的嗎？】

你們試想想，這四年來造成的局勢，是親善的局勢呢？還是仇恨的局勢？

本年六月間，【日本的軍人逼迫中國的政府下了一道「睦鄰」的命令，禁止一切反日的言論與行動。】這個命令的功效，誠然禁絕了一切反日的言論與行動了。然而政府的法令是管不到人民的思想與情緒的。中國人民心裏的反日的情感思想，——仇恨的情感與思想——因爲無處發洩了，所以更深刻，更濃厚。這是人情之常，難道日本的軍人與國民不能明白嗎？

在那「帶甲的拳頭」之下，只有越結越深的仇恨，沒有親善可言。在那帶甲拳頭之下高談「親善」，是在傷害之上加侮辱。

所以我敬告日本國民的第一句話是：請不要再談「中日親善」了。今日當前的眞問題是如何解除「中日仇恨」的問題，不是中日親善的問題。仇恨的心理不解除，一切親善之談，在日本國民口中是侮辱，在中國國民口中是虛僞。（「敬告日本國民」）

世界危機

我近年常對許多國內國外的朋友說：今日世界的危機是三件大事造成的。第一是一九四一年六月希特勒（Hitler）開始侵入蘇俄之後，英美兩國盡力給蘇俄以經濟的、物資的、軍事的援助，就使蘇俄成爲歐洲的第一個强國。在德國的武力崩潰之後，蘇俄更無疑的成爲歐洲第一大强國。第二是雅爾達（Yalta）會議產生的秘密遠東協定，把蘇俄邀回到東亞來，給他十百倍於日俄戰爭以前的各種特殊權利，使蘇俄成爲亞洲第一大强國。日本的武力崩潰之後，蘇俄更無疑的成爲亞洲第一大强國。第三是當日全世界最强大的國家——美國——在一九四五至一九四六年自己解除了自己的武裝力量，做到馬歇爾將軍（General of the Army, George C. Marshall）說的“tumultuos demobilization”「鬧烘烘的復員」。這樣自己急遽解除武裝的結果，就使蘇俄不但成爲歐洲亞洲的第一大强國，並且無疑的成爲全世界第一大强國。

自由世界的大力量在短時期內變成了不能制止强暴侵略的微小力量，所以在一九四七至一九四九年之間，東歐的許多國家，一個一個的被暴力征服了，被關在鐵幕裏，而自由世界完全無法援救。同一時期裏，赤色的武裝力量，征服了亞洲的北韓，征服了滿洲，征服了華北、華中、與華南，而自由世界也完全無力量援救。

這三大事件（也可以說是三大錯誤！）造成了今日世界的危機，造成了今日東亞的危機。（「東亞的名運」）

共產是理想

你眞是有心人，可惜我沒有機會得讀你以前的小說。在讀完這本小說之後，我最佩服你借方天茂嘴裏說的幾句話：「你老人家幹共產黨，是離開現實的，你所憑的祇是一種理想，像修仙的人學著打坐辟穀一樣，爲了一種永遠不能實現的想像去喫苦，實在是沒有意義的」。（請恕我改動了「像」字上面的一個標點符號）。（三七六頁）

你用「修仙」作譬喻，再好沒有了。我去年在芝加哥城演說，也曾說：「各盡所能，各取所需的無階級社會」是一個從來不曾有過也永遠不會實現的理想。所以我特別注意到方天茂這幾句話。修仙的人爲了一個永遠不會實現的想像去吃苦。那還是自已叫自己吃苦。

共產黨則是爲了一個永遠不會實現的想像去屠殺生靈，去叫整千萬的生靈吃苦！（「致姜貴」）

共產主義的錯誤

從前陳獨秀先生曾說實驗主義和辨證法的唯物史觀是近代兩個最重要的思想方法，他希望這兩種方法能合作一條聯合戰線。這個希望是錯誤的。辨證法出於海格爾的哲學，是生物進化論成立以前的玄學方法。實驗主義是生物進化論出世以後的科學方法。這兩種方法所以根本不相容，只是因爲中間隔了一層達爾文主義。達爾文的生物演化學說給我們一個大敎訓：就是敎我們明瞭生物進化，無論是自然的演變，或是人爲的選擇，都由於一點一滴的變異，所以是一種很複雜的現象，決沒有一個簡單的目的地可以一步跳到，更不會有一步跳到之後可以一成不變。辨證法的哲學本來也是生物學發達以前的一種進化理論；依他本身的理論，這個一正一反相毀相成的階段應該永遠不斷的呈現。但狹義的共產主義者却似乎忘了這個原則，所以武斷的虛懸一個共產共有的理想境界，以爲可以用階級鬭爭的方法一蹴即到，既到之後又可以用一階級專政方法把持不變。這樣的化複雜爲簡單，這樣的根本否定演變的繼續便是十足的達爾文以前的武斷思想，比那頑固的海格爾更頑固了。

實驗主義從達爾文主義出發，故只能承認一點一滴的不斷的改進是眞實可靠的進化。我在『問題與主義』和『新思潮的意義』兩篇裏，只發揮這個根本觀念。我認定民國六年以後的新文化運動的目的是再造中國文明，而再造文明的途徑全靠研究一個個的具體問題。我說：

> 文明不是攏統造成的，是一點一滴的造成的。進化不是一晚上攏統進化的，是一點一滴的進化的。現今的人愛談『解放』與『改造』，須知解放不是攏統解放，改造也不是攏統改造。解放是這個那個制度的解放，這種那種思想的解放，這個那個人的解放：都是一點一滴的解放。改造是這個那個制度的改造，這種那種思想的改造，這個那個人的改造：都是一點一滴的改造。
>
> 再造文明的下手工夫是這個那個問題的研究。再造文明的進行是這個那個問題的解決。

我這個主張在當時最不能得各方面的了解。當時（民國八年）承『五四』『六三』之後，國內正傾向於談主義。我預料到這個趨勢的危險，故發表『多研究些問題，少談些主義』的警告。我說：

> 凡是有價值的思想，都是從這個那個具體的問題下手的。先研究了問題的種種方面的種種事實，看看究竟病在何處，這是思想的第一步工夫。然後根據於一生的經驗學問，提出種種解決的方法，提出種種醫病的丹方，這是思想的第二步工夫。然後用一生的經驗學問，加上想像的能力，推思每一種

假定的解決法應該可以有什麼樣的效果，更推想這種效果是否眞能解決眼前這個困難問題。推想的結果，揀定一種假定的〔最滿意的〕解決，認爲我的主張，這是思想的第三步工夫。凡是有價值的主張，都是先經過這三步工夫來的。

我又說：

一切主義、一切學理，都該研究。但只可認作一些假設的〔待證的〕見解，不可認作天經地義的信條；只可認作參考印證的材料，不可奉爲金科玉律的宗教；只可用作啓發心思的工具，切不可用作蒙蔽聰明、停止思想的絕對眞理。如此方才可以漸漸養成人類的創造的思想力，方才可以漸漸使人類有解決具體問題的能力，方才可以漸漸解放人類對於抽象名詞的迷信。

這些話是民國八年七月寫的。於今已隔了十幾年，當日和我討論的朋友，一個已被殺死了，一個也頹唐了，但這些話字字句句都還可以應用到今日思想界的現狀。十幾年前我所預料的種種危險，——『目的熱』而『方法盲』，迷信抽象名詞，把主義用作蒙蔽聰明、停止思想的絕對眞理，——一一都顯現在眼前了。所以我十分誠懇的把這些老話貢獻給我的少年朋友們，希望他們不可再走錯了思想的路子。（「介紹我自己的思想」）

蘇聯

前幾天我讀了老兄「歷史要重演嗎？」那篇文章，我頗驚訝我們兩個老朋友對國際局勢的觀察竟相隔離如此之遠！所以我今天寫出兩點不同意見來，請老兄指教。

第一，老兄此文的主要論點是譴責「西方民主國家」對德國日本的和約政策的根本改變，老兄所謂根本改變，是說西方國家眼前頗「有些人士」看這對德日和約問題的根本，「已不在如何防制德日兩國的復興，而在如何扶持而利用戰時這兩個强敵以抵制其他一個戰勝的盟國」。

老兄也承認這種傾向，「現在尙沒有表現有具體的方案或公表的文件」，只不過是言論自由的社會裏的幾個私人意見而已。我覺得老兄不應該太看重這種個人議論而忽視那些已經正式公表的方案與文件。我試舉美國提出而英法熱心贊成的四强共同制止德國武裝的四十年協約草案，這是一九四六年二月美國政府正式提交蘇英法的，一九四七年四月馬歇爾先生在莫斯科又重行提出，兩次都被蘇聯打消了的。這個協約的主要目標正是以一種維持集體安全的武力來長期制止德國的侵略勢力的復活。當初美國政府曾表示，同樣的四十年協約可以適用到日本，這是美國外交史上破天荒的政策，在貝爾納斯先生提出之前，曾經美國參議院的兩黨領袖仔細研究討論過，將來當然可以得參議院的批准，如果我們要判斷西方民主國家對德日和約的根本政策，這一類的文件似乎更值得我們的研究罷？

我觀察西方民主國家的負責言論與行動，可以作三個判斷：（一）西方民主國家並沒有放棄「防止德日侵略勢力復活」的根本政策。在這一點上，不但波茨坦會議曾有嚴重的決定，西方國家的朝野主張也是絕對一致的。（二）因爲根本不許德日兩國重行武裝，所以西方國家決不要扶持德日兩國來抵制蘇聯。老兄試想想，那有不武裝德日而可以利用他們來抵制蘇俄的道理？我可以武斷的說：武裝德日，英美法與澳洲加拿大諸國的人民絕對不肯允許的。（三）所謂「防制德日的復興」應該解釋作盡力防制這兩國的武裝與侵略勢力的復活。這裏並沒有不許德日民族在世間過和平生活的意思。德國民族有七千多萬人，日本民族也有七千多萬人。誰也不能毀滅這一萬五六千萬人；可是誰也不能長期掏腰包來養活他們。所以西方民主國家不能不考慮如何替他們保留一部分的工業生產力，使他們可以靠生產來養活他們自己。這不是過分的寬大。爲了根本消滅將來的循環報復，爲了根本維持比較久遠的和平，這種政策是不能避免的。

這三個觀察，老兄認爲有點根據嗎？如果我們看法不算大錯，那麼，我們似乎沒有充分理由可他譴責民主國家對德日和約的政策改變。至少我們應該承認這些國家在他們管轄的地域之內沒有武裝德國人或日本人的嫌疑。

第二，老兄在此文裏說：「我們相信在聯合國列强中間尚沒有眞正像戰前德意志日本那樣好戰的侵略勢力」。老兄這句話一定要引起不少人的懷疑，因爲在不少人的心目中，戰後的蘇聯可能是一個很可怕的侵略勢力。還有些人覺得這個侵略勢力可能比德國日本還更可怕，因爲他的本錢比德日還更雄厚，他的野心比德日還更偉大，他的勢力比德日極盛時還更普遍。有這種憂慮的人，世界各地都有，在中國特別多，因爲蘇聯近年對中國的行爲實在不能不叫人害怕而憂慮。老兄有什麼法子叫他們不害怕不憂慮呢？

就拿我自己做個例子。老兄知道我向來對蘇俄是懷着很大的熱望的。我是一個多年深信和平主義的人，平常又頗憂慮中國北邊那條世界第一長的邊界，所以我總希望革命後的新俄國繼續維持他早年宣佈的反對帝國主義，反對侵略主義的立場。這種希望曾使我夢想新的俄國是一個愛好和平的國家，愛好和平到不恤任何代價的程度（Peace at any price）。老兄總還記得，我曾用這「愛好和平到不恤任何和平代價」一個觀念來解釋蘇俄最初二十多年的外交政策，說他從布雷司特李托烏斯克和約（Brest Litovsk Treaty）起，一直到一九三九年的對德不侵犯條約，都可以說是「愛好和平到不恤任何代價」的表示。一九三九年九月以後，波蘭被瓜分，芬蘭被侵略，這些事件確曾使我對蘇俄開始懷疑。但我總還不願意從壞的方面去想，因為我的思想裏總不願意有一個侵略國家做中國的北隣。老兄還記得我在一九四一年年底在美國政治學年會的演說，我還表示我的一個夢想；我夢想中蘇兩國的邊界，能仿照美國與加拿大之間邊界好榜樣；不用一個兵士防守！前幾年美國副總統華萊士訪問蘇俄與中國，他在重慶下飛機時發表的書面談話裏，還引我那個中蘇邊界不用武裝兵士防守的夢想。老兄在一九四四年出版的大作「求得太平洋之和平」（Winning the Peace in the Pacific）裏，也還引我這個夢想的全文（頁九一）。

老兄，我提起這一大段自述的故事，為的是要表明我對蘇聯確曾懷抱無限希望，不願意想像這個國家會變成一個可怕的侵略勢力！

但是雅爾達秘密協定的消息，中蘇條約的逼訂，整個東三省的被拆洗——這許多事件逼人而來。鐵幕籠罩住了外蒙古、北朝鮮、旅順、大連。我們且不談中歐與巴爾幹。單看我們中國這兩三年之中從蘇聯手裏吃的虧，受的侵害，——老兄，我不能不承認有一大堆冷酷的事實，不能不拋棄我二十多年對「蘇俄」的夢想，不能不說蘇俄會變成一個很可怕的侵略勢力。

這是世界最不幸的事，也是蘇俄自身最不幸的事。蘇俄是世界上第一個疆土最大的國家，今日是他的國力最强盛的時期，全世界公認他是兩個最大强國之一。這正是他應該修善睦隣的時期了。暴力是終久靠不住的，德國日本都是眼前的鏡子。一個强國也還需要朋友，需要誠心愛護他的朋友。無論怎樣强大的霸國，到了鄰舍害怕他，朋友拋棄他的時候，就到了開始下坡的日子了，他的極盛時期已經過去了。

我拋棄了二十多年對蘇俄的夢想，我自己很感覺可惜。但是我觀察這幾年的國際心理，這樣從殷勤屬望變到灰心，從愛護到害怕憂慮，恐怕不止是我一個人。卽如老兄，難道你眞不承認這個可怕的侵略勢力嗎？老兄試回想，我兩人在五六年前對蘇俄那樣熱心的期望，試回想我們當時親眼看見的西方民主社會對蘇聯那樣眞誠的友誼——我們不能不惋惜：蘇俄今日被人看作一個可怕的侵略勢力，眞是蘇聯的絕大不幸，自己的絕大損失了。（「國際形勢裏的兩問題」）

國共合作

中國共產黨，成立於一九二一年，早卽與共產國際相結合。國民黨與共產黨合作的三年（一九二四——二七）是共產國際遭逢的一稀有機會，在此時期中，它在世界上最重要的戰略地區之一——中國，大規模的嘗試推行着它的世界革命的戰略。

此一時期，也正是史達林使蘇聯成爲推行世界革命之基地的理論形成的時期，此一理論，決非意爲放棄世界革命的主張，而贊成「一國內的社會主義」；相反地却是强調各國共產活動從一堅强的基地獲得有效援助的重要性。當時史達林與托洌斯基爭取權力的政治鬪爭，正在蘇聯進行，但是史達林早已全權掌握了第三國際的政策。在中國國共合作的時期內，史達林無疑自始至終指揮着第三國際在中國的冒險事業。

國共間合作的基礎，已清楚地表現於孫中山先生與蘇聯及第三國際的代表越飛的聯合宣言中：「孫逸仙博士以爲共產組織甚至蘇維埃制度事實上均不能引用於中國，因中國並無使此項共產制度可以成功之情況也！此項見解越飛君完全同感，且以爲中國最急之問題，乃在民國的統一之成功與完全國家的獨立之獲得。關於此項大事業越飛君並確告孫博士：中國當得俄國國民最摯熱之同情，且可以俄國爲依賴也」。

孫逸仙博士是一九一一——一二年推翻滿清的中國革命之父。此一革命，廢除了君主政制建立了亞洲的第一個共和國。他一貫地抱持着三點主張：民族主義、民權主義與民生主義。不過他的蘇聯顧問當時提醒他：民族——特別是完成國內統一，實現國家獨立的奮鬪——仍是最迫切而極待解決的問題。此一聯合聲明，實際上等於對國民革命予以下列的一解釋：國民革命的目的在打倒國內的割據軍閥之武力，以完成國家的統一，並廢除外國人在中國享有的特權，取消列强所加於中國人民的「不平等條約」，以實現完全的國家獨立；顯然地，此一階段的國民革命，在本質上卽爲一反外國的運動，也是一反抗帝國主義的列强之革命。此時孫先生領導的革命黨，無意中竟在被導向一可能的國際戰爭。

共產國際竭其全力以撑持國共的合作，援助的方式主要是物資和專家顧問，第三國際因之能派遣一爲數可觀的政治及軍事顧問團到中國來，其領導者卽卓越而銳敏的革命組織家鮑羅廷及加倫將軍，加倫便是後來之馳名的布魯徹元帥。鮑羅廷不久便成爲中國共產黨的獨裁者，同時卽是新政府中最有勢力的人，支配着當時國民革命的政策與戰略。黃埔軍校一九二四年六月成立於廣州，蔣介石將軍擔任校長。布魯徹領導的俄國軍事代表團，則協助蔣氏訓練大批新軍官，他們以後便是新建的革命之核心。

蔣介石將軍後來統率國民革命軍。其組織係模倣蘇聯的紅軍由黨代表灌輸以政治教育以及主義的訓練。許多黨代表都是受過訓練的共產黨員。在此種情形下，共產黨及共產主義始能對國民革命的軍官及士兵，發揮其影響力。未來的重要共產黨領袖，如毛澤東、周恩來、林祖涵（林伯渠）等在當時的政府及軍隊中，均佔有重要的地位。這些共產黨員，協助組織羣衆，負責宣傳，並對軍官及士兵灌輸主義，莫斯科的訓練中心——列寧大學、東方勞工大學、及以後的中山大學，則以訓練有素的青年派回，擔任黨內及軍中的工作。（「史達林征服世界戰略下的中國」）

洗腦

讀者應該記得劉先生筆下所寫的是一九四九年到一九五〇年間的情形，那一段時期正是中國共產黨用武力征服了中國大陸，一般都認爲正是他們的「蜜月時期」，可是年輕人的失望却已經漸漸的開始了。作者告訴我們他想逃走的決心如何因爲看見了那個名叫楊揚的女孩子的一切情形，而更加堅强起來。楊揚因爲受到共產黨的迫害和殘酷的刑罰竟發了瘋，但是思想却一點沒有因爲受了六個月的「勞動改造」而發生改變。

本書在開始時所提到的一位角色曾經這樣的說過：「要想改造一個知識份子是一件終身的工作」我們這位年輕的作者已經料到了將要發生的事情。他明瞭紅色的羅網已經從四面八方向他包圍過來，所以他在全面性的「思想改造運動」，也就是所謂「洗腦」運動還沒有發動以前，就逃了出來。以後就在一九五二年發生了眞正恐怖的「三反」和「五反」了。

現在讓我們看看中國大陸自從作者逃出來以後的兩年之中，「洗腦」運動有了些什麼成就。從共產黨所出版的四大册「思想改造文選」裏面我想摘錄一段金岳霖敎授最近的坦白（原文是一九五二年四月十七日在北平的「光明日報」上所發表的）

「我在過去兩年學習中所得到的心得和我研究『實踐論』（毛澤東著）的結果是完全一致。它使我了解……辯證唯物論是科學化的哲學：實實在在的眞理……同時……我也開始明瞭一個大學裏哲學系的主要責任是訓練馬列主義的宣傳人員。」

是不是毛澤東和他的政權已經很成功的做了一件不可能的事，就是將這一位最倔强的個人主義的中國哲學家的腦給洗乾淨了？還是我們應該向上帝禱告請准許我們的金教授經過了這樣屈辱的坦白以後可以不必再參加「學習會」了？（「紅色中國的叛徒」）

共產滲入方法

共產黨在俄國十月革命取得政權之後，就計畫用「滲入」（infiltration）方法，在世界各國煽動革命，取得政權。第一次試驗是在匈牙利，建立 Bela Kun 的共產革命政權，後來失敗了。第二次試驗是在土耳其，幫助基瑪爾革命成功，但後來土耳其反俄反共了。第三次試驗就是在中國，由共產黨以個人的資格加入國民黨，在國民黨的中央黨部裏，政府裏，軍隊的政治部與黨代表裏都取得了重要地位。後來北伐軍隊到了長江流域，國民政府遷到了武漢，當日的情形確是蘇俄發縱指示的共產國際把持國民黨的中央黨部與國民政府；確是吳先生說的，「老成痛心者不敢異同，歸化希旨者甘爲傀儡，鮑羅廷已支配國民政府下之中國，曾無疑義。」當時斯大林已掌握蘇俄的獨裁政權，他運用「第三國際的工具，用全力支持共產黨奪取中國的陰謀。這種情形，我們在二十多年之後回看時斯大林發縱指示的文件，如中國共產黨近年發表的「斯大林論中國革命」，與「列寧斯大林論中國」諸書，固然可以看得很清楚。但在當時，一般人還不能了解那個大陰謀，吳稚暉先生的呈文還只能作一種疑詞，說「將來中國果為共產黨所盜竊，豈能逃蘇俄直接之支配，乃在變相帝國主義下為變相之屬國。」我們現在知道了東歐各國被征服的史實，知道了北歐被征服的史實，知道了整個中國大陸被征服的史實，我們更應該明白，二十六年前若沒有「清黨」「反共」的舉動，中國大陸早已赤化了二十多年了，也許整個亞洲也早已赤化多年了。（「追念吳稚暉先生」）

盲動

最要緊的一點是我們要用自覺的改革來替代盲動的所謂『革命』。怎麼叫做盲動的行為呢？不認清目的，是盲動；不顧手段的結果，是盲動；不分別大小輕重的先後程序，也是盲動。我們隨便舉幾個例：如組織工人，不為他們謀利益，却用他們作擾亂的器具，便是盲動。又如人力車夫的生計改善，似乎應該從管理車廠車行，減低每日的車租入手；車租減兩角三角，車夫便每日實收兩角三角的利益。然而今日辦工運的人却去組織人力車夫工會，煽動他們去打毀汽車電車，如去年杭州、北平的慘劇，這便是盲動。又如一個號稱革命的政府。成立了兩三年，不肯建立監察制度，不肯施行考試制度，不肯實行預算審計制度，却想用政府黨部的力量去禁止人民過舊曆年，這也是盲動。至於懸想一個意義不曾弄明白的封建階級作革命對象，或把一切我們自己不能脫卸的罪過却歸到洋鬼子身上，這也都是盲動。（「我們走那條路」）

清算胡適

今天到文藝協會來，我很高興。前幾年大陸上清算我，一九五一年就清算我，五二年五四年五五年大規模的清算我。先從俞平伯的紅樓夢研究清算起；俞平伯大家都知道，是我的學生北大的學生，好好先生一個。俞平伯絕對是個最可憐的學者，絕對不是什麼危險份子，他們是很淸楚的，俞平伯是最可憐啦！一清算就說俞平伯的東西都是從胡適來的，結果第二幕就變成清算胡適的幽靈——胡適的鬼。這是個喜劇啦！到處找鬼，鬼怎麼找得到呢？當初這裏找，那裏找，這一找不得了，不但是紅樓夢，到處都是胡適的鬼。提到古典文學上有胡適的鬼，提到中國歷史上也有胡適的鬼，捉到哲學上也有胡適在那裏，提到所謂創作的文藝裏也有我，甚至語言學裏也有我，也有這個寶貝——有這個鬼在裏面。結果到處見鬼，鬧得天翻地覆。在大陸上所謂清算胡適思想批判的書，我所得到的就有八大本，這八大本我給他算上有三百萬字，還有從紅樓夢問題討論起的四大本，我在國外僅收到三大本，算來有一百多萬字。他們這幾年在後期清算我的文章，已經寫了三四百萬字的東西，這還是精選的。結果呢，這個鬼抓不到，胡適的幽靈抓不到，到處都是！他們實在不行了，便搞第三幕，第三幕是悲劇，慘劇。一抓抓到一個人叫做胡風，假如這個名字的意思是「胡適的風」，那眞是該打，該打死！我也不曉得，我從來沒有見過胡風這個人，看那個時候的人民日報、大公報，眞是可怕。每天，那個人民日報只有兩張，可以說整個的一張——四面，完全是清算、討伐胡風的反革命集團的大字。此地有齊如山先生在，那時梅蘭芳、程艷秋一般人也都得要寫信，都得說是胡風該死，什麼反人民，怎麼反革命，人人都在寫信，什麼科學家作家都要寫信。這不只一天哪，天天如此，如是搞了幾個月。因爲胡風是活的，比抓胡適的幽靈有辦法。胡風可以說是魯迅覺悟了的弟子，我看了那時共產黨發表的胡風寫給他的同志的一百多封信，我雖然不認識胡風，但我認爲他應是我們提倡新文學的一個信徒，一個忠實的同志。他儘管有一個時候錯誤了，走上了所謂左翼作家的路上去，但是他在那個時候，是一個傻子，一個理想主義的傻子。他在共產黨底下，要想爭取創作的自由，爭取文藝創作的自由，他寫了三十萬字的一個報告，一個說帖，避開了周揚這般人，送給毛澤東，以爲毛澤東够資格看得懂他的東西——要爭取文藝創作的自由。不曉得毛澤東不够資格，他看也不看，還是批交給周揚他們去辦。那麼胡風糟糕了。以後清算胡風這一幕，我看了之後，一百分的同情他。天下有這樣理想的傻子，在共產黨底下，還要希望爭取文藝創作的自由，儘管他失敗了，我們文藝作家，要想做人的文學，要想做自由的文學，不能不對胡風表示同情。在前幾天，諸位看見報紙上，三月十六日這一天，天安門前有一個大會，叫「交心」的大會，——交出心來的大會。大會看完了之後要遊行，遊行是郭沫若，章伯鈞兩個人領頭，扛着「把心交給共產黨」的兩個大旗子。也是那個時候，三月中，諸位看見美國的時代雜誌，有一條短短的新聞，就是北平所謂的「作協」那個會所裏，丁玲——左翼作家的領袖，有共產黨黨齡二十年之久的丁玲，跪在文藝作家協會會所的地板上在擦地板。

諸位！我們今天在這個自由世界，要充分用我們創作的自由，我們做點東西——有價值的東西，給世界人士看看。我們是自由世界的自由創作者！謝謝諸位！（「中國文藝復興運動」）

「自由中國」的宗旨

我們在今天，眼看見共產黨的武力踏到的地方，立刻就罩下了一層十分嚴密的鐵幕。在那鐵幕底下，報紙完全沒有新聞，言論完全失去自由，其他的人民基本自由更無法存在。這是古代專制帝王不敢行的最澈底的愚民政治，這正是國際共產主義有計畫的鐵幕恐怖。我們實在不能坐視這種可怕的鐵幕普遍到全中國。因此，我們發起這個結合，作爲「自由中國」運動的一個起點。

我們的宗旨，就是我們想要做的工作，有這些：

第一，我們要向全國國民宣傳自由與民主的眞實價値，並且要督促政府（各級的政府），切實改革政治經濟，努力建立自由民主的社會。

第二，我們要支持並督促政府用種種力量抵抗共產黨鐵幕之下剝奪一切自由的極權政治，不讓他擴張他的勢力範圍。

第三，我們要盡我們的努力，援助淪陷區域的同胞，幫助他們早日恢復自由。

第四，我們的最後目標是要使整個中華民國成爲自由的中國。（「『自由中國』的宗旨」）

「自由中國」

這幾年來，「自由中國」雜誌各位同人盡了很大的努力，至少替自由中國（廣義的說，卽我們的國家）建立了一個自由言論的機關。我們那時是希望一個自由民主的國家，自由民主的社會。而自由民主的國家，最要緊的就是言論自由。我個人的看法，言論自由，只在憲法上有那一條提到是不够的。言論自由和別的自由一樣，還是要靠我們自己去爭取的；法律的賦予與憲法的保障是不够的。人人應該把言論自由看作最寶貴的東西，隨時隨地的努力爭取；隨時隨地的努力維持。用個人的言論去維持它。爭取自由是一種習慣；要大家去爭取。無論什麼政府，無論什麼國家，凡是主管行政部門的，總是不十分願意有人批評、有人反對、有人挑眼、議閒話。就是世界上最民主的國家的當政的人，也總是不十分願意人批評的。所以無論什麼國家，就是最自由的國家，要眞正做到言論自由，都得人人隨時隨地去爭取。「自由中國」這小小的雜誌，誕生不過三週年，每半個月才出刋一期，對於自由的爭取當然不會有很大的貢獻。不過，我覺得，三年來，每期雖不能都有好的爭取自由的言論，但希望至少做到了一點兩點，在一年當中或兩年當中有幾篇文章能够作爲對實行爭取言論自由的努力。我剛才說過，無論什麼政府，無論什麼國家，當政的人總是討厭人批評的。我們這班朋友們偶然作一點批評，至少可以養成一種習慣，可以形成一種風氣。當政的人起初雖然覺得討厭，但看慣了，就覺得批評是善意的，不是惡意的。因此時間長了，言論多了，可以使當局者養成接受批評和容忍批評的習慣；一般人民也可因此而養成了爭取自由的習慣。這樣，對於國家、社會、政府、人民都有好處。這並不是說我們「自由中國」這個雜誌能够完全擔負這個責任。當初我和幾位朋友們發起刋行「

自由中國」的意思，就是覺得我們應爲養成自由的習慣盡一點力量。（「『自由中國』雜誌三週年紀念會上致詞」）

言論自由

言論自由在事實上不過是說眞話，求眞理而已；爲什麼大家聽到言論自由便害怕？這就是因爲沒有養成這個習慣的緣故。諸位先生在這十年來，爲了民主自由，爲了言論自由，繼續不斷的努力，使大家慢慢養成了一種習慣。所以我感覺到言論自由的尺度，好像比四年以前寬得多了。這並不是主持政府的人有意要放寬言論自由的尺度，而是因爲大家看慣了，覺得言論自由不過如此，沒有什麼可怕。說句眞話，批評批評，起初雖覺得有點刺耳，但久而久之，大家養成了一種習慣，就不感覺到什麼了。所以我感覺到諸位先生在這幾年來的努力沒有白費。我常說：凡是有意識的努力，永遠不會白費掉的。佛經裏有一句話：「功不唐捐。」就是說，凡是有意識的努力，不會白費。所以我今天感到在座各位先生平平實實的「說眞話，求眞理」，都是「功不唐捐」。（「關於言論自由和反共救國會議」）

搜　捕

第四條　人民有保護身體、住宅、財產、文件，不受侵犯不受搜索和不受扣押的權利。

有了這條規定，美國人的住宅，便是他們的保壘，警察要入屋搜索或拘捕，必須要有搜捕狀，搜捕狀上寫明解犯法律條款，搜捕場所、人名、物品或文件。非搜捕狀所載的，雖是犯罪違禁品，警察當局却無權扣押，譬如搜捕狀上寫明是搜索違犯禁酒法令的酒，搜來搜去搜出了嗎啡，警察當時無權把嗎啡帶走。當然他可以去換一張搜捕狀。等新的搜捕狀來時，可能罪證已被毀滅了。但那是小事，自由的保障是大事。（「美國的民生制度」）

王制論殺

我十七歲的時候（一九〇八）曾在競業旬報上發表幾條「無鬼叢談」，其中有一條是痛罵小說西遊記和封神榜的，我說：

王制有之：「假於鬼神時日卜筮以疑衆，殺。」吾獨怪夫數千年來之排治權者，之以濟世明道自期者，乃懵然不之注意，惑世誣民之學說得以大行，遂舉我神州民族投諸極黑暗之世界！……

這是一個小孩子很不容忍的「衞道」態度。我在那時候已是一個無鬼論者、無神論者，所以發出那種摧除迷信的狂論，要實行王制（禮記的一篇）的「假於鬼神時日卜筮以疑衆，殺」的一條經典！

我在那時候當然沒有夢想到說這話的小孩子在十五年後（一九二三）會很熱心的給西遊記作兩萬字的考證！我在那時候當然更沒有想到那個小孩子在二、三十年後還時時留心搜求可以考證封神榜的作者的材料！我在那時候也完全沒有想想王制那句話的歷史意義。那一段「王制」的全文是這樣的：

析言破律，亂名改作，執左道以亂政，殺。作淫聲異服奇技奇器以疑衆，殺。行僞而堅。言僞而辯，學非而博，順非而澤以疑衆，殺。假於鬼神時日卜筮以疑衆，殺。此四誅者，不以聽。

我在五十年前，完全沒有懂得這一段說的「誅」正是中國專制政體之下禁止新思想、新學術、新信仰、新藝術的經典的根據。我在那時候抱着「破除迷信」的熱心，所以擁護那「四誅」之中的第四誅：「假於鬼神時日卜筮以疑衆，殺」。我當時完全沒有想到第四誅的「假於鬼神……以疑衆」和第一誅的「執左道以亂政」的兩條罪名都可以用來摧殘宗教信仰的自由。我當時也完全沒有注意到鄭玄註裏用了公輸般作「奇技異器」的例子；更沒有注意到孔穎達正義裏舉了「孔子爲魯司寇七日而誅少正卯」的例子來解釋「行僞而堅，言僞而辯，學非而博，順非而澤以疑衆，殺」。故第二誅可以用來禁絕藝術創作的自由，也可以用來「殺」許多發明「奇技異器」的科學家。故第三誅可以用來摧殘思想的自由，言論的自由，著作出版的自由。

我在五十年前引用王制第四誅，要「殺」西遊記封神榜的作者。那時候我當然沒有夢想到十年之後我在北京大學教書時就有一些同樣「衞道」的正人君子也想引用王制的第三誅，要「殺」我和我的朋友們。當年我要「殺」人，後來人要「殺」我，動機是一樣的：都只因爲動了一點正義的火氣，就都失掉容忍的度量了。（「容忍與自由」）

我不會錯

在宗教自由史上，在思想自由史上，在政治自由史上，我們都可以看見容忍的態度是最難得，最稀有的態度。人類的習慣總是喜同而惡異的，總不喜歡和自己不同的信仰、思想、行爲。這就是不容忍的根源。不容忍只是不能容忍和我自己不同的新思想和新信仰。一個宗教團體總相信自己的宗教信仰是對的，是不會錯的，所以它總相信那些和自己不同的宗教信仰必定是錯的，必定是異端，邪教。一個政治團體總相信自己的政治主張是對的，是不會錯的，所以它總相信那些和自己不同的政治見解必定是錯的，必定是敵人。

一切對異端的迫害，一切對「異己」的摧殘，一切宗教自由的禁止，一切思想言論的被壓迫，都由於這一點深信自己是不會錯的的心理。因爲深信自己是不會錯的，所以不能容忍任何和自己不同的思想信仰了。

試看歐洲的宗教革新運動的歷史。馬丁路易（Martin Luther）和約翰高爾文（John Calvin）等人起來革新宗教，本來是因爲他們不滿意於羅馬舊教的種種不容恐，種種不自由。但是新教在中歐北歐勝利之後，新教的領袖們又都漸漸走上了不容忍的路上去，也不容許別人起來批評他們的新教條了。高爾文在日內瓦掌握了宗教大權，居然會把一個敢獨立思想，敢批評高爾文教條的學者塞維圖斯（Servetus）定了「異端邪說」的罪名，把他用鐵鍊鎖在木樁上，堆起柴來，慢慢的活燒死。這是一五五三年十月二十三日的事。

這個殉道者塞維圖斯的慘史，最值得人們的追念和反省。宗教革新運動原來的目標是要爭取「基督教的人的自由」和「良心的自由」。何以高爾文和他的信徒們居然會把一位獨立思想的新教徒用慢慢的火燒死呢？何以高爾文的門徒（後來繼任高爾文爲日內瓦的宗教獨裁者）柏時（de Beze）竟會宣言「良心的自由是魔鬼的教條」呢？

基本的原因還是那一點深信我自己是「不會錯的」心理。像高爾文那樣虔誠的宗教改革家，他自己深信他的良心確是代表上帝的命令，他的口，和他的筆確是代表上帝的意志，那末他的意見還會錯嗎？他還有錯誤的可能嗎？在塞維圖斯被燒死之後，高爾文曾受到不少人的批評。一五五四年，高爾文發表一篇文字爲他自己辯護，他毫不遲疑的說，「嚴厲懲治邪說者的權威是無可疑的，因爲這就是上帝自己說話。……這工作是爲上帝的光榮戰鬭。」

上帝自己說話，還會錯嗎？爲上帝的光榮作戰，還會錯嗎？這一點「我不會錯」的心理，就是一切不容忍的根苗。深信我自己的信念沒有錯誤的可能（infallible），我的意見就是「正義」，反對我的人當然都是「邪說」了。我的意見代表上帝的意旨，反對我的人的意見當然都是「魔鬼的教條」了。（「容忍與自由」）

費城會議

參加費城會議的代表，有許多是了不起的。其中有華盛頓，有年齡最高的八十一歲的富蘭克林（Benjamin Frankin），最小的是廿六歲紐澤西邦的臺登（Dayton）。在前後到會的五十五位代表中，有二十九人是受過大學教育的，半數以上是律師，有幾位大學教授，有幾位醫生此外也有商人和農人。這些代表都是各該州的知名之士，個性都很强；但他們都有一種民主自由的習慣，希望彼此能够有瞭解調和的觀念，所以在五月廿九日那天曾有個議決案，就是在會議中的言論完全不公開，紀錄不發表。在開會時，雖然推了傑克遜擔任書記，但後來發現他的紀錄很簡單。所以這四個月的會議——歷史上一個重要的會議——可說是沒有紀錄。幸而代表中有位麥廸遜（Madison），他每天有日記，而且寫得很完備。等到以後麥廸遜連任兩屆總統下臺死了以後四年（一八四〇年，離一七八七年的費城會議五十三年，他的紀錄才發表。就是說費城會議中的發言紀錄，一直守了五十三年的秘密。說起來大家也許不會相信。中間還有一段很有趣的故事。自五月廿九日決議紀錄對外不公開以後，大家都儘量設法不使秘密外洩。八十一歲的佛蘭克林，是費城人。這位老頭子喜歡在下午和朋友喝杯酒；大家深恐老頭子多喝了點酒以後，會無意洩露會議中的發言，於是就推了幾位年輕代表去陪他，實際上是監視他，不使他洩漏會議的言論。

我曾經對外發表意見：我希望舉行一個人數較少的，幾十人的會議，沒有新聞記者，關起門來談談。這個意見引起臺灣和香港報紙批評我，認爲反共救國會議關起門來開是不行的。我說的故事是十八世紀的故事；現在是二十世紀了。大家認爲我這個主張，是最不民主不自由的。更說胡適之是反對言論自由，反對新聞自由。但我總以爲美國這一段歷史值得我們研究、考慮。爲什麼一個負歐美兩洲重望的老頭子在下午跑到酒店去喝酒，得派小伙子去監視他？爲什麼這樣一件大事，一直要等到五十三年之後，才將紀錄發表出來？我想這不是完全沒有道理的。那時大邦佛吉尼亞提出來的方案，主張要一個中央政府，同時主張國會採兩院制，兩院都要平等；上下兩院議員的產生都要以人口爲比例。而這個强有力的中央政府行政部門的一個人有權駁回立法機構（國會）所通過的議決案。此外，要有一個統一的司法制度，從最高法院到各級法院；要有一個健全完整的財政制度，聯邦政府可以有權向全國收稅。但這個大邦的提案，遭到若干小邦的反對。當時代表小邦的紐澤西州也提出一個方案，主張在國會裏各邦一律平等，每個邦有一票；不用這樣「强」的中央政府，主張仍維持從前「邦聯」的政府。中央政府行政部不要一人制，要有幾個委員的會議制。總統沒有權否決立法部門的提案。因此當時會場裏有兩種主張：一個代表大邦，一個代表小邦。大邦主張中央集權，小邦主張地方分權。後來，康湼狄克州（Connecticut）又提出了一個比較折衷調和的第三案：就是衆議院照人口爲比例，但參議院則每州一樣，起初是每州一票，後來增爲每州兩票。總算這個問題獲得了根本的解決。這三個提案，由各三個州提出，但不寫上任何一個人的名字。因爲這些問題太大了！這是國家生死存亡的問題。雖然打了勝仗，獲得獨立，但建國尙未成功，十三邦彼此不合作，貨物過境要抽稅，理髮店甚至用政府發行的鈔票來糊牆壁，國家的危機依然存在。所以我想：他們爲什麼要守秘密？爲什麼發言不公開？爲什麼這樣重要的會議紀錄，要過了五十三年才發表？我認爲：第一個理由，爲的是要會議裏的人人說話是和會場裏的同人商量，討論國家當前的大問題，不是向會場外的大衆說漂亮話，說激烈話，發自己的牢騷，或出自己的風頭，博羲衆的喝采。第二個理由，爲的是要人人的主張不但可以自由發表，還要取得充分自由討論，然後以個人的自由意志，情願調和，情願接受別人的修改；因爲沒有新聞記者在場，說話不發表出去，一個人接受別人的批評指正，並不丟面子。如果讓外面的人都知道了，某人所說的是什麼，他就不免要堅持了，不肯輕易調和修改了。第三個理由，爲的是要使人人得充分自由發表自己的主張之後，可以從容討論求得一個大家可以共同接受的解決國家當前大問題的方案。換句話說，這些美國開國的大政治家，在開始時，就下了決心了，要求得一個可以代表全體意志的共同方案。這眞可以說是「大公無我」；因爲在紀錄上沒有「我」，在報紙上也沒有「我」。沒有我才可以大公。如果紀錄都在報紙上發表了，就變成了「我的」主張；不免要武斷，要固執，要堅持，怕人家說我不是大丈夫；因此，我的主張就非堅持到底不可。所以一定要「無我」才能「大公」我用十八世紀大哲學家盧騷說的話，他們是要求一個可以代表「general will」（公意）的方案。費城會議所以要秘密，就是基於上述三個理由。我並沒有一定的主張；我從不敢說某種方式是我們必須採取的會議方式；但我覺得像費城會議這種方式，是值得我們想想和研究考慮的。（「關於言論自由和反共救國會議」）

下馬說

陸賈生當革命之世，人人唾罵秦皇李斯的急進政策，故他也不贊成這種政治。他說：

秦始皇帝設爲車裂之誅以斂姦邪，築長城于戎境以備胡；……蒙恬討亂于外，李斯治法于內；事

逾煩，天下逾亂，法逾滋而姦逾熾，兵馬益設而敵人逾多。秦非不欲爲治，然失之者，乃擧措暴衆而用刑太極故也。(四)

所以他主張用柔道治國，主張無爲而治，他說：

故懷剛者久而缺，恃柔者久而長。(三)

又說：

柔儒者制剛强。(三)

又說：

道莫大于無爲，行莫大于謹敬。何以言之?昔虞舜治天下。彈五絃之琴，歌南風之詩，寂若無治國之意，漠若無憂民之心，然天下治。……故無爲也，乃無(不)爲也。(四)

無爲而治本是先秦思想家公認的一個政治理想。陸賈的無爲政治是：

虛無寂寞，通動無量，故制事因短，而動益長。以圓制規，以矩立方。(一)

說的詳細點，便是：

夫形(刑)重者則身勞，事衆者則心煩。心煩者則刑罰縱橫而無所立。身勞者則百端迴邪而無所就。

是以君子之爲治也，塊然若無事，寂然若無聲，官府若無吏，亭落若無民。閭里不訟于巷，老幼不愁于庭，近者無所議，遠者無所聽，郵亭無夜行之吏，鄉閭無夜召之征。……于是賞善罰惡而潤色之，興辟雝庠序而教誨之。然後賢愚異議，廉鄙異科，長幼異節，上下有差，彊弱相扶，大小相懷，尊卑相承，雁行相隨：不言而信，不怒而威。豈恃堅甲利兵，深刑刻法，朝夕切切而後行哉？（八）

這種無爲的，柔道的治道論，固然是先秦思想的混合產物，却也是當時一種應時救急的良方。凡無爲的治道論大都是對於現時政治表示不滿意的一種消極的抗議。好像是說：「你們不配有爲，不如歇歇罷；少做少錯，多做多錯，老百姓受不了啦，還是大家休息休息罷！」陸賈生當秦帝國大有爲之後，又眼見漢家一班無賴的皇帝，屠狗賣繒的功臣，都不是配有爲的人，他的無爲哲學似乎不是無所爲而發的罷？他對那位開國皇帝說：「您騎在馬上得了天下，難道還可以騎在馬上統治天下嗎？」所以他盼望那些馬上的好漢都下馬來歇歇，好讓大亂之後的老百姓們也歇歇了。夷三族，具五刑的玩意兒是不好天天玩的。還是歇歇的好。（「述陸賈的思想」）

文治

至於『軍閥』問題，我原來包括在『擾亂』之內。軍閥是擾亂的產兒，此二十年來歷史的明訓。處置軍閥——其實中國那有軍『閥』可說？只有軍人跋扈而已——別無『高明意見，巧妙辦法，』只有充分養成文治勢力，造成治安和平的局面而已。

當北洋軍人勢力正大的時候，北京學生奮臂一呼而武人倉皇失措，這便是文治勢力的明例。今日文治勢力所以失其作用者，文治勢力大都已走狗化，自身已失掉其依據，只靠做官或造標語吃飯，故不復能澄清政治，鎭壓軍人了。

先生說，『擾亂固皆軍閥之所爲』，此言頗不合史實。軍閥是擾亂的產物，而擾亂大抵皆是長衫朋友所造成。二十年來所謂『革命』，何一非文人所造成？二十年中的軍閥鬪爭，何一非無聊政客所挑撥造成的？近年各地的共產黨暴動，又何一非長衫同志所煽動組織的？此三項已可概括一切擾亂的十之七八了。當民十六民十八兩次戰事爆發之時，所謂政府，所謂黨，皆無一個制度可以制止戰禍，也無一個機關可以討論或議決宣戰的問題。故此種戰事雖似是軍人所造成，其實是文治制度未完備的結果。所以說擾亂是長衫朋友所造成，似乎不太過罷？（「答梁漱溟先生」）

建設

我們必須認清今日所謂「建設」是不是「用之於民」的，是不是「救民救國所必需的」。平心說來，這幾年的建設事業的絕大部分都只是吳稚暉先生說的「鑿孔栽鬚」。有一口好鬚，豈不美觀？可是爲了要美觀而在光光的臉上鑿下無數栽鬚的孔，流出不少的血，受了不少的痛苦，結果還是栽不了鬚，這就未免太寃了！前幾年有過一陣拆城造馬路的狂熱，於是各地方紛紛把城牆拆了。這幾年匪亂多了，有些地方（如南昌）又趕着造起城牆來；造城還不够，要加造起新式的要塞來。拆城還只限於城市，近來造公路的狂熱比拆城更普遍了。許多年前，早有些人說過：汽車路是最不經濟的，車容易損壞，路也要時常修治，又只能載人，不能多運貨。可是這幾年來，各省都爭着造公路，誰也不計算人民的擔負，誰也不計算徵工徵料的苛擾。誰也不計算路成之後有無人用，有無貨產可以輸出。四五年前，我們安徽的北部忽然奉令趕成五條汽車路，限幾個月內完工。路是造成了；可是上個月有人去調查，從太湖到潛山的公路，連路帶兩旁的溝，足有四丈。四丈闊乘一百里長，要佔去多少民田！這一帶的人民，農民之外，出門最多的是補鍋補碗的，他們只能挑擔走路，那能坐汽車？汽車也多壞了，每天至多只能開一次車。路上滿長了草了，中間只剩兩尺多行人常走的路沒有草。這種建設不是「鑿孔栽鬚」嗎？「取之於民」則有之矣；「用之於民」又在那裏？（「再論無為的政治」）

盲目的建設與害民的建設

我們所以要批評今日之建設，正因為這種盲目的建設並不是「我們工程師」的過失，乃是一班領袖羣倫的人物的普遍過失。工程師是執行命令的；而一切盲目的建設乃是政治領袖所提倡，學者與政客所附和，與工程師無大關係。政治領袖為的是好大喜功，政客為的是可以吃建設飯，學者為的是迷信建設總不會錯的。我們也曾「篤信建設」，但我們不護前，不護短；我們現在很誠懇的奉勸我們的政治領袖：建設是一件需要專門技術的事業，不當用作政治的途徑，更不可用作裝點門面的排場。翁文灝先生（獨立第五號：「建設與計畫」）曾很沉痛的追述前清許多建設事業所以失敗，都由於糊塗與冒昧。他說：

建設眞不是容易事。建設必先有計畫又必有實在根據，不能憑空設想，也不能全抄外國成法……

應該由富有學識的頭腦來做計畫，再叫各部份的工作者各就所專去調查研究，徵集應備的材料，或解決局部的問題。而這種計畫大部份純是專門問題，必須先搜集已有的材料，考察實際的情形，然後方能下手，決不是普通行政機關四壁蕭然毫無參考設備的辦公室內所能憑空杜撰的。

現今的人所以輕易談建設，都是因爲他們不了解建設的專門性質。而這幾年各省的建設所以只限於築路拆城一類的事業者，其原因不在於僅僅盲目的模倣，其眞實原因是因爲此種工程都不需要專門的學術。政客與商人粗工都幹得了，都包得下，都可以吃飯邀功，升官發財；今日建設所以成爲風氣，都由於此。人民的痛苦，國家的利益，百年的大計，在他們的腦子裏都沒有地位。要挽救此種風氣，必須先要政治領袖們澈底覺悟建設是專門學術的事，不是他們可以隨便發一個電報命令十來個省分限幾個月完成的。他們必須澈底明白他們自己不配談建設，更必須明白他們今日辦的建設只是政客工頭的飯碗，而不是眞正的永久的建設。他們明白了自己不配建設，然後能安分無爲，做一點與民休息的仁政；等到民困稍蘇國力稍復的時候，等到專門人才調查研究有結果的時候，方才可以有爲。

蔣廷黻先生問我們：

倘若蘇俄第一五年計畫失敗了，你看她的國際地位能有如今日嗎？

我們要請他想想翁文灝先生兩年前說的話：

有人說七年之病必求三年之艾。現在可以說，五年建設必須先有五年的測量、調查、研究。所以俄國五年建設計畫比較可能，因爲他們預備工夫究竟比我們開始得早了許久。他們的第二個五年建設

計畫成功必定更大，因爲已有了第一個五年工作做了基礎。（獨立五，頁十二）

沒有一個國家能靠盲目的建設得着國際的地位的。也沒有一個政治領袖能靠害民的建設得着人心的擁戴的。

大家歇歇罷！必須肯無爲，然後可以大有爲。（「建設與無爲」）

建設標準

我曾說過：有爲的建設必須先有可以建設的客觀的條件：第一是經濟能力，第二是人才。兩件之中，專門人才更重要，因爲有價值的建設事業都是需要專門技術的事業。有了專門學術人才，沒有錢，還可以量米下鍋，從小計劃做起，慢慢的發展。若沒有人才，即使有很多的錢，也只會做到張之洞的建設事業，賠了錢還替國家增添一個大禍害。所以我們可以提出這樣的建設標準：

第一、有了專家計劃，又有了實行的技術人才，這樣的建設可以舉辦。

第二、凡沒有專門學術人才可以計劃執行的事業，都應該先用全力培養人才。

第三、在創辦新事業之先，應該充分利用專門技術人才，改革已有的建設事業，使他們技術化，使他們增加效率。

我們試舉幾個例子來說明這幾個標準。公共衛生是最明顯的需要專門學術的事業。近幾年來，中央與幾個大城市的公共衛生所以比較有成績，都是因爲這件事業太專門了，官僚與商人揷脚不進去，只好讓幾個專門技術人才去計劃執行。薛篤弼先生從前也曾想用擁篲掃地的本領來辦公共衞生，但因爲國內有個第一流的醫學校，又有一些留學國外的醫學人才，所以薛篤弼先生改做律師之後，南京、上海、北平等處的公共衞生事業仍舊繼長增高，有顯明的進步。這樣的建設是不會有人反對的。

再舉農業改良爲例。公共衞生辦在大都會，事業集中，所以中國現有的少數技術人才在眼前還勉强可以够用。農業改良的範圍太大了，專門人才實在不够分配，而歷來政府當局又不完全明白農業科學的專門性質，至今還不曾有個培養農學人才的決心，所以至今全國只有一兩個像樣的農科大學，而偌大的北方竟沒有一個。在人才這樣缺乏的狀態之下，一切「農業改良」「農村復興」的呼聲都不過是熱空氣而已。「七年之病，求三年之艾」，正是指這一類的事業。爲今之計，政府必須下最大的決心，集中財力，完成一兩個第一流的農科大學，多聘國外的第一流專家，務要在十年二十年之內訓練出一些農學領袖人才出來。這種工作收效最遲緩，而經營必須及早：向來人都說工科大學最費錢，但近人都知道工科教育還不如農科教育費錢之多。費錢最多而收效最緩，所以必須用政府的財力，必須下很大的決心，必須存一種不妄想收速效的大決心。這雖不是普通人心目中想像的農業建設，但這是農業建設絕對必需的預備。在這種預備工作收效之先，一切空頭的「改進中國農業計劃」，都可以暫時擱在高閣上。

最後一個例子是交通。今日已有的交通機關的腐敗，最可以表示政府對於建設沒有誠意，又沒有理解。汪精衞先生最近在中央黨部紀念週上教訓我們批評造路的人道：「如今已到了空中飛行的時候了，我們却連在地上走的路也不想造，那麼，豈不是等着被人和鷄犬一般的宰割麼？」政府如果有建設交通事業的誠意與決心，應該把交通和鐵道兩部劃出政治之外，合併作一個純粹專門技術的管理機關，不受政局的影響；然後把國有各鐵道和招商局等也都改爲專門技術機關，使他們集中全國技術人才，努力增進效率，減輕債負，添加車輛船隻，減低水陸運費，便利各地農產貨物的輸送。這樣的建設才可算是爲建設運動「樹之風聲」。這樣做法，既不須徵地徵工，又不須增加田賦附征，而可以做出一點刮刮叫的建設成績來昭示全國與全世界，——政府又何嫌何疑而不肯大有爲一番呢？國家請來了無數外國建設專家顧問，都把鐵道交通兩部所屬的交通事業看作「禁臠」而不敢過問，却偏要成羣結隊的陪着大官上西北去尋訪建設事業做，這豈不是世界的大奇事嗎？

以上舉了三個例子，說明我提出的三個建設標準，同時也借此說明我可以贊成什麼樣子的建設。

（「今日可做的建設事業」）

考試制度

考試院舉行了兩次考試大典，費了國家一百多萬元的經費，先後共考試了二百零八人。這二百零八人，聽說至今還有不曾得着位置的。國家官吏十多萬人，都不由考試而來；獨有這兩百人由正途出身，分部則各部會沒有餘缺，外放則各省或者不用，所以考試制度至今沒有得着國人的信仰。

因此我想起亡友趙文銳先生，他從美國留學回來，不顧朋輩的非笑，決心去應北京政府的高等文官考試。他考的名次很高，分在某一部裏學習，月薪不過五十六元。學習了好幾年，他始終沒得着相當的位置，每年還得靠教書維持他的生活。後來政局變了，他到南方去，不久就在國民政府之下做到了杭州關監督。考試正途只能給他一個分部學習，而同學的提携倒可以給他一個關監督。在這種狀況之下，考試任官的制度那能有成立和推行的希望呢？

因此我又想到幾年前北方某省的縣長考試。考取的縣長，省政府總怕他們經驗不够，必須在行政人員講習所講習半年，又須到各處去考察半年，然後有候選補缺的資格。然而那些不由考試出身的縣長，只軍人的一張條子，或政客的一封介紹信都可以走馬上任，又都不愁「經驗不够」了，在這種情形之下，除了極少數忠厚安分毫無「奧援」的人，誰還肯走那條考試正途呢？（「公開薦舉議」）

社會·經濟

資本主義

這一次的談話給了我一個絕大的刺激。世間的大問題決不是一兩個抽象名詞（如『資本主義』『共產主義』等等）所能完全包括的。最要緊的是事實。現今許多朋友却只高談主義，不肯看看事實。孫中山先生曾引外國俗語說『社會主義有五十七種，不知那一種是眞的。』豈但社會主義有五十七種？資本主義還不止五百七十種呢！拿一個『赤』字抹殺新運動，那是張作霖、吳佩孚的把戲。然而拿一個『資本主義』來抹殺一切現代國家，這種眼光究竟比張作霖、吳佩孚高明多少？（「漫遊的感想」）

社會主義

我今天帶來了一點材料，就是在兩年前，我在外國時，有一位朋友寫給我一封討論這些問題的長信。（這位朋友是公務員；爲了不願意替他闖禍，所以把他信上的名字挖掉了。）他這封信對於這個問題有很基本的討論，和海耶克、方米塞斯、殷海光、高叔康諸先生的意思差不多完全一樣。因爲這封信很長，我只能摘要報告。他首先說：「現在最大的問題：大家以爲左傾是當今世界的潮流，社會主義是現時代的趨向。這兩句話害了我們許多人。大家聽到這個很時髦的話，都以爲左傾是當今的一種潮流，社會主義是將來必然的趨勢。」他就駁這兩句話，不承認社會主義是時代的趨向。他說：「

中國士大夫階級中，很有人認爲社會主義是今日世界大勢所趨；其中許多人受了費邊社會主義的影響，還有一部份人是拉斯基的學生。但是最重要的還是在政府任職的許多官吏，他們認爲中國經濟的發展只有依賴政府，靠政府直接經營的工業礦業以及其他的企業。從前持這種主張最力的，莫過於翁文灝和錢昌照；他們所辦的資源委員會，在過去二十年之中，把持了中國的工業礦業，對於私有企業（大都是民國初年所創辦的私有企業）蠶食鯨吞，或則被其窒息而死。他們兩位（翁文灝、錢昌照）終於靠攏，反美而羡慕蘇俄，也許與他們的思想是有關係的。」我唸這封信的意思，就是表示我們中國在國內的學者、在國外的學者，在幾年前已有慢慢轉變過來的意思了。他又說：「我們不相信共產主義的人，現在了解社會主義只是一種不澈底的共產主義。牠的成功的希望，還遠不如共產主義爲大。」在這幾年來，老牌的社會主義國家如澳洲、紐西蘭等，都相繼的拋棄了社會主義。兩年前英國的勞工黨自選擧失敗後，也離開了社會主義。當時紐約時報的社論說：「現在實行社會主義的國家，只剩下了瑞典和挪威兩個國家了。」所以我們可以說，現在拋棄社會主義而歸向資本主義的趨勢是一個很普遍的趨勢。（「從『到奴役之路』說起」）

一個懺悔

不過我個人也有一個懺悔。現在我的「胡適文存」第一到第四集都已在臺灣印出來了，是由臺灣臺北遠東圖書公司給我印的。**「胡適文存」第三集的開頭載有一篇文章，題目是「我們對於西洋近代**

文明的態度」。那篇文章是我在民國十五年的一篇講演錄。我那年到歐洲，民國十六年到美國，也常拿這個話講演；以後並且用英文重寫出來印在一部頗有名的著作「人類往何處去」(Whither Mankind)裏，成為其中的一篇。我方才曾提到那位我在外國時寫信給我的中國朋友在信中指出來的許多中國士大夫階級對於社會主義的看法。在二十七年前，我所說的話也是這樣的。那時候我與這位朋友所講的那些人有同樣的錯誤。現在我引述一句。在民國十五年六月的講辭中，我說：「十八世紀的新宗教信條是自由、平等、博愛。十九世紀中葉以後的新宗教信條是社會主義。」當時講了許多話申述這個主張。現在想起，應該有個公開懺悔。不過我今天對諸位懺悔的，是我在那時與許多知識份子所同犯的錯誤；在當時，一班知識份子總以為社會主義這個潮流當然是將來的一個趨勢。我自己現在引述自己的證據來作懺悔。諸位如果願意看我當初錯誤的見解，可以翻開「胡適文存」第三集第一篇，題目是「我們對於西洋近代文明的態度」。

為什麼這班人變了呢？為什麼在臺灣的許多朋友，如殷海光先生、高叔康先生變了呢？為什麼我那位朋友寫幾千字的長信給在國外的我，表示我們應該反悔，變了呢？為什麼今天我也表示反悔，變了呢？我這裏應當聲明一句：我這個變不是今天變的。我在海耶克的書以前好幾年已經變了。諸位看過在「自由中國」的創刊號有張起鈞先生翻譯我的一篇文章：「民主與極權的衝突」，但是沒有記上年月。其實那是一九四一年七月我在美國密歇根大學講演的文章，原題目是 Conflict of Ideologies (「思想的鬪爭」或「思想的衝突」)。這裏面有一句話：「一切的所謂社會澈底改革的主張，必然的要領導到政治的獨裁。」下面引一句列寧的話：「革命是最獨裁的東西」。實在，要澈底的改革社會制度，澈底的改革社會經濟，沒有別的方法，祇有獨裁——所謂「一朝權在手，便把令來行」——才可以做到。這是一九四一年七月我在美國密歇根大學的講演的意思。那時候我就指出民主和極權的不同，我就已經變了。爲什麼大家都變了呢？這個不能不感謝近三十多年當中，歐洲的可以說極左派和極右派兩個大運動的表演；他們的失敗，給我們一個最好的教訓。極右派是希特勒、墨索里尼，德國的納粹與意大利的法西斯；德意兩國的失敗是大家所明見的。極左派是俄國三十七年前的布爾雪維克革命；蘇俄自己當然以爲是成功的，但是我們以社會、歷史、經濟的眼光看，不能不認爲這是一個大的失敗。這都是社會主義，極左的、與極右的社會主義，拿國家極大的權力來爲社會主義作實驗；而兩種實驗的結果都走到非用奴役、集中營，非用政治犯、强迫勞工，非用極端的獨裁，沒有方法維持他的政權。因爲這個三十多年的政治、經濟的大實驗，極左的、極右的大實驗的失敗，給我們一個教訓，我們才明白就是方才我這位朋友在信中所指出的：「社會主義也不過是共產主義的一個方面；它的成功的程度，還遠不如共產主義那麼大。」這話怎麼講呢？就是，如要社會主義成功，非得獨裁不可，非用極端獨裁、極端專制不可，結果一定要走上如海耶克所說的「奴役之路」。

今天我講的不過如此。我們在臺灣看到「自由中國」、「中國經濟」，大家都不約而同的討論到一個基本問題，就是，一切計劃經濟、一切社會主義，是不是與自由衝突的？在外國，如在美國，現在有好幾個雜誌，最著名的如「自由人」（Freeman）雜誌，裏面的作家中有許多都是當初做過共產黨的，做過社會主義信徒的，現在回過頭來提倡個人主義、自由主義的經濟制度。這種在思想上根本的改變，我們不能不歸功於三十七年來世界上這幾個大的社會主義實驗的失敗，使我們引起覺悟——包括我個人，在今天這樣的大會裏當衆懺悔。我方才講，這是好現象。我希望政府的領袖，甚至於主持我們國營事業、公營事業的領袖，聽了這些話，翻一翻「自自中國」、「中國經濟」、「中國文摘」等，也不要生氣，應該自己反省反省，考慮考慮，是不是這些人的話，像我胡適之當衆懺悔的話，值得大家仔細一想的？大家不妨再提倡公開討論：我們走的還是到自由之路，還是到奴役之路？這是一個很重要的問題。今天我們這個門已經開了；我們值得去想想。這樣，我相信自由中國的這種自由思想，自由言論，是很有價值的。這對於我們國家前途是有大利益的。不但是在現在臺灣的情況下如此；就是將來回到大陸上，我們也應該想想，是不是一切經濟都要靠政府的一般官吏替我們計劃？還是靠我們老百姓人人自己勤儉起家？

什麼叫做資本主義？資本主義不過是「勤儉起家」而已。我國的先哲孟子說：老百姓的勤苦工作是要「仰足以事父母，俯足以蓄妻子，樂歲終身飽，凶年免於死亡。」老百姓的辛勤終歲，祇是希望在年成好時能吃得飽，年成不好時可以不至於餓死。這怎能算是過份的要求？但這個要求可以說是資本主義的起點。我們再看美國立國到今天，是以什麼爲根據的？他們所根據的「聖經」是佛蘭克林自傳——一部資本主義的聖經。這裏邊所述說的，一個是「勤」，一個是「儉」。「勤儉爲起家之本」老百姓辛苦血汗的所得，若說他們沒有所有權是講不通的。從這一個作起點，使人人自己能自食其力，「帝力何有於我哉！」這是資本主義的哲學，個人主義、自由主義的哲學。這是天經地義，顚撲不破的。由這一點想，我們還是應由幾個人來替全國五萬萬人來計劃呢？還是由五萬萬人靠兩隻手、一個頭腦自己建設一個自由經濟呢？這是我們現在應該討論的。我覺得這一條路開得對；值得我今天向大家懺悔。大家都應該懺悔。我們應該自己「洗腦」；被別人「洗腦」是不行的。我以爲我們要自己「洗腦」才有用，所以我今天當衆「洗腦」給大家看。（「從『到奴役之路』說起」）

社會化的經濟制度

我特別用「社會化的經濟制度」一個名詞，因爲我要避掉「社會主義」一類名詞。「社會化的經濟制度」就是要顧到社會大多數人民的利益的經濟制度。最近幾十年的世界歷史其一個很明顯的方向，就是無論在社會主義的國家，或在資本主義的國家，財產權已經不是私人的一種神聖不可侵犯的人權了。社會大多數人的利益是一切經濟制度的基本條件。美國英國號稱資本主義的國家，但他們都有級進的所得稅和遺產稅。前四年的英國所得稅，每年收入一萬鎊的人，要抽百分之八十，而每年收入在二百五十鎊以下的人，只抽百分之三的所得稅。同年美國所得稅率，單身人（沒有結婚的），每年收入一千元的，只抽一百零七元；每年收入一百萬元的要抽八十九萬九千五百元，等於百分之九十的所得稅。這樣的經濟制度，一方面並不廢除私有財產和自由企業，一方面節制資本，徵收級進的所得稅，供給全國的用度，同時還可以縮短貧富的距離，這樣的經濟制度可以稱爲「社會化的」。此外如保障勞工組織，規定最低工資，限制工作時間，用國家收入來救濟失業者，這都是「社會化」的方法。英國民族在各地建立的自治新國家，如澳洲、如紐西蘭，近年來都是工黨當國，都傾向於社會主義的經濟立法。英國本身最近在工黨執政之下，也是更明顯的推行經濟制度社會化。美國在羅斯福總統的十三年的「新法」政治之下，也推行了許多「社會化」的經濟政策。至於北歐西歐的許多民主國家，如瑞典、丹麥、挪威，都是很早就實行各種社會化的立法國家。這種很明顯的經濟制度的社會化，是世界文化的第二個共同的理想目標。我們中國本來有「不患貧而患不均」的傳統思想，我們更應該朝這個方面多多的努力，才可以在世界文化上佔一個地位。（「眼前世界文化的趨向」）

農村救濟

農村的救濟有兩條大路，一條是積極的救濟，一條是消極的救濟：前者是興利，後者是除弊除害。在現時的狀態之下，積極救濟決不如消極救濟的功效之大。興一利則受惠者有限，而除一弊則受惠者無窮。這是我要貢獻給政府的一個原則。

積極的救濟如農民借貸，如合作運動，如改良農產和改良農業技術，這都是應該努力去做的事。但此種積極事業必須假定兩個先決條件：第一要有錢，第二要有人才。有多少錢，才可以辦多少事；有了錢而沒有相當訓練的人才，也往往糜費擾民而無功。所以此種積極政策的可能範圍必須受財力與人才的限制；在這種無錢又無人的狀況之下，積極救濟的可能範圍是很有限的。

反過來看看，究竟全國農村爲什麼大都陷入了破產的狀態呢？這裏面的因子很複雜：有許多因子是由於世界的變遷，國際的關係，不是我們自己輕易管顧得住的（如西洋婦女剪髮盛行，而我國的髮網業衰落；如中俄商業斷絕，而洋庄茶業破產；如世界經濟蕭條，而我們蠶絲皮貨都大衰落。）但絕大多數的農村所以破產，農民所以困窮，都還是由於國內政治的不良，剝削太苛，搜括太苦，負擔太重。此種政治的原因，都是可以用政治的方法去解除的。解除人民的苦痛，減輕人民的負擔，這是消極的救濟。

現時內地農村最感苦痛的是抽稅捐太多，養兵太多，養官太多，納稅養官，而官不能做一點有益於人民的事；納稅養兵，而兵不能盡一點保護人民的責。剝皮到骨了，吸髓全枯了，而人民不能享一絲一毫的治安的幸福！在這種苦痛之下，人民不逃亡，不反抗，不做共產黨，不做土匪，那才是該死的賤種哩！（「從農村救濟談到無爲的政治」）

慈善

慈善觀念與社會之樂利互爲消長，此不可不知也。此邦人士有健全之政府，整肅之秩序，人民皆得安居樂業，故慈祥之心得以發達。於是有請廢死刑者矣，有謀監獄改良者矣，有投身 Settlement Work 以謀增進苦力下級社會之樂利者矣。若在紛亂之國，法律無效力，政府不事事；人不安其生，工商不安其業；法令酷虐，盜賊叢生；則雖有慈善事業，亦必皆自私之圖，以爲市名之計，或爲積福之謀。行之者寡，而所行又鄙下不足道，慈善觀念云乎哉？此無他，享樂利者無多，則爲他人謀樂利者益寡。己之首領且不保朝夕，誰復作廢死刑之想乎？無罪之良民尚憂饑寒，誰復興念及有罪之囚犯乎？國中志士奔走流亡國中生民什九貧乏，誰復顧無告之貧民乎？（「胡適留學日記」）

仁　愛

世間講『仁愛』的書，莫過於華嚴經的淨行品，那一篇妙文教人時時刻刻不可忘了人類的痛苦與缺陷，甚至於大便小便時都要發願不忘衆生：

左右便利，當願衆生，蠲除汚穢，無淫怒癡。
已而就水，當願衆生，向無上道，得出並法。
以水滌穢，當願衆生，具足淨忍，畢竟無垢。
以水盥掌，當願衆生，得上妙手，受持佛法。……

但是一個和尚的弘願，究竟能做到多少實際的『仁愛』？回頭看看那一心想征服自然的科學救世者，他們發現了一種病菌，製成了一種血清，可以救活無量數的人類，其爲『仁愛』豈不是千萬倍的偉大？（「再論信心與反省」）

社　會　革　命

有些自命『先知』的人常常說：『美國的物質發展終有到頭的一天；到了物質文明破產的時候，社會革命便起來了。』

我可以武斷地說美國是不會有社會革命的，因爲美國天天在社會革命之中。這種革命是漸進的，天天有進步，故天天是革命。如所得稅的實行，不過是十四年來的事，然而現在所得稅已成了國家稅收的一大宗，鉅富的家私有納稅百分之五十以上的。這種『社會化』的現象隨地可以看見。從前馬克思派的經濟學者說資本愈集中則財產所有權也愈集中，必做到資本全歸極少數人之手的地步。但美國近年的變化却是資本集中而所有權分散在民衆。一個公司可以有一萬萬的資本，而股票可由僱員與工人購買，故一萬萬元的資本就不妨有一萬萬人的股東。近年移民進口的限制加嚴，賤工絕跡，故國內工資天天增漲；工人收入既豐，多有積蓄，往往購買股票，逐漸成爲小資本家。不但白人如此，黑人的生活也逐漸抬高。紐約城的哈倫區，向爲白人居住的，十年之中土地房屋全被發財的黑人買去了，遂成了一片五十萬人的黑人區域。人人都可以做有產階級，故階級戰爭的煽動不發生效力。（「漫遊的感想」）

社會測量

社會測量（Social Survey）研究社會問題底人測量社會，要像工程測量土地一樣。我們要選定一個區域，其中各方面底事體，像人口、宗教、生計、道德、家庭、衞生、生死等等，都要測量過，然後將所得的結果，來做一個詳細的報告。

三十年前，英國有一位蒲斯（Booth）專做這種社會測量底工夫。他化了好些金錢，才把倫敦底社會狀況調查清楚。但三十年前的調查方法，不完全的地方很多，不必說的。此後有人把他工作繼續下去，很覺得有點進步；近來美國也倣行起來了。社會測量底方法，在中國也可以倣行。好像天津，好像唐山，都可以指定他們來做一個測量的區域。我們要明白在一區裏頭種種事體，才可以想法子去補救他。因爲社會問題過於要緊，過於複雜，決不能因着一家人底情形，就可以知道全體的。現在研究社會問題的人，大毛病就是把調查底工夫忽略了。要是忽略調查底工夫，整天空說「婦女解放」、「財產廢除」、「教育平等」，到底有什麼用處，有什麼效果。（「研究社會問題底方法」）

正統經濟思想

中國的正統派經濟思想一面主張均田均產，一面主張重農抑商。凡井田之論，限民名田之議，以及王莽沒收私有土地實行均田之政策，皆屬於前者。凡挫辱商人，不許商人乘車衣絲，市井子孫不得仕宦，以及種種驅民歸農的政策，皆屬於後者。

均田均產的思想是由於渴想一種『調均』的社會。孔子說：『不患貧而患不均』；又說：『均無貧』。（論語作『不患寡而患不均』。今依漢人引文校改。）他雖然不曾發揮這個意思，到了孟子手裏，便有經界井田的主張出來了。後來封建制度完全消滅，政權全歸國家，土地全歸私有，私有資本主義更發達了。當時富人並兼貧人，必有很冷酷的不均現象，如董仲舒說的：『富者田連阡陌，貧者無立錐之地。』『貧者常衣牛馬之衣，而食犬彘之食。』儒家既以『調均』爲理想，故多主張均田制度。漢文帝時博士所作王制，便主張農夫每人分田百畝。董仲舒在春秋繁露的度制篇裏也主張『方里八家，一家百畝。』董生也明白井田制度不容易實行，故他對漢武帝說：『古井田法雖難猝行，宜少近古，限民名田，以贍不足，塞並兼之路。』哀帝時，儒生當國，師丹、孔光等人便主張實行限田，貴族與平民私有田地皆不得過三十頃。當時貴族寵臣反對此議，遂不得實行。到王莽纔把天下私有土地全數收爲國有，名曰『王田』，不得買賣：『其男口不盈八而田過一井者，分餘田予九族鄰里鄉黨。故無田，今當受田者，如制度。』均田之議遂見於制度，試行了三年而廢除。

重農抑商的主張起於一種錯誤的價值論，認商人爲不勞而獲的不生利階級，不但不生利，還得靠剝削農人爲謀利之道。如鼂錯說的，商人『男人不耕耘，女不蠶絲，衣必文采，食不粱肉，無農夫之苦，有阡陌之利』，這是很普遍的見解。他們雖不曾明說勞動爲價值的原素，然而他們都深信古話所謂：『一夫不耕，或受之饑；一女不織，或受之寒』的原則，所以絕不能了解何以不耕不織的人可以衣食千百人。這是重農抑商的第一個理由。他們又不能了解貨幣的性質，故有一種最幼稚的貨幣理論，以爲貨幣越不方便，越好；越方便越不好。故他們以爲五穀是交易有無的基本，而金錢是有害無利的。如鼂錯說的：

夫珠玉金銀，饑不可食，寒不可衣。然而衆貴之者，以上用之故也。其爲物輕微易藏，在於把握，可以周海內而無饑寒之患。此令臣輕背其主，而民易去其鄉，盜賊有所勸，亡逃者得輕資也。粟米布帛生於地，長於時，聚於力，非可一日成也。數石之重，中人勿勝，不爲姦邪所利。一日弗得而饑寒至。是故明君貴五穀而賤金玉。

這也是重農抑商政策的一個理由。他們根本上不願人民『輕去其鄉』，更不願商人『千里游敖，冠蓋相望，乘堅策肥，履絲曳縞。』他們根本上就不要一個商業發達的社會。所以他們處處想用法律壓迫商人，不准商人『衣錦繡綺縠絺紵罽，操兵（兵是兵器），乘騎馬』（高祖本紀八年，）不准市井子弟做官（食貨志）。哀帝時孔光等議限田奏中有『賈人皆不得名田爲吏』，這不但要禁止商人爲吏，還要禁止他們買田了！

這種種政策和他們背後的經濟思想，都只是不承認那自然產生的私產制度的新社會，而要想用法律政治來矯正這個自然變遷，來壓制商人，來『使民務農』。這種干涉政策有什麼效果呢？我們可讓鼂錯自己回答：

今法律賤商人，商人已富貴矣。尊農夫，農夫已貧賤矣。故俗之所貴，主之所賤也。吏之所卑，法之所尊也。

干涉政策的成效如此，而干涉之論仍日出不窮。故重農抑商，均田均產，二千年中繼續爲儒生的正統經濟思想。（「司馬遷替商人辯護」一）

稅

在平浦的火車裏，史丹巴先生和我談了許多話，其中有一段話我最不能忘記。他說：『先生，中國有一個最大的危險，有一件最不公道的罪惡，是全世界文明國家所決不容許的。中國整個政府的負擔，無論是中央或地方政府，全都負擔在那絕大多數的貧苦農民的肩背上；而有資產的階級差不多全沒有納稅的負擔。越有錢，越可以不納稅；越沒錢，納稅越重。這是全世界沒有的絕大不公平。這樣的國家是時時刻刻可以崩潰的。』

史丹巴先生悲憤的指出的罪惡，是值得我們深刻的慚愧，誠懇的懺悔，勇猛的補救的。我們的賦稅制度實在是太不公道了。抽稅的輕重應該是依據納稅的能力的大小，而我們的賦稅却是依據避稅的本領的大小；有力抗稅則無稅，有法嫁稅則無稅，而無力抗稅又無法嫁稅的農民則賦稅特別煩重。不但錢糧票附加到幾倍或幾十倍，小百姓挑一擔菜進城，趕一隻猪上市，甚至於裝一船糞過河，都得納重稅。而社會上最有經濟能力的階級，除了輕微到不覺得的間接稅之外，可以說是完全不用納稅。在許多地方，土豪劣紳不但不用納稅，還可以包庇別人不納稅，而他們抽分包庇的利益。都市裏有錢有勢的人們，連房捐都可以不納，收稅機關也不敢過問。所得稅辦到今天，還只限於官吏和公立學校的教員；而都市商家，公司銀行，每年公佈鉅大贏餘，每年公然分俵紅利，國家從不能抽他一個錢的所得稅。國家財政所靠的三五項大宗收入，關稅，鹽稅，田稅，統稅，其最大負擔都壓在那百分之九十幾的貧苦農民身上。人民吃不起鹽了，窮到刨削地土上的硝鹽，又還要犯罪受罰！

這種情形眞是一個文明國家不能容許的。所以我的第一個新年夢想是夢想在這個新年裏可以看見中國賦稅制度的轉變，從間接稅轉變到注意直接稅，從貧民負擔轉變到依納稅能力級進的公開原則。遺產稅是應該舉辦的；所得稅應該從速推進到一切有營利可以稽查的營業。（「新年的夢想」）

家族

吾常語美洲人士以爲吾國家族制度，子婦有養親之責，父母衰老，有所倚依，此法遠勝此邦個人主義之但以養成自助之能力，而對於家庭不負養贍之責也；至今思之，吾國之家族制，實亦有大害，以其養成一種依賴性也。吾國家庭，父母視子婦如一種養老存款（Old age pension），以爲子婦必須養親，此一種依賴性也。子婦視父母遺產爲固有，此又一依賴性也。甚至兄弟相倚依，以爲兄弟有相助之責。再甚至一族一黨，三親六戚，無不相倚依。一人成佛，一族飛昇，一子成名，六親聚噉之，如蟻之附骨，不以爲恥而以爲當然，此何等奴性！眞亡國之根也！夫子婦之養親，孝也，父母責子婦以必養，則依賴之習成矣；西方人之稍有獨立思想者，不屑爲也。吾見有此邦人，年五六十歲，猶自食其力，雖有子婦能贍養之，亦不欲受也，恥受養於人也。父母尙爾，而況親族乎？雜誌記敎皇Pius第十世（今之敎皇）之二妹居於敎皇宮之側，居屋甚卑隘，出門皆不戴帽，與貧女無別，皆不識字。夫身爲敎皇之尊，而其妹猶食貧如此。今敎皇有老姊，嘗病，敎皇躬侍其病。報記其姊弟恩愛，殊令人興起，則其人非寡恩者也。蓋西方人自立之心，故不欲因人熱耳。讀之有感，記之。

吾國陋俗，一子得官，追封數世，此與世襲爵位同一無理也。吾頃與許怡蓀書，亦中此意。又言吾國之家族制，實亦一種個人主義。西人之個人主義以個人爲單位，吾國之個人主義則以家族爲單位，其實一也。吾國之家庭對於社會，儼若一敵國然，曰揚名也，曰顯親也，曰光前裕後也，皆自私自利之說也；顧其所私利者，爲一家而非一己耳。西方之個人主義，猶養成一種獨立之人格，自助之能力，若吾國『家族的個人主義』，則私利於外，依賴於內，吾未見其善於彼也。

頃見幸湯生所作中國民族之精神一論，引梁敦彥事，謂梁之欲做官戴紅頂子者，欲以悅其老母之心耳。（The Chinese Rev vol. I, No. 1, p. 28.）此即毛義捧檄而喜之意。毛義不惜自下其人格以博其母之一歡，是也；然懸顯親爲鵠，則非也，則私利也。（「胡適留學日記」）

擇耦之道

夜過同居之法學助教卜葛特先生處小坐，談及婚姻問題，先生曾聽余演說中國婚姻制度而善之。先生亦以爲西國婚制擇耦殊非易事，費時，費力，費財，而『意中人』（The ideal woman）終不可遽得，久之終不得勉强遷就（Compromise）而求其次也。先生謂此邦女子智識程度殊不甚高，即以大學女生而論，其眞能有高尙智識，談辯時能啓發心思者，眞不可多得。若以『智識平等』爲求耦之準則，則吾人終身鰥居無疑矣。實則擇婦之道，除智識外，尙有多數問題，如身體之健康，容貌之不陋惡，性行之不乖戾，皆不可不注意，未可獨重智識一方面也。智識上之伴侶，不可得之家庭，猶可得之於友朋。此吾所以不反對吾之婚事也。以吾所見此間人士家庭，其眞能夫婦智識相匹者，雖大學名教師中亦不可多得。友輩中擇耦，恆不喜其所謂『博士派』（Ph. D. Type）之女子，以其學問太多也。此則未免矯枉過直。其『博士派』之女子，大抵年皆稍長，然亦未嘗不可爲良妻賢母耳。

（「胡適留學日記」）

處家

韋蓮司女士語余曰：『若吾人所持見解與家人父母所持見解扞格不入，則吾人當容忍遷就以求相安乎？抑將各行其是，雖至於決裂破壞而弗恤乎？』此問題乃人生第一重要問題，非一言所能盡，余細思之，可得二種解決：

余東方人也，則先言東方人之見解。昔毛義有母在，受徵辟，捧檄而喜。其喜也，爲母故也。母卒，即棄官去。義本不欲仕，乃爲母屈耳。此東方人之見解也。吾名之曰『爲人的容忍』（Altruistic Toleration）。推此意也，則父母所信仰（宗教之類），子女雖不以爲然，而有時或不忍拂愛之者之意，則容忍遷就，甘心爲愛我者屈可也。父母老矣，一旦遽失其所信仰，如失其所依歸，其痛苦何可勝算？人至暮年，不易改其見解，不如吾輩少年人之可以新信仰易舊信仰也。其容忍也，出於體恤愛我者之心理，故曰『爲人的容忍。』

次請言西方近世之說，其說曰：『凡百責任，以對一己之責任爲最先。對一己不可不誠。吾所謂是，則是之，則篤信而力行之，不可爲人屈。眞理一而已，不容調護遷就，何可爲他人之故而强信所不信，强行所不欲行乎？』此『不容忍』之說也。其所根據，亦並非自私之心，實亦爲人者也。蓋人類進化，全賴個人之自藎。思想之進化，則有獨立思想者之功也。政治之進化，則維新革命者之功也。若人人爲他人之故而自遏其思想言行之獨立自由，則人類萬無進化之日矣。（彌爾之羣己權界論倡此說最力，伊卜生之名劇玩物之家亦寫此意也）。

吾於家庭之事，則從東方人，於社會國家政治之見解，則從西方人。（「胡適留學日記」）

無後

前記倍根論『無後』語，因憶左傳叔孫豹答范宣子語，記之：

（襄二十四年）穆叔如晉，范宣子逆之，問曰：『古人有言曰，「死而不朽」，何謂也』？穆叔未對。宣子曰：『昔匄之祖，自虞以上爲陶唐氏，在夏爲御龍氏，在商爲豕韋氏，在周爲唐杜氏，晉主夏盟爲范氏，其是之謂乎？』穆叔曰：『以豹所聞，此之謂世祿，非不朽也。魯有先大夫曰臧文仲，旣沒，其言立，其是之謂乎？豹聞之，太上有立德。其次有立功，其次有立言，雖久不廢，此之謂不朽。若夫保姓受命，以守宗祊，世不絕祀，無國無之，祿之大者，不可謂不朽。

立德，立功，立言，皆所謂無後之後也。釋迦孔子老子耶穌皆不賴子孫傳後。華盛頓無子，而美人尊爲國父，則擧國皆其子孫也。李白杜甫裴倫鄧耐生，其著作皆足傳後。有後無後，何所損益乎？（「胡適留學日記」）

「無後爲大」的流弊

孟子曰：『不孝有三無後爲大』吾國家族制度以嗣續爲中堅其流弊之大者有六：

（一）望嗣續之心切，故不以多妻爲非。男子四十無後可以娶妾，人不以爲非，卽其妻亦不以爲忤。故嗣續爲多妻之正當理由。其弊一。（其以多妻爲縱欲之計者，其非人道尤不足論，士夫亦有知非之者矣）。

（二）父母欲早抱孫故多早婚。其弊二。

（三）惟其以無後爲憂也，故子孫以多爲貴，故生產無節。其弊三。

（四）其所望者不欲得女而欲得男，故女子之地位益卑。其弊四。

（五）父母之望子也，以爲養老計也，故諺曰，『生兒防老』。及其既得子矣既成人矣，父母自視老矣，可以息肩矣，可以坐而待養矣。故吾國中人以上之家，人至五十歲，卽無志世事，西方人勤勞之時代，平均至六十五歲始已。吾國人則五十歲已退休，其爲社會之損失，何可勝算？其弊五。

（六）父母養子而待養於子，養成一種牢不可拔之倚賴性。其弊六。（「胡適留學日記」）

家　庭

友人羅賓生（Fred Robinson）之妻兄金君（F. King）邀余餐其家。金君有子女各三人，兩女老而不字，其已婚之子女皆居附近村中，時時歸省父母。今日星期，兩老女皆在，其一子率其妻及兩孫女歸省，羅君及其妻亦在，天倫之樂盎然，令人生妬。余謂吾國子婦與父母同居以養父母，與西方子婦婚後遠出另起家庭，不復問父母，兩者皆極端也，過猶不及也。吾國之弊，在於姑婦妯娌之不能相安，又在於養成倚賴性（參看卷四第三五則）；西方之弊（美國尤甚），在於疏棄父母：皆非也。執中之法，在於子婦婚後，卽與父母析居而不遠去，時相往來，如金君之家，是其例也。如是則家庭之齟齬不易生，而子婦與父母皆保存其自立之性，且親子之間亦不致疏棄矣。

古人夫婦相敬如賓，傳爲美談。夫婦之間，尚以相敬爲難爲美；一家之中，父母之於子，舅姑之於婦，及姑嫂妯娌之間，皆宜以『相敬如賓』爲尚，明矣。家人婦子同居一家，『敬』字最難；不敬，則口角是非生焉矣。析居析產，所以重個人之人格也，俾不得以太親近而生狎慢之心焉。而不遠去，又不欲其過疏也，俾時得定省父母，以慰其遲暮之懷，有疾病死亡，又可相助也。（「胡適留學日記」）

中國婚制

數日前余演說吾國婚制之得失，余爲吾國舊俗辨護，略云：吾國舊婚制實能尊重女子之人格。女子不必自己向擇耦市場求炫賣，亦不必求工媚人悅人之術。其有天然缺陷不能取悅于人，或不甘媚人者，皆有相當配耦。人或疑此種婚姻必無愛情可言，此殊不然。西方婚姻之愛情是自造的（Self-made），中國婚姻之愛情是名分所造的（Duty-made）。訂婚之後，女子對未婚夫自有特殊柔情。故偶聞人提及其人姓名，伊必面赤害羞；聞人道其行事，伊必傾耳竊聽；聞其有不幸事，則伊必爲之悲傷；聞其得意，則必爲之稱喜。男子對其未婚妻，亦然。及結婚時，夫妻皆知其有相愛之義務，故往往能互相體恤，互相體貼，以求相愛。向之基於想像，根于名分者，今爲實際之需要，亦往往能長成爲眞實之愛情。（「胡適留學日記」）

中國女子地位

忽念吾國女子所處地位，實高於西方女子。吾國顧全女子之廉恥名節，不令以婚姻之事自累，皆由父母主之。男子生而爲之室，女子生而爲之家。女子無須以婚姻之故自獻其身於社會交際之中，僕僕焉自求其耦，所以重女子之人格也。西方則不然，女子長成卽以求耦爲事，父母乃令習音樂，嫻蹈舞，然後令出而與男子周旋。其能取悅于男子，或能以術驅男子入其彀中者乃先得耦。其木強樸訥，或不甘自辱以媚人者，乃終其身不字爲老女。是故，墮女子之人格，驅之使自獻其身以釣取男子之歡心者，西方婚姻自由之罪也。

此論或過激，然自信不爲無據，覘國於其精微者，當不斥爲頑固守舊也。（「胡適留學日記」）

女子教育

吾自識吾友韋女士以來，生平對於女子之見解爲之大變，對於男女交際之關係亦爲之大變。女子教育，吾向所深信者也。惟昔所注意，乃在爲國人造良妻賢母以爲家庭教育之預備，今始知女子教育之最上目的，乃在造成一種能自由能獨立之女子。國有能自由獨立之女子，然後可以增進其國人之道德，高尚其人格。蓋女子有一種感化力，善用之可以振衰起懦，可以化民成俗，愛國者不可不知所以保存發揚之，不可不知所以因勢利用之。（「胡適留學日記」）

女子作品

三百年中有兩千三百多女子作家，不可算少了。但仔細分析起來，學術的作品不上千分之五；而詩詞之中，絕大多數都是不痛不癢的作品，很少是本身有文學價値的。這是多麼可憐的事實！

我們因此可以知道『無心插柳』，有時也可以成陰，但種瓜得瓜，種豆得豆，終是不可逃的定理。不肯教育女子，女子終不能有大成就；不許女子有學問，女子自然沒有學術上的成績可說；不許女子說眞話，寫眞情，女子的作品自然只成爲不痛不癢的閨閣文藝而已。（「三百年中的女作家」）

兩面標準

李汝珍又在一個很奇怪的背景裏，提出一個很重大的婦女問題：他在兩面國的强盗山寨裏，提出男女貞操的『兩面標準』（Double standard）的問題。兩面國的人，『個個頭戴浩然巾，都把腦後遮住，只露一張正面；』那浩然巾的底下却另『藏着一張惡臉，鼠眼鷹鼻，滿面横肉。』（第二十五回。）他們見了穿綢衫的人，也會『和顏悅色，滿面謙恭』；見了穿破布衫的人，便『陡然變了樣子，臉上的笑容也收了，謙恭也免了。』（第二十五回。）這就是一種『兩面標準』。然而最慘酷的『兩面標準』却在男女貞操問題的裏面。男子期望妻子守貞操，而自己却可以納妾嫖娼；男子多妻是禮法許可的，而婦人多夫却是絕大罪惡；婦人和別的男子有愛情，自己的丈夫若寬恕了他們，社會上便給他『烏龜』的尊號；然而丈夫納妾，妻子却『應該』寬恕不妬，妬是婦人的惡德，社會上便要給他『妬婦』『母夜叉』等等尊號。這叫做『兩面標準的貞操』。在中國古史上，這個問題也曾有人提起，例如謝安的丈人說的『周婆制禮』和李汝珍同時的大學者兪正燮，也曾指出『妬非婦人惡德』。但三千年的議禮的大家，沒有一個人能有李汝珍那樣明白爽快的。鏡花緣第五十一回裏，那兩面國的强盗想收唐閨臣等作妾，因此觸動了他的押寨夫人的大怒。這位夫人把他的丈夫打了四十大板，還數他的罪狀道：

既如此，爲何一心只想討妾？假如我要討個男妾，日日把你冷淡，你可歡喜？你們作男子的，在貧賤時，原也講些倫常之道。一經轉到富貴場中，就生出許多炎涼樣子，把本來面目都忘了；不獨疏親慢友，種種驕傲，並將糟糠之情也置度外。這眞是强盜行爲，已該碎屍萬段。你還只想置妾，那裏有個忠恕之道？我不打你別的：我只打你只知有己不知有人。把你打的驕傲全無，心裏冒出一個忠恕來，我纔甘心。今日打過，嗣後我也不來管你。總而言之，你不討妾則已，若要討妾，必須替我先討男妾，我纔依哩。我這男妾，古人叫作『面首』。面哩，取其貌美；首哩，取其髮美。這個故典，並非是我杜撰，自古就有了。

讀者應該記得，這一大段訓詞是對着那兩面國的强盜說的。在李汝珍的眼裏，凡一切『只知有己，不知有人』的男子，都是强盜，都是兩面國的强盜，都應該『碎屍萬段』，都應該被他們的夫人『打的驕傲全無，心裏冒出一點忠恕來』。什麼叫做『忠恕之道』？推己及人，用一個單純的貞操標準：男所不欲，勿施於女；所惡於妻，毋以取於夫：這叫做『忠恕之道』！（「鏡花緣的引論」）

怕老婆故事

我有很多日本朋友，他們的幽默感使我深感興趣。可是，我還是要說，我收集國際怕老婆的故事，始終沒有得到他們的幫助。再到顯光兄收的堆裏去找也沒有，大使這本集子裏既然提到了我日本沒有怕老婆故事的批評，他寫的那節「野蠻風俗」故事，又跟我一九五三年在日本外務大臣岡崎勝男招宴席上說的那段故事大有出入，我現在就把我當時發表收集怕老婆的故事的政治意義，連同這故事本身，一併自己來說一說吧。

先從我收集這些故事說起。我在一九四二年就開始收集有關怕老婆的各國語文的故事，笑話和漫畫。我常常告訴朋友們說：「你在這個收藏裏面可以找到了解國際大問題的鑰匙，大到和戰問題也不會例外。你瞧吧：我這裏有幾百隻中國的怕老婆故事，可是沒有一只從日本來的。美國、英國、斯干狄那維亞的這種故事也有幾百只（麥克馬納斯的「帶大父親」McManus's Bringingup Father 我只採用了幾只），可是沒有一只從德國來的。倘然我們做一個結論說，人類中間這一種怕老婆的低級種子，祇能在民主國家裏繁殖，不會產生在極權國家的土壤上，或者還不會錯吧？」

到了一九四三年，我的收藏格外豐富了，我又向朋友們說道：「這裏又有很多意大利怕老婆的故事，這中間瑪吉亞維利 Machiavelli 寫的那一只可以算是我全部收藏裏面最好的一只。我眞要相信，意大利既然編入了怕老婆國家的一欄裏，恐怕它擠在軸心國家邊上不會感覺到愉快的吧。」意大利就在這一年的九月八日投降了。（「『日本的幽默』序」）

姨太太

有個朋友從廬山回來，說起牯嶺的路上有林主席捐造的石磴子上刻着「有姨太太的不許坐」八個字。這個故事頗使許多人感覺好笑。有人說：「我若有姨太太，偏要坐坐看，有誰能站在旁邊禁止我坐？」其實這也是林森先生的聰明過人處。你有姨太太，你儘管去坐，決沒有警察干涉你。不過你坐下去了，心裏總有點不舒服。林先生刻石的意思，也不過要你感覺到這一點不舒服罷了。他若大吹大擂的發起一個「不納妾」的新生活運動，那就够不上做一個無爲主義的政治家了。（「國府主席林森先生」）

我們怎樣待小孩子

從生產說起。我們到今天還把生小孩看作最汚穢的事，把產婦的血汚看作最不淨的穢物。血汚一沖，神仙也會跌下雲頭！這大概是野蠻時代遺傳下來的迷信。但這種迷信至今還使絕大多數的人民避忌產小孩的事，所以『接生』的事至今還在絕無知識的產婆的手裏，手術不精，工具不備，消毒的方法全不講究，救急的醫藥全不知道。順利的生產有時還不免危險，稍有危難的證候便是有百死而無一生。

生下來了，小孩子的衞生又從來不講究。小孩總是跟着母親睡，哭時便用奶頭塞住嘴，再哭時便搖他，再哭時便打他。飲食從沒有分量，疾病從不知隔離。有病時只會拜神許願，求仙方、叫魂、壓邪。中國小孩的長大全是靠天，只是徼幸長大，全不是人事之功。

學堂磨折死的，也有得神經病終身的。

這是我們怎樣待小孩子！（「慈幼的問題」）

感謝帝國主義者

我們深深感謝帝國主義者，把我們從這種黑暗的迷夢裏驚醒起來。我們焚香頂禮感謝基督教的傳教士帶來了一點點西方新文明和新人道主義，叫我們知道我們這樣待小孩子是殘忍的、慘酷的、不人道的、野蠻的。我們十分感謝這班所謂『文化侵略者』提倡『天足會』『不纏足會』，開設新學堂、開設醫院、開設婦嬰醫院。

我們用現在的眼光來看他們的工作，他們的學堂不算好學堂，他們的醫院也不算好醫院。但是他們是中國新教育的先鋒，他們是中國『慈幼運動』的開拓者，他們當年的缺陷，是我們應該原諒寬恕的。（「慈幼的問題」）

慈幼問題

我以爲慈幼事業在今日有這些問題：

（1）產科醫院和『巡行產科護士』（Visting nurses）的提倡。產科醫院的設立應該作爲每縣每市的建設事業的最緊急部分，這是毫無可疑的。但歐、美的經驗使我們知道下等社會的婦女對於醫院往往不肯信任，她們總不肯相信醫院是爲她們貧人設的，她們對於產科醫院尤其懷疑畏縮。所以有『巡行護士』的法子，每一區區域內有若干護士到人家去訪問視察，得到孕婦的好感，解釋她們的懷疑，幫助她們解除困難，指點她們講究衛生。這是慈幼事業的根本要着。

（2）兒童衛生固然重要，但兒童衛生只是公共衛生的一個部分。提倡公共衛生卽是增進兒童衛生。公共衛生不完備，在蚊子蒼蠅成羣的空氣裏，在臭水溝和垃圾堆的環境裏，在濃痰滿地病菌飛揚的空氣裏，而空談慈幼運動，豈不是一個大笑話？

（3）女子纏足的風氣在內地還不曾完全消滅，這也是慈幼運動應該努力的一個方向。

（4）慈幼運動的中心問題是養成有現代知識訓練的母親。母親不能慈幼，或不知怎樣慈幼則一切慈幼運動都無是處。現在的女子教育似乎很忽略這一方面，故受過中等教育的女子往往不知道怎樣養育孩子。上月西湖博覽會的衛生館有一間房子牆上陳列許多產科衛生的圖畫，和傳染病的圖畫。我看見一些女學生進來參觀，她們見了這種圖畫往往掩面飛跑而過。這是很可惜的。女子教育的目的固然是要養成能獨立的『人』，同時也不能不養成做妻做母的知識。從前昏謬的聖賢說，『未有學養子而後嫁者也』。現在我們正要個個女子先學養子，學敎子，學怎樣保衛兒童的衛生，然後談戀愛，擇伴侶。故慈幼運動應該注重（甲）女學的擴充，（乙）女子教育的改善。

（5）兒童的教育應該根據於兒童生理和心理。這是慈幼運動的一個基本原則。向來的學堂完全違背兒童心理，只敎兒童唸死書，下死勁。近年的小學全用國語教課，減少課堂工作，增加遊戲運動，固然是一大進步。但我知道各地至今還有許多小學校不肯用國語課本，或用國語課本另加古文課本；甚至於强迫兒童在小學二三年級作文言文，這是明明違背民國十一年以來的新學制，並且根本不合兒童的生理和心理。慈幼的意義是改善兒童的待遇，提高兒童的幸福。這種不合兒童生理和心理的學校，便是慈幼運動的大仇敵，因爲他們的行爲便是虐待兒童，增加學校生活的苦痛。他們所以敢於如此，只因爲社會上許多報紙和政府的一切法令公文都還是用死文字做的，一般父兄恐怕兒女不懂古文將來謀生困難，故一些學校便迎合這種父兄心理，加添文言課本，強迫作文言文。故慈幼運動在這個時候一面應該調查各地小學課程，禁止小學校用文言課本或用文言作文；一面還應該爲減少兒童痛苦起見，努力提倡國語運動，請中央及各地方政府把一切法令公文改成國語，使頑固的父兄教員無所藉口。這是慈幼運動在今日最應該做而又最容易做的事業。（「慈幼的問題」）

教育·知識人

好人

努力第二期登出「我們的政治主張」，是十六個人簽名的，蔡元培、王寵惠、羅文幹三位先生領銜，在君和我簽在最後。這篇「政治主張」在當時曾引起不少的討論，內容大致如下：（一）政治改革應該有一個人人都能了解的目標。國內優秀分子，無論他們理想中的政治組織是什麼，現在都應該平心降格的公認「好政府」一個目標，作爲現在改革中國政治的最低限度的要求。（二）「好政府」的至少涵義是：在消極方面，要有正當的機關可以監督防止一切營私舞弊的官吏；在積極方面，第一要充分運用政治的機關爲社會全體謀充分的福利，第二要充分容納個人的自由，愛護個性的發展。（三）對今後的政治改革，我們有三個基本的要求：（1）一個憲政的政府，（2）一個公開的政府，包括財政的公開與公開考試的用人等等，（3）一種有計劃的政治。（四）政治改革的第一步下手工夫是自命「好人」的人須要有奮鬪的精神，出來和惡勢力作戰。「好人籠着手，惡人背着走。」「罪魁禍首的好人現在可以起來了！做好人是不够的，須要做奮鬪的好人；消極的輿論是不够的，須要有決戰的輿論。」（五）我們對於當前問題的意見：（1）要求一個公開的，代表民意的南北和會，早日正式解決南北分裂的問題。（2）我們深信南北沒有不可和解的問題。對於南北議和的條件，我們要求（甲）南北協商召集民國六年解散的國會，（乙）和會應責成國會尅期完成憲法，（丙）和會應該協商裁兵，（丁）和會一切會議都應該公開，（3）我們對於裁兵的問題，主張四點，其中一項「

裁廢虛額，缺額不補」，是在君主張最力的。（4）我們提出一個「裁官」的辦法，並主張參酌各國文官考試法，規定「考試任官」與「非考試任官」的範圍與升遷辦法；凡屬於「考試任官」的，非經考試，不得委任。（5）對於現行的選擧制度，我們主張廢除複選制，採用直接選擧制，並嚴定選擧舞弊的法律。（6）對於財政問題，我們主張「澈底的會計公開」，「根據國家的收入，統籌國家的支出。」

這個「我們的政治主張」是民國十一年五月十四日發表的。我把這篇宣言的內容摘抄在丁在君的傳記裏，因爲我想借這個綱領來表示在君和他的朋友們對於政治的根本態度和幾項比較具體的主張。我們的根本態度是要國中的優秀分子「平心降格的公認『好政府』一個目標，作爲現在改革中國政治的最低限度的要求」。而下手的第一步是要求國中自命「好人」的人們出來批評政治，干預政治，改革政治。（「丁文江的傳記」）

亂世的飯桶

在蔣夢麟先生領導之下的「新北大」是九月十四日開學的。開學後的第四天就是「九一八」！那天晚上我們還不知道瀋陽的事變。第二天早晨，我們才知道昨夜十點鐘，日本軍隊砲攻瀋陽，佔領全城，中國軍隊沒有抵抗。那天我的日記有這一條：

「此事之來久在意中。八月初我與在君都顧慮到此一著。……」

在君在四年之後（民國廿四年一月二十七日）寫的「再論民治與獨裁」一篇文章裏，有這一段記載：

「……二十年十一月，胡適之先生寫了一封長信給宋子文先生，主張及早和日本人交涉。我告許他道：『我是贊成你的主張的。可是國民黨的首領就是贊成，也不敢做，不能做的。因爲他們的專政是假的。』……」

我引這兩段文字，略表示在君和我在那個時期對於當前的局勢的看法。

總而言之，大火已燒起來了，國難已臨頭了。我們平時夢想的「學術救國」、「科學建國」、「文藝復興」，等等工作，眼看見都要被毁滅了。在君在幾年前曾很感慨的對我說：「從前許劭說曹操可以做『治世之能臣，亂世之奸雄』。我們這班人恐怕只是『治世之能臣，亂世之飯桶』罷！」我們這些「亂世的飯桶」在這烘烘熱燄裏能够幹些什麼呢？（「丁文江的傳記」）

新文化運動

五四不是一件孤立的事。五四之前，有蔡元培校長領導之下的北京大學教授與學生出版的「新青年」「新潮」「每週評論」所提倡的文學革命，思想自由，政治民主的運動。五四之後，有全國智識青年熱烈參預的新文藝運動，和各種新的政治活動。

孫中山先生在民國九年一月二十九日寫信給海外同志，曾有這一段議論：

自北京大學學生發生五四運動以來，一般愛國青年無不以新思想爲將來革新事業之預備，於是蓬蓬勃勃，發抒言論，國內各界輿論一致同倡。各界新出版物爲熱心青年所舉辦者，紛紛應時而出，揚葩吐豔，各極其致。社會遂蒙絕大之影響。雖以頑劣之僞政府，猶且不敢攖其鋒。此種新文化運動在我國今日誠思想界空前之大變動。推原其始，不過由於出版界一二覺悟者從事提倡，遂至輿論界放大異彩，學潮瀰漫全國，人皆激發天良，誓死爲愛國之運動。倘能繼長增高，其將來收效之偉大且久遠者，可無疑也。吾黨欲收革命之成功，必有賴於思想之變化。兵法攻心，語曰革心，皆此之故。故此種新文化運動實爲最有價值之事。

中山先生這一番議論，寫在「五四」之後的第八個月，最可以表示當時一位深思遠慮的政治家對於五四運動的前因後果的公平估價。他說的「出版界一二覺悟者從事提倡」就是指「新青年」「新潮」幾個刋物。他說的「學潮瀰漫全國，人皆誓死爲愛國之運動」，「雖以頑劣之僞政府猶且不敢攖其鋒」就是指五四運動的本身。他說的「一般愛國青年，蓬蓬勃勃，發抒言論；各種新出版物紛紛應時而出，揚葩吐豔，各極其致」，就是指五四以後各種新文藝，新思潮的刋物。（據當時的統計，民國八九年間，全國各地的白話新期刊至少有四百種之多。）中山先生把當時的各種潮流綜合起來，叫做「新文化運動」，他承認「此種新文化運動在我國今日誠思想界空前之大變動」，「實爲最有價值之事」。

孫中山先生的評判是很正確，很平允的，五四運動在兩個月之中，轟動了全國的青年，解放了全

國青年的思想，把白話文變成了全國青年達意表情的新工具，使多數青年感覺用文字來自解發表思想感情不是一件困難的事。不是極少數古文家專利的事。經過了這次轟動全國青年的大由放，方才有中山先生所贊歎的「思想界空前之大變動」。這是五四運動永久的歷史意義。

中山先生是個革命領袖，所以他最能了解這個「思想界空前之大變動」在革命事業上的重要性。他對他的同志們說：「吾黨欲收革命之成功必有賴於思想之變化。」

我們在二十八年後紀念五四，也不能不仔細想想我們今日是否已「收革命之成功」，是否還「必有賴於思想之變化」。（「『五四』的第二十八週年」）

思想的變化

最後，我們要引孫中山先生評論「五四」的話來做這篇紀念文字的結論。孫中山先生說：

自北京大學學生發生五四運動以來，一般愛國青年無不以新思想爲將來革新事業之預備，於是蓬蓬勃勃，發抒言論，國內各界輿論一致同倡。各種新出版物爲熱心青年所舉辦者，紛紛應時而出，揚葩吐豔，各極其致，社會遂蒙絕大的影響。雖以頑劣之僞政府，猶且不敢攖其鋒。此種新文化運動在我國今日誠思想界空前之大變動。推原其始，不過由於出版界一二覺悟者從事提倡，遂至輿論放大異彩，學潮瀰漫全國，人皆激發天良，誓死爲愛國之運動。倘能繼長增高，其將來收效之偉大且久遠者，可無疑也。吾黨欲收革命之成功，必有賴於思想之變化，兵法攻心，語曰革心，皆此之故。故此種新文化運動實爲最有價值之事。（九年一月二十九日，與海外同志書。）

中山先生的話是「五四」之後七個多月寫的。他的評判，我們認爲很公允。他的結論「吾黨欲收革命之成功，必有賴於思想之變化」，這是不可磨滅的名言。我們在這紀念「五四」的日子，不可不細細想想今日是否還是「必有賴於思想的變化」，因爲當年若沒有思想的變化，決不會有「五四運動」。（「紀念『五四』」）

北大干政

這樣熱烈的慶祝協約國的勝利，難道蔡先生和我們眞相信「公理戰勝强權」了嗎？現在回想起來，我們在當時都不免有點「借他人之酒杯，澆自己之塊磊」。我們大家都不滿意於國內的政治和國際的現狀，都渴望起一種變化，都渴望有一個推動現況的機會。那年十一月的世界狂熱，我們認作一個世界大變局的起點，也想抓住它作爲推動中國社會政治的起點，同時我們也不免都受了威爾遜大總統的「十四原則」的麻醉，也都期望這個新世界可以使民主政治過平安日子。蔡先生最熱心，也最樂觀，他在那演說大會上演說「黑暗與光明的消長」（蔡先生言行錄頁八四——九十），他說：

我們爲什麼開這個演說大會？因爲大學教員的責任並不是專教幾個學生，更要設法給人人都受一點教育。在外國叫做平民大學。這一回的演說大會就是我國平民大學的起點。

這幾句話可以顯出蔡老先生的偉大精神。這是他第一次借機會把北京大學的使命擴大到研究學術的範圍以外。他老人家忍了兩年，此時他眞忍不住了！他說：

但我們的演說大會何以開在這個時候呢？現在正是協約國戰勝德國的消息傳來，北京的人都高興的了不得。請教爲什麼要這樣高興？

諸君不記得波斯拜火教嗎？他用黑暗來比一切有害於人類的事，用光明來比一切有益於人類的事。所以說世界上有黑暗的神與光明的神相鬪，光明必佔勝利。這眞是世界進化的狀態。……距今一百三十年前的法國大革命，把國內政治上一切不平等的黑暗主義都消滅了。現在世界大戰的結束，協約國佔了勝利，定要把國際間一切不平等的黑暗主義都消滅了，另用光明主義來代他。

第一是黑暗的强權論消滅，光明的互助論發展。

第二是陰謀派消滅，正義派發展。

第三是武斷（獨裁）主義消滅，平民主義發展。

第四是種族偏見消滅，大同主義發展。

我們在十六七年後回頭重讀這篇偉大的演說，我們不承認蔡先生的樂觀完全失敗了。但我們不要忘記：第一、蔡先生當日的樂觀是根據於他的哲學信仰上的樂觀，他是誠意的信仰互助論必能戰勝强權論的，所以他的樂觀是有熱力的，能感動人的。第二、他的樂觀是當日（七年十一月）全世界渴望光明的人們同心一致的樂觀，那「普天同慶」的樂觀是有感動人的熱力與傳染性的。這種樂觀是民國八年以後中國忽然呈現生氣的一個根苗，而蔡先生就是那散佈根苗的偉大領袖。若沒有那種樂觀，青年不會有信心，也決不會有「五四」「六三」的壯烈運動起來。「五四」的事件固然是因爲四月底巴黎和會的惡消息傳來，威爾遜總統的理想主義完全被現實政治的妥協主義打消了，大家都深刻的感覺那六個月的樂觀的幻滅。然而正因爲有了那六個月的樂觀與奢望，所以那四五月間的大失望纔能引起有熱力的反動。況且我們看那幾千學生五月四日在美國使館門口高喊着「大美國萬歲！威爾遜大總統萬歲！大中華民國萬歲！世界永久和平萬歲！」我們不能不承認那引起全世界人類樂觀的威爾遜主義在當日確是「五四」運動的一種原動力。蔡先生和當日的幾個開明的政治家（如林長民汪大燮）都是宣傳威爾遜主義最出力的人。

蔡先生這篇演說的結語也是最値得注意的。他說：

世界的大勢已到這個程度，我們不能逃出這個世界以外，自然隨大勢而趨了。我希望國內持强權論的，崇拜武斷（獨裁）主義的，好弄陰謀的，執着偏見想用一派勢力統治全國的，都快快抛棄了這種黑暗主義，向光明方面去呵！

這是很明顯的向當日的黑暗政治勢力公開宣戰了！從這一天起，北京大學就走上了干涉政治的路子，蔡先生帶着我們都不能脫離政治的努力了。（「紀念『五四』」）

學生干政

五四運動爲一種事實上的表現，證明歷史上的一大原則，亦可名之曰歷史上的一個公式。什麼公式呢？

「凡在變態的社會與國家內，政治太腐敗了，而無代表民意機關存在着；那末，干涉政治的責任，必定落在青年學生身上了。」

這是一個最正確的公式，古今中外，莫能例外。試觀中國的歷史，東漢末年，宦官跋扈，政治腐敗，朝廷上又無代表民意的機關，於是有太學學生三萬人，危言正論，不避豪强；其結果，終於造成黨錮之禍，牽連被捕死徙廢禁的，不下六七百人。又如北宋末年，金人南犯，欽宗引用奸人，罷免李綱以謝金人，政治腐敗，達於極點，於是有太學生陳東及都人數萬，到闕下請復用李綱，欽宗不得已，祇好允許了。又如清末「戊戌政變」，主動的人，卽是青年學生；革命起義，同盟會中人，又皆爲年青的學生；此爲中國歷史上的證據。又觀西洋歷史，中古時代，政治腐化，至於極點，創議改革者，卽爲少年學生；一八四八年，爲全歐革命的一年，主動的人皆爲一班少年學生，到處抛擲炸彈，開放手槍，有被執者，非遭死戮，卽被充軍，然其結果，仍不能壓倒熱烈的青年運動，亦唯此種熱烈青年運動，革命事業，纔有成功之一日。是以西洋歷史，又足證明上面所說的一個公式。

反轉來講，如果在常態的社會與國家內，國家政治，非常清明，且有各種代表民意的機關存在着；那末，青年學生，就無需干預政治了，政治的責任，就要落在一班中年人的身上去了。試觀英美二國的青年，他們所以發生興趣，祇是足球、籃球、棍球等等，比賽時候，各人興高采烈，狂乎歌曲；再不然，他們就去尋找幾個女朋友，往外面去跳舞，去看戲，享盡少年幸福。若有人和他們談起政治問題，他們必定不生興趣，他們所作的，只是少年人的事。他們之所以能够安心讀書，安心過少年幸福者，就因爲他們的政治，非常清明，他們的政治，有中年的人去負責任之故。故自反面立論，又足證實上面所講的歷史上的公式。

自從五四運動以來，中國的青年，對於社會和政治，總算不曾放棄責任，總是熱熱烈烈的與惡化掙扎；直到近來，因爲有些地方，過分一點，當局認爲不滿，因而喪掉生命的，屢覯不鮮。青年人的犧牲，實在太大了！他們非獨犧牲學業，犧牲精神，犧牲少年的幸福，連到他們自己的生命，一併犧牲在內了；而尤以二十五歲以下的青年學生，犧牲最大。例如前幾天報上揭載武漢地方，有二百餘共黨員，同時受戮，查其年齡，幾皆在二十五歲以下，且大多數爲青年女子。照人道講來，他們應該處處受社會的保障，他們的意志，尙未成熟，他們的行動，自己不負責任，故在外國，偶遇少年犯罪，法官另外優待，減刑一等，以示寬惠。中國的青年，如此犧牲，實在犧牲太大了！爲此之故，所以中國國民黨在第四次全體會議中所議決的中央宣傳部宣傳大綱內有一段，卽有禁止青年學生干預政治的表示。意謂年青學生，身體尙未發育完全，學問尙無根底，意志尙未成熟，干預政治，每易走入歧途，故以脫離政治運動爲妙。（「五四運動紀念」）

變態社會

社會若能保持一種水平線以上的清明，一切政治上鼓吹和設施，制度上的評判和革新，都應該有成年的人去料理；未成年的一代人，（學生時代的男女）應該有安心求學的權利，社會也用不着他們來做學校生活之外的活動。但是我們現在不幸生在這個變態的社會裏，沒有這種常態社會中人應該有的福氣；社會上許多事被一班成年的或老年的人弄壞了，別的階級又都不肯出來干涉糾正，於是這種干涉糾正的責任遂落在一般未成年的男女學生的肩膀上。這是變態的社會裏一種不可免的現象。現在有許多人說學生不應該干預政治，其實並不是學生自己要這樣幹，這都是社會和政府硬逼出來。如果社會國家的行爲沒有受學生干涉糾正的必要，如果學生能享受安心求學的幸福而不受外界的强烈的刺激和良心上的督責，他們又何必甘心抛了寶貴的光陰，冒着生命的危險，來做這種學生運動呢？

簡單一句話：在變態的社會國家裏面，政府太卑劣腐敗了，國民又沒有正式的糾正機關。（如代表民意的國會之類）那時候，干預政治的運動，一定是從青年的學生界發生的。漢末的太學生，宋代的太學生，明末的結社，戊戌政變以前的公車上書，辛亥以前的留學生革命黨，俄國從前的革命黨，德國革命前的學生運動，印度和朝鮮現在的運動，中國去年的五四運動與六三運動，都是同一個道理，都是有發生的理由的。

但是我們不要忘記：這種運動是非常的事，是變態的社會裏不得已的事，但是他又是很不經濟的不幸事。因爲是不得已，故他的發生是可以原諒的。因爲是很不經濟的不幸事，故這種運動是暫時不得已的救急的辦法，却不可長期存在的。

荒唐的中年老年人鬧下了亂子，却要未成年的學子抛棄學業，荒廢光陰，來干涉糾正：這是天下最不經濟的事。況且中國眼前的學生運動更是不經濟。何以故呢？試看自漢末以來學生運動，試看俄國德國印度朝鮮的學生運動，那有一次用罷課作武器的？再如去年的五四與六三，這兩次的成績可是單靠罷課作武器的嗎？單靠用罷課作武器，是最不經濟的方法，是下下策，屢用不已，是學生運動破產的表現！（「我們對於學生的希望」）

救國

這是很可喜的消息。全國學生總會的通告裏並且有『五卅運動並非短時間所可解決』的話。我們要爲全國學生下一轉語：救國事業更非短時間所能解決：帝國主義不是赤手空拳打得倒的；『英、日强盜』也不是幾千萬人的喊聲咒得死的。救國是一件頂大的事業：排隊游街，高喊着『打倒英、日强盜』，算不得救國事業；甚至於砍下手指寫血書，甚至於蹈海投江，殺身殉國，都算不得救國的事業。救國的事業須有各色各樣的人才；眞正的救國的預備在於把自己造成一個有用的人才。

易卜生說得好：

眞正的個人主義在於把你自己這塊才料鑄造成個東西。

他又說：

有時候我覺得這個世界就好像大海上翻了船，最要緊的是救出我自己。在這個高唱國家主義的時期，我們要很誠懇的指出：易卜生說的『眞正的個人主義』正是到國家主義的唯一大路。救國須從救出你自己下手！

學校固然不是造人才的唯一地方，但在學生時代的青年却應該充分地利用學校的環境與設備來把自己鑄造成個東西。我們須要明白了解：

救國千萬事，
何一不當爲？
而吾性所適，
僅有一二宜。

認清了你『性之所近，而力所能勉』的方向，努力求發展，這便是你對國家應盡的責任，這便是你的救國事業的預備工夫。國家的紛擾，外間的刺激，只應該增加你求學的熱心與興趣，而不應該引誘你跟着大家去吶喊。吶喊救不了國家。卽使吶喊也算是救國運動的一部分，你也不可忘記你的事業有比吶喊重要十倍百倍的。你的事業是要把你自己造成一個有眼光有能力的人才。

你忍不住嗎？你受不住外面的刺激嗎？你的同學出去吶喊了，你受不了他們的引誘與譏笑嗎？你獨坐在圖書館裏覺的難爲情嗎？你心裏不安嗎？——這也是人情之常，我們不怪你；我們都有忍不住的時候。但我們可以告訴你一兩個故事，也許可以給你一點鼓舞：——

德國大文豪葛德（Goethe）在他的年譜裏（英譯本頁一八九）曾說，他每遇着國家政治上有大紛擾的時候，他便想用心去研究一種絕不關係時局的學問，使他的心思不致受外界的擾亂。所以拿破崙的兵威逼迫德國最厲害的時期裏，葛德天天用功研究中國的文物。又當利俾瑟之戰的那一天，葛德正關着門，做他的名著 Essex 的『尾聲』。

德國大哲學家費希特（Fichte）是近代國家主義的一個創始者。然而他當普魯士被拿破崙踐破之後的第二年（一八〇七）回到柏林，便着手計劃一個新的大學——即今日之柏林大學。那時候，柏林還在敵國駐兵的拿握裏。費希特在柏林繼續講學，在很危險的環境裏發表他的『告德意志民族』（Reden an die deutsche nation）。往往在他講學的堂上聽得見敵人駐兵操演回來的笳聲。他這一套講演——『告德意志民族』——忠告德國人不要灰心喪志，不要驚惶失措；他說，德意志民族是不會亡國的；這個民族有一種天賦的使命，就是要在世間建立一個精神的文明，——德意志的文明：他說，這個民族的國家是不會亡的。

後來費希特計畫的柏林大學變成了世界的一個最有名的學府；他那部『告德意志民族』不但變成了德意志帝國建國的一個動力，並且成了十九世紀全世界的國家主義的一種經典。

上邊的兩段故事是我願意介紹給全國的青年男女學生的。我們不期望人人都做葛德與費希特。我們只希望大家知道：在一個擾攘紛亂的時期裏跟着人家亂跑亂喊，不能就算是盡了愛國的責任，此外還有更難更可貴的任務：在紛亂的喊聲裏，能立定主意，救出你自己，努力把你這塊材料鑄造成個有用的東西！（「愛國運動與求學」）

民氣

我們要知道，凡關於外交的問題，民氣可以督促政府，政府可以利用民氣：民氣與政府相爲聲援方才可以收效。沒有一個像樣的政府，雖有民氣，終不能單獨成功。因爲外國政府決不能直接和我們的羣衆辦交涉：民衆運動的影響（無論是一時的示威或是較有組織的經濟抵制）終是間接的。一個健全的政府可以利用民氣作後盾，在外交上可以多得勝利，至少也可以少吃點虧。若沒有一個能運用民氣的政府，我們可以斷定民衆運動的犧牲的大部分是白白地糟蹋了的。（「愛國運動與求學」）

學潮

我們觀察這七年來的『學潮』，不能不算民國八年的五四事件與今年的五卅事件爲最有價值。這兩次都不是有什麼作用，事前預備好了然後發動的；這兩次都只是一般青年學生的愛國血誠，遇着國家的大恥辱，自然爆發；純然是爛熳的天眞，不顧利害地幹將去，這種『無所爲而爲』的表示是眞實的，可愛敬的。許多學生都是不願意犧牲求學的時間的；只因爲臨時發生的問題太大了，刺激太强了，愛國的感情一時迸發，所以什麼都顧不得了：功課也不顧了，秩序也不顧了，辛苦也不顧了。所以北大學生總投票表決不罷課之後，不到二十天，也就不能不罷課了。二十日前不罷課的表決可以表示學生不願意犧牲功課的誠意；二十日後毫無勉强地罷課參加救國運動可以證明此次學生運動的犧牲的精神。這並非前後矛盾：有了前回的不願犧牲，方才更顯出後來的犧牲之難能而可貴。豈但北大一校如此？國中無數學校都有這樣的情形。

但羣衆的運動總是不能持久的。這並非中國人的『虎頭蛇尾』，『五分鐘的熱度』。這是世界人類的通病。所謂『民氣』，所謂『羣衆運動』，都只是一時的大問題刺激起來的一種感情上的反應。感情的衝動是沒有持久性的；無組織又無領袖的羣衆行動是最容易鬆散的。我們不看見北京大街的牆上大書著『打倒英、日』『不要五分鐘的熱度』嗎？其實寫那些大字的人，寫成之後，自己看着很滿意，他的『熱度』早已消除大半了；他回到家裏，坐也坐得下了，睡也睡得着了。所謂『民氣』，無論在中國在歐、美，都是這樣：突然而來，悠然而去。幾天一次的示威遊行，雖然可以勉强多維持一會兒，然而那回天安門打架之後，國民大會也就不容易召集了（「愛國運動與求學」）

大學畢業生

你們畢業之後，可走的路不出這幾條：絕少數的人還可以在國內或國外的研究院繼續作學術研究；少數的人可以尋着相當的職業；此外還有做官，辦黨，革命三條路；此外就是在家享福或者失業閒居了。第一條繼續求學之路，我們可以不討論。走其餘幾條路的人，都不能沒有墮落的危險。墮落的方式很多，總括起來，約有這兩大類：

第一是容易拋棄學生時代的求知識的欲望。你們到了實際社會裏往往所用非所學，往往所學全無用處，往往可以完全用不着學問，而一樣可以胡亂混飯吃，混官做。在這種環境裏，卽使向來抱有求知識學問的決心的人，也不免心灰意懶，把求知的欲望漸漸冷淡下去。況且學問是要有相當的設備的；書籍，試驗室，師友的切磋指導，閑暇的工夫，都不是一個平常要餬口養家的人所能容易辦到的。沒有做學問的環境，又誰能怪我們拋棄學問呢？

第二是容易拋棄學生時代的理想的人生的追求。少年人初次與冷酷的社會接觸，容易感覺理想與事實相去太遠，容易發生悲觀和失望。多年懷抱的人生理想，改造的熱誠，奮鬭的勇氣，到此時候，好像全不是那麼一回事。眇小的個人在那强烈的社會爐火裏，往往經不起長時期的烤煉就鎔化了，一點高尙的理想不久就幻滅了，抱着改造社會的夢想而來，往往是棄甲曳兵而走，或者做了惡勢力的俘虜。你在那俘虜牢獄裏，回想那少年氣壯時代的種種理想主義，好像都成了自誤誤人的迷夢！從此以後，你就甘心放棄理想人生的追求，甘心做現成社會的順民了。

要防禦這兩方面的墮落，一面要保持我們求知識的欲望，一面要保持我們對於理想人生的追求。有什麼好法子呢？依我個人的觀察和經驗，有三種防身的藥方是值得一試的。

第一個方子只有一句話：『總得時時尋一兩個値得研究的問題！』問題是知識學問的老祖宗；古今來一切知識的產生與積聚，都是因爲要解答問題，——要解答實用上的困難或理論上的疑難。所謂『爲知識而求知識』，其實也只是一種好奇心追求某種問題的解答，不過因爲那種問題的性質不必是直接應用的，人們就覺得這是『無所爲』的求知識了。我們出學校之後，離開了做學問的環境，如果沒有一個兩個值得解答的疑難問題在腦子裏盤旋，就很難繼續保持追求學問的熱心。可是，如果你有了一個眞有趣的問題天天逗你去想他，天天引誘你去解決他，天天對你挑釁笑你無可奈何他，——這時候，你就會同戀愛一個女子發了瘋一樣，坐也坐不下，睡也睡不安，沒工夫也得偸出工夫去陪她，沒錢也得撙衣節食去巴結她。沒有書，你自會變賣家私去買書；沒有儀器，你自會典押衣服去置辦儀器；沒有師友，你自會不遠千里去尋師訪友。你只要能時時有疑難問題來逼你用腦子，你自然會保持發展你對學問的興趣，卽使在最貧乏的智識環境中，你也會慢慢的聚起一個小圖書館來，或者設置起一所小試驗室來。所以我說，第一要尋問題。腦子裏沒有問題之日，就是你的智識生活壽終正寢之時！古人說，『待文王而興者，凡民也。苦夫豪傑之士，雖無文王猶興。』試想葛理略（Galileo）和牛敦（Newton）有多少藏書？有多少儀器？他們不過是有問題而已。有了問題而後，他們自會造出儀器來解答他們的問題。沒有問題的人們，關在書館裏也不會用書，鎖在試驗室裏也不會有什麼發現。

第二個方子也只有一句話：『總得多發展一點非職業的興趣』。離開學校之後，大家總得尋個吃飯的職業。可是你尋得的職業未必就是你所學的，或者未必是你所心喜的，或者是你所學而實在和你的性情不相近的。在這種狀況之下，工作就往往成了苦工，就不感覺興趣了。爲餬口而作那種非『性之所近而力之所能勉』的工作，就很難保持求知的興趣和生活的理想主義。最好的救濟方法只有多多發展職業以外的正當興趣與活動。一個人應該有他的職業。又應該有他的非職業的頑藝兒，可以叫做業餘活動。凡一個人用他的閑暇來做的事業，都是他的業餘活動。往往他的業餘活動比他的職業還更重要，因爲一個人的前程往往全靠他怎樣用他的閑暇時間。他用他的閑暇來打馬將，他就成個賭徒；你用你的閑暇來做社會服務，你也許成爲社會改革者；或者你用你的閑暇去研究歷史，你也許成個史學家。你的閑暇往往定你的終身。英國十九世紀的兩個哲人，彌兒（J. S. Mill）終身做東印度公司的秘書，然而他的業餘工作使他在哲學上，經濟學上，政治思想史上都佔一個很高的位置；斯賓塞（Spencer）是一個測量工程師，然而他的業餘工作使他成爲前世紀晚期世界思想界的一個重鎭。古來成大學問的人，幾乎沒有一個不是善用他的閑暇時間的。特別在這個組織不健全的中國社會，職業不容易適合我們性情，我們要想生活不苦痛或不墮落，只有多方發展業餘的興趣，使我們的精神有所寄託，使我們的剩餘精力有所施展。有了這種心愛的頑藝兒，你就做六個鐘頭的抹桌子工夫也不會感覺煩悶了，因爲你知道，抹了六點鐘的桌子之後，你可以回家去做你的化學研究，或畫完你的大幅山水，或寫你的小說戲曲，或繼續你的歷史考據，或做你的社會改革事業。你有了這種稱心如意的活動，生活就不枯寂了，精神也就不會煩悶了。

第三個方子也只有一句話：『你總得有一點信心』。我們生當這個不幸的時代，眼中所見，耳中所聞，無非是叫我們悲觀失望的。特別是在這個年頭畢業的你們，眼見自己的國家民族沉淪到這步田地，眼看世界只是强權的世界，望極天邊好像看不見一線的光明，——在這個年頭不發狂自殺，已算是萬幸了，怎麼還能够希望保持一點內心的鎭定和理想的信任呢？我要對你們說：「這時候正是我們要培養我們的信心的時候！只要我們有信心，我們還有救。古人說：『信心（Faith）可以移山』。

又說：『只要工夫深，生鐵磨成繡花針』。你不信嗎?當拿破崙的軍隊征服普魯士佔據柏林的時候，有一位窮教授叫做菲希特（Fichte）的，天天在講堂上勸他的國人要有信心，要信仰他們的民族是有世界的特殊使命的，是必定要復興的。菲希特死的時候（一八一四），誰也不能料德預意志統一帝國何時可以實現。然而不滿五十年，新的統一的德意志帝國居然實現了。（「贈與今年的大學畢業生」）

功不唐捐

一個國家的强弱盛衰，都不是偶然的，都不能逃出因果的鐵律的。我們今日所受的苦痛和恥辱，都只是過去種種惡因種下的惡果。我們要收將來的善果必須努力種現在的新因。一粒一粒的種，必有滿倉滿屋的收，這是我們今日應該有的信心。

我們要深信：今日的失敗，都由於過去的不努力。

我們要深信：今日的努力，必定有將來的大收成。

佛典裏有一句話『福不唐捐。』唐捐就是白白的丟了。我們也應該說：『功不唐捐!』沒有一點努力是會白白的丟了的。在我們看不見想不到的方向，你瞧!你下的種子早已生根發葉開花結果了!

你不信嗎?法國被普魯士打敗之後，割了兩省地，賠了五十萬萬佛郎的賠款。這時候有一位刻苦的科學家巴斯德（Pasteur）終日埋頭在他的試驗室裏做他的化學試驗和微菌學研究。他是一個最愛國的人，然而他深信只有科學可以救國。他用一生的精力證明了三個科學問題：（1）每一種發酵作用都是由於一種微菌的發展；（2）每一種傳染病都是由於一種微菌在生物體中的發展；（3）傳染病的微菌，在特殊的培養之下，可以減輕毒力，使牠從病菌變成防病的藥苗。——這三個問題，在表面上似乎都和救國大事業沒有多大的關係。然而從第一個問題的證明，巴斯德定出做醋釀酒的新法，使全國的酒醋業每年減除極大的損失。從第二個問題的證明，巴斯德教全國的蠶絲業怎樣選種防病，教全國的畜牧農家怎樣防止牛羊瘟疫，又教全世界的醫學界怎樣注重消毒以減除外科手術的死亡率。從第三個問題的證明，巴斯德發明了牲畜的脾熱瘟的療治藥苗，每年替法國農家減除了二千萬佛郎的大損失；又發明了瘋狗咬毒的治療法，救濟了無數的生命。所以英國的科學家赫胥黎（Huxley）在皇家學會裏稱頌巴斯德的功績道：『法國給了德國五十萬萬佛郎的賠款，巴斯德先生一個人研究科學的成績足够還清這一筆賠款了。』

巴斯德對於科學有絕大的信心，所以他在國家蒙奇辱大難的時候，終不肯拋棄他的顯微鏡與試驗室。他絕不想他的顯微鏡底下能償還五十萬萬佛郎的賠款，然而在他看不見想不到的時候，他已收穫了科學救國的奇蹟了。

朋友們，在你最悲觀最失望的時候，那正是你必須鼓起堅强的信心的時候。你要深信：天下沒有白費的努力。成功不必在我，而功力必不唐捐。（「贈與今年的大學畢業生」）

這一句話是：『不要拋棄學問』。以前的功課也許有一大部分是爲了這張畢業文憑，不得已而做的，從今以後，你們可以依自己的心願去自由研究了。趁現在年富力强的時候，努力做一種專門學問。少年是一去不復返的，等到精力衰時，要做學問也來不及了。卽爲吃飯計，學問決不會辜負人的。吃飯而不求學問，三年五年之後，你們都要被後進少年淘汰掉的。到那時再想做點學問來補救，恐怕已太晚了。

有人說：『出去做事之後，生活問題急須解決，那有工夫去讀書？卽使要做學問，旣沒有圖書館，又沒有實驗室，那能做學問？』

我要對你們說：凡是要等到有了圖書館方才讀書的，有了圖書館也不肯讀書。凡是要等到有了實驗室方才做研究的，有了實驗室也不肯做研究。你有了決心研究一個問題，自然會撙衣節食去讀書，自然會想出法子來設置儀器。

至於時間，更不成問題。達爾文一生多病，不能多作工，每天只能做一點鐘的工作。你們看他的成績！每天花一點鐘看十頁有用的書，每年可看三千六百多頁書；三十年可讀十一萬頁書。

諸位，十一萬頁書可以使你成一個學者了。可是，每天看三種小報也得費你一點鐘的工夫；四圈馬將也得費你一點半鐘的光陰。看小報呢？還是打馬將呢？還是努力做一個學者呢？全靠你們自己的選擇！

易卜生說：『你的最大責任是把你這塊材料鑄造成器』。

學問便是鑄器的工具。拋棄了學問便是毀了你們自己。

再會了！你們的母校眼睜睜地要看你們十年之後成什麼器。（「中國公學十八年級畢業贈言」）

教育史

我看你的信，可以推知你的研究在於制度史的方面。我以爲教育制度史有兩種做法：

一、單敍述制度的沿革變遷，略如九通中所記而加詳。這是死的制度史。

二、不但述制度的歷史，還要描寫某種制度之下的『學生』生活狀態。這才是活的制度史。

例如寫各時代的太學，應注重在搜求太學生活的材料。如宋之太學生活，宜於各家文集及筆記中求之。試舉一例：羅大經鶴林玉露卷十四有『無官御史』一條云：

太學古語云：『有髮頭陀寺，無官御史臺』。言其淸苦而鯁亮也。……

這十個字寫宋太學的地位與生活，何等淸楚！此條後半寫乾、淳間與嘉定間的太學生活的不同，詳釋此十字，也是重要史料。

又如周密齊東野語卷十三『張又、林叔躬』一條，可考當日『齋長』與諸生的關係；卷十七『方大猷』一條，可考當日太學生的威勢，皇帝尙不敢碰他。此皆太學史料也。

又如述各代的小學，應寫當日小學生活作何狀況。如『上大人，孔一己』見于宗杲集中，可見其起在北宋或北宋以前。如元稹序長慶集說，『予嘗于平水市中見村校諸童競習詩；召而問之，皆對曰，「先生教我樂天、微之詩。」固亦不知予之爲微之也。』此史料也。

明代小學的情形，最詳細的描寫莫如醒世姻緣小說：此書第三十三囘與三十五囘眞是長篇大幅的絕好教育史料！（所謂『徐文長故事』的最早記載也出在第三十三囘及他囘）。三十五囘論南北教書先生的方法不同，其論南方先生一段可引作例：

那南邊的先生，眞眞實實的背書，眞眞看了字，教你背，還要連三連五的帶號。背了還要看着你當面默寫。寫字眞眞看你一筆一畫，不許你潦草。寫得不好的，逐個與你改正。寫一個就要認一個。講書的時節，發出自己的性靈，立了章旨，分了節意。有不明白的，就把那人情世故體貼了，譬喻與你，務要把這節書發透明白，纔罷。講完了，任你多少徒弟，各人提出自己的識見，大家辨難。果有甚麼卓識，不難捨己從人。……這樣日漸月磨，循序化誨，及門的弟子怎得不是成才？……

這種詳細的記敍是很不容易得的。九通二十四史裏那有這樣好材料？

又如儒林外史裏也有許多關於十八世紀上半的教育史料。

以上略舉數例，略說教育制度史的性質與史料的來源。來源不拘一格，搜采要博，辨別要精，大要以『無意於僞造史料』一語爲標準。雜記與小說皆無意於造史料，故其言最有史料的價值，遠勝於官書。（「中國教育史料」）

大學史

說到這裏，我們應該想想今天我們的國家在世界上，又佔着一個怎樣的地位！這當然有很多的原因，但其中一點我們不能否認，也必須了解的，就是有關於公私立大學校的延續問題，我國可考的歷史固然已有四千年，但一直到今天還沒有一個有過六十年以上歷史的大學。我國第一個大學，是在漢武帝時，由公孫弘爲相，發起組織，招收學生所設立的太學，這所太學，就是今日國立大學的起源，不過在設立之初祇有五個教授，五十個學生，也就是所謂五經博士，至紀元後一百多年，王莽篡漢時，這個太學不僅建築擴大了，而且學生人數，也達到一萬人，光武中興時的許多政壇人物，多是出身自這所太學，到第二世紀，這所太學的學生已發展到三萬多人，比當今之哈佛、哥倫比亞等，毫無遜色。最可惜的，是當時政治腐敗達於極點，因此許多的太學生，就開始批評政治，進而干預，結果演成黨錮之禍，使太學蒙受影響。其後各代雖也有太學，但沒有多大作用，到最後太學生可以用錢捐買，因此就不成爲太學了。此外漢代也有私人講學，其學生多少不等，有的三、五百，有的二、三千，這可以說是私立大學的起源，如鄭玄所創者，卽是一個很好的例子。

自紀元二百年鄭玄逝世，至一千二百年朱熹逝世，在這一千年中，中國的學術多靠私人講學傳授闡揚，不過因政治問題，常受到壓迫，雖然環境如此；但私人講學並沒有因此而中輟，而且仍舊成爲傳播學術的重要基礎，如歷代的書院，與學派的盛行，都是實例。

中國的高等教育雖然發達得很早，但是不能延續，沒有一個歷史悠久的學校，比起歐美來，就顯然落後了。卽使新興的國家如非律賓，也有三百多年歷史的聖多瑪大學，美國的歷史祇有一百六十餘年，而美國的大學如哈佛、哥倫比亞等，都有二、三百年的歷史，至於歐洲，尤其古老，如意大利就有一千年和九百多年歷史的大學，英國的牛津和劍橋歷史也達到八、九百年，若幾百年歷史的大學，在德法等國也爲數不少，爲什麼歷史不及我們的國家，會有那麼長遠歷史的大學，而我國反而沒有呢?因爲人家的大學有獨立的財團，獨立的學風，有堅强的組織，有優良的圖書保管，再加上教授可以獨立自由繼續的研究，和堅强的校友會組織，所以就能歷代相傳，悠久勿替，而我們的國家多少年來都沒有一個學校能長期繼續，實在是很吃虧的。（「談談大學」）

書院

（一）代表時代精神　一時代的精神，只有一時代的祠祀，可以代表。因某時之所尊奉者，列爲祠祀，即可覘某時代民意的趨向。古時書院常設神祠祀，帶有宗教的色彩，其爲一千年來民意之所寄託，所以能代表各時代的精神。如宋朝書院多崇拜張載、周濂溪、邵康節、程頤、程灝諸人，至南宋時就崇拜朱子，明時學者又改崇陽明，淸時偏重漢學。而書院之祠祀，不外供許愼、鄭玄的神像。由此以觀，一時代精神，即於一時代書院所崇祀者足以代表了。

（二）講學與議政　書院既爲講學的地方，但有時亦爲議政的機關。因爲古時沒有正式代表民意的機關;有之僅有書院可以代行職權了。漢朝的太學生，宋朝朱子一派的學者，其干涉國家政治之氣燄，盛極一時;以致在宋朝時候，政府立黨籍碑，禁朱子一派者應試，並不准起復爲官。明朝太監專政，乃有無錫東林書院學者出而干涉，鼓吹建議，聲勢極張。此派在京師亦設有書院，如國家政令有不合意者，彼輩雖赴湯蹈火，尙仗義直言，以致爲宵小所忌，多方傾害，死者亦多，政府並名之曰東林黨。然而前者死後者繼，其製造輿論，干涉朝政，固不減於昔日。於此可知書院亦可代表古時候議政的精神，不僅爲講學之地了。

（三）自修與研究　書院之眞正的精神惟自修與研究，書院裏的學生無一不有自由研究的態度，雖舊有山長，不過爲學問上之顧問；至研究發明，仍視平日自修的程度如何。所以書院與今日教育界所倡道爾頓制的精神相同。在淸朝時候，南菁、詁經、鍾山、學海四書院的學者，往往不以題目甚小，卽淡漠視之。所以限於一小題或一字義，竟終日孜孜，究其所以，參考書籍，不憚煩勞，其自修與研究的精神，實在令人佩服！（「書院制史略」）

白鹿洞

白鹿洞本無洞；正德中，南康守王溱開後山作洞，知府何濬鑿石鹿置洞中。這兩人眞是大笨伯！白鹿洞在歷史上佔一個特殊地位，有兩個原因。第一，因爲白鹿洞書院是最早的一個書院。南唐昇元中（九三七——九四二）建爲廬山國學，置田聚徒，以李善道爲洞主。宋初因置爲書院，與睢陽石鼓嶽麓三書院並稱爲『四大書院』，爲書院的四個祖宗。第二，因爲朱子重建白鹿洞書院，明定學規，遂成後世幾百年『講學式』的書院的規模。宋末以至淸初的書院皆屬於這一種。到乾隆以後，樸學之風氣已成，方才有一種新式的書院起來；阮元所創的詁經精舍、學海堂，可算是這種新式書院的代表。南宋的書院祀北宋周、邵、程諸先生；元、明的書院祀程、朱；晚明的書院多祀陽明；王學衰後，書院多祀程、朱。乾、嘉以後的書院乃不祀理學家而改祀許愼、鄭玄等。所祀的不同便是這兩大派書院的根本不同。（「廬山遊記」）

傳教士教育

從歷史上看，一個教育的傳教士的影響力量——不問他是十六世紀或十七世紀屬於耶穌會的一個天文學家或數學家，或是十九世紀屬於基督教新教的一個科學家、學者或醫士——總比任何教會任何宗派的一個佈道者的影響力量，要來得大而深遠。時常有人談到第一名到中國來的基督教新教傳教士羅柏・莫理遜，說他在東方住了二十七年以後，才施洗了十個中國籍教徒。可是他的學術造詣——他的聖經中文譯文，他的中文字典，以及他的第一架使用現代活動鉛字的中文印刷機——却在東方替整個新教會留下多麼久遠的影響！的確，莫理遜到中國後，就開始了教教育家輩出的一個偉大世紀。在這個世紀裏，有亞歷山大・魏里，約瑟・艾金斯，亞歷山大・廉遜，S・威爾士・威廉士，揚・J・艾倫，加爾温・W・馬第爾，W・A・P・馬丁，約翰・福來爾，狄摩西・李查，以及其他許多同樣值得紀念的人。他們這一批有學者風的傑出傳教士克服了語言和文化上的最大困難，把當代西洋科學，工藝學，法律與國際法，近代世界地理歷史，以及基督教宗教文學中的最佳作品譯成中文；也就是他們這一批人到處說教。反對纏脚等舊風俗，反對藐視女子教育，並一面倡導社會、教育、甚至政治上的革新，一面創設新的學校與大學，才能發生了極大的作用，以促成中國的逐漸覺醒。（「『司徒雷登回憶錄』導言」）

中國公學

第一，中國公學眞可算是全國人的公共學校，學校在上海，而校中的學生以四川湖南河南廣東的人爲最多，其餘各省的人差不多全有。學生說的話是「普通話」，講堂上用的也是「普通話」。我當時只能說上海話與徽州話，在校一年多，便說四川話了。二十年來，上海成爲各省學生求學之地，這風氣不能不說是中國公學開出來的。

第二，中國公學是革命運動機關。我那時祇有十幾歲，初進去時，只見許多沒有辮子的中年少年，後來才知道大多數都是革命黨人，有許多人用的都是假姓名。如熊克武先生，不但和我同學，還和我同住過，我只知道他姓盧，大家都叫他「老盧」，竟不知道他姓熊。同學之中死於革命的，我所能記憶有廖德璠，死於端方之手；饒可權死於辛亥三月廣州之役，爲黃花岡七十二人之一。熊克武但懋辛皆參與廣州之役。敎員之中，宋躍如先生爲孫中山先生最早同志之一；馬君武、沈翔雲、于右任、彭施滌諸先生皆是老革命黨。中國公學的寄宿舍常常是革命黨的旅館，章炳麟先生出獄後卽住在這裏，戴天仇先生也曾住過，陳其美先生也時時往來這裏。有時候，忽然班上少了一兩個同學，後來才知道是幹革命或暗殺去了。如任鴻雋忽然往日本學工業化學去了，後來才知道他去學製造炸彈去了；如但懋辛也忽然不見了，後來才知道他同汪精衞、黃復生到北京謀刺攝政王去了。所以當時的中國公學的確是一個革命大機關。

第三，中國公學的組織是一種民主國的政體。公學的發起人多是革命黨人，故學校成立之時，一切組織多含有試行民主政治之意，全校分執行與評議兩部。執行部的職員是學生投票互選出來的，有一定的任期，並且對於評議部負責任。評議部是班長和室長組織成的，有定期的開會，有監督和彈劾職員之權。開會時，往往有激烈的辯論，有時到點名熄燈時方才散會。姚烈士絕命書中所謂「以大公無我之心，行共和之法，」即是指這種制度。（「中國公學校史」）

同等學力

我們要研究防止假文憑的方法，似乎應該先追溯假文憑所以發生的歷史。我可以武斷的說：假文憑所以發生是由於民國七八年間教育部廢止了『有中學畢業同等學力者』可以投考大學的一條章程。往日專門以上學校的預科招考，除中學畢業者外，凡『有中學畢業同等學力者』也可以投考。傅增湘先生做教育總長的時代，召集了一個專門以上學校校長會議，議場上有人提議删去『同等學力』的一條，他們的理由是：有了這一條，中學的天才生到了第三年（那時中學四年畢業）都去投考升學了。天資中等的也往往要去嘗試徼幸，所以中學的訓練往往不充分，並且辦中學的人很感覺種種困難，往往三四年級的人數太少，又大都是庸材。討論的結果，『同等學力』一條竟被删去了。十五年來，這一條始終沒有恢復。凡專科以上學校的入學考試皆限於高中畢業生，有許多青年，或因天資較高而不肯忍耐六年的中學，或因經濟不充裕而想縮短學校的負擔，或因高中辦理不善而功課等於初中課程的複習，以致不能引起學生的興趣，或因歷年大學入學試驗程度降低而引起學生徼幸之心，——因此種種原因，有許多青年往往冒險做出種種造假文憑的犯法行爲。

近年教育部規定，中學招考可以有『同等學力』的一種辦法，但此項學生不得超過全文百分之二十。這一條是絕大的德政，因爲有許多人家的兒女是家庭教師教出來的，有一條活路，就無須造假高小文憑了。

我們主張：專科以上的學校入學考試也應該容許『有中學畢業同等學力者』去投考。我們深信，這一條規定可以斷絕今日買賣假文憑的惡習。如果有人恐怕這一條方便之門有流弊，我們儘可以加上幾種限制：例如①此項學生必須在中學四年以上，（考理科者必須在中學五年）其在校各年成績須平均在八十分以上而基本學科平均在八十五分以上；②其年齡不得在若干以下；③此項學生考取後須受特別的體格檢查。（「誰教青年學生造假文憑」）

訓育工具的大缺點

吾國訓育的工具有幾個最大的弱點，遂成爲致命之傷。第一，『儒門淡薄，收拾不住』一般的平常老百姓；試問尚書、周禮一類的書，卽使人人熟讀，豈能在人生觀上發生什麼影響？六經皆如此。卽論語、孟子之中，又能有幾十章可使一般人受用呢？第二，兩個大宗教——佛與道——都不高明，都太偏於消極的制裁，都不曾產生偉大的範型人物足以供千百世人的歌泣模倣。第三，士大夫太偏重制舉的文藝與虛僞的文學，全不曾注意到影響千萬人的通俗文學，所以通俗文學全在鄙人俗士的手裏出來，可以誨盜誨淫，可以歆動富貴利祿才子佳人的迷夢，而不足以造成一種健全的最低限度的道德習慣。第四，傳記文學太貧乏了，雖偶有偉大的人物，而其人格風範皆不能成爲多數人的讀物。第五，女子的敎育太忽略了，沒有好母敎，則雖有士大夫門第而難於長久保存其門風。第六，人民太窮苦了，救死猶恐不贍，奚暇治禮義哉？（「論六經不够作領袖人才的來源」）

領袖人才

這種領袖人物的訓育的來源，在古代差不多全靠特殊階級（如中國古代的士大夫門閥，如日本的貴族門閥，如歐洲的貴族階級及敎會）的特殊訓練。在近代的歐洲則差不多全靠那些訓練領袖人才的大學。歐洲之有今日的燦爛文化，差不多全是中古時代留下的幾十個大學的功勞。近代文明有四個基本源頭：一是文藝復興，二是十六七世紀的新科學，三是宗敎革新，四是工業革命。這四個大運動的領袖人物，沒有一個不是大學的產兒。中古時代的大學誠然是幼稚的可憐，然而意大利有幾個大學都有一千年的歷史；巴黎，牛津，康橋都有八九百年的歷史；歐洲的有名大學，多數是有幾百年的歷史的；較新的大學，如莫斯科大學也有一百八十多年了，柏林大學是一百二十歲了。有了這樣長期的存在，才有積聚的圖書設備，才有集中的人才，才有繼長增高的學問，才有那使人依戀崇敬的『學風』至於今日，西方國家的領袖人物，那一個不是從大學出來的？卽使偶有三五個例外，也沒有一個不是直接間接受大學教育的深刻影響的。

在我們這個不幸的國家，一千年來，差不多沒有一個訓練領袖人才的機關。貴族門閥是崩壞了，又沒有一個高等教育的書院是有持久性的，也沒有一種教育是訓練『有爲有守』的人才的。五千年的古國，沒有一個三十年的大學！八股試帖是不能造領袖人才的，做書院課卷是不能造領袖人才的，當日最高的教育，——理學與經學考據，——也是不能造領袖人才的。現在這些東西都快成了歷史陳迹了，然而這些新起的『大學』，東鈔西襲的課程，朝三暮四的學制，七零八落的設備，四成五成的經費，朝秦暮楚的校長，東家宿而西家餐的教員，十日一雨五日一風的學潮，——也都還沒有造就領袖人才的資格。

丁文江先生在中國政治的出路（獨立第十一期）裏曾指出『中國的軍事教育比任何其他的教育都要落後』，所以多數軍人都『因爲缺乏最低的近代知識和訓練，不足以擔任國家的艱鉅』。其實他太恭維『任何其他的教育』了！茫茫的中國，何處是訓練大政治家的所在？何處是養成執法不阿的偉大法官的所在？何處是訓練財政經濟專家學者的所在？何處是訓練我們的思想大師或教育大師的所在？

領袖人物的資格在今日已不比古代的容易了。在古代還可以有劉邦、劉裕一流的梟雄出來平定天下，還可以像趙普那樣的人妄想用『半部論語治天下』。在今日的中國，領袖人物必須具備充分的現代見識，必須有充分的現代訓練，必須有足以引起多數人信仰的人格。這種資格的養成，在今日的社會，除了學校，別無他途。

我們到今日才感覺整頓教育的需要，眞有點像『臨渴掘井』了。然而治七年之病，終須努力求三年之艾。國家與民族的生命是千萬年的。我們在今日如果眞感覺到全國無領袖的苦痛，如果眞感覺到『盲人騎瞎馬』的危機，我們應當深刻的認淸，只有咬定牙根來徹底整頓教育，穩定教育，提高教育的一條狹路可走。如果這條路上的荊棘不掃除，虎狼不驅逐，奠基不穩固；如果我們還想讓這條路去長久埋沒在淤泥水潦之中，——那麽，我們這個國家也只好長久被一班無知識無操守的渾人領導到沉淪的無底地獄裏去了。（「領袖人才的來源」）

人格

文章寫到這裏，有人打岔道：『喂，你別跑野馬了，他們要的是「國民精神上之人格，民族的自信。」在這「最近二十年」裏，這些項目也有進步嗎？不借重孔夫子，行嗎？』

什麽是人格？人格只是已養成的行爲習慣的總和。什麽是信心？信心只是敢於肯定一個不可知的將來的勇氣。在這個時代，新舊勢力，中西思潮，四方八面的交攻，都自然會影響到我們這一輩人的行爲習慣，所以我們很難指出某種人格是某一種勢力單獨造成的。但我們可以毫不遲疑的說：這二三十年中的領袖人才，正因爲生活在一個新世界的新潮流裏，他們的人格往往比舊時代的人物更偉大：思想更透闢，知識更豐富，氣象更開闊，行爲更豪放，人格更崇高。試把孫中山來比曾國藩，我們就可以明白這兩個世界的代表人物的不同了。在古典文學的成就上，在世故的磨鍊上，在小心謹愼的行爲上，中山先生當然比不上曾文正。然而在見解的大膽，氣象的雄偉，行爲的勇敢上，那一位理學名臣就遠不如這一位革命領袖了。照我這十幾年來的觀察，凡受這個新世界的新文化的震撼最大的人物，他們的人格都可以上比一切時代的聖賢，不但沒有愧色，往往超越前人。老輩中，如高夢旦先生，如蔡元培先生，如吳稚暉先生，如張伯苓先生；朋輩中，如周詒春先生，如姜蔣佐先生：他們的人格的崇高可愛敬，在中國古人中眞尋不出相當的倫比。這種人格只有這個新時代纔能產生，同時又都是能够給這個時代增加光耀的。

我們談到古人的人格，往往想到岳飛、文天祥和晚明那些死在廷杖下或天牢裏的東林忠臣。我們何不想想這二三十年中爲了各種革命慷慨殺身的無數志士！那些年年有特別紀念日追悼的人們，我們姑且不論。我們試想想那些爲排滿革命而死的許多志士，那些爲民十五六年的國民革命而死的無數青年，那些前兩年中在上海在長城一帶爲抗日衞國而死的無數青年那些爲民十三以來的共產革命而死的無數青年，——他們慷慨獻身去經營的目標，比起東林諸君子的目標來，其偉大眞不可比例了。東林諸君子慷慨抗爭的是『紅丸』，『移宮』，『妖書』等等米米小的問題；而這無數的革命青年慷慨獻身去工作的是全民族的解放，整個國家的自由平等，或他們所夢想的全人類社會的自由平等。我們想到了這二十年中爲一個主義而從容殺身的無數青年，我們想起了這無數個『殺身成仁』中國青年，我們不能不低下頭來向他們致最深的敬禮；我們不能不頌讚這『最近二十年』是中國史上一個精神人格最崇高，民族自信心最堅强的時代。他們把他們的生命都獻給了他們的國家和他們的主義，天下還有比這更大的信心嗎？

凡是咒詛這個時代爲『人慾橫流，人禽無別』的人，都是不曾認識這個新時代的人：他們不認識這二十年中國的空前大進步，也不認識這二十年中整千整萬的中國少年流的血究竟爲的是什麼。可憐的沒有信心的老革命黨呵！你們要革命，現在革命做到了這二十年的空前大進步，你們反不認得它了。這二十年的一點進步不是孔夫子之賜，是大家努力革命的結果，是大家接受了一個新世界的新文明的結果。只有向前走是有希望的。開倒車是不會有成功的。

你們心眼裏最不滿意的現狀，——你們所咒詛的『人慾橫流，人禽無別』，——只是任何革命時代所不能避免的一點附產物而已。這種現狀的存在，只够證明革命還沒有成功，進步還不够。孔聖人是無法幫忙的；開倒車也決不能引你們回到那個本來不存在的『美德造成的黃金世界』的！養個孩子還免不了肚痛，何況改造一個國家，何況改造一個文化？別灰心了，向前走罷！（「寫在孔子誕辰紀念之後」）

教育破產的救濟方法還是教育

我們中國人有一種最普遍的死症，醫書上還沒有名字，我姑且叫他做『沒有胃口』。無論什麼好東西，到了我們嘴裏，舌頭一舔，剛覺有味，才吞下肚去，就要作嘔了。胃口不好，什麼美味都只能『淺嘗而止』，終不能下咽，所以我們天天皺起眉頭，做出苦樣子來，說：沒有好東西吃！這個病症，看上去很平常，其實是死症。

前些年，大家都承認中國需要科學；然而科學還沒有進口，早就聽見一班妄人高唱『科學破產』了；不久又聽見一班妄人高唱『打倒科學』了。前些年，大家又都承認中國需要民主憲政；然而憲政還沒有入門，國會只召集過一個，早就聽見一班『學者』高唱『議會政治破產』『民主憲政是資本主義的副產物』了。（「教育破產的救濟方法還是教育」）

方法論・國故

學問之道

學問之道兩面（面者，算學之dimension）而已：一曰廣大（博），一曰高深（精），兩者須相輔而行。務精者每失之隘，務博者每失之淺，其失一也。余失之淺者也。不可不以高深矯正之。

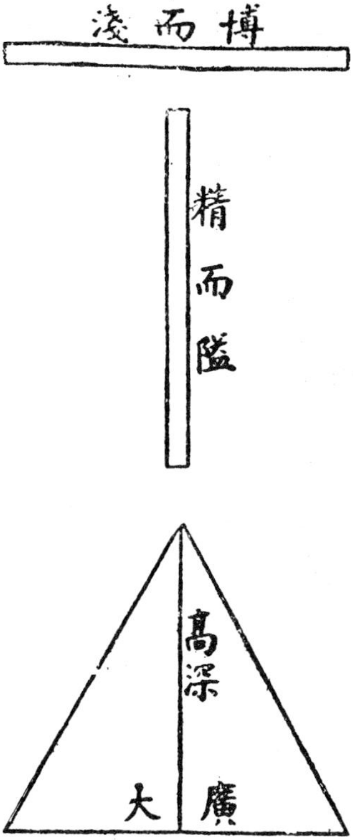

博而淺

精而隘

高深

廣大

劄記

一九一三年十月至一九一七年七月回到上海，有劄記十五卷。（卷三至卷十七）

這些劄記本來只是預備給兄弟朋友們看的，其實最初只是爲自己記憶的幫助的，後來因爲我的好朋友許怡蓀要看，我記完了一冊就寄給他看，請他代我收存。到了最後的三年（一九一四——一九一七），我自己的文學主張，思想演變，都寫成劄記，用作一種『自言自語的思想草稿』（thinking aloud）。我自己發現這種思想草稿很有益處，就不肯寄給怡蓀，留作我自己省察的參考。因此我對於這種劄記發生了很大的興趣，所以無論怎麼忙，我每天總要騰出一點工夫來寫劄記，有時候一天可以寫幾千字。

我從自己經驗裏得到一個道理，曾用英文寫出來：

Expression is the most effective means of appropriating impressions.

譯成中國話就是：

要使你所得印象變成你自己的，最有效的法子是記錄或表現成文章。

試舉一個例子。我們中國學生對於『儒敎』大概都有一點認識。但這種認識往往是很空泛的，很模糊的。假使有一個美國團體請你去講演『儒敎是什麼』，你得先想想這個講演的大綱，你拿起筆來起草，你才感覺你的知識太模糊了，必須查書，必須引用材料，必須追溯儒敎演變的歷史。你自己必須把這題目研究清楚，然後能用自己的話把它發揮出來，成為一篇有條理的講演。你經過這一番『表現』或『發揮』（expression）之後，那些空泛的印象變着實了，模糊的認識變清楚明白了，那些知識才可算是『你的』了。那時候你才可以算是自己懂得『儒敎是什麼』了。

這種工作是求知識學問的一種幫助，也是思想的一種幫助。它的方式有多種：讀書作提要、劄記、寫信、談話、演說、作文，都有這種作用。劄記是爲自己的了解的；談話、討論、寫信，是求一個朋友的了解的；演說、發表文章，是求一羣人的了解的。這都是『發揮』，都有幫助自己了解的功用。

名學淺說

現在市上出版的論理學書，講歸納法最好的，還要算嚴又陵先生的名學淺說。這部書是嚴先生演述耶芳斯（Jevons）的名學要旨做成的。耶芳斯的書雖然出版的很早，但他講歸納法實在比彌爾（J.S. Mill 穆勒約翰）一系的名學家講的好。耶芳斯的大意是說歸納法其實只是演繹法的一種用法。分開來說，歸納法有幾步的工夫。

第一步，觀察一些同類的『例』；

第二步，提出一個假設的通則來說明這些『例』；

第三步，再觀察一些新例，看他們是否和假設的通則相符合。若無例外，這通則便可成立；若有例外，須研究此項例外是否有可以解釋的理由；若不能解釋，這通則便不能成立。一個假設不能成立，便須另尋新假設，仍從第二步做起。

這種講法的要點在於第二步提出假設的通則。第三步卽用這個假設做一個大前提，再用演繹的方法來證明或否證這個假設的大前提。

名學方法

我這本書的特別立場是要抓住每一位哲人或每一個學派的「名學方法」（邏輯方法，即是知識思考的方法），認爲這是哲學史的中心問題。我在第八篇裏曾說：

古代本沒有什麼「名家」。無論那一家的哲學，都有一種爲學的方法。這個方法便是這一家的名學。所以老子要無名，孔子要正名，墨子說言有三表，………這都是各家的名學。因爲家家都有「名學」，所以沒有什麼「名家」。

這個看法，我認爲根本不錯。試看近世思想史上，程朱陸王的爭論，豈不是一個名學方法的爭論？朱晦菴把「格物」解作「卽物而窮其理」，王陽明把「格物」解作「致吾心之良知於事事物物」，這豈不是兩種根本不同的名學方法的爭論嗎？南宋的朱陸之爭，當時已認作「尊德性」與「道問學」兩條路子的不同，——那也是一個方法上的爭執。兩宋以來，「格物」兩個字就有幾十種不同的解釋，其實多數也還是方法上的不同。

所以我這本哲學史在這個基本立場上，在當時頗有開山的作用。可惜後來寫中國哲學史的人，很少人能够充分了解這個看法。

這個看法根本就不承認司馬談把古代思想分作「六家」的辦法。我不承認古代有什麼「道家」、「名家」、「法家」的名稱。我這本書裏從沒有用「道家」二字，因爲「道家」之名是先秦古書裏從沒有見過的。我也不信古代有「法家」的名稱，所以我在第十二篇第二章用了「所謂法家」的標題，在那一章裏我明說：「古代本沒有什麼『法家』。……我以爲中國古代只有法理學，只有法治的學說，並無所謂『法家』」。至於劉向劉歆父子分的「九流」，我當然更不承認了。

這樣推翻「六家」「九流」的舊說，而直接回到可靠的史料，依據史料重新尋出古代思想的淵源流變：這是我四十年前的一個目標。我的成績也許沒有做到我的期望，但這個治思想史的方法是在今天還值得學人的考慮的。（「中國古代哲學史臺北版自記」）

名詞爭論

二十年前，美國展望週報（The Outlook）總編輯阿博特（Lyman Abbott）發表了一部自傳，其第一篇裏記他的父親的談話，說：『自古以來，凡哲學上和神學上的爭論，十分之九都只是名詞上的爭論』。阿博特在這句話的後面加上一句評論，他說：『我父親的話是不錯的。但我年紀越大，越感覺到他老人家的算術還有點小錯。其實剩下的那十分之一，也還只是名詞上的爭論』。（「充分世界化與全盤西化」）

證據

與人言證與據之別。『詩云：「普天之下，莫非王土；率土之濱，莫非王臣」。而舜既爲天子矣，敢問瞽瞍之非臣，如何』？是據也，據經典之言以明其說也。『詩云：「娶妻如之何？必告父母」。信斯言也，宜莫如舜。舜之不告而娶，何也』？是亦據也。

證者根據事實，根據法理，或由前提而得結論（演繹），或由果溯因，由因推果（歸納）：是證也。

吾國舊論理，但有據而無證。證者，乃科學的方法，雖在歐美，亦爲近代新產兒。當中古時代，宗教燄方張之時，凡新舊約之言，皆足爲論理之前提。創世紀云，『上帝創世，六日而成』。故後之談『天演進化』論者，皆妄談也。此亦據也。其無根據，與吾國之以『詩云』『子曰』作論理前提者正相伯仲耳。

今之言論家，動輒引亞丹斯密、盧騷、白芝浩、穆勒，以爲論理根據者，苟不輔以實際的經驗，目前之時勢，其爲荒謬不合論理，正同向之引『子曰』『詩云』者耳。

欲得正碻的理論，須去據而用證。（「胡適留學日記」）

方法與材料

現在有許多人說：治學問全靠有方法；方法最重要，材料却不很重要。有了精密的方法，什麼材料都可以有好成績。糞同溺可以作科學的分析，西遊記同封神演義可以作科學的研究。

這話固然不錯。同樣的材料，無方法便沒有成績，有方法便有成績，好方法便有好成績。例如我家裏的電話壞了，我箱子裏儘管有大學文憑，架子上儘管有經史百家，也只好束手無法，只好到隔壁人家去借電話，請電話公司派匠人來修理。匠人來了，他並沒有高深學問，從沒有夢見大學講堂是什麼樣子。但他學了修理電話的方法，一動手便知道毛病在何處，再動手便修理好了。我們有博士頭銜的人只好站在旁邊贊歎感謝。

但我們却不可不知道這上面的說法只有片面的眞理。同樣的材料，方法不同，成績也就不同。但同樣的方法，用在不同的材料上，成績也就有絕大的不同。這個道理本很平常，但現在想做學問的青年人似乎不大了解這個極平常又十分要緊的道理。（「治學的方法與材料」）

成　見

我在做這種歷史的、傳記的考證之外，還指出紅樓夢的絕大的版本問題。潘君全不相信我們辛苦證明的紅樓夢版本之學，所以他可以隨便引用高鶚續作的第八十八回、九十八回、百廿回，同原本八十回毫不加區別。這又是成見蔽人了。

我自愧費了多年考證工夫，原來還是白費了心血，原來還沒有打倒這種牽强附會的猜笨謎的「紅學」！

潘君此文，只有他引用八十回本的第六十三回說芳官改男粧，改名字一長段，今本都刪了，這是向來無人注意的，可算是潘君一個貢獻。但他的解釋正是恰得其反。此一大段明明是一個旗人作者頌揚滿洲帝室的威德，而潘君反說這是「站在漢人立場，大駡異族」！成見蔽人如此，討論有何結果？

總而言之，我們用歷史考證方法來考證舊小說，若不能說服「索隱式的紅學」，我們只能自己感到慚愧，決不敢希望多寫一封信可以使某人心服的。

方法不同，訓練不同，討論是無益的。我在當年，就感覺蔡孑民先生的雅量，終不肯完全拋棄他的索隱式的紅學。現在我也快滿六十歲了，更知道人們的成見是不容易消除的。（「對潘夏先生討論『紅樓夢』的一封信」）

四字訣

你曾看見我寫給王重民的一封信嗎？（曾登在抗戰時期的圖書季刊新五卷一期）。我在那篇短文裏，曾用古人論從政（做官）的四字訣來說明「治學方法」那四字是勤、謹、和、緩。

勤卽是眼勤，手勤——卽是「上窮碧落下黃泉」的勤求材料、勤求事實、勤求證據。

謹卽是一絲一毫不苟且，、不潦草、舉一例、立一證、下一結論，都不苟且，卽是謹，卽是「敬愼」。

其餘兩字，同樣重要，你好像不大注意到。「和」我解作「心平氣和」、解作「平心靜氣」、解作「虛心體察」。（西方宗敎所謂 Humility），其實並不十分 humble 平心考查一切不合理的事實與證據，拋開成見，跟着證據走，服從證據，捨己從人，「和」之至也！

「緩」字在治學方法上也十分重要。其意義只是從容研究，莫急於下結論。證據不充分時，姑且懸而不斷（Suspending ones Judgment）。

所以我中年以來，常用這四字訣教人，常說，「科學方法不是科學家獨得或獨佔的治學方法，只是人類的常識加上良好的訓練，養成的良好的工作習慣，養成了勤、謹、和、緩等等良好習慣，治學自然有好成績」。（「致陳之藩」）

概括論斷

我在史學（中央日報）第十一期上看見你的「清代士大夫好利風氣的由來」，很想寫幾句話給你。

這種文章是做不得的。這個題目根本就不能成立。管同郭嵩燾諸人可以隨口亂道，他們是舊式之人，可以「西漢務利，東漢務名；唐人務利，宋人務名」一類的胡說。我們做新式史學的人，切不可這樣胡亂作概括論斷。西漢務利，有何根據？前人但見東漢有黨錮清議等風氣，就妄下斷語以為東漢重氣節。然賣官鬻爵之制，東漢何嘗沒有？「銅臭」之故事，豈就忘之？名利之求，何代無之？後世無人作貨殖傳，然豈可就說後代無陶朱猗頓了嗎？西漢無太學清議，唐與元亦無太學黨猗，然豈可謂西漢唐元之人不務名耶？

要知楊繼盛高攀龍諸人固然是士大夫，嚴嵩嚴世蕃董其昌諸人以及那無數歌頌魏忠賢的人，獨非

「士大夫」乎？

凡清議最激昂的時代，往往恰是政治最貪汚的時代，我們不能說東林代表明代士大夫，而魏忠賢門下的無數乾兒子孫子就不代表士大夫了。

明代官紳之貪汚，稍治史者多知之。貧士一旦中進士，則奸人猾吏紛紛來投靠，土地田宅皆可包庇抗稅，「士大夫」恬然視爲故常，不以爲怪。務利固不自清代始也。（「致羅爾綱」）

先信而後考

然而我這番話絕不是要指出崔述的古史學在今日已完全沒有價值。崔述是一百多年前的史家，他當然要受那個時代的思想學術的限制，他的許多見不到的地方，都是很可以原諒寬恕的。他的永久價値並不在這一些隨時有待後人匡正的枝節問題。崔學的永久價值全在他的「考信」的態度，那是永永不會磨滅的。我在十四年前說的「先須要跟上崔述」，也正是要跟上他的「考信」的態度。

「考信」的態度只是要「考而後信」。崔述自己說的最好：

大抵文人學士多好議論古人得失，而不考其事之虛實。余獨謂虛實明而後得失或可不爽。故今爲考信錄，專以辨其虛實爲先務，而論得失者次之。（提要上，頁三四。）

虛實卽是僞與眞。「虛實明而後得失或可不爽」是一切史學的根本方法。「考信」的態度只是要人先考核某項材料的眞僞實虛，然後決定應疑應信的態度。崔述著書的本意在此，故全書稱爲「考信錄」。可惜他受傳統的儒家思想的影響太大了，有時也不能「先考而後信」有時竟成了「先信而後考」！例如上文說的幾個例子，他先信孔子絕不會不知道他的父親墳墓，決不會出妻，決不會受公山弗擾與佛肸之召，然後去考定論語檀弓的眞僞，——這就不是「考信」的眞義了，這成了先論其「得失」而後考其虛實眞僞了。他自己也曾警告我們：

人之情好以己度人，以今度古，以不肖度聖賢。往往逕庭懸隔，而其人終不自知也。以己度人，雖耳目之前而必失之。況欲以度古人，更欲以度古之聖賢，豈有當乎？……考故信錄但取信於經，而不敢以戰國魏晉以來度聖人者遂據之爲實也。（提要上，頁六——八）。

崔述自己不知道他自己也往往用宋明以來「度聖人者」來做量度聖人的標準，先定了得失的標準，然後考其虛實，所以「逕庭懸隔，而不自知也。」（「『崔東壁遺書』序」）

不苟且

我的朋友羅爾綱先生曾在我家住過幾年，幫助我做了許多事，其中最繁重的工作是抄寫整理我父親鐵花先生的遺著。他絕對不肯收受報酬，每年還從他家中寄錢來供他零用。他是我的助手，又是孩子們的家庭教師，但他總覺得他是在我家做「徒弟」，除吃飯住房子之外，不應該再受報酬了。

這是他的狷介，狷介就是在行爲上不苟且，就是古人說的「非其義也，非其道也，一介不以與人，一介不以取諸人」。（古人說「一介」的介是「芥」字借用，我猜想「一介」也許是指古代曾作貨幣用的貝殼？）我很早就看重爾綱這種狷介的品行。我深信凡在行爲上能夠「一介不苟取，一介不苟與」的人在學問上也必定可以養成一絲一毫不草率不苟且的工作習慣。所以我很早就對他說，他那種一點一畫不肯苟且放過的習慣就是他最大的工作資本。這不是別人可以給他的，這是他自己帶來的本錢。我在民國二十年秋天答他留別的信，曾說：

> 你這種「謹愼勤敏」的行爲，就是我所謂「不苟且」。古人所謂「執事敬」，就是這個意思。你有美德，將來一定有成就。

第二年他在貴縣中學教國文，寄了兩條筆記給我看，一條考定李淸照金石錄後序的「王嬸」是「王涯」之誤；一條是考定袁枚祭妹文的「諾已」二字出於公羊傳，應當連讀，——我回他的信，也說：

> 你的兩段筆記都很好。讀者作文如此矜愼，最可有進步。你能繼續這種精神——不苟且的精神，無論在什麼地方，都可有大進步。古人所謂「于歸而求之，有餘師」，眞可以轉贈給你。

我引這兩封信，要說明爾綱做學問的成績是由於他早年養成的不苟且的美德。如果我有什麼幫助他的地方，我不過隨時喚醒他特別注意：這種不苟且的習慣是需要自覺的監督的。偶然一點不留意，偶然鬆懈一點，就會出漏洞，就會鬧笑話。我要他知道，所謂科學方法，不過是不苟且的工作習慣，加上自覺的批評與督責。良師益友的用處也不過是隨時指點出這種鬆懈的地方，幫助我們做點批評督責的工夫。（「『師門五年記』序」）

沙狄的方法

在君對這問題，有「正式的」說法，有「非正式的」說法。先說他的「非正式的」說法。上文我引的那一段最精采，最美的文字裏，就有他從自己的科學工作裏得來的「科學方法」的意義。

「時時想破除成見，……無論遇見甚麼事，都平心靜氣去分析研究，從複雜中求簡單，從紊亂中求秩序，拿論理來訓練他的意想，……用經驗來指示他的直覺。……」

這就是科學方法，也就是科學的精神。這就是赫胥黎說的人類的常識的推理方法，也可以說是「受約束的常識的推理方法」。破除成見是約束，平心靜氣是約束：拿論理（論理本身是常識）來訓練想像力，用經驗來指導直覺，也都是約束。科學的方法不過如此。

所以在君說：

「科學方法和近三百年經學大師治學的方法是一樣的。……」

他又說：

「……梁任公講歷史研究法，胡適之講紅樓夢，也是科學。……」

這都是在君用淺近的話，用平常經驗而不用科學術語來說明科學方法，所以我說是「非正式的」（Informal）說法。

這些話都是在君和我們幾個老朋友在那個時期（民國八年到十二年）常常說的。我在「清代學者的治學方法」一篇長文裏，曾詳細列舉顧炎武、錢大昕、戴震、王念孫諸公古音學，訓古學，校勘學的許多實例，來說明這些經學大師的治學方法都有科學的精神，都合於科學的方法。我在我的「紅樓夢考證」的結尾，也曾指出我的考證方法是：「處處想撇開先入的成見，處處存一個搜求證據的目的，處處尊重證據，讓證據做嚮導，引我到相當的結論上去。」在君和我都是最愛讀赫胥黎講科學方法的論文。赫胥黎在一八八〇年曾有一篇講古生物學方法的通俗論文，題目叫作「沙狄的方法」（On the Method of Zadig）。沙狄是伏爾泰（Voltaire）小說裏一個古代巴比侖的學者，他能從沙上石上的痕跡和路傍樹葉的情形，推斷一匹曾經跑過的馬身高五尺，尾長三尺半，嘴銜帶上勒有二十三「開」金子的飾品。赫胥黎說，一切所謂「歷史的科學」，——歷史學、考古學、地質學、古生物學，以及那上推千萬年下推千萬年的天文學，——用的方法都只是「沙狄的方法」。翻成中國話，這就是「考據」的方法。丁在君是終身做地質學和古生物學工作的人，所以他完全能够了解「近三百年經學大師治學的方法」就是科學的方法，也能够了解「胡適之講紅樓夢也是科學」。

但這一「枝葉」引起了許多從來不曾做科學工作又不曾做過嚴格的考據的人們的抗議，於是「官司又打到別處去了」。直到十多年後，張東蓀先生還發表了一篇「考據方法是科學方法嗎？」（民國二十三年二月十二日天津益世報附刊「社會思想」第六十六期），還一板正經的擺出「三段論式」來證明胡適之的紅樓夢考證不是科學。（「丁文江的傳記」）

少年中國的邏輯

邏輯卽是思想、辯論、辦事的方法；一般中國人現在最缺乏的就是一種正當的方法；因爲方法缺乏，所以有下列的幾種現象：①靈異鬼怪的迷信，如上海的盛德壇及各地的各種迷信；②謾罵無理的議論；③用詩云子曰作根據的議論；④把西洋古人當作無上眞理的議論；還有一種平常人不很注意的怪狀，我且稱他爲「目的熱」，就是迷信一些空虛的大話，認爲高尙的目的；全不問這種觀念的意義究竟如何；今天有人說：「我主張統一和平」，大家齊聲喝采，就請他做內閣總理；明天又有人說：「我主張和平統一」，大家又齊聲叫好，就舉他做大總統；此外還有什麼「愛國」哪，「護法」哪，「孔敎」哪，「衞道」哪……許多空虛的名詞；意義不曾確定，也都有許多人隨聲附和，認爲天經地義，這便是我所說的「目的熱」；以上所說各種現象都是缺乏方法的表示。我們旣然自認爲「少年中國」，不可不有一種新方法；這種新方法，應該是科學的方法；科學方法，不是我在這短促時間裏所能詳細討論的，我且略說科學方法的要點：

第一注重事實　科學方法是用事實作起點的，不要問孔子怎麼說，柏拉圖怎麼說，康德怎麼說；我們須要先從研究事實下手，凡游歷調查統計等事都屬於此項。

第二注重假設　單研究事實，算不得科學方法；王陽明對着庭前的竹子做了七天的「格物」工夫，格不出什麼道理來，反病倒了，這是笨伯的「格物」方法；科學家最重「假設」（Hypothesis）

觀察事物之後，自說有幾個假定的意思；我們應該把每一個假設所涵的意義澈底想出，看那意義是否可以解釋所觀察的事實？是否可以解決所遇的疑難？所以要博學；正是因爲博學方才可以有許多假設，學問只是供給我們種種假設的來源。

第三注重證實　許多假設之中，我們挑出一個，認爲最合用的假設；但是這個假設是否眞正合用？必須實地證明；有時候，證實是很容易的；有時候，必須用「試驗」方才可以證實；證實了假設，方可說是「眞」的，方才可用；一切古人今人的主張東哲西哲的學說，若不曾經過這一層證實的工夫，只可作爲待證的假設，不配認作眞理。

少年的中國，中國的少年，不可不時時刻刻保存這種科學的方法，實驗的態度。（「少年中國之精神」）

疑古的態度

疑古的態度，簡要言之，就是「寧可疑而錯，不可信而錯」十個字。譬如書經，有今文尙書和古文尙書之別。有人說，古文尙書是假的，今文尙書有一部分是眞的，餘外一部分，到了淸時，才有人把他證明是假的。但是現在學校裏邊，並沒把假的删去，仍舊讀他全書，這是我們應該懷疑的。至於詩經，本有三千篇，被孔子删剩十分之一，只得了三百篇。關雎這一首詩，孔子把他列在第一首，這首詩是很好的。內容是一很好的女子，有一男子要伊做妻子，但這事不易辦到，於是男子「寤寐求之」，連睡在床上都要想伊，更要「悠哉悠哉輾轉反側」呢！這能表現一種很好的愛情，是一首愛情的思想詩。後人誤會，生了許多誤解，竟牽到旁的問題上去。所以疑古的態度有兩方面好講：⑴疑古書的眞僞。⑵疑眞書被那山東老學究弄僞的地方。我們疑古底目的，是在得其「眞」，就是疑錯了，亦沒有什麼要緊。我們知道，那一個科學家是沒有錯誤的。假使信而錯，那就上當不淺了！自己固然一味迷信，情願做古人底奴隸，但是還要引旁人亦入於迷途呢！我們一方面研究，一方面就要懷疑，庶能不上老當呢！如中國底歷史，從盤古氏一直相傳下來，年代都是有「表」的，「像煞有介事」，看來很是可信。但是我們要懷疑，這怎樣來的呢？根據什麼呢？我們總要「打破砂鍋問到底」，究其來源怎樣，要知道這年月的計算，有的是從僞書來的，大部分還是宋朝一個算命先生，用算盤打出來的呢。這那能信呢！我們是不得不去打破它的。

在東周以前的歷史，是沒有一字可以信的。以後呢？大部分也是不可靠的。如禹貢這一章書，一般學者都承認是可靠的。據我用歷史的眼光看來，也是不可靠的，我敢斷定它是僞的。在夏禹時，中國難道竟有這般大的土地麼？四部書裏邊的經、史、子三種，大多是不可靠的。我們總要有疑古的態度才好！（「研究國故的方法」）

述學

哲學史的史料　上文說哲學史有三個目的：一是明變，二是求因，三是評判。但是哲學史先須做了一番根本工夫，方才可望達到三個目的。這個根本工夫叫做述學。述學是用正確的手段，科學的方法，精密的心思，從所有的史料裏面，求出各位哲學家的一生行事，思想淵源沿革，和學說的眞面目。爲什麼說『學說的眞面目』呢?因爲古人讀書編書最不細心，往往把不相干的人的學說併入某人的學說；例如韓非子的第一篇是張儀說秦王的書。又如墨子經上下、經說上下、大取、小取、諸篇、決不是墨翟的書。或把假書作爲眞書；如管子、關尹子、晏子春秋之類。或把後人加入的篇章，作爲原有的篇章；此弊諸子書皆不能免。試舉莊子爲例。莊子書中僞篇最多。世人竟有認說劍、漁父諸篇爲眞者。其他諸篇、更無論矣。或不懂得古人的學說，遂致埋沒了；如墨子經上諸篇 或把古書解錯了，遂失原意；如漢人用分野、爻辰、卦氣、說易經、宋人用太極圖、先天卦位圖、說易經。又如漢人附會春秋、來說災異、宋人顚倒大學、任意補增、皆是其例。或各用己意解古書，鬧得後來衆說紛紛糊塗混亂。如大學中「格物」兩字、解者多至七十餘家。又如老莊之書、說者紛紛、無兩家相同者。有此種種障礙，遂把各家學說的眞面目大半失掉了。至於哲學家的一生行事，和所居的時代，古人也最不留意。老子可見楊朱；莊周可見魯哀公；管子能說毛嬙西施；墨子能見吳起之死，和中山之滅；商鞅能知長平之戰；韓非能說荆齊燕魏之亡。此類笑柄，不可勝數。史記說老子活了一百六十多歲，或言二百餘歲，又說孔子死後一百二十九年，老子還不曾死。那種神話，更不足論了。哲學家的時代，既不分明，如何能知道他們思想的傳授沿革?最荒謬的是漢朝的劉歆班固說諸子的學說都出於王官；又說，『合其要歸，亦六經之支與流裔。』漢書藝文志。看胡適諸子不出於王官論、太平洋雜誌第一卷第七號。諸子既都出於王官與六經，還有什麼別的淵源傳授可說?

以上所說，可見『述學』之難。述學的所以難，正爲史料或不完備，或不可靠。(「中國古代哲學史」)

原料

哲學史上的原料，卽是各哲學家的著作。近世哲學史對於這一層，大概沒有什麽大困難。因爲近世哲學發生在印書術通行以後，重要的哲學家的著作，都有刻版流傳；偶有散失埋沒的書，終究不多。但近世哲學史的史料，也不能完全沒有疑竇。如謝良佐的上蔡語錄裏，是否爲江民表的書？如朱熹的家禮是否可信爲他自己的主張？這都是可疑的問題。又宋儒以來，各家都有語錄，都是門弟子筆記的。這些語錄，是否無誤解之處，也是一個疑問。但是大致看來，近世哲學史料還不至有大困難。到了中世哲學史便有大困難了。漢代的書，如賈誼的新書，董仲舒的春秋繁露，都有後人增加的痕跡。又如王充的論衡，是漢代一部奇書；但其中如亂龍篇極力爲董仲舒作土龍求雨一事辯護，與全書的宗旨恰相反。篇末又有『論衡終之，故曰亂龍，亂者終也，』的話，全無道理。明是後人假造的。此外重複的話極多。僞造的書定不止這一篇。又如仲長統的昌言，乃是中國政治哲學史上有數的書，如今已失，僅存三篇。魏晉人的書，散失更多。三國志，晉書，世說新語所稱各書，今所存的，不過幾部書。如世說新語說魏晉注莊子的有幾十家，今但有郭象注完全存在。晉書說魯勝有墨辯注，今看其序，可見那注定極有價值，可惜現在不傳了。後人所編的漢魏六朝人的集子大抵多係東鈔西摘而成的，那原本的集子大半都散失了。故中古哲學史料最不完全。我們不能完全恢復魏晉人的哲學著作，是中國哲學史最不幸的事。到了古代哲學史，這個史料問題更困難了。表面上看來，古代哲學史的重要材料，如孔，老，墨，莊，孟，荀，韓非的書，都還存在。仔細研究起來，這些書差不多沒有一部是完全可靠的。大概老子裏假的最少。孟子或是全眞，或是全假。（宋人疑孟子者甚多。）依我看來，大約是眞的。稱『子曰』或『孔子曰』的書極多，但是眞可靠的實在不多。墨子荀子兩部書裏，很多後人雜湊僞造的文字。莊子一書，大概十分之八九是假造的。韓非子也只有十之一二可靠。此外如管子，列子，晏子春秋，諸書，是後人雜湊成的。關尹子，鶡冠子，商君書是後人僞造的。鄧析子也是假書。尹文子似乎是眞書，但不無後人加入的材料。公孫龍子有眞有假，又多錯誤。這是我們所有的原料。更想到莊子天下篇，和荀子非十二子篇，天論篇，解蔽篇，所擧它囂，魏牟，陳仲，（即孟子之陳仲子。）宋鈃，（即孟子之宋牼）彭蒙，田駢，愼到，（今所傳愼子五篇是佚文。）惠施，申不害，和王充論衡所擧的世碩，漆雕開，宓子賤，公孫尼子，都沒有著作遺傳下來。更想到孔門一脈的儒家所著書籍，何止大小戴禮記裏所採的幾篇？如此一想，可知中國古代哲學的史料於今所存不過十分之一二。其餘的十分之八九，都不曾保存下來。古人稱『惠施多方，其書五車』。於今惠施的學說，只賸得一百多個字。若依此比例，恐怕現存的古代史料，還沒有十分之一二呢！原著的書既散失了這許多，於今又無發見古書的希望，於是有一班學者，把古書所記各人的殘章斷句，一一搜集成書。如汪繼培或孫星衍的尸子，如馬國翰的玉函山房輯佚書。這種書可名爲『史料鈎沉』，在哲學史上也極爲重要。如惠施的五車書都失掉了，幸虧有莊子天下篇所記的十事，還可以考見他的學說性質。又如告子與宋鈃的書，都不傳了，今幸虧有孟子的告子篇，和荀子的正論篇，還可以考見他們的學說的大概。又如各代歷史的列傳裏，也往往保存了許多中古和近世的學說。例如：後漢書的仲長統傳保存了三篇昌言；梁書的范縝傳保存了他的神滅論。這都是哲學史的原料的一部份。（「中國古代哲學史」）

副料

副料　原料之外，還有一些副料，也極重要。凡古人所作關於哲學家的傳記軼事評論學案書目都是哲學史的副料。例如禮記中的檀弓，論語中的十八十九兩篇，莊子中的天下篇，荀子中的正論篇，呂氏春秋，韓非子的顯學篇，史記中各哲學家的列傳，皆屬於此類。近世文集裏有許多傳狀序跋，也往往可供參考。至於黃宗羲的明儒學案，及黃宗羲、黃百家、全祖望的宋元學案更爲重要的哲學史副料。若古代中世的哲學都有這一類的學案，我們今日編哲學史便不至如此困難了。副料的重要，約有三端。第一，各哲學家的年代家世事蹟未必在各家著作之中，往往須靠這種副料，方才可以考見。第二，各家哲學的學派系統，傳授源流幾乎全靠這種副料作根據。例如：莊子天下篇與韓非子顯學篇論墨家派別，爲他書所無。天下篇說墨家的後人，『以堅白同異之辯相訾，以觭偶不仵之辭相應』，可考證後世俗儒所分別的『名家』，原不過是墨家的一派。不但『名家出於禮官之說』不能成立，還可證明古代本無所謂『名家』。（說詳見本書第八篇。）第三，有許多學派的原著已失，全靠這種副料裏面，論及這種散佚的學派，借此可以考見他們的學說大旨如莊子天下篇所論宋鈃、彭蒙、田駢、愼到、惠施、公孫龍、桓團及其他辯者的學說；如荀子正論篇所稱宋鈃的學說，都是此例。上節所說的『史料鈎沉』，也都全靠這些副料裏所引的各家學說。（「中國古代哲學史」）

史料的審定

史料的審定　中國人作史，最不講究史料。神話官書，都可作史料，全不問這些材料是否可靠。却不知道史料若不可靠，所作的歷史便無信史的價值。孟子說：『盡信書則不如無書』。孟子何等崇拜孔子，但他對於孔子手定之書還持懷疑態度。何況我們生在今日，去古已遠，豈可一味迷信古書，甘心受古代作僞之人的欺騙？哲學史最重學說的眞相，先後的次序，和沿革的線索。若把那些不可靠的材料信爲眞書，必致（一）失了各家學說的眞相；（二）亂了學說先後的次序；（三）亂了學派相承的系統。我且舉管子一部書爲例。管子這書，定非管仲所作，乃是後人把戰國末年一些法家的議論。和一些儒家的議論，（如內業篇、如弟子職篇。）和一些道家的議論，（如白心心術等篇。）還有許多夾七夾八的話，併作一書；又僞造了一些桓公與管仲問答諸篇，又雜湊了一些紀管仲功業的幾篇遂附會爲管仲所作。今定此書爲假造的，證據甚多，單舉三條：

（一）小稱篇記管仲將死之言，又記桓公之死。管仲死於西歷前六四三年。小稱篇又稱毛嬙西施。西施當吳亡時還在。吳亡在西歷前四七二年，管仲已死百七十年了。此外如形勢解說『五伯』，七臣七主說：『吳王好劍，楚王好細腰』。皆可見此書爲後人僞作。

（二）立政篇說：『寢兵之說勝，則險阻不守；兼愛之說勝，則士卒不戰』。立政九敗解說『兼愛』道：『視天下之民如其民，視人國如吾國。如是則無並兼攘奪之心』。這明指墨子的學說，遠在管仲以後了。（法法篇亦有求廢兵之語。）

（二）左傳紀子產鑄刑書，（西歷前五三六）叔向極力反對。過了二十幾年，晉國也作刑鼎，鑄刑書。孔子也極不贊成。（西歷前五一三）這都在管仲死後一百多年。若管仲生時已有了那樣完備的法治學說，何以百餘年後，賢如叔向孔子，竟無一毫法治觀念？（或言孔子論晉鑄刑鼎一段、不很可靠。但叔向諫子產書、決不是後人能假造的。）何以子產答叔向書，也只能說『吾以救世而已』？為什麼不能利用百餘年前已發揮盡致的法治學說？這可見管子書中的法治學說，乃是戰國末年的出產物，決不是管仲時代所能突然發生的。全書的文法筆勢也都不是老子孔子以前能產生的。即以論法治諸篇看來，如法法篇兩次說『春秋之記，臣有弒其君，子有弒其父者矣』。可見是後人偽作的了。

管子一書既不是真書，若用作管仲時代的哲學史料，便生出上文所說的三弊：（一）管仲本無這些學說，今說他有，便是張冠李戴，便是無中生有。（二）老子之前，忽然有心術白心諸篇那樣詳細的道家學說；孟子荀子之前數百年，忽然有內業那樣深密的儒家心理學；法家之前數百年，忽然有法法、明法、禁藏諸篇那樣發達的法治主義。若果然如此，哲學史便無學說先後演進的次序，竟變成了靈異記、神秘記了！（三）管仲生當老子孔子之前一百多年，已有那樣規模廣大的哲學。這與老子以後一步一步，循序漸進的思想發達史，完全不合。故認管子為真書，便把諸子學直接間接的淵源系統一齊推翻。

以上用管子作例，表示史料的不可不審定。讀古書的人，須知古書有種種作僞的理由。第一，有一種人實有一種主張，却恐怕自己的人微言輕，不見信用，故往往借用古人的名字。莊子所說的『寓言』，即是這一種借重古人的主張。康有爲稱這一種爲『託古改制』，極有道理。古人言必稱堯舜，只因爲堯舜年代久遠，可以由我們任意把我們理想中的制度一概推到堯舜的時代。即如黃帝內經假託黃帝，周髀算經假託周公，都是這個道理。韓非說得好：

孔子墨子俱道堯舜，而取舍不同，皆自謂堯舜。堯舜不復生，將誰使定儒墨之誠乎？（顯學篇）

正爲古人死無對證，故人多可隨意託古改制。這是作僞書的第一類。第二，有一種人爲了錢財，有意僞作古書。試看漢代求遺書的令，和諸王貴族求遺書的競爭心，便知作假書在當時定可發財。這一類造假書的，與造假古董的同一樣心理。他們爲的是錢，故東拉西扯，篇幅越多，越可多賣錢。故管子晏子春秋諸書，篇幅都極長。有時得了眞本古書，因爲篇幅太短，不能多得錢，故東拉西扯，增加許多卷數。如莊子韓非子都屬於此類。但他們的買主，大半是一些假充內行的收藏家，沒有眞正的賞鑒本領。故這一類的假書，於書中年代事實，往往不曾考校正碻。因此莊子可以見魯哀公，管子可以說西施。這是第二類的僞書。大概這兩類之中，第一類『託古改制』的書，往往有第一流的思想家在內。第二類『託古發財』的書，全是下流人才，思想既不高尙，心思又不精密，故最容易露出馬脚來。如周禮一書，是一種託古改制的國家組織法。我們雖可斷定他不是『周公致太平』之書，却不容易定他是什麼時代的人假造的。至於管子一類的書，說了作者死後的許多史事，便容易斷定了。（「

審定史料方法

審定史料之法　審定史料乃是史學家第一步根本工夫，西洋近百年來史學大進步，大半都由於審定史料的方法更嚴密了。凡審定史料的眞僞，須要有證據，方能使人心服。這種證據，大概可分五種：（此專指哲學史料。）

（一）史事　書中的史事，是否與作書的人的年代相符，卽可證那一書或那一篇是假的。如莊子見魯哀公，便太前了；如管仲說西施，便太後了。這都是作僞之證。

（二）文字　一時代有一時代的文字，不致亂用，作僞書的人，多不懂這個道理。故往往露出作僞的形迹來。如關尹子中所用字：『術咒』、『誦咒』、『役神』、『豆中攝鬼，杯中鈎魚，畫門可開，土鬼可語』、『嬰兒蘂女，……絳宮，青蛟白虎，寶鼎紅爐』，是道士的話。『石火』、『想』『識』、『五識並馳』、『尚自不見我，將何爲我所』，是佛家的話。這都是作僞之證。

（三）文體　不但文字可作證，文體也可作證。如管子那種長篇大論的文體，決不是孔子前一百多年所能作的。後人儘管仿古，古人決不仿今。如關尹子中，『譬犀望月，月影入角，特因識生，始有月形，而彼眞月，初不在角』；『又譬如水中之影，有去有來，所謂水者，實無去來』：這決不是佛經輸入以前的文體。不但一個時代有一個時代的文體，一個人也有一個人的文體如莊子中說劍、讓王、漁父、盜跖等篇，決不是莊周的文體。韓非子中主道揚搉（今作揚權）等篇和五蠹、顯學等篇，明是兩個人的文體。

（四）思想　凡能著書立說成一家言的人，他的思想學說，總有一個系統可尋，決不致有大相矛盾衝突之處。故看一部書裏的學說是否能連絡貫串也可幫助證明那書是否眞的是最淺近的例，如韓非子的第一篇，勸秦王攻韓，第二篇，勸秦王存韓。這是絕對不相容的。司馬光不仔細考察，便罵韓非請人滅他自己的祖國，死有餘辜，豈不是寃煞韓非了！大凡思想進化有一定的次序一個時代有一個時代的問題，卽有那個時代的思想如墨子裏經上下，經說上下、大取、小取等篇，所討論的問題，乃是墨翟死後百餘年纔發生的，決非墨翟時代所能提出。因此可知這六篇書決不是墨子自己做的。不但如此，大凡一種重要的新學說發生以後決不會完全沒有影響。若管仲時代已有管子書中的法治學說，決不會二三百年中沒最法治觀念的影響。又如關尹子說，『卽吾心中，可作萬物』；又說，『風雨雷電，皆緣氣而生。而氣緣心生。猶如內想大火，久之覺熱；內想大水，久之覺寒』。這是極端的萬物唯心論。若老子關尹子時代已有這種唯心論，決無毫不發生影響之理。周秦諸子竟無人受這種學說的影響，可見關尹子完全是佛學輸入以後的書，決不是周秦的書。這都是用思想來考證古書的方法。

（五）旁證　以上所說四種證據。史事、文字、文體、思想，皆可叫做內證。因這四種都是從本書裏尋出來的。還有一些證據，是從別書裏尋出的，故名爲旁證。旁證的重要，有時竟與內證等。如西洋哲學史家，考定柏拉圖（Plato）的著作，凡是他的弟子亞里士多德（Aristotle）書中所曾稱引的書，都定爲眞是柏拉圖的書。又如清代惠棟閻若璩諸人考證梅氏古文尚書之僞，所用方法，幾乎全是旁證。（看閻若璩古文尚書疏證、及惠棟古文尚書考。）又如荀子正論篇，引宋子曰：『明見侮之不辱，使人不鬭』。又曰：『人之情欲寡，（欲是動詞）而皆以己之情爲欲多，是過也』尹文子說：『見侮不辱，見推不矜，禁暴息兵，救世之鬭』。莊子天下篇合論宋鈃尹文的學說道：『見侮不辱，救民之鬭，禁攻寢兵，救世之戰』。又說：『以禁攻寢兵爲外，以情欲寡小爲內』。又孟子記宋鈃聽見秦楚交戰，便要去勸他們息兵。以上四條，互相印證，卽互爲旁證，證明宋鈃尹文實有這種學說。（「中國古代哲學史」）

愚與誣

今人談古代哲學，不但根據管子、列子、鬻子、晏子春秋、鶡冠子等書，認爲史料。甚至於高談『邃古哲學』、『唐虞哲學』，全不問用何史料。最可怪的是竟有人引列子天瑞篇『有太易，有太初，有太始』，一段，及淮南子『有始者，有未始有有始者』，一段，用作『邃古哲學』的材料說，這都是『古說而諸子述之。吾國哲學思想初萌之時，大抵其說卽如此！』（謝無量中國哲學史第一編第一章六頁。）這種辦法，似乎不合作史的方法。韓非說得好：

> 無參驗而必之者，愚也弗能必而據之者，誣也。故明據先王必定堯舜者，非愚卽誣也。（顯學篇）

參驗卽是我所說的證據。以現在中國考古學的程度看來，我們對於東周以前的中國古史，只可存一個懷疑的態度。至於『邃古』的哲學，更難憑信了。唐虞夏商的事實，今所根據，止有一部尚書。

但尙書是否可作史料，正難決定。梅賾僞古文，固不用說。卽二十八篇之『眞古文』，依我看來，也沒有信史的價値。如皋陶謨的『鳳皇來儀』、『百獸率舞』，如金縢的『天大雷電以風，禾盡偃，大木斯拔。……………王出郊，天乃雨，反風。禾則盡起。二公命邦人，凡大木所偃，盡起而築之，歲則大孰』。這豈可用作史料？我以爲尙書或是儒家造出的『託古改制』的書，是古代歌功頌德的官書，無論如何，沒有史料的價値古代的書，只有一部詩經可算得是中國最古的史料詩經小雅說：

十月之交，朔日辛卯，日有食之。

後來的歷史學家，如梁虞劆、隋張胄元、唐傅仁均、僧一行、元郭守敬，都推定此次日食在周幽王六年，十月，辛卯朔，日入食限。清朝閻若璩阮元推算此日食，也在幽王六年。近來西洋學者，也說詩經所記月日，（西歷紀元前七七六年八月二十九日）中國北部可見日蝕。這不是偶然相合的事，乃是科學上的鐵證。詩經有此一種鐵證，便使詩經中所說的國政、民情、風俗、思想，一一都有史料的價値了。至於易經更不能用作上古哲學史料。易經除去十翼，止賸得六十四個卦，六十四條卦辭，三百八十四條爻辭，乃是一部卜筮之書，全無哲學史料可說。故我以爲我們現在作哲學史，只可從老子孔子說起。用詩經作當日時勢的參考資料。其餘一切『無徵則不信』的材料，一概闕疑這個辦法，雖比不上別的史家的淵博，或可避免『非愚卽誣』的譏評了。（「中國古代哲學史」）

校勘

古書經了多少次傳寫，遭了多少兵火蟲魚之刼，往往有脫誤，損壞，種種缺點。校勘之學，便是補救這些缺點的方法。這種學問，從古以來，多有人研究，但總不如清朝王念孫、王引之、盧文弨、孫星衍、顧廣圻、兪樾、孫詒讓諸人的完密謹嚴，合科學的方法。孫詒讓論諸家校書的方法道，

綜論厥善，大氐以舊刊精校爲據依，而究其微恉，通其大例，精研博考，不參成見。其諟正文字譌舛，或求之於本書，或旁證之他籍，及援引之類書，而以聲類通轉爲之錧鍵。（札迻序。）

大抵校書有三種根據：（一）是舊刊精校的古本例如：荀子解蔽篇『不以已所臧害所將受』。宋錢佃本、元刻本、明世德堂本，皆作『所已臧』，可據以改正。（二）是他書或類書所援引例如：荀子天論篇『脩道而不貳』。王念孫校曰：『脩當爲循。貳當爲貣字之誤也。貣與忒同。……羣書治要作循道而不忒』。（三）是本書通用的義例例如：墨子小取篇，『辟也者。舉也物而以明之也』。畢沅刪第二『也』字，便無意思。王念孫說：『也與他同。舉他物以明此物，謂之譬。……墨子書通以也爲他。說見備城門篇』。這是以本書的通例作根據。又如小取篇說：『此與彼同類，世有彼而不自非也。墨者有此而非之，無故也焉』。王引之曰：『無故也焉，當作無也故焉。也故即他故。下文云，此與彼同類，世有彼而不自非也。墨者有此而罪非之，無也故焉。文正與此同』。這是先用本篇構造相同的文句，來證『故也』當作『也故』；又用全書以也爲他的通例，來證『也故』即『他故』。（「中國古代哲學史」一）

校勘之學

校勘古籍，最非易事。蓋校書者上對著者下對讀者須負兩重責任，豈可輕率從事耶？西方學者治此學最精。其學名 Textual Criticism。今擷其學之大要，作校書略論。

（一）求古本。　愈古愈好。

(1)寫本（印書發明之前之書）。

(2)印本（印書發明之後之書）。

若古本甚衆而互有異同，當比較之而定其傳授之次序，以定其何本爲最古。其律曰：

凡讀法相同者，大概爲同源之本。

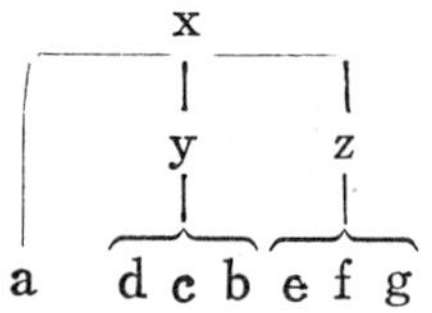

今爲例以明之。如某書今有七本互爲異同。七本之中，第一本（a）與他本最不同，其次三種（b c d）最相同，又次三種（e f g）最相同。如此，可假定此七本所出蓋本於三種更古之本（如圖）。若以b c d三本相同之處寫爲一本，則得y本更以e f g相同之處寫爲一本，則得z本。更以y z a三本相同之處寫爲一本，則得x本x本未必卽爲原本，然其爲更古於a b c d e f g七本則大概可無疑也。

x
y　z　a
d c b　e f g

（二）求旁證。

(1)叢鈔之類。　如馬總意林，及北堂書鈔，羣書治要，太平御覽之類。

(2)引語。　如吾前據淮南子所引『美言可以市尊，美行可以加人』，以正王弼本老子『美言可以市，尊行可以加人』是也。

(3)譯本。

(三)求致誤之故。

(甲)外部之傷損：

(1)失葉。

(2)錯簡。

(3)漶滅。

(4)蟲蛀。

(5)殘壞。

(乙)內部之錯誤：

(1)細誤。

(a)形似而誤。　如墨經『𢜔』誤『恕』，『字』誤『守』，『字』誤『宇』，『家』誤『家』是也。

(b)損失筆畫。　如吾前見敦煌錄中『昌』作『𣅀』，『害』作『宮』之類。

(c)損失偏旁。

(2) 脫字。

(a) 同字相重誤脫一字。

(b) 同字異行，因而致誤。如兩行皆有某字，寫者因見下行之字而脫去兩字之間諸文。

(c) 他種脫文。

(3) 重出。

(4) 音似而誤。

(5) 義近而誤。

(6) 避諱。　如老子之『邦』字皆改爲『國』，遂多失韻。

(7) 字倒。

(8) 一字誤爲作兩字。

(9) 兩字誤寫成一字。

(10) 句讀之誤（文法解剖之誤。）　如老子『信不足，焉有不信』，『焉』作『乃』解。後人誤讀『信不足焉』爲句，又加『焉』字於句末。（見王氏讀書志餘）

(11) 衍文、（無意之中誤羨）

(12) 連類而誤。　寫者因所讀引起他文，因而致誤。

(13) 旁收而誤。　旁收者，誤將旁注之字收作正文也。例如老子三十一章注與正文混合爲一，今不知何者爲注爲正文矣。又如孟子『必有事焉而勿正心勿忘勿助長也』。或謂『勿正心』乃『勿忘』之誤，此一字誤作兩字之例也。吾以爲下『勿忘』兩字，乃旁收之誤。蓋校者旁注『勿忘』二字，以示『勿正心』三字當如此讀法。後之寫者，遂並此鈔入正文耳。

(14) 章句誤倒。 此類之誤，大概由於校書者注舊所捝誤於旁。後之寫者不明所注應入何處，遂顚倒耳。

(15) 故意增損改竄。 此類之誤，皆有所爲而爲之。其所爲不一：

(a) 忌諱。 如滿淸時代刻書恆去胡虜諸字。又如歷代廟諱皆用代字（上文6）。

(b) 取義。 寫者以意改竄，使本文可讀而不知其更害之也（上文10）。

(c) 有心作僞。

校書以得古本爲上策。求旁證之範圍甚小，收效甚少。若無古本可據，而惟以意推測之，則雖有時亦能巧中，而事倍功半矣。此下策也。百餘年來之考據學，皆出此下策也。吾雖知其爲下策，而今日尙無以易之。歸國之後，當提倡求古本之法耳。（「胡適留學日記」）

中國校勘學

縱觀中國古來的校勘學所以不如西洋，甚至於不如日本，其原因我已說過，都因爲刻書太早，古寫本保存太少；又因爲藏書不公開，又多經劫火，連古刻本都不容易保存。古本太缺乏了，科學的校勘學自不易發達。王念孫、段玉裁用他們過人的天才與功力，其最大成就只是一種推理的校勘學而已。推理之最精者，往往也可以補版本的不足。但校讎的本義在於用本子互勘，離開本子的搜求而費精力於推敲，終不是校勘學的正軌。我們試看日本佛教徒所印的私教書院的大藏經及近年的大正新修大藏經的校勘工作，就可以明白推理的校勘不過是校勘學的一個支流，其用力甚勤而所得終甚微細。

（「校勘學方法論」）

訓詁

古書年代久遠，書中的字義，古今不同。宋儒解書，往往妄用己意，故常失古義。清代的訓詁學，所以超過前代，正因爲戴震以下的漢學家，註釋古書，都有法度，都用客觀的佐證，不用主觀的猜測。三百年來，周秦兩漢的古書所以可讀，不單靠校勘的精細，還靠訓詁的謹嚴。今述訓詁學的大要，約有三端：（一）根據古義或用古代的字典，（如爾雅說文廣雅之類。）或用古代箋註，（如詩的毛鄭如淮南子的許高。）作根據。或用古書中相同的字句作印證。今引王念孫讀書雜記餘編上一條爲例：

老子五十三章，『行於大道，唯施是畏』。王弼曰：『唯施爲之是畏也。』河上公注略同。念孫按二家以『施爲』釋施字，非也。施讀爲迆。迆，邪也。言行於大道之中，唯懼其入於邪道也。……說文，『迆，衺行也』。引禹貢『東迆北會於匯』。孟子離婁篇『施從良人之所之』。趙注『施者：邪施而行』。丁公著音迆。淮南齊俗篇『去非者，非批邪施也』。高注曰：『施，微曲也』。要略篇

『接徑直施』。高注曰：『施，邪也』。是施與池通。史記賈生傳『庚子日施兮』漢書施作斜。斜亦邪也。韓子解老篇釋此章之義曰：『所謂大道也者，端道也。所謂貌施也者，邪道也』。此尤其明證矣。這一則中引古字典一條，古書類似之例五條，古注四條。這都是根古義的注書法。(二)根據文字假借聲類通轉的道理古字通用，全由聲音。但古今聲韵有異，若不懂音韵變遷的道理，便不能領會古字的意義。自顧炎武，江永，錢大昕，孔廣森諸人以來，音韵學大興。應用於訓詁學，收效更大。今舉二例。易繫辭傳『旁行而不流』。又乾文言『旁通情也』。舊注多解旁爲邊旁。王引之說：『旁之言溥也，徧也。說文「旁，溥也」。旁溥徧一聲之轉。周官男巫曰：「旁招以茅」，謂徧招於四方也。月令曰：「命有司大難，旁磔，」亦謂徧磔於四方也。……楚語曰：武丁使以夢象「旁求四方之賢」，謂徧求四方之賢也』。又書堯典，『湯湯洪水方割』：微子『小民方興，相爲敵讎』；立政『方行天下，至于海表』；呂刑『方告無辜於上』。舊說方字都作四方解。王念孫說『方皆讀爲旁。旁之言溥也，徧也。說文曰：「旁，溥也。」旁與方古字通。堯典『共工方鳩僝功、』史記引作旁。皋陶謨『方施象刑惟明、』新序引作旁。商頌「方命厥后」，鄭箋曰：「謂徧告諸侯」。是方爲徧也……「方告無辜於上」，論衡變動篇引此，方作旁，旁亦徧也』以上兩例，說方旁兩字皆作溥徧解。今音讀方爲輕脣音，旁爲重脣音。不知古無輕脣音，故兩字同音，相通。與溥字徧字，皆同紐之字。這是音韵學幫助訓詁學的例。(三)根據文法的研究古人講書最不講究文法上的構造。往往把助字，介字，連字，狀字，等都解作名字代字等等的實字。清朝訓詁學家最講究文法的，是王念孫王引之父子兩人。他們的經傳釋詞，用歸納的方法，比較同類的例句，尋出各字的文法上的作用，可算得馬氏文通之前的一部文法學要書。這種研究法，在訓詁學上，別開一新天地。今舉一例如下：

老子三十一章，『夫佳兵者不祥之器』。釋文『佳，善也』。河上云：『飾也』。念孫案，善飾二訓，皆於義未安。……今案佳字當作隹，字之誤也。隹，古唯字也。唯兵爲不祥之器，故有道者不處。上言『夫唯』，下言『故』，文義正相承也。八章云：『夫唯不爭，故無尤』。十五章云：『夫唯不可識，故强爲之容』。又云：天唯不盈。故能蔽不新成。』二十二章云：『夫唯不爭，故天下莫能與之爭』。皆其證也。古鐘鼎文，唯字作隹。石鼓文亦然。又夏竦古文四聲韻載道德經唯字作厓。据此則今本作唯者，皆後人所改。此隹字若不誤爲佳，則後人亦必改爲唯矣。王念孫讀書雜誌餘篇上。

以上所述三種根據，乃是詁訓學的根本方法。（「中國古代哲學史」）

訓詁之學

考據之學，其能卓然有成者，皆其能用歸納之法，以小學爲之根據者也。王氏父子之經傳釋詞讀書雜記，今人如章太炎，皆得力於此。吾治古籍，盲行十年，去國以後，始惜前此不得塗徑。辛亥年作詩經言字解，已倡『以經說經』之說，以爲當廣求同例，觀其會通，然後定其古義。吾自名之曰『歸納的讀書法』。其時尚未見經傳釋詞也。後稍稍讀王氏父子及段（玉裁）孫（仲容）章諸人之書，始知『以經說經』之法，雖已得塗徑，而不得小學之助，猶爲無用也。兩年以來，始力屏臆測之見，每立一說必求其例證。例證之法約有數端：

（一）引據本書　如以墨子證墨子，以詩說詩。

（二）引據他書　如以莊子荀子證墨子。

（三）引據字書　如以說文爾雅證墨子。（「胡適留學日記」）

貫通

上文說整理哲學史料之法，已說兩種。校勘是書的本子上的整理，訓詁是書的字義上的整理。沒有校勘，我們定讀誤書；沒有訓詁，我們便不能懂得書的眞意義。這兩層雖極重要，但是作哲學史還須有第三層整理的方法。這第三層，可叫做『貫通』。貫通便是把每一部書的內容要旨融會貫串，尋出一個脈絡條理，演成一家有頭緒有條理的學說宋儒注重貫通，漢學家注重校勘訓詁。但是宋儒不明校勘訓詁之學，（朱子稍知之而不甚精。）故流於空疏，流於臆說。清代的漢學家，最精校勘訓詁，但多不肯做貫通的工夫，故流於支離碎瑣。校勘訓詁工夫，到了孫詒讓的墨子閒詁，可謂最完備了。（此書尚多缺點、此所云最完備、乃比較之辭耳）但終不能貫通全書，述墨學的大恉。到章太炎方纔於勘訓詁的諸子學之外，別出一種有條理系統的諸子學。太炎的原道，原名，明見，原墨，訂孔，原法，齊物論釋，都屬於貫通的一類。原名，明見，齊物論釋，三篇，更爲空前的著作。今細看這三篇，所以能如此精到，正因太炎精於佛學，先有佛家的因明學，心理學，純粹哲學，作爲比較印證的材料，故能融會貫通，於墨翟，莊周，惠施，荀卿的學說裏面，尋出一個條理系統。於此可見整理哲學史料的第三步，必須於校勘訓詁之外，還要有比較參考的哲學資料。爲什麼呢？因爲古代哲學去今太遠，久成了絕學。當時發生那些學說的特別時勢，特別原因現在都沒有了。當時討論最激烈的問題，現在都不成問題了。當時通行的學術名詞，現在也都失了原意了。但是別國的哲學史上，有時也曾發生那些問題，也曾用過那些名詞，也曾產出大同小異或小同大異的學說。我們有了這種比較參考的材料，往往能互助印證，互相發明。今舉一個極顯明的例。墨子的經上下，經說上下，大取，小取六篇，從魯勝以後幾乎無人研究。到了近幾十年之中，有些人懂得幾何算學了；方纔知道那幾篇裏有幾何算學的道理。後來有些人懂得光學力學了，方纔知道那幾篇裏又有光學力學的道理。後來有些人懂得印度的名學心理學了，方纔知道這幾篇裏又有名學知識論的道理。到了今日，這幾篇二千年沒人過問的書，竟成中國古代的第一部奇書了！我做這部哲學史的最大奢望，在於把各家的哲學融會貫通，要使他們各成有頭緒條理的學說。我所用的比較參證的材料，便是西洋的哲學但是我雖用西洋哲學作參考資料，並不以爲中國古代也有某種學說，便可以自誇自喜。做歷史的人，千萬不可存一毫主觀的成見。須知東西的學術思想的互相印證，互相發明，至多不過可以見得人類的官能心理大概相同，故遇著大同小異的境地時勢，便會產出大同小異的思想學派。東家所有，西家所無，只因爲時勢境地不同，西家未必不如東家，東家也不配誇炫於西家。何況東西所同有，誰也不配誇張自豪。故本書的主張，但以爲我們若想貫通整理中國哲學史的史料，不可不借用別系的哲學，作一種解釋演述的工具。此外別無他種穿鑿附會，發揚國光，自己誇耀的心。（「

論考據學

唐宋的進士登第後，大多數分發到各縣去做主簿縣尉，使他們都可得着判斷獄訟的訓練。程子（顥）朱子都在登進士第後作過主簿。聰明的人，心思細密的人，往往可以從這種簿書獄訟的經驗裏得着讀書治學的方法，也往往可以用讀書治學的經驗來幫助聽訟折獄。因爲這兩種工作都得用證據來判斷事情。

讀書窮理方法論是小程子建立的，是朱子極力提倡的。小程子雖然沒有中進士，不曾有過聽訟折獄的經驗，然而他寫他父親程珦的家傳，哥哥程顥的行狀，和「家世舊事」，都特別記載他家兩代判斷疑獄的故事。他記大程子在鄠縣主簿任內判決窖錢一案，方法與張淏判的楮幣案相同；又記載大程子宰晉城時判決冒充父親一案，方法與張淏判的陶龍圖案相同。讀書窮理的哲學出於善斷疑獄的程氏家庭，似乎不是偶然的。

中國考證學的風氣的發生，遠在實驗科學發達之前。我常推想，兩漢以下文人出身做親民之官，必須料理民間訴訟，這種聽訟折獄的經驗是養成考證方法的最好訓練。試看考證學者常用的名詞，如「證據」，「左證」，「左驗」，「勘驗」，「推勘」，「比勘」，「質證」，「斷案」，「案驗」都是法官聽訟常用的名詞，都可以指示考證學與刑名訟獄的歷史關係。所以我相信文人審判獄訟的經驗大概是考證學的一個比較最重要的來源。

無論這般歷史淵源是否正確，我相信考證學在今日還應該充分參考法庭判案的證據法。獄訟最關繫人民的財產生命，故向來讀書人都很看重這種責任。如朱子說的：

天下事最大而不可輕者，無過於兵刑。……獄訟面前分曉事易看。其情僞難通，或旁無左證，各執兩說，繫人性命處，須吃緊思量，或疑有誤也。

我讀乾隆嘉慶時期有名的法律汪輝祖的遺書，看他一生辦理訴訟，眞能存十分敬慎的態度。他說：「辦案之法，不惟入罪宜慎，卽出罪亦宜慎。」他一生做幕做官，都盡力做到這「慎」字。

但是文人做歷史考據，往往沒有這種敬慎的態度，往往不肯把是非眞僞的考證看作朱子說的「繫人性命處，須吃緊思量」。因爲文人看輕考據的責任，所以他們往往不能嚴格的審查證據，也往往不能敬慎的運用證據。證據不能敬慎的使用，則結論往往和證據不相干。這種考據，儘管堆上百十條所謂「證據」，只是全無價値的考據。

近百年中，號稱考證學風氣流行的時代，文人輕談考據，不存敬慎的態度，往往輕用考證的工具，造成誣枉古人的流言。有人說，戴東原偸竊趙東潛（一淸）的水經注釋。又有人說，戴東原偸竊全謝山的校本。有人說，馬國翰的玉函山房輯佚書是偸竊章宗源的原稿。又有人說，嚴可均全上古三代秦漢三國兩晉六朝文章是攘奪孫星衍的原稿。

說某人作賊，是一件很嚴重的刑事控訴。爲什麼這些文人會這樣輕率的對於已死不能答辯的古人提出這樣嚴重的控訴呢？我想來想去，只有一個答案：根本原因在於中國考證學還缺乏自覺的任務與自覺的方法。任務不自覺，所以考證學者不感覺他考訂史實是一件最嚴重的任務，是爲千秋百世考定歷史是非眞僞的大責任。方法不自覺，所以考證學者不能發覺自己的錯誤，也不能評判自己的錯誤。

做考證的人，至少要明白他的任務有法官斷獄同樣的嚴重，他的方法也必須有法官斷獄同樣的謹嚴，同樣的審愼。

近代國家「證據法」的發達，大致都是由是允許兩造辯護人各有權可以駁斥對方提出的證據。因爲有對方的駁斥，故假證據與不相干的證據都不容易成立。

考證學者閉門做歷史考據，沒有一個對方辯護人站在面前駁斥他提出的證據，所以他往往不肯嚴格的審查他的證據是否可靠，也往往不肯敬愼的考問他的證據是否關切，是否相干。考證方法所以遠不如法官判案的謹嚴，主要原因正在缺乏一個自覺的駁斥自己的標準。

所以我提議：凡做考證的人，必須建立兩個駁問自己的標準：第一要問，我提出的證人證物本身可靠嗎？這個證人有作證的資格嗎？這件證物本身沒有問題嗎？第二要問，我提出這個證據的目的是要證明本題的那一點？這個證據足够證明那一點嗎？

第一個駁問是要審查某種證據的眞實性。第二個駁問是要扣緊證據對本題的相干性。（「考據學的責任與方法」）

考證方法與思想訓練

在這篇文字裏，我又略述考證的方法，我說：

我們對於『證據』的態度是：一切史料都是證據。但史家要問：

（1）這種證據是在什麼地方尋出的？

（2）什麼時候尋出的？

（3）什麼人尋出的？

（4）依地方和時候上看起來，這個人有做證人的資格？

（5）這個人雖有證人資格，而他說這句話時有作僞（無心的，或有意的）的可能嗎？

紅樓夢考證諸篇只是考證方法的一個實例。我說：

我覺得我們做紅樓夢的考證，只能在『著者』和『本子』兩個問題上着手；只能運用我們力所能搜集的材料，參考互證，然後抽出一些比較的最近情理的結論。這是考證學的方法。我在這篇文章裏，處處想撇開一切先入的成見，處處存一個搜求證據的目的，處處尊重證據，讓證據做嚮導，引我到相當的結論上去。

這不過是赫胥黎、杜威的思想方法的實際應用。我的幾十萬字的小說考證，都只是用一些『深切而著明』的實例來教人怎樣思想。

試舉曹雪芹的年代一個問題作爲實例。民國十年，我收得了一些證據，得着這些結論：

我們可以斷定曹雪芹死於乾隆三十年左右。（約西曆一七六五）。……我們可以猜想雪芹大約生於康熙末葉，（約一七一五—一七二〇）。當他死時，約五十歲左右。

民國十一年五月，我得着了四松堂集的原本。見敦誠輓曹雪芹的詩題下注『甲申』二字，又詩中有『四十年華』的話，故修正我的結論如下：

曹雪芹死於乾隆二十九年甲申（一七六四），……他死時只有『四十年華』，我們可以斷定他的年紀不能在四十五歲以上。假定他死時年四十五歲，他的生時當康熙五十八年（一七一九）。

但到了民國十六年，我又得了脂硯齋評本石頭記，其中有『壬午除夕，書未成，芹爲淚盡而逝』的話。壬午爲乾隆二十七年，除夕當西曆一七六三年二月十二日，和我七年前的斷定（『乾隆三十年左右，約西曆一七六五』）只差一年多。又假定他活了四十五歲，他的生年大概在康熙五十六年（一七一七），這也和我七年前的猜測正相符合。

考證兩個年代，經過七年的時間，方才得着證實。證實是思想方法的最後又最重要的一步。不曾證實的理論，只可算是假設；證實之後，才是定論，才是眞理。我在別處（文存三集，頁一七〇—一七一）。說過：

我爲什麼要考證紅樓夢？

在消極方面，我要教人懷疑王夢阮、徐柳泉一班人的謬說。

信。

在積極方面，我要敎人一個思想學問的方法。我要敎人疑而後信，考而後信，有充分證據而後信。

我爲什麼要替水滸傳作五萬字的考證？我爲什麼要替廬山一個塔作四千字的考證？

我要敎人知道學問是平等的，思想是一貫的。……肯疑問『佛陀耶舍究竟到過廬山沒有』的人，方才肯疑問『夏禹是神是人』。有了不肯放過一個塔的眞僞的思想習慣，方才敢疑上帝的有無。

少年的朋友們，莫把這些小說考證看作我敎你們讀小說的文字。這些都只是思想學問的方法的一些例子。在這些文字裏，我要讀者學得一點科學精神，一點科學態度，一點科學方法。科學精神在於尋求事實，尋求眞理。科學態度在於撇開成見，擱起感情，只認得事實，只跟着證據走。科學方法只是『大膽的假設，小心的求證』十個字。沒有證據，只可懸而不斷；證據不够，只可假設，不可武斷；必須等到證實之後，方才奉爲定論。

少年的朋友們，用這個方法來做學問，可以無大差失；用這種態度來做人處事，可以不至於被人蒙着眼睛牽着鼻子走。（「介紹我自己的思想」）

不受人惑

從前禪宗和尙曾說，『菩提達摩東來，只要尋一個不受人惑的人』。我這裏千言萬語，也只是要敎人一個不受人惑的方法。被孔丘、朱熹牽着鼻子走，固然不算高明，被馬克思、列寧、史大林牽着鼻子走，也算不得好漢。我自己決不想牽着誰的鼻子走。我只希望盡我的微薄的能力，教我的少年朋友們學一點防身的本領，努力做一個不受人惑的人。（「介紹我自己的思想」）

考據方法與宗教信仰

在民國六年我在北京大學開講中國哲學史之前，中國哲學是要從伏羲、神農、黃帝、堯舜講起的。據顧頡剛先生的記載，我第一天講中國哲學史從老子孔子講起，幾乎引起了班上學生的抗議風潮！後來蔡元培先生給這本書寫序，他還得特別提出「從老子孔子講起」這一點，說是「截斷衆流」的手段。其實他老人家是感覺到他應該說幾句話替我辯護這一點。

四十年來，有些學者們好像跑在我的前面去了。他們要進一步，把老子那個人和老子那部書都推翻，都移後兩三百年。他們講中國哲學思想，要從孔子講起。馮友蘭先生的中國哲學史就是這樣辦的。馮先生的書裏先講了孔子、墨子、孟子、楊朱、陳仲子、許行、告子、尹文、宋牼、彭蒙、田駢、愼到、騶衍及其他陰陽五行家言，——到了第八章才提出「老子及道家中之老學」。馮先生說：

老子一書，……係戰國時人所作。關於此說之證據，前人已詳擧，（原注：參看崔東壁洙泗考信錄，汪中老子考異，梁啓超評胡適之中國哲學史大綱）玆不贅述。就本書中所述關於上古時代學術界之大概情形觀之，亦可見老子爲戰國時之作品。蓋一則孔子以前無私人著述之事，故老子不能早於論語。二則老子之文體非問答體，故應在論語孟子後。三則老子之文爲簡明之「經」體，可見其爲戰國時之作品。此三端及前人所已擧之證據，若任擧其一，則不免有爲邏輯上所謂「丐詞」(Begging the question)之嫌。但合而觀之，則老子之文體學說，及各方面之旁證，皆指明其爲戰國時之作品，此則必非偶然矣。(馮友蘭中國哲學史民國三十六年增訂八版，頁二一〇)。

馮先生擧出的證據實在都不合邏輯，都不成證據。我曾對他說：

…………積聚了許多「邏輯上所謂『丐辭』，」居然可以成爲定案的證據！這種考據方法，我不能不替老子和老子書喊一聲「青天大老爺，小的有寃枉上訴」！聚蚊可以成雷，但究竟是蚊不是雷。證人自己承認的「丐辭」，究竟是「丐辭」，不是證據。

這是我在二十五年前說的話。我到今天，還沒有看到這班懷疑的學人提出什麼可以叫我心服的證據。所以我到今天還不感覺我應該把老子這個人或老子這部書挪移到戰國後期去。(留心這個問題的人，可以看看我的「評論近人考據老子年代的方法」及附錄。這些文字收在胡適論學近著，頁一〇三以下；即臺北版胡適文存四集，頁一〇四以下)。

二三十年過去了，我多吃了幾擔米，長了一點經驗。有一天，我忽然大覺大悟了！我忽然明白：這個老子年代的問題原來不是一個考證方法的問題，原來只是一個宗教信仰的問題！像馮友蘭先生一類的學者，他們誠心相信，中國哲學史當然要認孔子是開山老祖，當然要認孔子是「萬世師表」。在這個誠心的宗教信仰裏，孔子之前當然不應該有一個老子。在這個誠心的信仰裏，當然不能承認有一個跟着老聃學禮助葬的孔子。

試看馮友蘭先生如何說法：

……在中國哲學史中，孔子實佔開山之地位。後世尊爲惟一師表，雖不對而亦非無由也。以此之故，哲學史自孔子講起。（馮友蘭中國哲學史，頁二九）

懂得了「雖不對而亦非無由也」的心理，我才恍然大悟：我在二十五年前寫幾萬字的長文討論「近人考據老子年代的方法」眞是白費心思，白費精力了。（「中國古代哲學史臺北版自記」）

歸納法

平常論理學書裏說歸納法是『從個體的事實裏求出普遍的法則來』的方法。但是這句話是很含糊的，並且是很有弊病的。因爲沒有下手的方法，故是含糊的。因爲容易使人誤解歸納的性質，故有弊病。宋朝的哲學家講『格物』，要人『卽物而窮其理』。初看去，這也是『從個體的事實裏求出普遍的法則』的歸納法了。後來王陽明用這法子去格庭前的竹子，格了七天，格不出什麼道理來，自己反病倒了。這件事很可使我們覺悟：單去觀察個體事物，不靠別的幫助，便想從個體事物裏抽出一條通則來，是很不容易做到的事，也許竟是不可能的事。從前中國人用的『書讀千遍，其義自見』的笨法，便是這一類的笨歸納。（「國語文法概論」）

歸納和演繹

這種方法，先搜集許多同類的例，比較參看，尋出一個大通則來：完全是歸納的方法。但是以我自己的經驗看起來，這種方法實行的時候，決不能等到把這些同類的例都收集齊了，然後下一個大斷案。當我們尋得幾條少數同類的例時，我們心裏已起了一種假設的通則。有了這個假設的通則，若再遇着同類的例，便把已有的假設去解釋他們，看他能否把所有同類的例都解釋的滿意。這就是演繹的方法了。演繹的結果，若能充分滿意，那個假設的通則便成了一條已證實的定理。這樣的辦法，由幾個（有時只須一兩個）同類的例引起一個假設，再求一些同類的例去證明那個假設是否眞能成立：這是科學家常用的方法。假設的用處就是能使歸納法實用時格外經濟，格外省力。凡是科學上能有所發明的人，一定是富於假設的能力的人。宋儒的格物方法所以沒有效果，都因爲宋儒既想格物，又想『不役其知』。不役其知就是不用假設，完全用一種被動的態度。那樣的用法，決不能有科學的發明。因爲不能提出假設的人，嚴格說來，竟可說是不能使用歸納方法。爲什麼呢？因爲歸納的方法並不是教人觀察『凡天下之物』，並不是教人觀察亂七八糟的個體事物；歸納法的眞義在於教人『舉例』，在於使人於亂七八糟的事物裏面尋出一些『類似的事物』。當他『舉例』時，心裏必已有了一種假設。如錢大昕舉沖、中、陟、直、趙、竺……等字時，他先已有了一種『類』的觀念，先有了一種假設。不然，他爲什麼不舉別的整千整萬的字呢？又如王氏講『焉』字的例，他若先沒有一點假設，爲什麼單排出這些句中和句首的『焉』字呢？漢學家的長處就在他們有假設通則的能力。因爲有假設的能力，又能處處求證據來證實假設的是非，所以漢學家的訓詁學有科學的價值。道光年間有個方東澍做了一部漢學商兌，極力攻擊漢學家，但他對於高郵王氏的經義述聞，也不能不佩服，不能不說『實足令鄭、朱俛首，自漢、唐以來未有其比』。這可見漢學家的方法精密，就是宋學的死黨也不能不心服了。（「清代學者的治學方法」）

漢學方法

中國舊有的學術，只有清代的『樸學』確有『科學』的精神。『樸學』一個名詞包括甚廣，大要可分四部分：

（1）文字學（Philology）。包括字音的變遷，文字的假借通轉等等。

（2）訓詁學。訓詁學是用科學的方法，物觀的證據，來解釋古書文字的意義。

（3）校勘學（Textual Criticism）。校勘學是用科學的方法來校正古書文字的錯誤。

（4）考訂學（Higher Crticism）。考訂學是考定古書的眞僞，古書的著者，及一切關於著者的問題的學問。

因爲範圍很廣，故不容易尋一個總包各方面的類名。『樸學』又稱爲『漢學』，又稱爲『鄭學』。這些名詞都不十分滿人意。比較起來，『漢學』兩個字雖然不妥，但很可以代表那時代的歷史背景。

『漢學』是對於『宋學』而言的。因爲當時的學者不滿意於宋代以來的性理空談，故抬出漢儒來，想壓倒宋儒的招牌。因此，我們暫時沿用這兩個字。

『漢學』這個名詞很可表示這一派學者的公同趨向。這個公同趨向就是不滿意於宋代以來的學者用主觀的見解來做考古學問的方法。這種消極方面的動機，起於經學上所發生的問題；後來方才漸漸的擴充，變成上文所說的四種科學。現在且先看漢學家所攻擊的幾種方法：

(1) 隨意改古書的文字。

(2) 不懂古音，用後世的音來讀古代的韻文，硬改古音爲『叶音』。

(3) 增字解經。例如解『知致』爲『致良知』。

(4) 望文生義。例如論語『君子恥其言而過其行』，本有錯誤，故『而』字講不通；宋儒硬解爲『恥者，不敢盡之意；過者，欲有餘之辭』。却不知道『而』字是『之』字之誤。(皇侃本如此)。

這四項不過是略擧幾個最大的缺點。現在且擧漢學家糾正這種主觀的方法的幾個例。唐明皇讀尚書洪範『無偏無頗，遵王之義』，覺得下文都協韻，何以這兩句不協韻，於是下敕改『頗』爲『陂』使與義字協韻。顧炎武研究古音，以爲唐明皇改錯，因爲古音『義』字本讀爲我，故與頗字協韻。他擧易象傳『鼎耳革，失其義也；覆公餗，信如何也』又禮記表記『仁者，古也；道者，左也；仁者，人也；道者，義也』證明義字本讀爲我，故與左字，何字，頗字協韻。

又易小過上六，『弗遇過之，飛鳥離也』。朱子說當作『弗過遇之』。顧炎武引易離九三，『日昃之離，不鼓缶而歌，則大耋之嗟』，來證明『離』字古讀如羅，與過字協韻，本來不錯。

『望文生義』的，例如老子『行於大道，唯施是畏』，王弼河與上公都把『施』字當作『施爲』解。王念孫證明『施』字當讀爲『迆』作邪字解。他舉的證據甚多：（1）孟子離婁，『施從良人之所之』。趙岐注，『施者，邪施而行』。丁公著音迆。(2)淮南齊俗訓，『去非者，非批邪施也』。高誘注，『施，微曲也』。（3）淮南要略，『接徑直施』。高注，『施，邪也』。以上三證，證明施與迆通；說文說，『迆，衺行也』。（4）史記賈生傳，『庚子日施兮』，漢書寫作『日斜兮』。（5）韓非子的解老篇解老子這一章，也說，『所謂大道也者，端道也。所謂貌施也者，邪道也』。以上兩證，證明施字作邪字解。這種考證法還不令人心服嗎？

這幾條隨便舉出的例可以表示漢學家的方法。他們的方法的根本觀念可以分開來說：說——

（1）研究古書，並不是不許人有獨立的見解，但是每立一種新見解，必須有物觀的證據。

（2）漢學家的『證據』完全是『例證』。例證就是舉例爲證。看上文所舉的三件事，便可明白『例證』的意思了。

（3）舉例作證是歸納的方法。舉的例不多，便是類推（Analogy）的證法。舉的例多了，便是正當的歸納法（Induction）了。類推與歸納，不過是程度的區別，其實他們的性質是根本相同的。

（4）漢學家的歸納手續不是完全被動的，是很能用『假設』的。這是他們和朱子大不相同之處。他們所以能舉例作證，正因爲他們觀察了一些個體的例之後，腦中先已有了一種假設的通則，然後用這通則包涵的例來證同類的例。他們實際上是用個體的例，精神上實在是把這些個體的例所代表的通則，演繹出來。故他們的方法是歸納和演繹同時並用的科學方法。如上文所擧的第一件事，顧炎武研究了許多例，得了『凡義字古音皆讀爲我』的通則。這是歸納。後來他遇着『無偏無頗，遵王之義』，一個例，就用這個通則來解釋他，說這個義字古音讀爲我，故能與頗字協韻。這是通則的應用，是演繹法。既是一條通則，應該總括一切『義』字，故必須擧出這條『義讀爲我』的例，來證明這條『假設』的確是一條通則。印度因明學的三支，有了『喻體』（大前提），還要加上一個『喻依』（例），就是這個道理。（「清代學者的治學方法」）

論漢學方法之書

論漢學方法之書，最要者莫如下列諸籍：

(一)段玉裁與諸同志論校書之難書。（經韻樓集）。

(二)王引之經義述聞卷廿九—三十，通說上下。

(三)王引之經傳釋詞。

(四)閻若璩古文尙書疏證（一百廿八卷）。

惠棟古文尙書（考二卷）。

(五)兪樾古書疑義擧例。

（六）章炳麟國故論衡。（「胡適留學日記」）

漢學運動

當日的南方大師，正在做一種大規模的運動；這種運動，因爲缺乏確當的名稱，我們姑且叫牠做『漢學運動』。漢學運動的目的，也可以說是要『正僞書之附會，闢衆說之謬誣』。但他們攻擊的對象，乃是宋儒，不是秦漢百家之言。他們要『正』的，是太極圖說，皇極經世一類的書；他們要『闢』的，是宋儒自出新意的種種經解。他們的方法也可以說是『先儒箋註，必求其語所本而細核之』；但他們所求的『本』，乃是爾雅，說文解字，廣雅一類的古辭書和兩漢魏晉間人的古訓詁。他們也想『反而求之六經』但他們知道直接回到六經是無用的，結果必至於『望文生義』，用主觀的見解來解釋古書。所以他們不用直接回到六經的方法，而採用間接的方法：他們想從漢儒間接回到六經。

在這一點上，我們可以看崔述是否代表『時代的精神』。在精神一方面，崔述和漢學運動是很一致的：同是『考信』的精神。在方法的方面，便不同了：漢學運動走的路是間接的，崔述是直接的：漢學運動想假道於漢儒以至六經，而崔述要推翻秦漢百家言以直接回到六經。漢學運動因爲不滿意於宋儒，所以回頭去推崇漢儒；崔述因爲不信任漢儒，所以崇拜宋儒疑古辨僞的精神而意願爲他們作後繼的援助。崔述父子都是宋學，而且都是宋學中的朱學。

『漢學』和『宋學』，表面上似乎很不同，其實淸代的漢學大師，除了惠棟江藩一班迷信漢儒的人之外，和漢儒的精神相去最遠，和宋儒朱熹一派倒是最接近的。他們無論怎樣菲薄宋儒，無論怎樣抬高漢儒，但學術史上演進的線索是終究瞞不住的。於今事過境遷了，我們冷眼觀察清代三百年的學術，不能不認那推崇朱子的崔述和那攻擊朱子最厲害的毛奇齡戴震同是一條路上的人。他們都很接近朱熹，而很不接近毛公鄭玄！要知道，到了十八世紀，還想回到第一二世紀的許愼鄭玄，是不可能的。歐洲『文藝復興時代』的人，自以爲推翻中世紀而回到希臘時代了；然而他們所謂希臘，究竟還只是十四五世紀的歐洲，絕不是紀元前四世紀的希臘。『希臘』不過是近世歐洲人對於中古作戰的一種武器罷了。對中古作戰，就是他們不能脫離中古影響的鐵證。清代的學者也是這樣的。『漢學』是清儒對宋儒作戰的一種武器。他們反對宋明，然而他們攻擊朱子，便是直接明儒的一個證據。至於他們講究音韻、訓詁、考據等等，更是朱熹以後的宋學嫡派！試問古韻的研究，古書的考訂，古訓詁的整理，那一樣不是宋儒發起的?不過學術界的趨勢，總是後來居上，清儒的成績超過宋儒，那是很自然的事。但我們決不可因此就忽略了學術演進的歷史。

宋儒不承認中古佛敎道敎的傳統和影響，自以爲回到子思孟子，直接周公孔子的『道統』；然而他們賴掉的債，終究被毛奇齡黃宗羲胡渭等翻出舊帳，加利算還。清儒否認宋明學者的傳統與影響，自以爲回到許愼鄭玄的漢學；然而他們賴掉的債，終究被一位同事章學誠（一七三八——一八〇一）翻開老帳，查了出來。章學誠說：

今人有薄朱氏之學者卽朱氏之數傳而後起者也。朱子求一貫於多學而識，寓約禮於博文，其事繁而密，其功實而難。……然沿其學者，一傳而爲勉齋（黃幹）、九峯（蔡沈）、再傳而爲西山（眞德秀）、鶴山（魏了翁）、東發（黃震）、厚齋（王應麟）、三傳而爲仁山（金履祥）、白雲（許謙）、四傳而爲潛溪（宋濂）、義烏（王褘）、五傳而爲寧人（顧炎武）、百詩（閻若璩），則皆服古通經，學求其是，而非專己守殘之流也。生乎今世，因聞寧人百詩之風，上溯古今作述，有以心知其意：此則通經服古之緒又嗣其音矣。（此指戴震）……夫實學求是，與空談性天不同科也。考古易差，解經易失，如天象之難以一端盡也。曆象之學，後人必勝前人勢使然也。因後人之密而貶羲和，不知卽羲和之遺法也。今承朱氏數傳之後，所見出於前人，不知卽是前人之遺緒，是以後曆貶羲和也。（朱陸篇）

章學誠能指出戴震是『朱氏之數傳而後起者』，這眞可算是一種驚人的歷史眼光。我們明白了戴震是朱學，然後可以明白崔述世傳朱學而仍不失爲那個漢學時期的時代精神的偉大代表。（「科學的古史家崔述」）

中國學

西人之治漢學者，名 Sinologists or Sinologues。其用功甚苦，而成效殊微，然其人多不爲吾國古代成見陋說所拘束，故其所著書往往有啓發吾人思想之處，不可一筆抹煞也。今日吾國人能以中文著書立說者尚不多見，卽有之，亦無餘力及於國外。然此學（Sinology）終須吾國人爲之，以其事半功倍，非如西方漢學家之有種種艱阻不易摧陷，不易入手也。（「胡適留學日記」）

國故

「國故」底名詞，比「國粹」好得多。自從章太炎著了一本「國故論衡」之後，這「國故」底名詞於是成立。如果講是「國粹」，就有人講是「國渣」，「國故」（National Past）這個名詞是中立的。我們要明瞭現社會底情況，就得去研究國故。（「研究國故的方法」）

「整理國故」不過如此

梁漱溟先生在他的書裏曾說，依胡先生的說法，中國哲學也不過如此而已。（原文記不起了，大意如此）。老實說來，這正是我的大成績。我所以要整理國故，只是要人明白這些東西原來『也不過如此』！本來『不過如此』，我所以還他一個『不過如此』。這叫做『化神奇爲臭腐，化玄妙爲平常』。（「整理國故與打鬼」）

索引式整理

不曾整理的材料，沒有條理，不容易檢尋，最能銷磨學者有用的精神才力，最足阻礙學術的進步。若想學問進步增加速度，我們須想出法子來解放學者的精力，使他們的精力用在最經濟的方面。

例如一部說文解字，是最沒有條理系統的；向來的學者差不多全靠記憶的苦工夫，方才能用這部書。但這種苦工夫是最不經濟的；如果有人能把說文重新編制一番（都首依筆畫，每部的字也依筆畫），再加上一個檢字的索引（略如說文通檢或說文易檢），那就可省許多無謂的時間與記憶力了。（「國學季刊發刊宣言」）

結賬式整理

商人開店，到了年底，總要把這一年的賬結算一次，要曉得前一年的盈虧和年底的存貨，然後繼繼進行，做明年的生意。一種學術到了一個時期，也有總結賬的用處，有兩層：一是把這一種學術裏已經不成問題的部分整理出來，交給社會；二是把那不能解決的部分特別提出來，引起學者的注意，使學者知道何處有隙可乘，有功可立，有困難可以征服。結賬是(1)結束從前的成績，(2)預備將來努力的新方向。前者是預備普及的，後者是預備繼長增高的。古代結賬的書，如李鼎祚的周易集解，如陸德明的經典釋文，如唐、宋的十三經義疏，如朱熹的四書集注，詩集傳，易本義等，所以都在後世發生很大的影響，全是這個道理。三百年來，學者都不肯輕易做這種結賬的事業。二千四百多卷的清經解，除了極少數之外，都只是一堆『流水』爛賬，沒有條理，沒有系統；人人從『粵若稽古』『關關雎鳩』說起，人人做的都是雜記式的稿本！怪不得學者看了要『望洋興歎』了；怪不得國學有淪亡之憂了。我們試看科舉時代，投機的書坊肯費整年的工夫來編一部『皇清經解縮本編目』，便可以明白索引式的整理的需要；我們又看那時代的書坊肯費幾年的工夫來編一部『皇清經解分經彙纂』，便又可以明白結賬式的整理的需要了。現在學問的途徑多了，學者的時間與精力更有經濟的必要了（「國學季刊發刊宣言」）

專史式整理

索引式的整理是要使古書人人能用；結賬式的整理是要使古書人人能讀：這兩項都只是提倡國學的設備。但我們在上文曾主張，國學的使命是要使大家懂得中國的過去的文化史；國學的方法是要用歷史的眼光來整理一切過去文化的歷史。國學的目的是要做成中國文化史。國學的系統的研究，要以此爲歸宿。一切國學的研究，無論時代古今，無論問題大小，都要朝着這一個大方向走。只有這個目的可以整統一切材料；只有這個任務可以容納一切努力；只有這種眼光可以破除一切門戶畛域。（「國學季刊發刊宣言」）

比較的研究

向來的學者誤認『國學』的『國』字是國界的表示，所以不承認『比較的研究』的功用。最淺陋的是用『附會』來代替『比較』：他們說基督教是墨教的緒餘，墨家的『巨子』即是『矩子』，而『矩子』卽是十字架！……附會是我們應該排斥的，但比較的研究是我們應該提倡的。有許多現象，孤立的說來說去，總說不通，總說不明白；一有了比較，竟不須解釋，自然明白了。例如一個『之』字，古人說來說去，總不明白；現在我們懂得西洋文法學上的術語，只須說某種『之』字是內動詞（由是而之焉），某種是介詞（賊夫人之子），某種是指物形容詞（之子于歸），某種是代名詞的第三身用在目的位（愛之能勿勞乎），就都明白分明了。又如封建制度，向來被那方塊頭的分封說欺騙了，所以說來說去，總不明白；現在我們用歐洲中古的封建制度和日本的封建制度來比較，就容易明白了。音韻學上，比較的研究最有功效。用廣東音可以考侵覃各韻的古音，可以考古代入聲各韻的區別。近時西洋學者如 Karlgren，如Baron von Stael-Holstein，用梵文原本來對照漢文譯音的文字，很可以幫助我們解決古音學上的許多困難問題。不但如此：日本語裏，朝鮮語裏，安南語裏，都保存有中國古音可以供我們的參考比較。西藏文自唐朝以來，音讀雖變了，而文字的拼法不曾變，更可以供我們的參考比較，也許可以幫助我們發現中國古音裏有許多古怪的複輔音呢。制度史上，這種比較的材料也極重要。懂得了西洋的議會制度史，我們更可以了解中國御史制度的性質與價值；懂得了歐、美高等教育制度史，我們更能了解中國近一千年來的書院制度的性質與價值。哲學史上，這種比較的材料已發生很大的助力了。墨子裏的經上下諸篇，若沒有印度因明學和歐洲哲學作參考，恐怕至今還是幾篇無人能解的奇書。韓非，王莽，王安石，李贄，……一班人 若沒有西洋思想作比較，恐怕至今還是沉寃莫白。看慣了近世國家注重財政的趨勢，自然不覺得李覯、王安石的政治思想的可怪了。懂得了近世社會主義的政策，自然不能不佩服王莽、王安石的見解和魄力了。易繫辭傳裏『易者，象也』的理論，得柏拉圖的『法象論』的比較而更明白：荀卿書裏『類不悖，雖久同理』的理論，得亞里士多德的『類不變論』的參考而更易懂。這都是明顯的例。至於文學史上，小說戲曲近年忽然受學者的看重，民間俗歌近年漸漸引起學者的注意，都是和西洋文學接觸比較的功效，更不消說了。此外，如宗教的研究，民俗的研究，美術的研究，也都是不能不利用參考比較的材料的。（「國學季刊發刊宣言」）

中學國故叢書

總之，我說的『沒有相當的設備』，是說古書現在還不曾經過一番相當的整理。古書不經過一番新式的整理，是不適宜於自修的。我們不看見英、美學生讀的莎士比亞的戲劇嗎?莎士比亞生當三百年前，他的戲劇若不整理，也就不好懂了。我們試拿三百年前刻的『四開』（Quarto）『對開』（Folio）的古本莎士比亞集，比較現在學校用的那些有詳序，有細注，有校勘記的本子，方才可以知道整理古書在教學上的重要了。

整理古書的方法，現在不能細說，只可說幾個必不可少的條件：

（1）加標點符號。

（2）分段。

（3）刪去繁重的，迂謬的，不必有的舊注。

(4)酌量加入必不可少的新注——這兩條，我且舉一個例。

詩經的第一首，舊序與舊注都可刪去，但注下列的幾處：

(a)『關雎』是什麼？

(b)『洲』字，『逑』字，『芼』字。

(c)『荇菜』是什麼？

(d)『左右流之』的『流』字，下有『之』字，明是外動詞，與『水流』的『流』不同，故應加注。

(e)『思服』二字，應酌採諸家之說，定一適當之注。

(5)校勘用古本善本校勘異同，訂正訛脫。

(6)考訂其假如書經的『古文』一部分是二百年來經學大師多認爲是假的了。如莊子的說劍，讓王，盜跖諸篇，是宋人就認爲假的了。

(7)作介紹及批評的序跋每書應有詳明的序跋，內中至少應有下列各項：

(a)著作人的小傳。

(b)本書的歷史如序書經，應述『今古文』的公案。

(c)本書的價值如序詩經，應指出他的文學價值。

有了這一番整理的工夫，我們就可以有一套『中學國故叢書』了。這部叢書的內容，大概有下列各種書：

(1)詩經 (2)左傳 (3)戰國策 (4)老子
(5)論語 (6)墨子 (7)莊子 (8)孟子
(9)荀子 (10)韓非子 (11)楚辭 (12)史記
(13)淮南子 (14)漢書 (15)論衡 (16)陶潛
(17)杜甫 (18)李白 (19)白居易 (20)韓愈
(21)柳宗原 (22)歐陽修 (23)王安石 (24)朱熹
(25)陸游 (26)楊萬里 (27)辛棄疾 (28)馬致遠
(29)關漢卿 (30)元曲選 (31)明曲選 ……這不是隨便舉例，讀者不可拘泥。）（「再論中國的國文教學」）

國故學

……張君的大病是不解『國故學』的性質，如他說的：

『使國人之治之者尚衆，肯推已知而求未知，爲之補苴罅漏，張皇幽眇，使之日新月異，以應時勢之需，則國故亦方生未艾也。』

『補苴罅漏，張皇幽眇』，還可說得過去。『使之……應時勢之需』，便是大錯，便是完全不懂

『國故學』的性質。『國故學』的性質不外乎要懂得國故，這是人類求知的天性所要求的。若說是『應時勢之需』，便是古人『通經而致治平』的夢想了。

但是你的主張，也有一點太偏了的地方。如說：

我們把國故整理起來，世界的學術界亦許得着一點益處，不過一定是沒有多大的。……世界所有的學術，比國故更有用的有許多，比國故更要緊的亦有許多。

我以爲我們做學問不當先存這個狹義的功利觀念。做學問的人當看自己性之所近，揀選所要做的學問，揀定之後，當存一個『爲眞理而求眞理』的態度。研究學術史的人，更當用『爲眞理而求眞理』的標準去批評各家的學術。學問是平等的：發明一個字的古義，與發現一顆恆星，都是一大功績。

況且現在整理國故的必要，實在很多。我們應該盡力指導『國故家』用科學的研究法去做國故的研究，不當先存一個『有用無用』的成見，致生出許多無謂的意見。你以爲何如？（「論國故學」）

經學

『經學』並不是清朝獨有的學術，但清朝的經學却有獨到的長處，可以說是與前代的經學大不相同。漢朝的經學重詁訓，名爲近古而實多臆說；唐朝的經學重株守，多注『注』而少注經；宋朝的經學重見解，多新義而往往失經的本義。清朝的經學有四個特點：（一）歷史的眼光，（二）工具的發明，㈢歸納的研究，㈣證據的注重。因爲淸朝的經學具有這四種特長，所以他的成績最大而價值最高。（「戴東原的哲學」）

說經

何以古經這樣難懂呢？王國維先生說：

其難解之故有三：譌闕，一也。（此以尙書爲甚）。古語與今語不同，二也。古人頗用成語，其成語之意義與其中單語分別之意義又不同，三也。

唐、宋之成語，吾得由漢、魏、六朝人書解之；漢、魏之成語，吾得由周、秦人書解之。至於詩、書，則書更無古於是者。其成語之數數見者，得比較之而求其相沿之意義。否則，不能贊一辭。若但合其中之單語解之，未有不齟齬者（同上書）。

王國維說的三點，第一是底本，第二是訓詁，第三還是訓詁。其實古經的難懂，不僅是單字，不僅是成語，還有更重要的文法問題。前人說經，都不注意古文語法，單就字面作詁訓，所以處處『强爲之說』，而不能滿人意。王念孫、王引之父子的經傳釋詞，用比較歸納的方法，指出許多前人誤認的字是『詞』（虛子），這是一大進步。但他們沒有文法學的術語可用，只能用『詞』『語詞』『助詞』『語已詞』一類籠統的名詞，所以他們的最大努力還不能使讀者明瞭那些做古文字的脈絡條理的『詞』在文法上的意義和作用。況且他們用的比較的材料絕大部分還是古書的文字，他們用的銅器文字是絕少的。這些缺陷，現代的學者剛剛開始彌補：文法學的知識，從馬氏文通以來，因為有了別國文法作參考，當然大進步了；銅器文字的研究，在最近幾十年中，已有了長足的進展；甲骨文字的認識，又使古經的研究添出了不少的比較的材料。所以今日可說是新經學的開始時期。路子有了，方向好像也對了，方法好像更精細了，只是工作剛開始，成績還說不上。離那了解古經的時期，還很遠哩！

正因為今日的工具和方法都比前人稍進步了，我們今日對於古經的了解力的估計，也許比王國維先生的估計還要更小心一點，更謙卑一點。王先生說他對詩經不懂的有十之一二，對尚書有十之五。我們在今日，嚴格的估計，恐怕還不能有他那樣的樂觀。尚書在今日，我們恐怕還不敢說懂得了十之五。詩經的不懂部分，一定不止十之一二，恐怕要加到十之三四吧。這並不是因為我們比前人更笨，只是因為我們今日的標準更嚴格了。試舉幾個例來做說明。（1）大誥開篇就說：

王若曰，猷大誥爾多邦。

微子之命開篇也說：

王若曰，猷殷王元子。

多方開篇也說：

周公曰，王若曰，猷告爾四國多方。

這個『猷』字，古訓作『道』，清代學者也無異說。但我們在今日就不能這樣輕輕的放過他了。

（2）又如『弗』『不』兩個字，古人多不曾注意到他們的異同；但中央研究院的丁聲樹先生却尋出了很多的證據，寫了兩萬多字的長文，證明這兩個否定詞在文法上有很大的區別，『弗』字是『不之』兩字的連合省文，在漢以前這兩字是從不亂用的。（3）又如詩、書裏常用的『誕』字，古訓作『大』，固是荒謬；世俗用作『誕生』解，固是更荒謬；然而王引之經傳釋詞裏解作『發語詞』，也還不能叫人明白這個字的文法作用。燕京大學的吳世昌先生釋『誕』爲『當』，然後我們懂得『誕彌厥月』就是當懷胎足月之時；『誕寘之隘巷』『誕寘之平林』就是當把他放在隘巷平林之時。這樣說去，才可以算是認得這個字了。（4）又如詩經裏見的『于以』二字：

于以采蘋，南澗之濱。
于以采藻，于彼行潦。
于以采蘩，于沼于沚。
于以用之，公侯之事。
于以求之，于林之下。

『于以』二字，誰不認得？然而清華大學的楊樹達先生指出這個『以』字應解作『何』字，就是『今王其如台』的『台』字。這樣一來，我們只消在上半句加個疑問符號（？），如下例：

于以求之？于林之下。
于以采蘩？于沼于沚。

這樣說經，才可算是『渙然冰釋，怡然順理』了。（「我們今日還不配讀經」）

宋儒注經

宋儒注經，其謬誤之處固不少，然大率皆有所循。後人不知宋儒集註之功之大，徒知掇拾一二疵瑕以爲宋儒詬病，非君子忠厚存心之道也。

宋儒注經之功，非以之與漢注唐疏兩兩相比，不能得其眞相。漢儒失之迂而謬，唐儒失之繁而奴。宋儒之迂，較之漢儒已爲遠勝，其荒謬之處亦較少。至於唐人之繁而無當，（邢昺以百八十四字註『學而第一』四字，孔穎達以千六百四十字注『俟我於著乎而』三語）。及其不注經而注注之奴性，則宋儒所不爲也。（「胡適留學日記」）

史

當孔子的時代，東起齊魯，西至晉秦，南至荊楚，中間包括宋鄭諸國，民間都流行許多新起的歷史故事，都叫做「史」，其實是講史的平話小說。最好的例子是晉國獻公的幾個兒子的大故事，——特別是太子申生的故事，公子重耳出亡十九年（僖公五年至二十四年）才歸國重興國家的故事。這個大故事在國語裏佔四大卷（晉語一至四），約有一萬八千字；在左傳裏也有五六千字。（舊說左傳出於國語，是不確的。試比較國語左傳兩書裏的晉獻公諸子的大故事，可知兩個故事都從同一個來源出來，那個來源就是民間流行的史話，而選擇稍有不同，國語詳於重耳復國以前的故事，左傳詳於重耳復國以後的故事）。這個大故事，從晉獻公「卜伐驪戎」起，到晉文公死了，還不曾完，文公的棺材還「有聲如牛」，卜人預言明年的殽之戰的大捷。這故事裏，有美人、有妖夢、有大戰、有孝子、有忠臣、有落難十九年的公子、有痛快滿意的報恩報仇，凡是講史平話最動人的條件，無一不有；凡是講史平話的技術，如人物的描寫，對話的有聲有色，情節的細膩，也無一不有。這種「史話」就是孔子說的「文勝質則史」。

又如魯國當時就流行着許多史的故事，如季氏一族的大故事，從季友將生時卜楚丘之父的卜辭起，到魯昭公失國出奔，——從前八世紀的末年直到前六世紀的晚年，一個二百年的大故事。試讀「昭公出奔」的一「回」（昭公二十五年），從季公鳥的寡婦如何挑撥起季氏的內訌說起，次說到季平子與郈昭伯兩家鬪鷄引起仇恨，次說到平子如何得罪了臧孫氏一族，次說到這些不滿意的分子如何聳動昭公決心要消滅季氏的政權，次說到陰謀的實行，公徒攻入季氏門，季氏的危機，次說到叔孫氏的家徒如何決定用武力去救援季孫氏，次說到孟孫氏如何猶豫，如何轉變過來援助季氏，合力打敗公徒，最後才說到昭公的去國出奔。這是很有小說意味的「史話」。

此外，鄭國有鄭莊公的故事，有子產的故事，衞國有衞宣姜的故事，有衞懿公亡國的故事，魯國有「聖人」臧文仲的故事，晉國有叔向的故事，還有那趙氏從趙盾到趙武的大故事。在左傳結集的時候，那個趙氏史話裏還沒有程嬰公孫杵臼的成分，然而已很够熱鬧了。後來史記趙世家裏採取了那後起的程嬰、公孫杵臼大故事，於是那個後起的史話也就成了正「史」的一部分了。

我們必須明白在孔子時代各國都有那些很流行，很動人的「文勝質」的「史話」，方才可以明白孔子說的「吾猶及史之闕文也，……今亡矣夫」一句話。「闕文」的史，就是那乾燥無味的太史記錄，例如「夏五月，鄭伯克段於鄢」一類的史文，絕沒有文采的藻飾，也沒有添枝添葉的細膩情節。儀禮八，聘禮有這一段：

辭無常，孫而說。辭多則史，少則不達。辭苟足以達，義之至也。（鄭玄註，「史謂策祝」）。

這裏的「辭多則史」，與論語「文勝質則史」，都是指古代民間流行的「史的平話」，是演義式的「史」。（「說『史』」）

避諱

我作這篇兩漢人避諱制度的考證，有兩層用意，第一，我要人知道避諱制度和它種社會制度一樣，也曾經過長時期的演變，在那長期的歷程上，有時變寬，有時變嚴，有時頗傾向合理化，有時又變的更不進人情。殷商人完全沒有避諱制度。避諱起於周人，正和謚法起於周人樣，漢朝沿襲避諱的舊俗，但治禮的學者還能抬出古禮『不諱嫌名，二名不偏諱，舍故而諱新，詩書不諱，臨文不諱，廟中不諱』等等消極的規定。所以漢人的避諱，雖然在歷史上留下了不少的遺跡——如恒娥變成了嫦娥（文帝名恒），「禁中」改省了「省中」（元帝王后的父親名王禁，省中之名起於其時宮內的避諱。

王肅說：『至今遂以省中爲稱，非能爲元后諱，徒以其名遂行故也』）。「秀才」改成了「茂才」之類，——究竟是很寬闊的，很大度的。尤其是『詩書不諱，臨文不諱』的實行，就幾乎完全打消了避諱的束縛了。我們明白了兩漢四百年的避諱的寬大，才可以明瞭三國兩晉以後避諱制度的逐漸變緊、變嚴、變專制、變野蠻，都只是『變本加厲』的歷史現象。看鄭玄注禮記論諱各條，看王肅議諱的文字，何等寬大！何等近人情！再看看王肅同時的吳帝孫休爲他四個兒字取名字的詔書（三國志吳志孫休傳裴松之注引吳錄），就可知道江東的暴發戶也要行古禮，竟不知不覺的開始走上『變本加厲』的路上去了。從此以後，江左南朝的士族就做出了許多避諱的醜態。——如梁朝名士謝擧『聞諱必哭』；臧逢世父名嚴，得吏民書啓有稱「嚴寒」的，他就『對之流涕』。（二事均見顏氏家訓風操篇）。——顏之推（六世紀之末）曾說，『今人避諱，更急於古』。這是最有歷史見識的判斷。從兩漢人的『臨文不諱』，一直到滿淸時代的行文避諱之嚴厲，這一個制度的古今之變，豈不是値得歷史家研究解釋的嗎？

第二、我要人知道漢人眞能做到『臨文不諱，詩書不諱』，要人知避諱有古今寬嚴的大不同，所以我們不能輕易採用後世的嚴格避諱標準來做考訂古代文獻的方法。凡做歷史考據的人，必須澈底明瞭事物制度有沿革變遷，必須極力避免崔述所謂『以今度古』的錯誤方法。例如古人席地而坐，後世始有胡牀，始有倚子（椅子），始有桌子，我們不能用後世桌椅時代的生活習慣來推測未有桌椅的古人的起居習慣。又如喪禮，也有古今的演變。我們不能用後世官吏奔喪「丁憂」的制度來判斷漢朝官吏遇父母喪『旣喪三十六日除服，起視事』的制度：更不能用後世的喪禮習慣來判斷孟子裏滕國父兄百官說的三年之喪『吾宗國魯先君莫之行，吾先君亦莫之行』的話。避諱是古代喪禮的一個部分，也曾經過長時期的演變。不幸有些沒有歷史見解的學者，往往濫用後世的避諱標準來評量古代文書的時代先後，就好像他們看見一本宋版書某字題着「御諱」，某字不闕，就斷定此書刻在某帝之前某帝之後一樣！

這些學者何嘗不知道這種刻書避諱的制度，在元明兩朝也就經過了絕大的變化？他們何嘗不知道宋元明淸四朝的避諱制度就有了絕大的不同？懂得版本之學的，就都知道他們絕不能用宋版書避諱的情形來考訂元刻明的年代。然而有些學者居然想用淸朝避諱的標準來考定漢朝文書的年代！這豈不是最錯誤的方法嗎？（「兩漢人臨文不諱考」）

言事不諱

關於兩漢文獻的避諱問題，我們可以確定的，有這幾點：

①兩漢人確能『臨文不諱，詩書不諱』。

②兩漢人確能『不諱嫌名』。

③所謂不諱，謂『不諱見在之廟』。

④所謂不諱，並包見在的君主。

但『言事不諱』一項，似乎有前漢與後漢不同的制度，宣帝元康二年詔曰：『今百姓多上書觸諱以犯罪者，朕甚憐之。其更諱詢。（宣帝原名病已，是兩個最普通的字，故改名，大概當時不行『二名不偏諱』之說，故多觸犯罪的）。諸諱觸在令前者，赦之』。陳先生因此說：『大約上書言事不得觸犯廟諱，當爲通例』。（適按，宣帝詔書似指他本人之名，似不當解作「廟諱」。否則自己改名並不足解除困難）。總之，那時曾有上書不得觸諱的禁令，並且曾有上書觸諱而犯罪的許多人，這是無可疑的，那麼，王肅何以敢說『案漢氏不名諱，常曰，臣妾不得以爲名字，其言事不諱』呢？王肅和他父親王朗都是經學大師，他自己更是禮學專家。他生在漢獻帝初年，死在魏甘露元年（西曆二五六），去漢亡（二二〇）不過三十多年。他的諱議作於魏明帝景初三年（二三九），去漢亡不過二十年。他說漢朝的制度，够得上做一個當時的證人，應該比較可信。況且他說的『詩書臨文廟中不諱』，我們硏究史記、漢書、西漢韋孟的詩、東漢王充的論衡、許愼的說文、漢靈帝時的許多碑文，都已得着無疑的證明了。所以我疑心王肅說的『漢氏不名諱（這是說，不用諱字爲名），常曰，臣妾不得以爲名字，其言事不諱』，大概眞是敍述後漢的法令，不過我們現在沒有別種文獻可以依據，只能承認王肅的話是一個『當時證人』的話，相當可以信任的了。

王肅的話如果可以代表後漢的法令，那麼「言事不諱」一項也就不算是和宣帝元康二年的詔書相衝突了。那麼後漢的書卷碑版裏那樣完全不避諱的自由，我們也更可以充分了解了。（「讀陳垣『史諱舉例』論漢諱諸條」）

古史觀

大概我的古史觀是：

現在先把古史縮短二三千年，從詩三百篇做起。將來等到金石學、考古學發達上了科學軌道以後，然後用地底下掘出的史料，慢慢地拉長東周以前的古史。

至於東周以下的史料亦須嚴密評判，「寧疑古而失之，不可信古而失之」。（「自述古史觀書」）

傳說

傳說的生長，就同滾雪球一樣，越滾越大：最初只有一個簡單的故事作個中心的『母題』（Motif），你添一枝，他添一葉，便像個樣子了。後來經過衆口的傳說，經過平話家的敷演，經過戲曲家的剪裁結構，經過小說家的修飾，這個故事便一天一天的改變面目：內容更豐富了，情節更精細圓滿了，曲折更多了，人物更有生氣了。宋史后妃傳的六百個字在八九百年內竟演成了一部大書，竟演成了幾十本的連台長戲。這件事的本身本不值得多大的研究。但這個故事的生長變遷，來歷分明，最容易研究，最容易使我們了解一個傳說怎樣變遷沿革的步驟。這個故事不過是傳說生長史的一個有趣味的實例。此事雖小，可以喻大。包公身上堆着許多有主名或無主名的奇案，正如黃帝、周公身上堆着許多大發明大制作一樣。李宸妃故事的變遷沿革也就同堯、舜、桀、紂等等古史傳說的變遷沿革一樣，也同井田禪讓等等古史傳說的變遷沿革一樣。就拿井田來說罷。孟子只說了幾句不明不白的井田論；後來的漢儒，你加一點，他加一點，三四百年後便成了一種詳密的井田制度，就像古代眞有過這樣的一種制度了。（看胡適文存一集，卷二，頁四一三—四二四。）堯、舜、桀、紂的傳說也是如此的。古人說的好，『愛人若將加諸膝，惡人若將墜諸淵。』人情大抵如此。古人又說『紂之不善，不如是之甚也。是以君子惡居下流；天下之惡皆歸之』。古人把一切罪惡都堆到桀、紂身上，就同古人把一切美德都堆到堯、舜身上一樣。這都是一點一點地加添起來的，同李宸妃的故事的生長一樣。堯、舜就是李宸妃，桀、紂就是劉皇后。稷、契、臯陶就是寇珠、陳琳、余忠、張園子；飛廉、惡來、妲己、妹喜就是郭槐、尤氏。許由、巢父、伯夷、叔齊也不過像玉釵金彈，紅光紫霧，隨人的心理隨時添的枝葉罷了。我曾說：

其實古史上的故事沒有一件不曾經過這樣的演進，也沒有一件不可用這個歷史演進的方法去研究。堯、舜、禹的故事，黃帝、神農、庖犧的故事，湯的故事，伊尹的故事，后稷的故事，文王的故事，太公的故事，周公的故事，都可以做這個方法的實驗品。（胡適文存二集卷一，頁一〇〇—一〇三）。（「三俠五義序」）

箭垜式人物

歷史上有許多有福之人。一個是黃帝，一個是周公，一個是包龍圖。上古有許多重要的發明，後人不知道是誰發明的，只如都歸到黃帝身上，于是黃帝成了上古的大聖人。中古有許多制作，後人也不知道究竟是誰創始的，也就都歸到周公的身上，于是周公成了中古的大聖人，忙的不得了，忙的他『一沐三握髮，一飯三吐哺！』

這種有福的人物，我曾替他們取個名字，叫做『箭垛式的人物』；就同小說上的諸葛亮借箭時用的草人一樣，本來只是一紮乾草，身上刺蝟也似的揷着許多箭，不但不傷皮肉，反可以立大功，得大名。（「三俠五義序」）

社會史料

所以醒世姻緣眞是一部最有價值的社會史料。他的最不近情理處，他的最可笑處，也正是最可注意的社會史實。蒲松齡相信狐仙，那是眞相信；他相信鬼，也是眞相信；他相信前生業報，那也是眞相信；他相信『妻是休不得的』。那也是眞相信；他相信家庭的苦痛除了忍受和念佛以外是沒有救濟方法的，那也是眞相信。這些都是那個時代的最普遍的信仰，都是最可信的歷史。

讀這部大書的人，應該這樣讀，才可算是用歷史眼光去讀古書。有了歷史的眼光，我們自然會承認這部百萬字的小說不但是志摩說的中國『五名內的一部大小說』，並且是一部最豐富又最詳細的文化史料。我可以預言：將來研究十七世紀中國社會風俗史的學者，必定要研究這部書；將來研究十七世紀中國教育史的學者，必定要研究這部書；將來研究十七世紀中國經濟史（如糧食價格，如災荒，如捐官價格，等等）的學者，必定要研究這部書；將來研究十七世紀中國政治腐敗，民生苦痛，宗教生活的學者，也必定要研究這部書。（「醒世姻緣傳考證」）

史料出現

最近四十年中，中國史料出現之多，爲向來所未有。其中至少有八大項最可記：第一是周口店的「北京猿人」的發現，第二是古石器時代文化的發現，第三是新石器時代文化的發現，第四是安陽的殷墟器物文字的發現，第五是西域的漢晉木簡的發現，第六是敦煌石室藏的六朝唐五代寫本的發現，第七是日本舊藏中國籍的公開，第八是北京宮廷各處檔案的公開。史前文化的發現，使我們對於太古時代得着一個完全新鮮的了解。殷墟器物文字的研究，使我們對於殷商一代的舊史得着一個新的證實和許多新的修正。流沙古簡書與敦煌寫本的出現，和日本舊藏古書的公開，都使我們添了許多考訂中古近古史的材料。關於近代史料，自然要算近十多年中北京宮廷衙署的各種檔案舊卷爲最重要。北京故宮開放之前，卽有內閣舊卷檔案的賣出，其大部份現歸北京大學研究院。故宮完全開放之後，許多秘密文件與重要檔案陸續出現，其重要雖遠不能比羅馬法王宮廷藏書的公開，但在史料毀棄散失的中國，這也是史學界一個大寶藏了。

在這八件大發現之外，最近還有黃巖王氏父子保存搜集的清季外交史料的出版，可算是近年史學界搜求材料運動中的第九件大事。(「『清季外交史料』序」)

翻案

否認古史某部分的眞實，可以影響於史界，那是自然的事。但這事決不會在人心上發生惡影響。我們不信盤古氏和天皇、地皇、人皇氏，人心並不因此變壞。假使我們進一步，不能不否認神農、黃帝了，人，也並不因此變壞。假使我們更進一步，又不能不否認堯、舜和禹了，人心也並不因此變壞。——豈但不變壞？如果我們的翻案是有充分理由的，我們的翻案只算是破了一件幾千年的大騙案，於人心只有好影響，而無惡影響。卽使我們的證據不够完全翻案，只够引起我們對於古史某部分的懷疑，這也是警告人們不要輕易信仰，這也是好影響，並不是惡影響。本來劉先生並不曾明說這種影響的善惡，也許他單指人們信仰動搖。但這幾個月以來，北京很有幾位老先生深怪顧先生『忍心害理』，所以我不能不替他申辯一句。這回的論爭是一個眞僞問題；去僞存眞，決不會有害於人心。譬如猪八戒抱住了假唐僧的頭顱痛哭，孫行者告訴他是一塊木頭，不是人頭，猪八戒只該歡喜，不該惱怒。又如窮人拾得一圓假銀圓，心裏高興，我們難道因爲他高興就不該指出那是假銀圓嗎？上帝的觀念固然可以給人們不少的安慰，但上帝若眞是可疑的，我們不能因爲人們的安慰就不肯懷疑上帝的存在了。上帝尚且如此，何況一個禹？何況黃帝、堯、舜？吳稚暉先生曾說起黃以周在南菁書院做山長時，他房間裏的壁上有八個大字的座右銘。

實事求是，莫作調人。

我請用這八個字貢獻給討論古史的諸位先生。（「古史討論的讀後感」）

正誼的火氣

因爲我注重良好的工作習慣，因爲我特別重視「和」「緩」兩種美德（良好習慣），所以我很感覺「情感」「火焰」等等在做學問的過程上是當受「和」與「緩」的制裁的。

我所謂「隨時隨地不可放鬆」的訓練自己，其中一個重要「場合」就是我常說的「正誼的火氣」。我最佩服的兩位近代學者，王國維先生與孟森先生，他們研究史學，曾有很大的成就。但他們晚年寫了許多關於「水經注疑案」的文字却不免動了「正誼的火氣」，所以都陷入了幼稚的錯誤，——其結果竟至於誣告古人作賊，而自以爲是主持「正誼」毫無眞實證據，而自以爲是做「考據」！

其實現代許多贊成列寧、斯太林那一套的知識份子，他們最吃虧的，我想還是他們對於社會問題某方面的一點「正誼的火氣」罷？

所以你說，讀我的文字「連一朶火燄也看不見」，這是很大的贊美辭，我怕很少人能承當。我是不敢承當的。

你說，清代三百年的考證時代「主要是因爲不自由的環境下，不能由人隨便說眞心的情感……」這其實是妄說，不可誤信。考證的學風是兩宋（北宋，南宋）就開始了的，並不是近三百年的事。歐陽修的集古錄，司馬光（通鑑考異），趙明誠（金石錄），朱熹，洪适，洪邁，並不必「把情感壓下去」。他們是考證學的開山人，因爲他們生在學術發達時代，感覺有辨別是非眞僞的必要了，才運用他們的稍加訓練紀律的常識，用證據來推翻某些舊說，用證據來建立某些新發現的事實，這才是考證學的來源。

這種辨別是非眞僞的熱情，也是一種情感，並且是一種有大力量——也有火燄的情感。試讀崔述的考信錄提要，或戴震的孟子字義疏證，你一定會感到火燄的熱力。故我不贊成你說的「考證的路」確實是科學的然而「並非健康的」。你仔細想想，那有「確實是科學的」東西而「並非健康的」！（「致陳之藩」）

可能性

凡作考據，有一個重要的原則，就是要注意可能性的大小。可能性（Probability）又叫做『幾數』，又叫做『或然數』，就是事物在一定情境之下能變出的花樣。把一個銅子擲在地上，或是龍頭朝上，或是字朝上，可能性都是百分之五十，是均等的。把一個『不倒翁』擲在地上，他的頭輕脚重，總是脚朝下的，故他有一百分的站立的可能性。試用此理來觀察紅樓夢裏寶玉的生年，有二種可能：

（1）原本作『隔了十幾年』而後人改作了『次年』。

（2）原本作『次年』，而後人改爲『隔了十幾年』。以常理推之，若原本既作『隔了十幾年』，與第十八回所記正相照應，決無反改爲『次年』之理。程乙本與鈔本之改作『十幾年』，正是他晚出之鐵證。高鶚細察全書，看出第二回與十八回大相矛盾的地方，他認定那敎授寶玉幾千字和幾本書的姊姊，既然『有如母子』，至少應該比寶玉大十幾歲，故他就假託參校各原本的結果，大膽地改正了。（「重印乾隆壬子本紅樓夢序」）

丐辭

我現在先要看看馮友蘭先生說的那些『丐辭』是不是『丐辭』。在論理學上，往往有人把尙待證明的結論預先包含在前提之中，只要你承認了那前提，你自然不能不承認那結論了：這種論證叫做丐辭。譬如有人說：『靈魂是不滅的，因爲靈魂是一種不可分析的簡單物質』。這是一種丐辭，因爲他還沒有證明（1）凡不可分析的簡單物質都是不滅的，（2）靈魂確是一種不可分析的簡單物質。

又如我的朋友錢玄同先生曾說過：『凡過了四十歲的人都該殺』。假如有人來對我說：『你今年四十一歲了，你該自殺了』。這也就成了一種丐辭，因爲那人得先證明（1）凡過了四十歲的人在社會上都無益而有害，（2）凡於社會無益而有害的人都該殺。

丐辭只是丐求你先承認那前提；你若接受那丐求的前提，就不能不接受他的結論了。（「評論近人考據老子年代的方法」）

思想系統

一組是從『思想系統』上或『思想線索』上，證明老子之書不能出於春秋時代，應該移在戰國晚期。梁啓超、錢穆、顧頡剛諸先生都曾有這種論證。這種方法可以說是我自己『始作俑』的，所以我自己應該負一部分的責任。我現在很誠懇的對我的朋友們說：這個方法是很有危險性的，是不能免除主觀的成見的，是一把兩面鋒的劍可以兩邊割的。你的成見偏向東，這個方法可以幫助你向東：你的成見偏向西，這個方法可以幫助你向西。如果沒有嚴格的自覺的批評，這個方法的使用決不會有證據的價值。（評論近人考據老子年代的方法」）

思想線索

思想線索是最不容易捉摸的。如王充在一千八百多年前，已有了很有力的無鬼之論；而一千八百年來，信有鬼論者何其多也！如荀卿已說『天行有常，不爲堯存，不爲桀亡』，而西漢的儒家大師斤斤爭說災異，擧世風靡，不以爲妄。又如詩經的小序，經宋儒的攻擊，久已失其信用；而幾百年後的清朝經學大師又都信奉毛傳及序，不復懷疑。這種史事，以思想線索來看，豈不都是奇事？說的更大一點，中國的古代的先秦思想已達到很開明的境界，而西漢一代忽然又陷入幼稚迷信的狀態；希臘的思想已達到了很高明的境界，而中古的歐洲忽然又長期陷入黑暗的狀態；印度佛教也達到了很高明的境界，而大乘的末流居然淪入很黑暗的迷霧裏。我們不可以用後來的幼稚來懷疑古代的高明，也不可以用古代的高明來懷疑後世的墮落。

最奇怪的是一個人自身的思想也往往不一致，不能依一定的線索去尋求。十餘年前，我自己曾說，老子書裏不應有『天地相合以降甘露』一類的話，因爲這種思想『不合老子的哲學』！（哲學史頁六一註）。我也曾懷疑論語裏不應有『鳳鳥不至，河不出圖，吾已矣夫！』一類的話。十幾年來，我稍稍閱歷世事，深知天下事是不這樣簡單。現代科學大家如洛箕（Sir Oliver Lodge）也會深信有鬼，哲學大家如詹姆士（W. James）也會深信宗教。人各有最明白的地方，也各有最懵懂的地方；在甲點上他是新時代的先驅者，在乙點上他也許還是舊思想的產兒。所以梭格拉底（Socrates）一生因懷疑舊信仰而受死刑，他臨死時最後一句話却是託他的弟子向醫藥之神厄斯克勒比（Asclepias）還一隻鷄的許願。

我們明白了這點很淺近的世故，就應該對於這種思想線索的論證稍稍存一點謹慎的態度。尋一個人的思想線索，尚且不容易，何況用思想線索來考證時代的先後呢？（「評論近人考據老子年代的方法」）

文體不足據

梁先生論牟子的話，最可以表明一般學者輕易用文體作考證標準的危險。他們預先存了一種主觀的謬見，以爲『漢賢』應該有何種『手筆』，兩晉人應該作何種佳文，六朝人應該有何種文體，都可預以先定出標準來。這是根本的錯誤。我們同一時代的人可以有百十等級的『手筆』；同作古文，同作白話，其中都可以有能文不能文的絕大等差。每一個時代，各有同樣的百十等級的手筆。班固與王充同時代，然而論衡與漢書何等不同！論衡裏面也偶有有韻之文，比起兩都賦，又何等不同！所謂『漢賢手筆』，究竟用什麼作標準呢？老實說來，這種標準完全是主觀的。完全是梁先生或胡某人讀了某個某個作家而懸想的標準。這種標準是沒有多大可靠性的。

假如我舉出這兩句詩：

歷覽前賢國與家，成由勤儉敗由奢

你們試猜，這是什麼時代的詩？多數人一定猜是明末的歷史演義小說裏的開場詩。不知道此詩的人決不會猜這是李商隱的詩句。又如寒山、拾得的白話詩，向來都說是初唐的作品，我在十年前不信此說，以爲這種詩體應該出在晚唐。但後來發見了王梵志的白話詩，又考出了王梵志是隋、唐間人，我才不敢堅持把寒山、拾得移到晚唐的主張了。（「評論近人考據老子年代的方法」）

魔鬼的辯護士

我已說過，我不反對把老子移後，也不反對其他懷疑老子之說。但我總覺得這些懷疑的學者都不曾舉出充分的證據。我這篇文字只是討論他們的證據的價值，並且評論他們的方法的危險性。中古基督教會的神學者，每立一論，必須另請一人提出駁論，要使所立之論因反駁而更完備。這個反駁的人就叫做『魔的辯護士』（Advocatus diaboli）。我今天的責任就是要給我所最敬愛的幾個學者做一個『魔的辯護士』。魔高一尺，希望道高一丈。我攻擊他們的方法，是希望他們的方法更精密；我批評他們的證據，是希望他們提出更有力的證據來。（「評論近人考據老子年代的方法」）

因聲求義

清朝的學者精研聲韻詁訓之學，知道『訓詁之旨本於聲音』；（王引之經籍纂詁序）。雖然不可傅會聲音去做那深奧的哲學名詞的根據，至少可以使我們懂得許多僻字生字的極平常的意義。例如楚辭：

小腰秀頸，若鮮卑只。

『鮮卑』是帶鉤。戰國策作『師比』，史記匈奴傳作『胥紕』，漢書匈奴傳作『犀毗』。若依字形，則為四名；若依字聲，則是一物。此如『佛陀』又譯作『浮屠』，『由旬』或譯作『由巡』，『南無』又譯作『南謨』，本無其字，依聲借用，若拘執字形，就不可通了。

朱丹九先生的這部書，羅列一切連語，遍舉異形的假借字，使學者因此可以得着古字同聲相假借的原則，使他們因此可以養成『以聲求義』的習慣。朱先生是一個有方法，有創見的學者，他著此書，不僅僅給了我們一部連語辭典而已，同時又給了我們許多訓詁學方法的教材。這是此書的最大功用。（「辭通序」）

年　月　日

信札是傳記的原料；傳記是歷史的來源。故保存古人信札的墨蹟，卽是爲史家保存最可靠的史料。

可惜中國文人學者寫信往往不標明年、月、日，或但記日而不記年月，或但記月日而不記年。這種信札往往需要愼重考證，才可以決定作札的年、月、日。這種考證是很不容易做的，往往是不可能的，是不可完全信賴的。

陶君的遠祖陶隱居（弘景）在一千四百年前，就在他的周氏冥通記裏特別指出：凡記月日，必須標明何年的月日。可惜一千四百年來很少人肯實行這種最明智的敎訓。試看陶君所收一百多家手札，除了張叔未一人之外，全是僅記月日而不記年的。

我曾看陶君收藏的張叔未十六札，其中只有一紙短短三行的便條沒有題年月日；其餘十五札，從道光廿二年壬寅到廿七年丁未，——從他七十五歲到八十歲，——每札都題道光某年某月某日。這種精神眞可佩服！這種風範眞可效法！（「『明清名賢百家書札眞迹』序」）

野　有　死　麕

你解野有死麕之卒章，大意自不錯，但你有兩個小不留意，容易引起人的誤解：(1)你解第二句為「不要搖動我身上挂的東西，以致發出聲音」；(2)你下文又用「女士為要得到性的滿足」字樣：這兩句合攏來，讀者就容易誤解你的意思是像肉蒲團裏說的「幹啞事」了。

「性的滿足」一個名詞，在此地儘可不用，只說那女子接受了那男子的愛情，約他來相會，就夠了。「帨」似不是身上所佩；「內則」，「女子說帨予門右」，似未必是佩巾之義。佩巾的搖動有多大的聲音？也許帨只是一種門帘，而古詞書不載此義。說文帨字作帥，「事人之佩巾」如何引申有帥長之義？

野有死麕一詩最有社會學上的意味。初民社會中，男子求婚於女子，往往獵取野獸，獻與女子。女子若收其所獻，即是允許的表示。此俗至今猶存於亞洲、美洲的一部分民族之中。此詩第一、第二章說那用白茅包着的死鹿，正是吉人誘佳人的贄禮也。

又南歐民族中，男子愛上了女子，往往攜一大提琴至女子的窗下，彈琴唱歌以挑之。吾國南方民族中亦有此風。我以為關雎一詩的「琴瑟友之」、「鐘鼓樂之」，亦當作「琴挑」解。舊說固謬，作新昏詩解亦未為得也。「流之」「求之」「芼之」等話皆足助證此說。

研究民歌者當兼讀關於民俗學的讀，可得不少的暗示。如下列各書皆有用：

Westermarck: Development of Moral Ideas Practice.

Hobhouse: Morals in Evolution.（「『野有死麕』的討論」）

清廟

藝文志言墨家蓋出於清廟之守，吾已言其謬矣。今念清廟究是何官，此說漢儒無人能言之。詩清廟鄭箋云：『清廟者，祭有清明之德者之宮也。謂祭文王也。天德清明，文王象焉，故祭之而歌此詩也』。正義引賈逵左傳注云，『肅然清靜，謂之清廟』。

夫漢儒不能明知清廟爲何物，乃謂清廟之官爲墨家所自出，不亦誣乎？（「胡適留學日記」）

諫諍

御史之官出於古之『史』。而巫史卜同是宗教的官，有宗教的尊嚴。春秋時代，齊之太史直書崔杼弑君，兄弟相繼被殺而不肯改變書法；晉之太史董狐直書趙盾弑君，而趙氏不敢得罪他。史官後來分化，一邊仍爲記事之史，而執掌天文星占之事，仍有一點宗教的權威；一邊便成爲秦以下的御史，便純粹是諫官了。葆申故事裏說先王卜他爲保。故他能代表先王，這裏面也含有宗教的權威。古代社會中有了這種歷史背景，加上自覺的理論，故諫官制度能逐漸演進，成爲裁制君權的最重要制度。（「讀呂氏春秋」）

井田

胡漢民先生的『中國哲學史之唯物的研究』是我很佩服的。我只有一點懷疑，要請他指教。胡先生的第一個假設，是承認古代眞有井田制度。這是很可疑的事。我不能在這封短信裏細說我懷疑的理由。簡單說來，我的假設是：

一、古代的封建制度決不是像孟子、周官、王制所說的那樣簡單。古代從部落進爲無數小國，境內境上還有無數半開化的民族。王室不過是各國中一個最强的國家，故能做一個名義上，宗教上，政治上的領袖。無論如何，那幾千年中，決不能有『豆腐干塊』一般的封建制度。我們如欲研究中國的封建時代，總該參考歐洲中古的及日本近世的封建制度，打破『切豆腐干』的封建觀念，另外用科學的態度，加上歷史的想像力，重新發見古代的所謂封建制度究竟是什麼。（日本學者如朝河貫一，對於日本的封建制度，極有科學的研究。）

二、不但『豆腐干塊』的封建制度是不可能的。井田的均產制乃是戰國時代戰的烏託邦。戰國以前從來沒有人提及古代的井田制。孟子也只能說『諸侯惡其害己也，而皆去其籍』。這是『託古改制』的慣技。韓非所謂『無參驗而必之』，就是這一種。此外如詩經的『雨我公田』，『南東其畝』，『十畝之間』，似乎都不是明白無疑的證據。（詩序更不可信了）。我們旣沒有證據證明井田制的存在，不如從事理上推想當日的政治形勢，推想在那種半部落半國家的時代是否能實行這種『豆腐干』的井田制度。

三、我疑心古代秦始皇以前並不曾有實際上的統一國家。夏、商、周大概都是較强的國家。兵力盛時，征服的小國也許派自己的弟去做『諸侯』。其餘的國至多不過承認名義上的『宗主權』。要想做到王制等書所說的整方塊頭的封建制度，是事勢上不可能的。故封建制度一個名詞是最容易惹起誤解的，是最能阻礙新歷史的見解的，不如直用『割據制度』的名詞。

四、『封建制度』一個名詞的大弊在於偏重『橫剖』的一方面。（如王制等書所說）。其實所謂『封建制度』的重要方面全在『縱剖』的方面，在社會各階級上下互相臣屬的一方面。不在豆腐干式方面，乃是寶塔式的方面。這種制度極盛時，下級的臣屬服服貼貼的承認上級的特殊權利。試看詩經豳風七月，小雅信彼南山、甫田等詩，便可看出一幅奴隸行樂獻壽圖。那時代的臣屬眞能知足！他們自己『無衣無褐』，却偏要盡力『爲公子裘』『爲公子裳』！他們打獵回來，『言私其豵，獻豜於公』，便極滿意了。他們的禱詞是，『曾孫（田主）之稼，如茨如梁。曾孫之庾，如坻如京。乃求千斯倉，乃求萬斯箱。黍稷稻粱，農夫之慶』。把這幾篇同伐檀比較，便可看出兩個絕不同的時代。古代的相臣屬制度是默認的。後來『封建制度』破壞，只是這個默認的上下相臣的階級搗亂了。古代並沒有均產的井田制度，故有『無衣無褐』的貧民，有『載玄載黃』的公子裳，『狐狸』的公子裘，（七月）有『千斯倉，萬斯箱』的曾孫，有拾『遺秉滯穗』的寡婦。因爲古代本沒有均產的時代，故後來『封建制度』的破壞並不是井田制的破壞。（「井田辨」）

度 量 衡

漢民先生說我計算方百里爲百方里，這一定是我錯了。我連王制都忘了！我多謝他的改正。好在這點算數不是那一段辯論的要點。比較重要的是一夫百畝是否有餘。漢民先生根據「周尺得工部營造尺六寸」的該，引申出來，「說周畝一百畝，也合現在十五畝相當」。這個算法，表面上是很有理的。但是我疑心這裏面有一個大錯誤。

近來西洋的「中國學者」Grenard. Herrmann 等根據漢書所記西域諸國距離的里數，證以現在各城的遺址，用歸納的方法證明漢里一里約合四百米突，十漢里等於二英里半，一漢里合英里四分之一，是每英里合四漢里，與現今每英里合三里三，相差不過八十米突。

再看王制明說：「古者以周尺八尺爲步。今以周尺六尺四寸爲步。古者百畝當今田百四十六畝三十步。古者百里當今百二十一里六十步四尺二寸二分。」鄭注。「古者百畝，當今百五十六畝二十五步。古者百里，當今百二十五里。」

王制既說，「古者」「周尺」，與盧植說王制是漢文帝時博士所作的話可互證，「當今」該是指漢度。古代的百畝當漢的百四五十畝，古代的百里當漢的百二十多里，是周朝量田計里都大於漢朝。

如此看來，後人考定的周尺，未必與量田計里的尺度是一件東西？

若依漢里比今里約四十分之三十三的比例看來，古時的百畝至少應該可當現今一百一二十畝。所以我對於漢民先生的計算，覺得根據錯了。

若依漢民先生的計算，「三畝田養一個人（五人），乃至不彀兩畝田養一個人（九人）」，別說卿大夫無地皮可刮，連那農夫也沒有好日子過。還算仁政嗎？（「胡適之先生再答漢民仲愷兩先生書」）

椅子

這幾天常看見中央日報副刊上小說大漢春秋的挿圖，我頗想說幾句話。

卽如二月一日此圖，一般讀者看了未必覺得有何可怪可笑，但我們應該知道椅子凳子是漢朝決沒有的東西，這樣的一位坐在椅子上的漢武帝，一位坐在錦凳上的平陽公主，就不免叫我們學歷史的人感覺好笑了。

中國古代的人都是席地而坐，與韓國、日本相同：皇帝、宰相、大臣、小臣，都是這樣，故上下尊卑的分別是很少的。漢朝人尙是席地而坐，似無可疑。晉時始有「胡床」，卽是一種可以坐的凳子。椅子（「倚子」）是更後起的了。

諸公是否可以把這話婉轉告知畫圖的人，請他想想，請他參考一點書，——如南宋朱熹有一篇「跪坐拜說」（朱文公文集六十八），如李濟先生近年也有這種硏究的專文（跪坐蹲居與箕踞，見史語所集刊二十四本）。（「胡適之先生的來信」）

反切

反切之別。常人每不能辨之。

韻會（康熙字典引：）『一音展轉相呼謂之反，亦作翻。以母呼子也。切，謂一韻之字，相摩以成聲，謂之切』。

康熙字典有切而無反。其卷首釋例曰：『斷韻分音爲之切，音聲相和爲之韻。能析諸字名派，所謂「論韻母之橫豎，辨九音之清濁。呼開合之正副，分四聲之平仄」，故名「字母切韻」。切字之法，如箭射標。切脚二字，上字爲標，下字爲箭。……中者便是』。

趙宣仲（元任）作文論 Chinese Phonetics（月報六卷七號），以例明之：

選（斯遠切）薛（斯掩切）老（淪島切）談（提蘭切）

其說甚明，故記之。

古人多不分反與切。胡三省注通鑑『惓，逵員翻』。此實切也。又如：

復（扶又翻）趨（七喩翻）伎（渠綺翻）

皆宣仲所謂切也。

實驗主義方法論

實驗主義和政治。經濟。社會。教育。學理的種種方面都有關係。就因爲他的方法和別個方法不同。他的方法。簡單說起來。就是不重空泛的議論。不慕好聽的名詞。注意眞正的事實。採取試驗的效果。我們把這種方法應用到三方面去。

（甲）應用到事物上去我們要明白事物。必須先知道事物的眞意義。不可因爲曉得事物的名稱就算完事。譬如瞎子。他也會說「白的」「黑的」。但是叫他把兩樣物件中間揀出那「白的」或「黑的」來。他就不能動手。因爲他實在沒有知道黑白的眞意義。又譬如一個會說話的聾子。他也會說「小叫天」「梅蘭芳」。但是叫他說出小叫天或梅蘭芳的聲調怎樣好法。他就不能開口。因爲他並沒有知道「譚迷」「梅迷」的眞意義。所以要明白事物。第一須知道事物對於我發生怎樣的感覺。譬如「黑」在我身上的感覺是怎麼樣。「電燈」在我身上的感覺是怎麼樣。第二須知道我對於事物發生怎樣的反動。譬如「黑」了我將怎樣做。「空氣不好」我將怎樣做。若僅僅如孔子所說的「多識鳥獸草木之名」。那就和實際主義大相反背了。

（乙）應用到意思上去實驗主義的學者。把凡所有的意思都看做假設。再去試驗他的效果。譬如甲有一個意思說這樣方可以齊家。乙有一個意思說那樣方可以治國。我們都不可立刻以爲是的或否的。先得試驗他的結果是否可以如此。然後再去批評他。哲姆斯博士把意思看作銀行的支票一樣。倘然我的意思是可行的。行了出去竟得到我所預期的結果。那就好比兌現的支票一樣。不然。那就是不兌現的支票了。所以在實驗主義看來。意思都是假設的。都是要待人家去試驗的。

（丙）應用到信仰上去信仰比意思更進一層了。意思是完全假設的。意思等到試驗對了之後方成信仰。然而信仰並不一定不易的。須得試驗試驗才好。譬如地球扁平的一說。當初也成爲信仰。但是現在觀察出來、地球並不是這樣。所以這信仰就打破了。又譬如我們假使信仰上帝是仁慈的。但何以世界上有這樣的大戰。可見得信仰是並非完全靠得住。必得把現在的事情實地去考察一番。方才見得這種信仰是否合理。迷信的事姑且勿論。就是普通社會的信條也未必是完全合情合理的。在實際主義看來。那都要待人試驗的。

上面所說的實際主義方法的應用。和教育究竟有甚麼關係呢。這個問題的答案就是。教育事業當養成實事求是的人才。勿可專讀死書。却去教實在的事物。勿可專被書中意思所束縛。却當估量這種意思是否有實際的效果。勿可專信仰前人的說話。却當去推求這些信條是否合於實情。（「實驗主義介紹」）

實驗主義眞理論

實驗主義關於眞理的論據。前面已經講得不少了。此處所要說明的。就是「眞理都是工具」一句話。譬如三綱五常從前在中國成爲眞理。就因爲在宗法社會的時候。這個「綱常」的理論。實在可以被我們用作工具來範圍人心。並且着實見些功效。到了現在社會的情形變了。這個「綱常」也好像是沒用工具一般。只好丟去。另尋別的適用的工具了。既然如此。所以眞理是常常改變的。哲姆斯博士說過。大凡眞理都是替我們做過媒來的。都是替我們擺過渡來的。因爲倘然我們發見了一種事物的變化。不能用舊時的眞理去解釋他。就不得不另𢬵新的眞理去解釋。這種新的眞理就是替我們和事變做媒擺渡。而舊理的做媒擺渡的功用失去了。所以實際主義對於眞理的觀念。是要養成主動的思想。去批評眞理的。不是養成被動的思想。做眞理的奴隸。譬如「不孝有三。無後爲大」。「婦者服於人也」。這些都是中國前代的眞理。但是我們要考察這些眞理是否合於現在社會的情形。然後來定他們的是非。（「實驗主義介紹」）

實驗主義實在論

實在論就是宇宙論也就是世界觀。那是哲學的問題。照實際主義說世界是人造的。所以各人眼光中世界是大不相同。譬如同在一塊地方。詩人的世界是風花水月之類。工人的世界是樑橋屋宇之類。各人有各人注意的所在。也就是各人有各人的世界。並且世界是由小而大的。各人的生活經驗愈增加。那世界的範圍愈擴大。生活的樂趣也愈增加。所以實際主義學者的世界是實在的世界。不是空虛的世界。那佛教所創造的「極樂國」「天堂」「湼槃世界」「極樂世界」等。都是空空洞洞不可捉摸的。並且他們看得世界是煩惱困苦。怕生活。怕經驗。所以才創造這些世界來引誘人。但是實際主義學者像哲姆斯一般人都說世界是人造的。很危險的。很不平安的。人類該當由經驗去找安樂。該當冒險去造世界。假使有上帝。那麼彷彿上帝對我們說。「我是不能爲你們的安樂保險的。但是你們畢竟努力。或者可以得着安樂」。實際主義的意思。以爲惟有儒夫是不敢生活的。否則都應該在這實在世界中討生活。（「實驗主義介紹」）

目的熱與方法盲

請問我們爲什麼要提倡一個主義呢？難道單是爲了『號召黨徒』嗎？還是要想收一點實際的效果，做一點實際的改良呢？如果是爲了實際的改革，那就應該使主義和實行的方法合爲一件事，決不可分爲兩件不相關的事。我常說中國人（其實不單是中國人）有一個大毛病，這病有兩種病徵：一方面是『目的熱』，一方面是『方法盲』。藍君所說的『主義並不一定含着實行的方法』，便是犯了這兩種病。只管提出『涵蓋力大』的主義，便是目的熱；不管實行的方法如何，便是方法盲。

李君的話，也帶着這個毛病。他說：

大凡一個主義都有理想與實用兩方面。例如民主主義的理想，不論在那一國，大致都很相同。把這個理想適用到實際的政治上去，那就因時，因地，因事的性質情形，有些不同。……我們只要把這個那個主義拿來做工具，用以爲實際的運動，他會因時因地因事的性質情形，生一種適用環境的變化。

這是一種不負責任的主義論。前次杜威先生在教育部講演，也曾說民治主義在法國便偏重平等；在英國便偏重自由，不認平等；在美國並重自由與平等，但美國所謂自由，又不是英國的消極自由，所謂平等，也不是法國的天然平等。但是我們要知道這並不是民治主義的自然適應環境，這都是因爲英國、法國、美國的先哲，當初都能針對當日本國的時勢需要，提出具體的主張，故三國的民治有特別的性質（試看法國革命的第一二次憲法，和英國、邊沁等人的駁議，便可見兩國本來主張不同。）這一個例，應該給我們一個很明顯的教訓：我們應該先從研究中國社會上政治上種種具體問題下手；有什病，下什麼藥；診察的時候，可以參用西洋先進國的歷史和學說，用作一種『臨症須知』；開藥方的時候，可以參考西洋先進國的歷史和學說，用作一種『驗方新編』。不然，我們只記得幾首湯頭歌訣，便要開方下藥，妄想所用的藥進了病人的肚裏，自然『會』起一種適應環境的變化，那就要犯一種『庸醫殺人』的大罪了。

藍君對於主義的抽象性極力推崇，認他爲最合於人類的一種神秘性；又說：『抽象性大，涵蓋力可以增大。涵蓋力大，歸依的人數愈增多。』這種議論，自然有一部分眞理。但是我們同時也該承認人類的這種『神秘性』，實在是人類的一點大缺陷。藍君所謂『神秘性』，老實說來，只是人類的愚昧不明，故容易被人用幾個抽象名詞騙去赴湯蹈火，牽去爲牛爲馬，爲魚爲肉。歷史上許多奸雄政客，懂得人類有這一種劣根性，故往往用一些好聽的抽象名詞，來哄騙大多數的人民，去替他們爭權奪利，去做他們的犧牲。不要說別的，試看一個『忠』字，一個『節』字，害死了多少中國人？試看現今世界上多少黑暗無人道的制度，那一件不是全靠幾個抽象名詞，在那裏替他做護法門神的？人類受這種劣根性的遺毒，也儘够了。我們做學者事業的，做輿論家的生活的，正應該可憐人類的弱點，打破他們對於抽象名詞的迷信，使他們以後不容易受這種抽象的名詞的欺騙。所以我對於藍君的推崇抽象性和人類的神秘性』，實在很不滿意。藍君是很有學者態度的人，他將來也許承認我這種不滿意是不錯的。

但是我們對於人類迷信抽象名詞的弱點，該用什麼方法去補救他呢？我的答案是：多研究些具體的問題，少談些抽象的主義。一切主義，一切學理，都該研究，但是只可認作一些假設的見解，不可認作天經地義的信條；只可認作參考印證的材料，不可奉爲金科玉律的宗教；只可用作啓發心思的工具，切不可用作蒙蔽聰明，停止思想的絕對眞理。如此方可以漸漸養成人類的創造的思想力，方才可以漸漸使人類有解決具體問題的能力，方才可以漸漸解放人類對於抽象名詞的迷信。（「問題與主義」）

輸入學理

輸入學理，不是一件容易做到的事。做的不好，不但無益，反有大害。我對於輸入學理的方法，頗有一點意見，寫出來請大家研究是否可用。

（1）輸入學說時應該注意那發生這種學說的時勢情形，凡是有生命的學說，都是時代的產兒，都是當時的某種不滿意的情形所發生的。這種時勢情形，乃是那學說所以出世的一個重要原因。若不懂得這種原因，便不能明白某人爲什麼要提倡某種主義。當時不滿意的時勢情形便是病症，當時發生的各種學說便是各位醫生擬的脈案和藥方。每種主義初起時，無論理想如何高超，無論是何種高遠的烏託邦，（例如柏拉圖的共和國），都只是一種對症下藥的藥方。這些藥方，有些是後來試驗過的，有些是後來不曾試驗過的。那些試驗過的（或是大試，或是小試）藥方，遇着別時別國大同小異的症狀，也許可以適用，至少可以供一種參考。那些沒有試驗過的藥方，功用還不能決定，至多只可以在大同小異的地方與時代，做一種參考的資料。但是若要知道一種主義，在何國何時是適用的，在何國何時是不適用的，我們須先知道那種主義發生的時勢情形和社會政治的狀態是個什麼樣子，然後可以有比較，然後可以下判斷。譬如藥方，若要知道某方是否可適用於某病，總得先知道當初開這方時的病狀，究竟是個什麼樣子。當初診察時的情形，寫的越詳細完備，那個藥方的參考作用便越大。單有一個藥方，或僅僅加上一個病名，是沒有甚麼大用的，是有時或致誤事的。一切學理主義，也是如此。一種主義發生時的社會政治情形越記的明白詳細，那種主義的意義越容易懂得完全，那種主義的參考作用也就越大。所以我說輸入學說時，應該注意那發生這種學說的時勢情形。

（2）輸入學說時應該注意『論主』的生平事實和他所受的學術影響。『論主』兩個字，是從佛書上借來的，論主就是主張某種學說的人。例如『馬克斯主義』的論主，便是馬克斯。學說是時代的產兒，但是學說又還代表某人某人的心思見解。一樣的病狀，張醫生說是肺炎，李醫生說是肺癆。爲什麼呢？因張先生和李先生的經驗不同，學力不齊，所受的教育不同，故見解不同。診察時的判斷不同，故藥方也不同了。一樣的時代，老聃的主張和孔丘不同，爲什麼呢？因爲老聃和孔丘的個人才性不同，家世不同，所受教育經驗不同，故他們的見解也不同。見解不同，故解決的方法也不同了。即如馬克斯一個人的事跡，就是一個明顯的例。我們研究馬克斯主義的人，知道馬克斯的學說，不但和當時實業界情形，政治現狀，法國的社會主義運動等等，有密切關係，並且和他一生的家世，（如他是一個叛猶太教的猶太人等事實），所受的教育影響，（如他少時硏究歷史法律，後來受海智兒一派的歷史哲學影響等），都有絕大的關係。還有馬克斯以前一百年中的哲學思想，如十八世紀的進化論及唯物論等，都是馬克斯主義的無形元素，我們也不能不硏究。我們須要知道凡是一種主義，一種學說，裏面有一部分是當日時勢的產兒，一部分是論主個人的特別性情家世的自然表現，一部分是論主所受古代或同時的學說影響的結果。我們若不能仔細分別，必致把許多不相干的偶然的個人怪僻的分子，當作有永久價值的眞理，那就上了古人的當了。我們對於論主的時勢，固然應該注意，但是對於論主個人的事實與敎育，也不可不注意。我們雇一個厨子，尙且要問他的家世經驗，討一個媳婦，尙且要打聽他的性情家敎；何況現在介紹關於人生社會的重要主張，豈可不仔細硏究論主的一生性情事實嗎？

（3）輸入學說時應該注意每種學說所已經發生的效果，上面所說的兩種條件，都只是要我們發生某種學說的因緣。懂得這兩層因緣，便懂得論主何以要提倡這種學說。但是這樣還算不得眞懂得這種主義的價値和功用。凡是主義，都是想應用的，無論是老聃的無爲，或是佛家的四大皆空，都是想世間人信仰奉行的。那些已經充分實行，或是局部實行的主義，他們的價値功用，都可在他們實行時所發生的效果上分別出來。那些不曾實行的主義，雖然表面上沒有效果可說，其實也有了許多效果，也發生了許多影響，不過我們不容易看出來罷了。因爲一種主張，到了成爲主義的地步，自然在思想界、學術界，發生一種無形的影響，圍範許多人的心思，變化許多人的言論行爲，改換許多制度風俗的性質。這都是效果，並且是很重要的效果。卽如老聃的學說未通行的時候已能使孔丘不知不覺的承認『無爲之治』的理想；墨家的學說雖然衰滅了，無形之中，已替民間的鬼神迷信，添了一種學理上的辯護，又把儒家提倡『樂敎』的勢力減了許多；又如法家的勢力，雖然被儒家征服了，但以後的儒家，便不能不承認刑法的功用。這種效果，無論是好是壞的，都極重要，都是各種主義的意義之眞實表現。我們觀察這種效果，便可格外明白各種學說所涵的意義，便可格外明白各種學說的功用價值。

卽如馬克斯主義的兩個重要部分：一是唯物的歷史觀，一是階級競爭說。（他的『贏餘價値說』，是經濟學的專門問題，此處不易討論）。唯物的歷史觀，指出物質文明與經濟組織在人類進化社會史上的重要，在史學上開一個新紀元，替社會學開無數門徑，替政治學說開許多生路：這都是這種學說所涵意義的表現，不單是這學說本身在社會主義運動史上的關係了。這種唯物的歷史觀，能否證明社會主義的必然實現，現在已不成問題，因爲現在社會主義的根據地，已不靠這種帶着海智兒臭味的歷史哲學了。但是這種歷史觀的附帶影響——眞意義——是不可埋沒的。又如階級競爭說指出有產階級與無產階級不能並立的理由，在社會主義運動史與工黨發展史上固然重要。但是這種學說，太偏向申明『階級的自覺心』一方面，無形之中養成一種階級的仇視心，不但使勞動者認定資本家爲不能並立的仇敵，並且使許多資本家也覺勞動者眞是一種敵人。這種仇視心的結果，使社會上本來應該互助而且可以互助的兩種大勢力，成爲兩座對壘的敵營，使許多建設的救濟方法成爲不可能，使歷史上演出許多本不須有的慘劇。這種效果固然是階級競營說本來的涵義，但是這些涵義實際表現的效果，都應該有公平的研究和評判，然後把原來的主義的價值與功用一一的表示出來。

以上所說的三種方法，總括起來，可叫做『歷史的態度』。凡對於每一種事物制度，總想尋出他的前因與後果，不把他當作一種來無蹤去無影的孤立東西，這種態度就是歷史的態度。我希望中國的學者，對於一切學理，一切主義，都能用這種歷史的態度去研究他們。

我且把上文所說三條作一個表：

當日的時勢
論主的才性
古代學說的影響
同時思潮的影響
——主義——
政治上的影響
社會上的影響
思想上的影響
他項影響

這樣輸入的主義，一個個都是活人對於活問題的解釋與解決，一個個都有來歷可考，都有效果可尋。我們可拿每種主義的前因來說明那主義性質，再拿那主義所發生的種種效果來評判他的價值與功用。不明前因，便不能知道那主義本來是作什麼用的；不明後果，便不能知道那主義是究竟能不能作什麼用的。

輸入學說的人，若能如此存心，也許可以免去現在許多一知半解，半生不熟，上吞活剝的主義的弊害。（「問題與主義」）

文學障

這些例子所表示的，總名爲「濫用名詞」的思想作文方法。在思想上，它造成懶惰籠統的思想習慣：在文字上，它造成鏗鏘空洞的八股文章。這都是中國幾千年的文字障遺的毒。古人的文字，談空說有，說性談天，主靜主一，小部分都是「囊風橐霧」「捕風捉影」的名詞變戲法。「色不異空，空不異色：色卽是空，空卽是色」。這是人人皆知的模範文體。「用而不有，卽有眞空，空而不無，玄知妙有。妙有則摩訶般若，眞空則清靜涅槃。般若無照，能照涅槃：涅槃無生，能生槃若」。我們現在讀這樣的文字，當然會感覺這是用名詞變戲法了。但我們現在讀某位某位大師的名著，高談着「封建主義時期」，「商業資本主義時期」，「落後資本主義時期」，「亞細亞生產方式時期」，「資本主義文化」，「社會主義文化」，「中國本位文化建設」，「創造的綜合」，「奧伏赫變」，「迎頭趕上」，……我們就不認得這也是搬弄名詞的把戲了。

這種文字障，名詞障，不是可以忽視的毛病。這是思想上的絕大障碍。名詞是思想的一個重要工具。要使這個工具確當，用的有效，我們必須嚴格的戒約自己：第一、切不可亂用一個意義不曾分析清楚的抽象名詞。（例如用「資本主義」，你得先告訴我，你心裏想像的是你貴處的每月三分的高利貸，還是倫敦紐約的年息二厘五的銀行放款）。第二、與其用抽象名詞，寧可多列舉具體的事實：事實容易使人明白，名詞容易使人糊塗。第三、名詞連串的排列，不能替代推理：推理是拿出證據來，不是搬出名詞來。第四、凡用一個意義有廣狹的名詞，不可隨時變換它的涵義。第五、我們要記得唐朝龐居士臨死時的兩句格言：「但願空諸所有，不可實諸所無」。本沒有鬼，因為有了「大頭鬼」「長脚鬼」等等鬼名詞，就好像眞有鬼了。濫造鬼名詞的人自己必定遭鬼迷，不可不戒！（「今日思想界的一個大弊病」）

抽象戲法

現在有一些寫文字的人最愛用整串的抽象名詞，翻來覆去，就像變戲法的人搬弄他的「一個郎當，一個郎當，郎當一郎當」一樣。他們有時候用一個抽象名詞來替代許多事實；有時候又用一大串抽象名詞來替代思想；有時候同一個名詞用在一篇文章裏可以有無數的不同的意義。我們這些受過一點嚴格的思想訓練的人，每讀這一類的文字，總覺得無法抓住作者說的是什麼話，走的是什麼思路，用的是什麼證據。老實說，我們看不懂他們變的是什麼掩眼法。（「今日思想界的一個大弊病」）

名詞戲法

中國人是最會用名詞來變戲法的。戲法人人會變，各有巧妙不同。最巧妙的一手是用的名詞；喊起來滿嘴響，聽起來新鮮好聽，而其意義誰都不能了解。最新的例可舉近日北平學潮中產生的「法西斯蒂化的教育」一個新名詞。這個名詞，喊起來眞是滿嘴響，聽起來眞是新鮮好聽，自是有耳共賞的了。牠的意義的難懂，也正是牠的特別巧妙的用處。因爲不可懂，所以可以隨處亂用，無所不包。（「所謂教育的『法西斯蒂化』」）

剪報

歐美有一種營業，名曰『剪報』，專爲人擷擇各國報上有關係之消息，彙送其人。如吾欲得各報所記關於中國之新聞或評論，則彼等可將國內外各大報之消息彙送余處。又如我欲知各報對於巴拿馬運河免稅一事之意見，則彼等亦可將各報之社論彙送余所。其爲用至大至便，各雜誌及外交人員都利用之。余之得 Browning Prize 曾記各報，前日紐約 Herald 再載其事，附以影片，今日卽有二大剪報公司剪送此條寄與余，以爲招徠之計也。記之以示西人營業手段之一端。（「胡適留學日記」）

雜誌

讀外觀報論愛耳蘭 Ulster 省反抗與英分離事讀竟於此問題之始末十得八九。因念此邦雜誌太多，不能盡讀，如每日能讀一篇，得其大概，勝於繙閱全册隨手置之多矣，勝讀小說多矣。前此每得雜誌，亂翻一過，輒復置之，眞是失計。（「胡適留學日訓」）

報紙

今之報紙，較之半世紀以前，其篇幅之擴充，何可勝計？今日紐約時報言其報每日全份之新聞欄約有十萬字，可謂多矣。其實此亦無謂之繁冗，徒費讀者目力心力耳。若此十萬字之新聞，有人爲之删繁芟複，則不須一萬字已足達意而有餘矣。（「胡適留學日記」）

眞姓名

此次陳懷琪的事件，我以爲我們應該檢討自己的編輯方法的是否完善。

此次事情由於「讀者來書」。編輯部沒有調查「陳懷琪」是眞名假名，就給登出了。這是根本最不合編輯「讀者來書」的普通原則的！這是我們的大錯誤。

凡讀者投書，①必須用眞姓名，眞地址，否則一概不給登載。②其有自己聲明因特殊情形不願用眞姓名發表者，必須另有聲明的信用眞姓名，眞地址。否則不給發表。

我很誠懇的盼望我們大家作一次嚴重的檢討，切實改善本刊的編輯方法。例如「讀者投書」的編輯，必須嚴格的實行我上面指出的兩條辦法，（國外通行的辦法還有一條，就是加上聲明，投書人發表的意見，並不能代表本社的意見）。

此外，我還有兩三個建議：

①本刊以後最好能不發表不署眞姓名的文字。
②以後最好能不用不記名的「社論」。當年的獨立評論與現代評論皆沒有不署名的社論。
③以後停止「短評」。因爲「短評」最容易作俏皮的諷刺語，又不署名，最容易使人看作尖刻或輕薄。（新青年的「隨感錄」，每週評論的「隨感錄」，各條尾皆有筆名，可以指定是誰的筆名）。

有人說，社論須署名，則社論更難找人寫了。我的看法是，爭取言論自由必須用眞姓名，才可以表示負言論的責任。若發言人怕負言論的責任，則不如不發表這種言論。所以我辦獨立評論五年之久，沒有發表一篇用假姓名的文字。我們當時的公開表示是「用負責任的態度，說平實的話」。這種態度，久而久之，終可以得到多數讀者的同情和信任。（「胡適之先生給『自由中國』編輯委員會一封信」）

情報

我想給諸位報告一個同業的故事。這個同業是幾個英國人在倫敦出版的一個刊物，叫做「情報摘要」（Intelligence Digest）。據說是私人辦的，但有些人相信這個刊物發表的某些消息，某些推測，大概是英國政府的情報機構傳出來的。但這不過是一種猜測，我們至今不知道那個刊物和英國官方情報局有什麼關係。我個人相信那刊物是一種私人企業，——是一種很發財的私人企業。

「情報摘要」是用聖經紙印的，薄薄的十幾頁，每月出兩期，每期航空郵寄，每年報費連寄費總在美金四十元以上。我現在記不清實在數字了，我只記得我曾估計我很想定閱，實在出不起那麼多的錢！

爲什麼那個「情報摘要」能賣高價，還能得許多公私機構定閱呢？

簡單一句話，那個刋物從頭到尾是報告大家急於要知道的「情報」，「專題情報」。他們的專題情報往往取預測的形式，往往是很大膽的推測，說來都很有根據，有時候也頗靈驗，——當然也有猜錯的時候。因爲那薄薄的十幾頁全是關於世界形勢的專題情報，特別是關於自由世界與鐵幕世界的「冷戰」「熱報」的專題情報，所以當那個韓戰與法越最後戰鬪的年頭，那個刋物眞成了人人愛看，人人搶着看的刋物。（「致『情報知識』編者的信」）

天經地義

瀰潭學兄：

來書說，『兩黨討論是非，各有其所持之理由。不務以眞理爭勝，而徒相目以妖，則是滔滔者妖滿國中也』。又說本報『如村嫗潑駡，似不容人以討論者，其何以折服人心』？此種諍言，具見足下之愛本報，故肯進此忠言。從前我在美國時，也曾寫信與獨秀先生，提及此理。那時獨秀先生答書說，文學革命一事，是『天經地義』，不容更有異議。我如今想來，這話似乎太偏執了。我主張歡迎反對的言論，並非我不信文學革命是『天經地義』。我若不信這是『天經地義』，我也不來提倡了。

但是人類的見解有個先後遲早的區別。我們深信這是『天經地義』了，旁人還不信這是『天經地義』。我們有我們的『天經地義』，他們有他們的『天經地義』。輿論家的手段，全在用明白的文學，充足的理由，誠懇的精神，要使那些反對我們的人不能不取消他們的『天經地義』，來信仰我們的『天經地義』。所以本報將來的政策，主張儘管趨於極端，議論定須平心靜氣。一切有理由的反對，本報一定歡迎，決不至『不容人以討論』。（「答汪懋祖」）

問題與主義

本報（每週評論）第二十八號裏，我曾說過：

『現在輿論界大危險，就是偏向紙上的學說，不去實地考察中國今日的社會需要究竟是什麼東西。那些提倡尊孔祀天的人，固然是不懂得現時社會的需要。那些迷信軍國主義或無政府主義的人，就可算是懂得現時社會的需要麼？』

『要知道輿論家的第一天職，就是細心考察社會的實在情形。一切學理，一切「主義」，都是這種考察的工具。有了學理作參考材料，便可使我們容易懂得所考察的情形，容易明白某種情形有什麼意義，應該用什麼救濟的方法。』

我這種議論，有許多人一定不願意聽。但是前幾天公京公言報、新民國報、新民報，（皆安福部的報），和日本文的新支那報，都極力恭維安福部首領王揖唐主張民生主義的演說，並且恭維安福部設立『民生主義的研究會』的辦法。有許多人自然嘲笑這種假充時髦的行為。但是我看了這種消息，發生一種感想。這種感想是：『安福部也來高談民生主義了，這不够給我們這班新輿論家一個教訓嗎』？什麼教訓呢？這可分三層說：

第一，空談好聽的『主義』，是極容易的事，是阿貓阿狗都能做的事，是鸚鵡和留聲機器都能做的事。

第二，空談外來進口的『主義』，是沒有什麼用處的。一切主義都是某時某地的有心人，對於那時那地的社會需要的救濟方法。我們不去實地研究我們現在的社會需要，單會高談某某主義，好比醫生單記得許多湯頭歌訣，不去研究病人的症候，如何能有用呢？

第三，偏向紙上的『主義』，是很危險的。這種口頭禪很容易被無恥政客利用來做種種害人的事。歐洲政客和資本家利用國家主義的流毒，乃是人所共知的。現在中國的政客，又要利用某種某種主義來欺人了。羅蘭夫人說，『自由自由，天下多少罪惡，都是借你的名做出的』！一切好聽的主義，都有這種危險。

這三條合起來看，可以看出『主義』的性質。凡『主義』都是應時勢而起的。某種社會，到了某時代，受了某種的影靜，呈現某種不滿意的現狀。於是有一些有心人，觀察這種現象，想出某種救濟的法子。這是『主義』的起源。主義初起時，大都是一種救時的具體主張。後來這種主張傳播出去，傳播的人要圖簡便，便用一兩個字來代表這種具體的主張，所以叫他做『某某主義』。主張成了主義，便由具體的計劃，變成一個抽象的名詞。『主義』的弱點和危險，就在這裏。因爲世間沒有一個抽象名詞能把某人某派的具體主張都包括在裏面。比如『社會主義』一個名詞，馬克思的社會主義，和王揖唐的社會主義不同；你的社會主義，和我的社會主義不同；決不是這一個抽象名詞所能包括。你談你的社會主義，我談我的社會主義，王揖唐又談他的社會主義，同用一個名詞，中間也許隔開七八個世紀，也許隔開兩三萬里路，然而你和我和王揖唐都可稱社會主義家，都可用這一個抽象名詞來騙人。這不是『主義』的大缺點和大危險嗎？

我再舉現在人人嘴裏掛着的『過激主義』做一個例：現在中國有幾個人知道這一個名詞做何意義？但是大家都痛恨痛罵『過激主義』，內務部下令嚴防『過激主義』，曹錕也行文嚴禁『過激主義』，盧永祥也出示查禁『過激主義』。前兩個月，北京有幾個老官僚在酒席上歎氣，說，『不好了，過激派到了中國』。前兩天有一個小官僚，看見我寫的一把扇子，大詫異道，『這不是過激黨胡適嗎』？哈哈，這就是『主義』的用處！

我因爲深覺得高談主義的危險，所以我現在奉勸新輿論界的同志道：『請你們多提出一些問題，少談一些紙上的主義』。

更進一步說：『請你們多多研究這個問題如何解決，那個問題如何解決，不要高談這種主義如何新奇，那種主義如何奧妙』。

現在中國應該趕緊解決的問題，眞多得很。從人力車夫的生計問題，到大總統的權限問題；從賣淫問題到賣官賣國問題；從解散安福部問題到加入國際聯盟問題；從女子解放問題到男子解放問題：——那一個不是火燒眉毛的緊急問題？

我們不去研究人力車夫的生計，却去高談社會主義；不去研究女子如何解放，家庭制度如何救正，却去高談公妻主義和自由戀愛；不去研究安福部如何解散，不去研究南北問題如何解決，却去高談無政府主義；我們還要得意揚揚誇口道，我們所談的是根本『解決』。老實說罷，這是自欺欺人的夢話，這是中國思想界破產的鐵證，這是中國社會改良的死刑宣告！

爲什麼談主義的人那麼多，爲什麼研究問題的人那麼少呢？這都由於一個懶字。懶的定義是避難就易。研究問題是極困難的事，高談主義是極容易的事。比如研究安福部如何解散，研究南北和議如何解決，這都是要費工夫，挖心血，收集材料，徵求意見，考察情形，還要冒險吃苦，方才可以得一種解決的意見。又沒有成例可援，又沒有黃梨洲、柏拉圖的話可引，又沒有大英百科全書可查，全憑研究考察的工夫：這豈不是難事嗎？高談『無政府主義』便不同了。買一兩本實社自由錄，看一兩本西文無政府主義的小册子，再翻一翻大英百科全書，便可以高談無忌了：這豈不是極容易的事嗎？（「問題與主義」）

清　議

董先生的「就利用無組織和非現代來與日本一拚」一篇是對本刊四十三期「熱河失守以後」而發

的。他說：

我們千萬不要相信暫時忍耐以後勵精圖治收復失地的話。這和懶人所說「今朝多睡一刻，明朝早點起來」，是同一口吻。大約從前割臺灣琉球的時候，也曾經有人說過同樣的話。

我可以根據歷史的事實，告訴董先生：從前中法之戰和中日之戰都有像徐先生董先生一樣的慷慨激昂的「清議」極力主戰，「全國一致的主張」，使政府「無所躲閃」。當時只有一兩個立言無所苟的先知者，如郭嵩燾之流，大膽出來反對主戰之論。郭嵩燾在中法戰時上疏說：

交涉西洋通商事宜，可以理屈，萬不可以力爭。可以借其力以圖自强，萬不可忮其强以求一逞。臣嘗論西洋要求事件，輕重大小，變幻百端，一據理折衷，無不可了。一戰則必不易了。……（郭侍郎奏議卷十二，因法事條陳時政疏）

這種話是當日的「清議」所不容的，正如今日我們的話或爲徐先生乃至無數「清議」家所不容一樣。然而失安南、失朝鮮、割臺灣、割遼東半島，以至造成今日的局面，當日主持清議的名流又何嘗想像得到，又何嘗準備負其責任呢？

郭嵩燾在四五十年前曾有這樣很感慨的話：

聖人之立教曰愼言，曰其言也訒，曰古者言之不出，曰巧言亂德，曰言無實不詳。無相獎以言者。宋儒顧不然：凡有言者皆善也！……凡事皆可言也！……唐宋之言官雖囂，尤無敢及兵政。南渡以後，張復仇之議，推陳兵事，自諸大儒倡之，有明至今承其風，持兵事之短長尤急。末流之世，無知道之君子正其議而息其辯，覆轍相尋，終以不悟！（文集卷十，致曾沅甫）。

這是對當日的「廢話階級」下的針砭，我們談政治的人，在今日讀這種忠告，應該作什麼感想？

（「我的意見也不過如此」）

變　話

董先生在本刊這一期裏有一篇「中國的廢話階級」，勸我們大家不要說廢話。他有他的廢話的定義。但依我的愚見，凡不負責任的高調，都是廢話。孔子曾說：

故君子名之必可言也，言之必可行也。君子於其言，無所苟而已矣。

言之必可行也，這就是「無所苟」，這就是自己對自己的話負責任。凡立一說，建一議，必須先把說此議萬一實行時可以發生的種種結果都一一想像出來，必須自己對於這種種結果準備擔負責任。這才是立言無所苟。不能如此的，都是不負責任的廢話。

作政論的人，更不可不存這種「無所苟」的態度。因爲政論是爲社會國家設想，立一說或建一議都關係幾千萬或幾萬萬人的幸福與痛苦。一言或可以興邦，一言也可以喪邦。所以作政論的人更應該處處存哀矜，敬愼的態度，更應該在立說之前先想像一切可能的結果，——必須自己的理智認淸了責任而自信負得起這種責任，然後可以出之於口，筆之於書，成爲「無所苟」的政論。不能如此的，只白日說夢話，盲人騎瞎馬，可以博取道旁無知小兒的拍手歡呼，然而不是誠心的爲社會國家設計。（

「我的意見也不過如此」）

低調

獨立的銷路增加，固然是如「君衡」先生說的，「可知國人如何同情於這個以研究中國當前問題爲目的的刋物」。但我們自己的私心總希望這種同情心的增加是因爲國中讀雜誌的人的胃口的逐漸改變。我在三年前（第五十一號）曾說：

我們不說時髦話，不唱時髦的調子，只要人撇開成見，看看事實，因爲我們深信只有事實能給我們眞理，只有眞理能使我們獨立。有一位青年讀者對我們說「讀獨立評論，總覺得不過癮」！是的，我們不供給青年過癮的東西，我們只妄想至少有些讀者也許可以因此減少一點每天渴望痲醉的癮。

在當時我們眞感覺那是一種「妄想」，因爲我們不作刺激性的文字，不供給「低級趣味」，又不會搬弄意義糢糊的抽象名詞，當然不能叫青年讀者過癮，當然不能希望讀者的增加。但這三年以來，讀者增加了一萬，我們的樂觀使我們又「妄想」讀者的胃口確實改變了，那每天渴望痲醉的癮確實減少了。

我們今天從陶希聖先生的文章裏得着一個有趣的旁證。陶先生說他在江南聽見朋友說「那一帶很有些人喜歡獨立評論，最大的原因是他不唱高調」。

其實「高調」和「低調」都不是確當的名詞。在我們的眼裏，有許多所謂「高調」都只是獻媚於無知羣衆的「低調」。我們自己說的話，別人儘管說是「低調」，我們自己倒往往認爲很「高」的調子。所以平心說來，調子沒有什麼高低可說。所可說的只是：說的話是不是用我們的公心和理智去思考的結果？說話的人是不是願意對於他的主張負道德上的責任？我們在三年前曾說：

孔子曾說：「故君子名之必可言也，言之必可行也。君子於其言，無所苟而已矣」。言之必可行也，這就是「無所苟」，這就是自己對自己的話負責任。……作政論的人更不可不存這種「無所苟」的態度。因爲政論是爲社會國家設想，立一說或建一議都關係幾千萬或幾萬萬人的幸福與痛苦。一言或可以興邦，一言也可以喪邦。所以作政論的人更應該處處存哀矜敬愼的態度，更應該在立言之前先想像一切可能的結果，——必須自己的理智認清了責任而自信負得起這種責任，然後可以出之於口，筆之於書，成爲「無所苟」的政論。（第四十六號）

這種敬愼的態度當然不能叫人痲醉，不能叫人過癮。但我們深信，這種態度是我們應該提倡的，至少是我們應該時時督責我們自己嚴格實行的。我們也深信，這種態度雖然沒有痲醉的能力，到底是解救痲醉的有效藥劑。清茶淡飯，吃慣了也自然有點味道。這三年的獨立讀者的增加，居然使我們更相信清茶淡飯也許有可以替代嗎啡海洛英的一天。（「獨立評論的四週年」）

獨立精神

我們希望提倡一點「獨立的精神」。我們曾說過：「不倚傍任何黨派，不迷信任何成見，用負責任的言論來發表我們各人思考的結果：這是獨立的精神」。我們深深的感覺現時中國的最大需要是一些能獨立思想，肯獨立說話，敢獨立做事的人。古人說的，「貧賤不能移，富貴不能淫，威武不能屈」，這是「獨立」的最好說法。但在今日，還有兩種重要條件是孟子當日不曾想到的：第一是「成見不能束縛」，第二是「時髦不能引誘」。現今有許多人所以不能獨立，只是因為不能用思考與事實去打破他們的成見；又有一種人所以不能獨立，只是因爲他們不能抵禦時髦的引誘。「成見」在今日所以難打破，是因爲有一些成見早已變成很固定的「主義」了。懶惰的人總想用現成的，整套的主義來應付當前的問題，總想拿事實來傅會主義。有時候一種成見成爲時髦的風氣，或成爲時髦的黨綱信條，那就更不容易打破了。我們所希望的是一種虛心的，公正的，尊重事實的精神。例如「開發西北」是一種時髦的主張，我們所希望的只是要大家先研究西北的事實（本刊第三期及第四期「中國人口公布與土地利用」），然後研究西北應該如何開發（本刊第四十期「如何開發西北」）。又如「建設」是一種最時髦的風氣，我們所希望只是要大家研究建設應該根據什麼材料做計劃，計劃應該如何整理，如何推行（本刊第五期「建設與計劃」），並且要研究在現時的實際情形之下究竟有多少建設事業可做（本刊第三十期「多言的政府」，第四十九期「從農村救濟談到無爲的政治」第二十三期「中國鑛業的厄運」）。這種態度是一定不能滿足現時一般少年讀者的期望的，尤其是我們對於中日問題的許多文字。我們不說時髦話，不唱時髦的調子，只要人撇開成見，看看事實，因爲我們深信只有事實能給我們眞理，只有眞理能使我們獨立。有一位青年讀者對我們說，「讀獨立評論，總覺得不過癮！」是的，我們不供給青年過癮的東西，我們只妄想至少有些讀者也許可以因此減少一點每天渴望痲醉的癮。（「獨立評論的一週年」）

文學·語文

死文言

我曾仔細研究：中國這二千年何以沒有眞有價值眞有生命的『文言的文學』？我自己囘答道：『這都因爲這二千年的文人所做的文學都是死的，都是用已經死了的語言文字做的。死文字決不能產出活文學。所以中國這二千年只有些死文學，只有些沒有價値的死文學』。

我們爲什麼愛讀木蘭辭和孔雀東南飛呢？因爲這兩首詩是用白話做的。爲什麼愛讀陶淵明的詩和李後主的詞呢？因爲他們的詩詞是用白話做的。爲什麼愛杜甫的石壕吏、兵車行諸詩呢？因爲他們都是用白話做的。爲什麼不愛韓愈的南山呢？因爲他用的是死字死話。……簡單說來，自從三百篇到於今，中國的文學凡是有一些價値有一些兒生命的，都是白話的，或是近於白話的。其餘的都是沒有生氣的古董，都是博物院中的陳列品！

再看近世的文學：何以水滸傳、西遊記、儒林外史、紅樓夢可以稱爲『活文學』呢？因爲他們都是用一種活文字做的。若是施耐菴、吳承恩、吳敬梓、曹雪芹都用了文言做書，他們的小說一定不會有這樣生命，一定不會有這樣價値。

讀者不要誤會；我並不曾說凡是用白話做的書都是有價値有生命的。我說的是：用死了的文言決不能做出有生命有價値的文學來。這一千多年的文學，凡是有眞正文學價値的，沒有一種不帶有白話的性質，沒有一種不靠這個『白話性質』的幫助。換言之：白話能產出有價値的文學，也能產生沒有價值的文學；可以產出儒林外史，也可以產出肉蒲團。但是那已死的文言只能產出沒有價值沒有生命的文學，決不能產出有價值有生命的文學；只能做幾篇『擬韓退之原道』或『擬陸士衡擬古』，決不能做出一部儒林外史。若有人不信這話，可先讀明朝古文大家宋濂的王冕傳，再讀儒林外史第一回的王冕傳，便可知道死文學和活文學的分別了。

爲什麼死文字不能產生活文學呢？這都由於文學的性質。一切語言文字的作用在於達意表情；達意達得妙，表情表得好，便是文學。那些用死文言的人，有了意思，却須把這意思翻成幾千年前的典故；有了感情，却須把這感情譯爲幾千年前的文言。明明是客子思家，他們須說『王粲登樓』、『仲宣作賦』；明明是送別，他們却須說『陽關三疊』、『一曲渭城』；明明是賀陳寶琛七十歲生日，他們却須說是賀伊尹、周公、傅說。更可笑的：明明是鄉下老太婆說話，他們却要叫他打起唐、宋八家的古文腔兒；明明是下流的妓女說話，他們却要他打起胡天遊、洪亮吉的駢文調子！……請問這樣做文章如何能達意表情呢？既不能達意，既不能表情，那裏還有文學呢？卽如那儒林外史裏的王冕，是一個有感情、有血氣、能生動、能談笑的活人。這都因爲做書的人能用活言語活文字來描寫他的生活神情。那宋濂集子裏的王冕，便成了一個沒有生氣、不能動人的死人。爲什麼呢？因爲宋濂用了二千年前的死文字來寫二千年後的活人；所以不能不把這個活人變作二千年前的木偶，才可合那古人家法。古文家法是合了，那王冕也眞『作古』了！

因此我說，『死言決不能產出活文學』。中國若想有活文學，必須用白話，必須用國語，必須做

文學。（「建設的文學革命論」）

歷史進化的文學觀念

這部七十回的水滸傳處處『褒』强盜，處處『貶』官府。這是看水滸的人，人人都能得着的感想。聖歎何以獨不能得着這個普遍的感想呢？這又是歷史上的關係了。聖歎生在流賊遍天下的時代，眼見張獻忠、李自成一班强盜流毒全國，故他覺得强盜是不能提倡的，是應該『口誅筆伐』的。聖歎是一個絕頂聰明的人，故能賞識水滸傳。但文學家金聖歎究竟被春秋筆法家金聖歎誤了。他賞識水滸傳的文學，但他誤解了水滸傳的用意。他不知道七十回本刪去招安以後事正是格外反抗政府，他看錯了，以爲七十回本既不贊成招安，便是深惡宋江等一班人。所以他處處深求水滸傳的『皮裏陽秋』，處處把施耐庵恭維宋江之處都解作痛罵宋江。這是他的根本大錯。

換句話說，金聖歎對於水滸的見解與做蕩寇志的俞仲華對於水滸的見解是很相同的。俞仲華生當嘉慶、道光的時代，洪秀全雖未起來，盜賊已遍地皆是，故他認定『既是忠義便不做强盜，既做强盜必不算忠義』的宗旨，做成他的結水滸傳，——卽蕩寇志——要使『天下後世深明盜賊忠義之辨，絲毫不容假借』！（看蕩寇志諸序。俞仲華死於道光己酉，明年洪秀全起事）。俞仲華的父兄都經過匪亂，故他有『孰知羅貫中之害至於此極耶』的話。他極佩服聖歎，尊爲『聖歎先生』，其實這都是因爲遭際有相同處的緣故。

聖歎自序在崇禎十四年，正當流賊最猖獗的時候，故他的評本努力要證明水滸傳『把宋江深惡痛絕，使人見之眞有狗彘不食之恨』。但水滸傳寫的一班强盜確是可愛可敬，聖歎決不能使我們相信水滸傳深惡痛絕魯智深、武松、林沖一班人，故聖歎只能說『水滸傳獨惡宋江，亦是殲厥渠魁之意，其餘便饒恕了』。好一個强辯的金聖歎！豈但『饒恕』，簡直是崇拜！

聖歎又親見明末的流賊僞降官兵，後復叛去，遍不可收拾。所以他對於宋史侯蒙請赦宋江使討方臘的事，大不滿意，故極力駁他，說他『一語有八失』。所以他又極力表章那沒有招安以後事的七十回本。其實這都是時代的影響。雁宕山樵當明亡之後，流賊已不成問題，當時的問題乃是國亡的原因和亡國遺民的慘痛等等問題，故雁宕山樵的水滸傳極力寫宋南渡前後那班奸臣誤國的罪狀；寫燕青冒險到金兵營裏把靑子黃柑獻給道君皇帝；寫王鐵杖刺殺王黼、楊戩、梁師成三個奸臣；寫燕青、李應等把高俅、蔡京、童貫等邀到營裏，大開宴會，數說他們誤國的罪惡，然後把他們殺了；寫金兵擄掠平民，勒索贖金；寫無恥奸民，裝做金兵模樣，幫助仇敵來敲吸同胞的脂髓。這更可見時代的影響了。

這種種不同的時代發生種種不同的文學見解，也發生種種不同的文學作物。——這便是我要貢獻給大家的一個根本的文學觀念。水滸傳上下七八百年的歷史便是這個觀念的具體的例證。不懂得南宋的時代，便不懂得宋江等三十六人的故事何以發生。不懂得宋、元之際的時代，便不懂得水滸故事何以發達變化。不懂得元朝一代發生的那麼多的水滸故事，便不懂得明初何以產生水滸傳。不懂得元、明之際的文學史，便不懂得明初的水滸傳何以那樣幼稚。不讀明史的功臣傳，便不懂得明初的水滸傳何以於固有的招安的事之外，又加上宋江等有功被讒遭害和李俊、燕青見機遠遁等事。不讀明史的文苑傳，不懂得明朝中葉的文學進化的程度，便不懂得七十回本水滸傳的價值。不懂得明末流賊的大亂，便不懂得金聖歎的水滸見解何以那樣迂腐。不懂得明末清初的歷史，便不懂得雁宕山樵的水滸後傳。不懂得嘉慶、道光間的遍地匪亂，便不懂得俞仲華的蕩寇志。——這叫做歷史進化的文學觀念。（「水滸傳考證」）

文學二派

文學大率可分為二派：一為理想主義（Idealism），一為實際主義（Realism）。

理想主義者，以理想為主，不為事物之真境所拘域；但隨意之所及，心之所感，或逍遙而放言，或感憤而詠歎；論人則託諸往昔人物，言事則設為烏託之邦，詠物則驅使故實，假借譬喻：『楚宮傾國』，以喻薔薇；『昭君環佩』，以狀梅花。是理想派之文學也。

實際主義，以事物之真實境狀為主，以為文者，所以寫真、紀實、昭信、狀物，而不可苟者也。是故其為文也，即物而狀之，即事而紀之；不隱惡而揚善，不取美而遺醜；是則是，非則非。舉凡是非、美惡、疾苦、歡樂之境，一本乎事物之固然，而不以作者心境之去取，渲染影響之。是實際派之文學也。

更以例明之：『感時花濺淚，恨別鳥驚心』，理想也。『芹泥隨燕嘴，蕊粉上蜂鬚』，實際也。『熊羆咆我東，虎豹號我西；我後鬼長嘯，我前狨又啼』，理想也。『平生所嬌兒，顏色白勝雪，見耶背面啼，垢膩脚不襪。床前兩小女，補綻才過膝』，實際也。『老妻寄異縣，十口隔風雪。誰能久不顧，庶往共饑渴。入門聞號咷，幼子饑已卒。吾寧捨一哀，里巷亦嗚咽。所愧爲人父，無食至夭折』，亦實際也。（以上所引皆杜詩）。莊子列子之文，大率皆理想派也。孔子孟子之文，大率皆實際派也。陶淵明之桃花源記，理想也。其歸田園居及移居諸詩，則實際也。水滸傳，理想也，儒林外史，實際也。西遊記、鏡花緣，理想也。官場現形記、二十年目覩之怪現狀，實際也。（「胡適留學日記」）

歷史上的文學革命

文學革命，在吾國史上非創見也。卽以韻文而論：三百篇變而爲騷，一大革命也。又變爲五言、七言、古詩，二大革命也。賦之變爲無韻之駢文，三大革命也。古詩之變爲律詩，四大革命也。詩之變爲詞，五大革命也。詞之變爲曲，爲劇本，六大革命也。何獨於吾所持文學革命論而疑之？

文學史公式

但文學史上有一個逃不了的公式。文學的新方式都是出於民間的。久而久之，文人學士受了民間文學的影響，採用這種新體裁來做他們的文藝作品。文人的參加自有他的好處：淺薄的內容變豐富了，幼稚的技術變高明了，平凡的意義變高超了。但文人把這種新體裁學到手之後，劣等的文人便來模倣；模倣的結果，往往學得了形式上的技術，而丟掉了創作的精神。天才墮落而爲匠手，創作墮落而爲機械。生氣剝喪完了，只剩下一點小技巧，一堆爛書袋，一套爛調子！於是這種文學方式的命運便完結了，文學的生命又須另向民間去尋新方向發展了。（「詞選自序」）

白話文學史

現在要說明這部書的體例。

第一，這書名爲『白話文學史』，其實是中國文學史。我在本書的引子裏曾說：

白話文學史就是中國文學史的中心部分。中國文學史若去掉了白話文學的進化史，就不成中國文學史了，只可叫做『古文傳統史』罷了。……

我們現在講白話文學史，正是要講明……中國文學史上這一大段最熱鬧，最富於創造性，最可以代表時代的文學史。

但我不能不用那傳統的死文學來做比較，故這部書時時討論到古文學的歷史，叫人知道某種白話文學產生時有什麼傳統的文學作背景。

第二，我把『白話文學』的範圍放的很大，故包括舊文學中那些明白清楚近於說話的作品。我從前曾說過，『白話』有三個意思：一是戲臺上說白的『白』，就是說得出、聽得懂的話；二是淸白的『白』，就是不加粉飾的話；三是明白的『白』，就是明白曉暢的話。依這三個標準，我認定史記、漢書裏有許多白話，古樂府歌辭大部分是白話的，佛書譯本的文字也是當時的白話或很近於白話，唐人的詩歌——尤其是樂府絕句——也有很多的白話作品。這樣寬大的範圍之下，還有不及格而被排斥的，那眞是僵死的文學了。

第三，我這部文學史裏，每討論一人或一派的文學，一定要擧出這人或這派的作品作爲例子。故這部書不但是文學史，還可算是一部中國文學名著選本。文學史的著作者決不可假定讀者手頭案上總堆着無數名家的專集或總集。這個毛病是很普遍的。西洋的文學史家也往往不肯多擧例；單說某人的某一篇詩是如何如何；所以這種文學史上只看見許多人名、詩題、書名，正同舊式朝代史上堆着無數人名年號一樣。這種抽象的文學史是沒有趣味的，也沒有多大實用的。

第四，我很抱歉，此書不曾從三百篇做起。這是因爲我去年從外國囘來手頭沒有書籍，不敢做這段很難做的研究。但我希望將來能補作一篇古代文學史，卽作爲這書的『前編』。我的朋友陸侃如先生和馮沅君女士不久要出版一部古代文學史。他們的見地與工力都很適宜於做這種工作的，我盼望他們的書能早日出來，好補我的書的缺陷。

此外，這部書裏有許多見解是我個人的見地，雖然是辛苦得來的居多，却也難保沒有錯誤。例如我說一切新文學的來源都在民間（頁一九），又如說建安文學的主要事業在於制作樂府歌辭（頁五八以下），又如說故事詩起來的時代（頁七五以下），又如說佛教文學發生影響之晚（頁二〇一以下）與『唱導』『梵唄』的方法的重要（二〇四—二一五），又如說白話詩的四種來源（頁二一七—二二九），又如王梵志與寒山的考證（頁二二九—二五一），李、杜的優劣論（頁二九〇—二九三），天寶大亂後的文學的特別色彩說（頁三〇九—三一二），盧仝、張籍的特別注重（頁三七九—四一〇）……這些見解，我很盼望讀者特別注意，並且很誠懇地盼望他們批評指敎。（「白話文學史」自序）

做文學史

做文學史，和做一切歷史一樣，有一個大困難，就是選擇可以代表時代的史料。做通史的人，於每一個時代，記載幾個帝王的卽位和死亡，幾個權臣的興起和傾倒，幾場戰爭的發動和結束，便居然寫出一部『史』來了。但這種歷史，在我們今日的眼光裏，全是枉費精神，枉費筆墨，因為他們選擇的事實，並不能代表時代的變遷，並不能寫出文化的進退，並不能描寫出人民生活的狀況。例如記五代十國的時代，史家只叫我們記着那許多無謂的梁、唐、晉、漢、周，和高祖、莊宗、世宗……和荊南、吳越、南唐……等等。但我們今日若作一部『新新五代史』，我們就應該知道，與其記誦五代十國的帝王世系，不如研究錢鏐在浙江興的水利或王審知入閩後種族上和文化上的影響；與其痛罵馮道的無恥，不如研究當日政府雕板的監本九經的歷史；與其記載桑維翰的大話，不如研究李煜、馮延己一班人的小詞，與其比較新五代史與舊五代史的文字優劣和義法寬嚴，不如向當時人的著作裏去尋那些關於民生文化的新史料。范仲淹的文集裏，無意之中，記載着五代時江南的米價，那是眞重要的史料。敦煌石室裏，前不多年，忽然發現韋莊詳記北方饑荒的一首白話長詩，那也是眞重要的史料。比起這種眞正史料來，什麼謹嚴的史傳，什麼痛快的論贊，都變成一個錢不值的了！

做文學史，也是如此。從前的人，把詞看作『詩餘』，已瞧不上眼了；小曲和雜劇更不足道了。至於『小說』，更受輕視了。近三十年中，不知不覺的起了一種反動。臨桂王氏和湖州朱氏提倡翻刻宋、元的詞集，貴池劉氏和武進董氏翻刻了許多雜劇傳奇，江陰繆氏，上虞羅氏翻印了好幾種宋人的小說。市上詞集和戲劇的價錢漸漸高起來了，近來更昂貴了。近人受了西洋文學的影響，對於小說，漸漸能尊重賞識了。這種風氣的轉移，竟給文學史家增添了無數難得的史料。詞集的易得，使我們對於宋代的詞的價值格外明瞭。戲劇的翻印，使我們對於元、明的文學添許多新的見解。古小說的發現與推崇，使我們對於近八百年的平民文學漸漸有點正確的了解。我們現在知道，東坡、山谷的詩遠不如他們的詞能代表時代；姚燧、虞集、歐陽玄的古文遠不如關漢卿、馬致遠的雜劇能代表時代；歸有光、唐順之的古文遠不如金瓶梅、西遊記能代表時代；方苞、姚鼐的古文遠不如紅樓夢，儒林外史能代表時代。於是我們對於文學史的見解也就不得不起一種革命了。（「中古文學概論序」）

事實與看法

我特別注重這個歷史的看法，這固然是我個人的歷史癖，但在當時這種新的文學見解不但是需要的，並且是最有效的武器。國內一班學者文人並非不熟中國歷史上的重要事實，他們所缺乏的只是一種新的看法。譬如孔子，舊看法是把他看作「德侔天地，道冠古今」的大聖人，新看法是把他看作許多哲人裏面的一個。把孔子排在老子墨子一班人之中，用百家平等的眼光去評量他們的長短得失，我們就當然不會過分的崇拜迷信孔子了。文學史也是一樣的。舊日講文學史的人，只看見了那死文學的一線相承，全不看見那死文學的同時還有一條「活文學」的路線。他們只看見韓愈柳宗元，却不知道韓柳同時還有幾個偉大的和尚正在那兒用生辣痛快的白話來講學。他們只看見許衡姚燧虞集歐陽玄，却不知道許衡姚燧虞集歐陽玄同時還有關漢卿馬東籬貫酸齋等等無數的天才正在那兒用漂亮樸素的白話來唱小曲，編雜劇。他們只看見了李夢陽何景明王世貞，至多只看見了公安竟陵的偏鋒文學，他們却看不見何李袁譚諸人同時還有無數的天才正在那兒用生動美麗的白話來創作水滸傳、金瓶梅、西遊記，和「三言」「二拍」的短篇小說，劈破玉，打棗竿，掛枝兒的小曲子。他們只看見了方苞姚鼐惲敬張惠言曾國藩吳汝綸，他們全不看見方姚曾吳同時還有更偉大的天才正在那兒用流利深刻的白話來創作醒世姻緣、儒林外史、紅樓夢、鏡花緣、海上花列傳。我們在那時候所提出的新的文學史觀，正是要給全國讀文學史的人們戴上一副新的眼鏡，使他們忽然看見那平時看不見的瓊樓玉宇，奇葩瑤草，使他們忽然驚歎天地之大，歷史之全！大家戴了新眼鏡去重看中國文學史，拿水滸傳金瓶梅來比當時的正統文學，當然不但何李的假古董不值得一笑，就是公安竟陵也都成了扭扭捏捏的小家子了！拿儒林外史紅樓夢來比方姚曾吳，也當然再不會發那「舉天下之美，無以易乎桐域姚氏者也」的傖陋見解了！所以那歷史進化的文學觀，初看去好像貌不驚人，其實是一種「哥白尼的天文革命」：哥白尼用太陽中心說代替了地中心說，此話一出就使天地易位，宇宙變色；歷史進化的文學觀用白話正統代替了古文正統，就使那「宇宙古今之至美」從那七層寶座上倒栽下來，變成了「選學妖孽，桐城謬種」！（這兩個名詞是玄同創的）。從「正宗」變成了「謬種」，從「宇宙古今之至美」變成了「妖魔」「妖孽」，這是我們的「哥白尼革命」。（「中國新文學運動小史」）

中國文學來源

第一，來源於實際的需要。譬如吾人到研究室裏去，看看甲骨文字，上面有許多寫着某月某日祭祀等等，巴比崙之磚頭，上面寫信，寫着某某人，我們中國以前也用竹簡或木簡，近來在西北所發現的竹簡很多，像這些祭祀、通信、卜辭，報告等等，都是因為實際的需要才有的，這些是記事的體裁，如墨子、莊子……等書，也都是為着實際的需要才逼出來的。

第二，來源於民間。人的感情在各種壓迫之下，就不免表現出各種勞苦與哀怨的感情，像匹夫匹婦，曠男怨女的種種抑鬱之情，表現出來，或為詩歌、成為散文，由此起點，就引起後來的種種傳說故事，如三百篇大都民間匹夫匹婦曠男怨女的哀怨之聲，也就是民間半宗教半記事的哀怨之歌。後來五言詩七言詩，以至公家的樂府，它們的來源也都是由此而起的。如今之舞女，所唱的歌，或為文人所作給她們唱的，又如詩詞、小說、戲曲，皆民間故事之重演，像詩經、楚辭、五言詩、七言詩，這都是由民間文學而來。

第三，來源於國家所規定的考試。國家規定一種考試的體裁，拿這種文章的體裁去考試人材，這是一種極其機械的辦法，如唐朝作賦，前八字一定為破題，以後就變為八股了，這是機械的，愈機械愈好，像五言律詩、七言律詩，都是這一種的東西，這沒有什麼價值，但是它的影響却大，中國五六百年來，均受此種影響，這也可說是一條來路。

第四，來源於外國文學，中國不幸得很，因為處的地勢與環境的關係，沒有那一國給中國以新的體裁。只有一條路，卽是印度，中國受了印度不少的影響，如小說、詩歌、記事之故事等等，都是受了她的薰染與陶冶的，我們中國不受她的影響，也許會有小說、詩歌、戲曲，但沒有她，絕不能給我們以絕大之力量的進展，吾人相信受她的影響，比自身當有五六百倍之大，因為我們先人給與我們不過是一些簡單之文字，如「子曰……詩云……」等是，而想像力又很薄弱，吾民族可謂極單簡極樸實之民族，如離騷之想像力，尙稱較為豐富，但其思想充其量亦不過想到上天下地而已，印度就大不然了，如般若經等等，不惟想到天上有天，以至三十三重天，而且想到大千世界，以至無數的天，又如維摩詰經不過為一簡單之小說，吾人却當一經典，到處風行，又如法華經，以及其他各種經典，講佛家的故事，講釋迦牟尼成佛的故事……能給與吾人以有興趣的深切的感覺，不知不覺也隨之到了一種佛的境界，這種力量是何等的重大，思想是何等的高深啊！像西遊記封神榜這一類的書，都是受了它們絕大的影響的，譬如俗語說：「看了西遊記，到老不成器，看了封神榜，到老不像樣」。這些話都足以證明此二書風行之普遍，與灌輸民間思想之深入。其實這兩種書描寫的不受事實之拘束，與想像力之解放，都是受了印度佛教的思想，他們這種想像力之解放與奔騰，實爲吾思想簡單樸實之民族所不能及。前在敦煌石室，發現種種佛家文學，亦甚重要。總之如無印度文學，絕不會產生像西遊記、封神榜這一類有價值的東西，她實在直接間接的給與吾人以各種豐富的想像，吾人才會產生好的文學來。（「中國文學過去與來路」）

文的形式

我常說，文學革命的運動，不論古今中外，大概都是從『文的形式』一方面下手，大概都是先要求語言文字文體等方面的大解放。歐洲三百年前各國國語的文學起來代替拉丁文學時，是語言文字的大解放；十八十九世紀法國嚣俄、英國華次活（Wordsworth）等人所提倡的文學改革，是詩的語言文字的解放；近幾十年來西洋詩界的革命，是語言文字和文體的解放。這一次中國文學的革命運動，也是先要求語言文字和文體的解放。新文學的語言是白話的，新文學的文體是自由的，是不拘格律的。初看起來，這都是『文的形式』一方面的問題，算不得重要。却不知道形式和內容有密切的關係。形式上的束縛，使精神不能自由發展，使良好的內容不能充分表現。若想有一種新內容和新精神，不能不先打破那些束縛精神的枷鎖鐐銬。因此，中國近年的新詩運動可算得是一種『詩體的大解放』。因爲有了這一層詩體的解放，所以豐富的材料，精密的觀察，高深的理想，複雜的感情，方才能跑到詩裏去。五七言八句的律詩決不能容豐富的材料。二十八字的絕句決不能寫精密的觀察，長短一定的七言五言決不能委婉達出高深的理想與複雜的感情。（「談新詩」）

文學忌抽象

我近來頗想到中國文學套語的心理學，有許多套語（竟可說一切套語）的緣起，都是極正當的。凡文學最忌用抽象的字，（虛的字。）最宜用具體的字。（實的字。）例如說『少年』，不如說『衫青鬢綠』；說『老年』，不如說『白髮』、『霜鬢』；說『女子』，不如說『紅巾翠袖』；說『春』不如說『姹紫嫣紅』、『垂楊芳草』；說『秋』，不如說『西風紅葉』、『落葉疏林』。……初用時，這種具體的字最能引起一種濃厚實在的意象；如說『垂楊芳草』，便眞有一個具體的春景；說『楓葉蘆花』，便眞有一個具體的秋景。這是古文用這些字眼的理由，是極合心理作用的。但是後來的人把這些字眼用得太爛熟了，便成了陳陳相因的套語，便不能發生引起具體影象的作用了。（「讀沈尹默的舊詩詞」）

言近而旨遠

我常說那些轉彎子的感事詩與我們平常做的『打油詩』，有同樣的性質。爲什麼呢？因爲我們做『打油詩』往往使用個人的『事實典故』，如『黃加披肩鳥从比』之類，正如做寄託詩的人往往用許多歷史的，或文學的，或神話的，或豔情的典故套語。這兩種詩同有一種弱點：只有個中人能懂得，局外人便不能懂得。局外人若要懂得，還須請個人詳加註釋。因此，世間只有幾首『打油詩』可讀，也只有幾首寄託詩可讀。

所以我以為寄託詩須要眞能『言近而旨遠』。這五字被一般妄人用爛了便失了意味。我想『言近而旨遠』。是說：從文字表面上看來，寫的是一件人人可懂的平常實事；若再進一步，却還可尋出一個寄託的深意。譬如山谷的『江水西頭隔烟樹，望不見江東路。思量只有夢來去，更不怕，江闌住』一首，寫的是相思，寄託的是『做官思想』。又如稼軒的『寶釵分，桃葉渡』一首詞，寫的是閨情，寄託的是感時（如『點點飛紅，都無人管』之類。）感身世。（如『試把花卜歸期』之類。）『言近』則越『近』（淺近）越好。『旨遠』則不妨深遠。言近，須要不倚賴寄託的遠旨也能獨立存在，才有文學的價值。

有許多寄託詩是『言遠而旨近』的。怎麼叫做『言遠而旨近』呢？本是極淺近的意思，却用了許多不求人解的僻典。若不知道他寄託的意思，便成全無意識七湊八湊的怪文字。這種詩不能獨立存在；在當時或有不得已的理由，在後世或有歷史上的價值，但在文學上却不能有甚麼價值。（「讀沈尹默的舊詩詞」）

活字死字

吾所謂活字與死字之別，可以一語爲例。書曰：『惠迪吉，從逆凶。』『從逆凶』是活語，『惠迪吉』是死語。此但謂作文可用之活語耳。若以吾『聽得懂』之律施之，則『從逆凶』亦但可爲半活之語耳。（「胡適留學日記」）

古文

一九一六年以來的文學革命運動，方才是有意的主張白話文學。這個運動有兩個要點與那些白話報或字母的運動絕不相同。第一，這個運動沒有『他們』『我們』的區別。白話並不單是『開通民智』的工具，白話乃是創造中國文學的唯一工具。白話不是只配抛給狗吃的一塊骨頭，乃是我們全國人都該賞識的一件好寶貝。第二，這個運動老老實實的攻擊古文的權威，認他做『死文學』。從前那些白話報的運動和字母的運動，雖然承認古文難懂，但他們總覺得『我們上等社會的人是不怕難的：吃得苦中苦，方爲人上人』。這些『人上人』大發慈悲心，哀念小百姓無知無識，故降格做點通俗文章給他們看。但這些『人上人』自己仍舊應該努力模倣漢、魏、唐、宋的文章。這個文學革命便不同了；他們說，古文死了二千年了，他的不孝子孫瞞住大家，不肯替他發喪舉哀；現在我們來替他正式發訃文，報告天下『古文死了！死了兩千年了！你們愛舉哀的，請舉哀罷！愛慶祝的，也請慶祝罷！』

這個『古文死了兩千年』的訃文出去之後，起初大家還不相信；不久，就有人紛紛議論了；不久，就有人號咷痛哭了。那號咷痛哭的人，有些哭過一兩場，也就止哀了；有些一頭哭，一頭痛罵那些發訃文的人，怪他們不應該做這種『大傷孝子之心』的惡事；有些從外國奔喪囘來，雖然素同死者沒有多大交情，但他們聽見哭聲，也忍不住跟着哭一場，聽見罵聲，也忍不住跟着罵一場。所以這種哭聲罵聲至今還不曾完全停止。但是這個死信是不能再瞞的了，倒不如爽爽快快說穿了，叫大家痛痛快快哭幾天不久他們就會『節哀盡禮』的；卽使有幾個『終身孺慕』的孝子，那究竟是極少數人，也顧不得了。（五十年來中國之文學」）

國語與漢字

我對於這個「國語與漢字」的問題，向來沒有很堅强的意見。把文字看作純粹的教育工具，我當然誠心的贊成漢字的廢除和音標文字的採用。但我又是個有歷史癖的人，我的歷史眼光使我相信文字是最守舊的東西，最難改革，——比宗教還更守舊，還更難改革。這個意思，王了一先生（獨立二〇五號）說的最明白。他說：「文字是『約定俗成』的東西，是社會的產品，只有社會的大力量才能改造它。」他又說：「在現在中國的環境裏，民衆所急急要認識的漢字。如果你教他們認識一種新文字，而不認識漢字，他們在現社會裏依舊是文盲。若要使新文字能代表族語，必須使他們所看見的字都變了新文字，至少是大部分的書報文件變了新文字才行。這是很難辦得到的一件事。」

我在別處（中國新文學大系，建設理論集導言）也說過：「教育工具是徹上徹下，貫通整個社會的。……一個國家的教育工具只可有一種，不可有兩種。如果漢文漢字不配做教育工具，我們就應該下決心去廢掉漢文漢字。如果教育工具必須是一種拼音文字，那麼，全國上上下下必須一律採用這種拼音文字」。

我不信中國現在有了這種「社會的大力量」，所以我不期望在最近百年內可以廢除漢字而採用一種拼音的新文字。我又深信，白話文已具有可以通行的客觀條件，並且白話文的通行又是將來改用拼音文字的絕對必要條件，所以我們在二十年中用力的方向是提倡白話文，用漢字寫白話的白話文。

但我深信，漢字實在是很難學的教育工具，所以我始終贊成各種音標文字的運動，我始終希望「音標文字在那不很遼遠的將來能夠替代了那方塊的漢字做中國四萬萬人的教育工具和文學工具」。

因為我認定了這個歷史的步驟，所以我對於用拼音文字替代漢字的運動，雖然誠心的贊成，總沒有熱烈的提倡。

今天讀了你的來信，我很贊成你的見解。你相信在今日為了「强化中國民族意識的必要」，我們的言語要用「非方言的一種較普通的白話」，文字還得用漢字，文章必須是「用漢字寫白話的白話文」。這個意見，我完全同意。

王了一先生曾說：「我們分明知道文字改革與民族主義無關，土耳其改用羅馬字母，並不因此喪失其民族精神」。我覺得土耳其的例子不是很適當的比例。土耳其的疆域小，語言文字的統一容易做到。況且土耳其本有拼音文字，近年的改革只是用一種新音標代替一種舊音標。這種改革比較容易。

我們的困難就大的多了。疆域大，方言多，雖然各地的識字的人都看得懂用北京話寫的紅樓夢，兒女英雄傳，然而各地的人讀音不同，全靠那漢字符號做一種公同的符號。例如「我來了三天了」一句話，北京人、上海人、寧波人、温州人、臺州人、徽州人、江西人、福州人、厦門人、廣州人、客家人，各有不同的讀音。用漢字寫出來，全國都可通行。若拼成了字母文字，這句話就可以成爲幾十種不同的文字，彼此反不能交通了。當然我們希望將來我們能做到全國的人都能認識一種公同的音標文字。但在這個我們的國家疆土被分割侵佔的時候，我十分贊成你的主張，我們必須充分利用「國語、漢字、國語文這三樣東西」來做聯絡整個民族的感情思想的工具。這三件其實只是「用漢字寫國語的國語文」一件東西。這確是今日聯絡全國南北東西和海外的中國民族的惟一工具。

我深信你這個主張是最合理的。（「國語與漢字（討論）」）

漢字權威

音標文字是必須替代漢字的，而那個時期（尤其是那個時期的前半期）主張音標文字的人都還不敢明目張膽的提倡用拼音文字來斷代漢字。這完全是時代的關係，我們不能過於責備他們。漢文的權威太大了，太尊嚴了，那時最大膽的王照也得說：

「今余私製此字母，純爲多數愚稚便利之計，非敢用之於讀書臨文」。（字母原序）

勞乃宣說的更明白了：

「中國六書之旨，廣大精微，萬古不能磨滅。簡字（卽字母）僅足爲粗淺之用，其精深之義仍非用漢文不可。簡字之於漢文，但能並行不悖，斷不能稍有所妨」。（進呈簡字譜錄摺）

又說：

「今請於簡易識字學塾內附設此科。本塾正課仍以用學部課本教授漢字爲主。簡字僅爲附屬之科，專爲不能識漢字者而設，與漢字正課並行不悖，兩不相妨。蓋資質不足以識千餘漢字之人，本無識字之望，今令識此十數簡字以代識字之用，乃增於能識漢字者之外，非分於能識漢字者之中也」（請附設簡字一科摺）

這樣極端推崇漢字的人，他們提倡拼音文字，只是要爲漢字添一種輔助工具，不是要革漢字的命。因爲如此，所以桐城古文大家如吳汝綸嚴復也可以贊成音標文字。吳汝綸遊日本時，一面很欽羨日本的五十假名有統一語言的功用，一面却對日本學者說：

「若文字之學，則中國故特勝，萬國莫有能逮及之者！」（高田忠周古籀篇序）

勞乃宣最能說明這種「兩面心理」，他說：

「字之爲用，所以存其言之迹焉爾。……其體之繁簡難易，……各有所宜。欲其高深淵雅，則不厭繁難；取其便利敏捷，則必求簡易。」（中國速記字譜序）

這種心理的基礎觀念是把社會分作兩個階級，一邊是「我們」士大夫，一邊是「他們」齊氓細民。「我們」是天生聰明睿智的，所以不妨用二三十年窗下苦功去學那「萬國莫有能逮及之」的漢字漢文。「他們」是愚蠢的，是「資質不足以識千餘漢字之人」，所以我們必須給他們一種求點知識的簡易法門。「我們」不厭繁難，而「他們」必求簡易。在這種心理狀態之下，漢文漢字的尊嚴絲毫沒有受打擊，拼音文字不過是士大夫丢給老百性的一點恩物，決沒有代替漢文的希望。士大夫一面埋頭學做那死文字，一面提倡拼音文字，是不會有多大熱心的。老百姓也不會甘心學那士大夫不屑學的拼音文字，因為老百姓也曾相信「將相本無種，界兒當自强」的宗教，如果他們要子弟讀書識字，當然要他們能做八股，應科舉，做狀元宰相；他們決不會自居於「資質不足以識千餘漢字」的階級！所以提倡字母文字而沒有廢除漢字的決心，是不會成功的。這是音標文字運動失敗的又一個根本原因。（「中國新文學運動小史」）

代替漢字

在文學革命的初期提出的那些個別的問題之中，只有一個問題還沒有得着充分的注意，也沒有多大的進展，——那就是漢字改用音標文字的問題。（看錢玄同先生「中國今後之文學問題」，和傅斯年先生的「漢語改用拼音文字的初步談」兩篇）。我在上文已說過，拼音文字只可以拼活的白話，不能拼古文；在那個古文學的權威毫未動搖的時代，大家看不起白話，更沒有用拼音文字的決心，所以音標文字的運動不會有成功的希望。如果因為白話文學的奠定和古文學的權威的崩潰，音標文字在那不很遼遠的將來能够替代了那方塊的漢字做中國四萬萬人的教育工具和文學工具了，那才可以說是中國文學革命的更大收穫了。(「中國新文學運動小史」)

文章達意的重要

崔述已決意要著書，但他還怕文不能達意，故先做一番古文工夫，熟玩韓柳歐陽三家之文，並且殷勤問業於古文家汪師韓。他這一番工夫實在不曾白費掉；他雖不以文名，但他的文章在清朝古文之中要算是第一流的了。和他同時的史學家，章學誠也講究文章，故能自抒所見；那作王荆公年譜考略的蔡元鳳因爲文筆煩冗，便令讀者生厭了。又如近代廖平與康有爲，同治今文學；康的思路明晰文筆曉暢故能動人；廖的文章多不能達意，他的著作就很少人能讀了。要知文章雖是思想的附屬工具，但工具不良，工作也必不能如意。崔述於著作之先，力求能『自抒所見』的預備，這一層很可以做後人的模範。(「科學的古家崔述」)

套語

大多數『套語』之初起時，本是很合美學的原理。文學的美感有一條極重要的規律曰：說得越具體越好，說得越抽象越不好。更進一層說：凡全稱名辭都是抽象的；凡個體事物都是具體的。故說『美人』，是抽象的，不能發生明瞭濃麗的想像。若說『紅巾翠袖』，便是具體的，便可引起一種具體的影象。又如說『少年』，是抽象的；若說『衫靑鬢綠』，便是具體的，便可引起濃麗明瞭的影像了。這是大多數『套語』所以發生的原由。但是『套語』初起時，本全靠他們那種引起具體影像的能力。後來成了爛調的套語，便失了這種能力，與抽象的全稱名詞沒有分別了。況且時代變遷，一時代的套語過了一二百年便不能適用。如宋人可用『紅巾翠袖』代表美人，今世的女子若穿戴着紅巾翠袖，便成笑柄了！又如古代少年可說『衫青鬢綠』；後來『綠』字所表的顏色漸漸由深綠變成淺綠，我們久已不說頭髮是『綠』的，我們的少年也不穿青衫，都穿起淺色的衫子來了！所以我所說文學改良的八事中有『不用套語』一條，正是爲了這個道理。（「追答李濂堂君」）

大衆語

民國二十二年的冬天，我在武漢大學講演，同時在那邊的客人有唐擘黃、楊金甫，還有幾位，我記不清了。有一天，武漢大學的朋友說，山上的小學和幼稚園的小孩子要招待我們喝茶。我們很高與的走到了那邊，才知道那班小主人還要每個客人『說幾句話』。這大概是武漢大學的朋友們佈置下的促狹計策，要考考我們能不能向小孩子說話，能不能說幼稚園裏的『大衆語』！

提到演說，我可以算是久經大敵的老將了。我曾在加拿大和美國的聯合廣播臺上向整個北美洲的人演說過，毫不覺得心慌。可是這一天我考落第了！那天我們都想用全副力量來說幾句小孩子聽得懂的話：想他們懂得我們的話和話裏的意思。我說了一個故事，話是可以懂的，話裏的意思（因爲故事太深了）是他們不能完全了解的。我失敗了。那一天只有楊金甫說的一個故事是全體小主人都聽得懂，又都喜歡聽的。別的客人都考了不及格。

我說了這兩次的經驗，爲的是要說明一個小小的意思。大衆語不是在白話之外的一種特別語言文字。大衆語只是一種技術，一種本領，只是那能够把白話做到最大多數人懂得的本領。

這種技術不光靠挑用單簡明顯的字眼語句，也不光靠能剽竊一兩句方言土話。同是蘇州人說蘇州話，一樣有個好懂和不好懂的分別。這種技術的高低，全看我們對於所謂『大衆』的同情心的厚薄。凡是說話作文能叫人了解的人，都是富於同情心，能細心體貼他的聽衆（或讀者）的。『體貼』就是艷詞裏說的『換我心爲你心』；就是時時刻刻想到對面聽話的人那一個聽不懂，那一句話不容易明白。能這樣體貼人，自然能說聽衆懂得的話，自然能做讀者懂得的文。

英國科學大家赫胥黎最會作通俗的科學講演，他能對一大羣工人作科學講演。他自己說他最得力於科學前輩法拉第的一句話。有人問法拉第：『你講演科學的時候，你能假定聽衆對於你講的題目先有了多少知識？』法拉第回答：『我假定他們全不知道。』這就是體貼的態度。我們必須先想像這班聽衆全不知道我要對他們說的題目，方才能够細心體會用什麽法子，選什麽字句才可以叫那些最沒有根柢的人也能明白我要說的話。能够體貼到聽衆裏面程度最低的一個人，然後能說大衆全聽得懂的話。

現在許多空談大衆語的人，自己就不會說大衆的話，不會做大衆的文，偏要怪白話不大衆化，這眞是不會寫字怪筆禿了。白話本來是大衆的話，決沒有不可以回到大衆去的道理。時下文人做的文字所以不能大衆化，只是因爲他們從來就沒有想到大衆的存在。因爲他們心裏眼裏全沒有大衆，所以他們亂用文言的成語，濫用許多不曾分析過的新名詞；文法是不中不西的，語氣是不文不白的；翻譯是硬譯，做文章是懶做。他們本來就沒有學會說白話，做白話，怪不得白話到了他們的手裏就不肯聽他們的指揮了。這樣嘴裏有大衆而心裏從來不肯體貼大衆的人，就是眞肯『到民間去』，他們也學不會說大衆話的。

所以我說：大衆語不是一個語言文字的問題，只是一個技術的問題。提倡大衆語的人，都應該先訓練自己做一種最大多數人看得懂，聽得懂的文章。『看得懂』是爲識字的大衆着想的；『聽得懂』是爲不識字的大衆着想的。我們如果眞有心做大衆語的文章，最好的訓練是時時想像自己站在無線電發音機面前，向那絕大多數的農村老百姓說話，要字字句句他們都聽得懂。用一個字，不要忘了大衆；造一句句子，不要忘了大衆；說一個比喻，不要忘了大衆。這樣訓練的結果，自然是大衆語了。

（「大衆語在那兒」）

白話的字

許多反對白話的人都說白話的字不够用。這話是大錯的。其實白話的字數比文言多的多。我們試拿紅樓夢用的字和一部正續古文辭類纂用的字相比較，便可知道文言裏的字實在不够用。我們做大學教授的人，在飯館裏開一個菜單，都開不完全，却還要說白話字少！這豈不是大笑話嗎？白話裏已寫定的字也就不少了，還有無數沒有寫定的字，將來都可用注音字母寫出來。此外文言裏的字，除了一些完全死了的字之外，都可儘量收入。複音的文言字，如法律，國民，方法，科學，教育，……等字，自不消說了。有許多單音子，如詩，飯，米，茶，水，火，……等字，都是文言白話共同可用的。將來做字典的人，把白話小說裏用的字和各種商業工藝通用的專門術言，搜集起來，再加上文言裏可以收用的字和新學術的術語，一定比文言常用的字要多好幾十倍。（文言裏有許多字久已完全無用了，一部說文裏可刪的字也不知多少）。（「國語文法概論」）

美文

現在反對白話的人，到了不得已的時候，只好承認白話的用處，於是分出『應用文』與『美文』兩種，以爲『應用文』可用白話，但是『美文』還應該用文言。這種區別含有兩層意義。第一，他承認白話可以作『美文』。白話不能作『美文』，是我們不能承認的。但是這個問題和本文無關，姑且不談。第二，他承認文言沒有應用的能力，只可以拿來做無用的美文。卽此一端，便是古文報喪的訃聞，便是古文死刑判決書的主文！（「國語文法概論」）

文腔革命

文腔革命是要把文學中心從鬼話移到人話，正如歌白尼把地中心的宇宙觀變作太陽中心的宇宙觀一樣。文腔革命自然是文學革命的最重要一步。但十年來的新文學的成績並不能算是滿意，新文學的前途也未可十分樂觀。這也是很自然的。一來，時間太短，我們不可太沒有耐心。二來，時局紛亂，生活困難，作者沒有閑暇做文學的創作。雖然古人有『文窮而益工』的話，其實這話是不可靠的；經濟的壓迫也許壓不死一兩個特殊的天才，但大多數的作家在『等米下鍋』的環境內是不會有耐久的作品出來的。（「跋白屋文話」）

中國方言文學

中國各地的方言之中，有三種方言已產生了不少的文學。第一是北京話，第二是蘇州話（吳語）第三是廣州話（粵語）。京話產生的文學最多，傳播也最遠。北京做了五百年的京城，八旗子弟的遊宦與駐防，近年京調戲劇的流行：這都是京語文學傳播的原因。粵語的文學以『粵謳』爲中心；粵謳起於民間，而百年以來，自從招子庸以後，仿作的已不少，在韻文的方面已可算是很有成績了。但如今海內和海外能說廣東話的人雖然不少，粵語的文學究竟離普通話太遠，他的影響究竟還很少。介於京語文學與粵語文學之間的，有吳語的文學。論地域則蘇、松、常、太、杭、嘉、湖都可算是吳語區域。論歷史則已有了三百年之久。三百年來凡學崑曲的無不受吳音的訓練；近百年中上海成爲全國商業的中心，吳語也因此而佔特殊的重要地位。加之江南女兒的秀美久已征服了全國的少年心；向日所謂南蠻鴃舌之音久已成了吳中女兒最繫人心的軟語了。故除了京語文學之外，吳語文學要算最有勢力又最有希望的方言文學了。（「吳歌甲集序」）

方言文學

老實說罷，國語不過是最優勝的一種方言；今日的國語文學在多少年前都不過是方言的文學。正因爲當時的人肯用方言作文學，敢用方言作文學，所以一千多年之中積下了不少的活文學，其中那最有普遍性的部份遂逐漸被公認爲國語文學的基礎。我們自然不應該僅僅抱着這一點歷史上遺傳下來的基礎就自己滿足了。國語的文學從方言的文學裏出來，仍須要向方言的文學裏去尋他的新材料，新血液，新生命。（「吳歌甲集序」）

實驗主義的文學觀

我的決心試驗白話詩，一半是朋友們一年多討論的結果，一半也是我受的實驗主義的哲學的影響。實驗主義教訓我們：一切學理都只是一種假設；必須要證實了（Verified），然後可算是眞理。證實的步驟，只是先把一個假設的理論的種種可能的結果都推想出來，然後想法子來試驗這些結束是否能解決原來的問題。我的白話文學論不過是一個假設，這個假設的一部分（小說詞曲等）已有歷史的證實了；其餘一部分（詩）還須等待實地試驗的結果。我的白話詩的實地試驗，不過是我的實驗主義的一種應用。所以我的白話詩還沒有寫得幾首，我的詩集已有了名字了，就叫做「嘗試集」。我讀陸游的詩，有一首詩云：

能仁院前有石像丈餘蓋作大像時樣也。

江閣欲開千尺像，雲龕先定此規模。
斜陰徙倚空長嘆，嘗試成功自古無。

陸放翁這首詩大概是別有所指；他的本意大概是說：小試而不得大用，是不會成功的，我借他這句詩，做我的白話詩集的名字，並且做了一首詩，說明我的嘗試主義：

嘗試篇

「嘗試成功自古無」，放翁這話未必是。我今爲下一轉語，自古成功在嘗試。請看藥聖嘗百草，嘗了一味又一味。又如名醫試丹藥，何嫌六百零六次。莫想小試便成功，那有這樣容易事！有時試到千百回，始知前功盡拋棄。卽使如此已無媿，卽此失敗便足記。告人此路不通行，可使脚力莫浪費。我生求師二十年，今得「嘗試」兩個字。作詩做事要如此，雖未能到頗有志。作「嘗試歌」頌吾師，願大家都來嘗試！（八月三日）

這是我的實驗主義的文學觀。（「逼上梁山」）

最後之因

至於我們幾個發難的人，我們也不用太妄自菲薄，把一切都歸到那「最後之因。陸象山說得最好：

「且道天地間有個朱元晦陸子靜，便添得些子。無了後便減得些子」。

白話文的局面，若沒有「胡適之陳獨秀一班人」，至少也得遲出現二三十年。這是我們可以自信的。「逼上梁山」一篇是要用我保存的一些史料來記載一個思想產生的歷史。這個思想不是「產業發達，人口集中」產生出來的，是許多個別的，個人傳記所獨有的原因合攏來烘逼出來的。從清華留美學生監督處一位書記先生的一張傳單，到凱約嘉湖上一隻小船的打翻；從進化論和實驗主義的哲學，到一個朋友的一首打油詩；從但丁（Dante）却叟（Chaucer）馬丁路德（Martin Luther）諸人的建立意大利英吉利德意志的國語文學，到我兒童時代偷讀的水滸傳西遊記紅樓夢：——這種種因子都是獨一的，個別的；他們合攏來，逼出我的「文學革命」的主張來。我想，如果獨秀肯寫他的自傳，他的思想轉變的因素也必定有同樣的複雜，也必定不是經濟史觀包括得了的。治歷史的人應該向這種傳記材料裏去尋求那多元的，個別的因素，而不應該走偷懶的路，妄想用一個「最後之因」來解釋一切的歷史事實。無論你抬出來的「最後之因」，是「神」，是「性」，是「心靈」，或是「生產方式」，都可以解釋一切歷史：但是，正因爲個個「最後之因」都可以解釋一切歷史，所以都不能解釋任何歷史了！等到你祭起了你那「最後之因」的法寶解決一切歷史之後，你還得解釋「同在這個『最後之因』之下，陳獨秀爲什麼和林琴南不同？胡適爲什麼和梅光迪胡先驌不同」？如果你的「最後之因」可以解釋胡適，同時又可以解釋胡先驌，那豈不是同因而不同果，你的「因」就不成眞因了。所以凡可以解釋一切歷史的「最後之因」，都是歷史學者認爲最無用的玩意兒，因爲他們其實都不能解釋什麼具體的歷史事實。（「中國新文學運動小史」）

人的文學

現在要說說中國新文學運動的第二個作戰口號：「人的文學」。

我在上文已說過，我們開始也曾顧到文學的內容的改革。例如玄同先生和我討論中國小說的長信，就是文學內容革新的討論。但當那個時期，我們還沒有法子談到新文學應該有怎樣的內容。世界的新文藝都還沒有踏進中國的大門裏，社會上所有的西洋文學作品不過是林紓翻譯的一些十九世紀前期的作品，其中最高的思想不過是迭更司的幾部社會小說；至於代表十九世紀後期的革新思想的作品都是國內人士所不曾夢見。所以在那個貧乏的時期，我們實在不配談文學內容的革新，因爲文學內容是不能懸空談的，懸空談了也決不會發生有力的影響。例如我在「文學改良芻議」裏曾說文學必須有「高遠之思想，眞摯之情感」，那就是懸空談文學內容了。

民國七年一月新青年復活之後，我們決心做兩件事：一是不作古文，專用白話作文；一是翻譯西洋近代和現代的文學名著。那一年的六月裏，新青年出了一本「易卜生專號」，登出我和羅家倫先生合譯的娜拉全本劇本，和陶履恭先生譯的國民之敵劇本。這是我們第一次介紹西洋近代一個最有力量的文學家，所以我寫了一篇「易卜生主義」。在那篇文章裏，我借易卜生的話來介紹當時我們新青年社的一班人公同信仰的「健全的個人主義」。易卜生說：

「我所最期望於你的是一種眞正純粹的爲我主義，要使你有時覺得天下只有關於你的事最要緊，其餘的都算不得什麼。……你要想有益於社會，最好的法子莫如把你自己這塊材料鑄造成器。……有時候，我眞覺得全世界都像海上撞沉了的船，最要緊的還是救出自己。」

娜拉拋棄了他的丈夫兒女，深夜出門走了，爲的是他相信自己「是一個人」，他有對他自己應盡的神聖責任：「無論如何，我務必努力做一個人」！國民之敵劇本裏的主人翁斯鐸曼醫生寧可叫全體市民給他加上「國民之敵」的徽號，而不肯不說老實話，不肯不宣揚他所認得的眞理。他最後宣言道：「世上最强有力的人就是那最孤立的人」！這樣特立獨行的人格就是易卜生要宣傳的「眞正純粹的個人主義」。

次年（七年）十二月裏，新青年（五卷六號）發表周作人先生的「人的文學」。這是當時關於改革文學內容的一篇最重要的宣言。他開篇說：

我們現在應該提倡新的文學，簡單的說一句，是「人的文學」，應該排斥的，便是反對的非人文學。

他解釋這個「人」字如下：

「我所說的人，乃是『從動物進化的人類』。其中有兩個要點：（一）『從動物』進化的，（二）從動物『進化』的。

我們承認人是一種生物，他的生活現象與別的動物並無不同。所以我們相信人的一切生活本能都是美的善的，應得完全滿足。凡有違反人性不自然的習慣制度，都應排斥改正。

但我們又相信人是一種從動物進化的生物，他……有能改造生活的力量。所以我們相信人類以動物的生活爲生存的基礎，而其內面生活却漸與動物相遠，終能達到高尚和平的境地。凡獸性的餘留，與古代禮法可以阻礙人性向上的發展者，也都應排斥改正。……

換一句話說，所謂從動物進化的人，也便是指『靈肉一致』的人。……

人的理想生活……首先便是改良人類的關係，………須營一種利己而又利他，利他卽是利己的生活。第一、便是各人以心力的勞作換得適當的衣食住與醫藥，能保持健康的生存。第二、革除一切人道以下或人力以上的因襲的禮法，使人人能享自由眞實的幸福生活。

我所說的人道主義，並非世間所謂『悲天憫人』或『博施濟衆』的慈善主義！乃是一種個人主義的人間本位主義。……用這人道主義爲本，對於人生諸問題加以記錄研究的文字，便謂之『人的文學』」。

這是一篇最平實偉大的宣言。（他的詳細節目，至今還値得細讀）。周先生把我們那個時代所要提倡的種種文學內容，都包括在一個中心觀念裏，這個觀念他叫做「人的文學」。他要用這一個觀念來排斥中國一切「非人的文學」（他列擧了十大類），來提倡「人的文學」。他所謂「人的文學」，說來極平常，只是那些主張「人情以內，人力以內」的「人的道德」的文學。（「中國新文學運動小史」）

在文學革命上的貢獻

我在這十幾年的中國文學革命運動上，如果有一點點貢獻，我的貢獻只在：

（1）我指出了『用白話作新文學』的一條路子。（文存一集頁五七—六三；頁二〇二—三；二集頁二四三—八）。

（2）我供給了一種根據於歷史事實的中國文學演變論，使人明瞭國語是古文的進化，使人明瞭白話文學在中國文學史上佔什麼地位。（文存一集頁一四四—五一；頁四四九—六七；三集頁六三〇—五）。

（3）我發起了白話新詩的嘗試。（文存一集頁一八七—二〇四）。

這些文字都可以表出我的文學革命論，也只是進化論和實驗主義的一種實際應用。（「介紹我自己的理想」）

文學三病

吾國文學大病有三：一曰無病而呻。哀聲乃亡國之徵，況無所爲而哀耶？二曰摹倣古人。文求似左史，詩求似李杜，詞求似蘇辛。不知古人作古，吾輩正須求新。卽論畢肖古人，亦何異行屍贋鼎？

『諸生不師今而師古』，此李斯所以焚書坑儒也。三曰言之無物。諛墓之文，贈送之詩，固無論矣。即其說理之文，上自韓退之原道，下至曾滌生原才，上下千年，求一墨翟莊周乃絕不可得。詩人則自唐以來，求如老杜石壕吏諸作，及白香山新樂府秦中吟諸篇，亦寥寥如鳳毛麟角。晚近惟黃公度可稱健者。餘人如陳三立鄭孝胥，皆言之無物者也。文勝之敝，至於此極，文學之衰，此其總因矣。（「胡適留學日記」）

八不到四條

一、不做『言之無物』的文字。
二、不做『無病呻吟』的文字。
三、不用典。
四、不用套語爛調。
五、不重對偶：——文須廢駢，詩須廢律。
六、不做不合文法的文字。
七、不摹倣古人。
八、不避俗話俗字。

這是我的『八不主義』，是單從消極的、破壞的一方面着想的。

自從去年歸國以後，我在各處演說文學革命，便把這『八不主義』都改作了肯定的口氣，又總括作四條，如下：

一、要有話說，方纔說話。這是『不做言之無物的文字』一條的變相。

二、有什麼話，說什麼話；話怎麼說，就怎麼說。這是（二）（三）（四）（五）（六）諸條的變相。

三、要說我自己的話，別說別人的話。這是『不摹倣古人』一條的變相。

四、是什麼時代的人，說什麼時代的話。這是『不避俗話俗字』的變相。

這是一半消極、一半積極的主張。（「建設的文學革命論」）

言之有物

吾國近世文學之大病，在於言之無物。今人徒知『言之無文，行而不遠』；而不知言之無物，又何用文為乎？吾所謂『物』，非古人所謂『文以載道』之說也。吾所謂『物』，約有二事：

一、情感　詩序曰：『情動於中而形諸言。言之不足，故嗟歎之。嗟歎之不足，故詠歌之。詠歌之不足，不知手之舞之、足之蹈之也』。此吾所謂情感也。情感者，文學之靈魂。文學而無情感，如人之無魂，木偶而已，行尸走肉而已。（今人所謂『美感』者，亦情感之一也）。

二、思想　吾所謂『思想』，蓋兼見地、識力、理想三者而言之。思想不必皆賴文學而傳，而文學以有思想而益貴；思想亦以有文學的價值而益貴也：此莊周之文，淵明、老杜之詩，稼軒之詞，施耐菴之小說，所以夐絕千古也。思想之在文學，猶腦筋之在人身。人不能思想，則雖面目姣好，雖能笑啼感覺，亦何足取哉？文學亦猶是耳。

文學無此二物，便如無靈魂無腦筋之美人，雖有穠麗富厚之外觀，抑亦末矣。近世文人沾沾於聲調字句之間，旣無高遠之思想，又無眞摯之情感，文學之衰微，此其大因矣。此文勝之害，所謂言之無物者是也。欲救此弊，宜以質救之。質者何？情與思二者而已。（「文學改良芻議」）

不無病呻吟

此殊未易言也。今之少年往往作悲觀，其取別號則曰『寒灰』、『無生』、『死灰』；其作爲詩文，則對落日而思暮年，對秋風而思零落，春來則惟恐其速去，花發又惟懼其早謝：此亡國之哀音也。老年人爲之猶不可，況少年乎！其流弊所至，遍養成一種暮氣，不思奮發有爲，服勞報國，但知發牢騷之音，感喟之文；作者將以促其壽年，讀者將亦短其志氣：此吾所謂無病之呻吟也。國之多患，吾豈不知之？然病國危時，豈痛哭流涕所能收效乎？吾惟願今之文學家作費舒特（Fichte），作瑪志尼（Mazzini），而不願其爲賈生、王粲、屈原、謝臯羽也。其不能爲賈生、王粲、屈原、謝臯羽，而徒爲婦人醇酒喪氣失意之詩文者，尤卑卑不足道矣！（「文學改良芻議」）

論用典

獨秀先生足下：

二月三日，曾有一書奉寄，附所譯『決鬬』一稿，想已達覽。久未見『青年』，不知尙繼續出版否？今日偶繙閱舊寄之貴報，重讀足下所論文學變遷之說，頗有鄙見，欲就大雅質正之。足下之言：『吾國文藝猶在古典主義理想主義時代，今後當趨向寫實主義』。此言是也。然貴報三號登某君長律一首，附有記者按語，推爲『希世之音』。又曰：『子雲、相如而後，僅見斯篇；雖工部亦祇有此工力，無此佳麗。……吾國人偉大精神，猶未喪失也歟？於此徵之』。細檢某君此詩，至少凡用古典套語一百事。……中如『温飂延犀爐，（此句若無誤字，卽爲不通）。劉招杳桂英』，『不堪追素孔，祇是怯黔贏』，（下句更不通）。『義皆攀尾柱，泣爲下蘇坑』，『陳氣豪湖海，鄒談必裨瀛』，在律詩中，皆爲下下之句。又如『下催桑海變，西接杞天傾』，上句用典已不當，下句本言高與天接之意，而用杞人憂天墜一典，不但不切，在文法上亦不通也。至此『阮籍曾埋照，長沮亦耦耕』，則更不通矣。夫論語記長沮、桀溺同耕』。今一人豈可謂之耦』耶？此種詩在排律中，但可稱下駟。稍讀元、白、柳、（禹錫）之長律者，皆將謂貴報案語之爲厚誣工部而過譽某君也。適所以不能已於言者，正以足下論文學已知古典主義之當廢，而獨嘖嘖稱譽此古典主義之詩，竊謂足下難免自相矛盾之誚矣。

適嘗謂凡人用典或用陳套語者，大抵皆因自己無才力，不能自鑄新辭，故用古典套語，轉一灣子，含糊過去，其避難趨易，最可鄙薄！在古大家集中，其最可傳之作，皆其最不用典者也。老杜『北征』何等工力！然全篇不用一典（其（未聞殷、周衰，中自誅褒、妲』二語乃比擬，非用典也）。其『石壕』『羌村』諸詩亦然。韓退之詩亦不用典。白香山『琵琶行』全篇不用一典。『長恨歌』更長矣，僅用『傾國』『小玉』『雙成』三典而已。律詩之佳者，亦不用典。堂皇莫如『雲移雉尾開宮扇，日映龍鱗識聖顏』。宛轉莫如『豈謂盡煩囘紇馬，翻然遠救朔方兵』。纖麗莫如『夢爲遠別啼難喚，書被催成墨未濃』。悲壯莫如『永夜角聲悲自語，中天月色好誰看』。然其好處，豈在用典哉？（又如老杜『聞官軍收河南河北』一首，更可玩味）。總之，以用典見長之詩，決無可傳之價值。雖工亦不值錢，況其不工，但求押韻者乎！（「寄陳獨秀」）

陳言爛調

今之學者，胸中記得幾個文學的套語，便稱詩人。其所爲詩文，處處是陳言爛調。『蹉跎』，『身世』，『寥落』，『飄零』，『蟲沙』，『寒窗』，『斜陽』，『芳草』，『春閨』，『愁魂』，『歸夢』，『鵑啼』，『孤影』，『雁字』，『玉樓』，『錦字』，『殘更』，……之類，纍纍不絕，最可憎厭。其流弊所至，遂令國中生出許多似是而非、貌似而實非之詩文。今試舉吾友胡先驌先生一詞以證之：

『熒熒夜燈如豆，映幢幢孤影，凌亂無據。翡翠衾寒，鴛鴦瓦冷，禁得秋宵幾度？么絃漫語，早丁字簾前，繁霜飛舞。裊裊餘音，片時猶繞柱』。

此詞驟觀之，覺字字句句皆詞也，其實僅一大堆陳套語耳。『翡翠衾』、『鴛鴦瓦』，用之白香山長恨歌則可，以其所言乃帝王之衾之瓦也。『丁字簾』、『么絃』，皆套語也。此詞在美國所作，其夜燈決不『熒熒如豆』，其居室尤無『柱』可繞也。至於『繁霜飛舞』，則更不成話矣。誰曾見繁霜之『飛舞』耶？

吾所謂務去爛調套語者，別無他法，惟在人人以其耳目所親見親聞所親身閱歷之事物，一一自己鑄詞以形容描寫之；但求其不失眞，但求能達其狀物寫意之目的，即是工夫。其用爛調套語者，皆懶惰不肯自己鑄詞狀物者也（「文學改良芻議」）

不講對仗

排偶乃人類言語之一種特性；故雖古代文字，如老子、孔子之文亦間有駢句。如『道可道，非常道；名可名，非常名。無名天地之始；有名萬物之母。故常無，欲以觀其妙；常有，欲以觀其徼』。此三排句也。『食無求飽，居無求安』。『貧而無諂；富而無驕』。『爾愛其羊；我愛其禮』。此皆排句也。然此皆近於語言之自然，而無牽强刻削之迹；尤未有定其字之多寡，聲之平仄，詞之虛實者也。至於後世文學末流，言之無物，乃以文勝；文勝之極，而駢文律詩興焉，而長律興焉。駢文律詩之中非無佳作，然佳作終鮮。所以然者何?豈不以其束縛人之自由過甚之故耶?（長律之中，上下古今，無一首佳作可言也。）今日而言文學改良，當『先立乎其大者』，不當枉廢有用之精力於微細纖巧之末：此吾所以有廢駢廢律之說也。即不能廢此兩者，亦但當視爲文學末技而已，非講求之急務也。

今人猶有鄙夷白話小說爲文學小道者。不知施耐菴、曹雪芹、吳趼人皆文學正宗，而駢文律詩乃眞小道耳。吾知必有聞此言而却走者矣。（「文學改良芻議」）

不摹倣古人

文學者，隨時代而變遷者也。一時代有一時代之文學：周、秦有周、秦之文學，漢、魏有漢、魏之文學，唐宋、元、明有唐、宋、元、明之文學。此非吾一人之私言，乃文明進化之公理也。即以文論，有尙書之文，有先秦諸子之文，有司馬遷、班固之文，有韓、柳、歐、蘇之文，有語錄之文，有施耐菴、曹雪芹之文：此文之進化也。試更以韻文言之：擊壤之歌，五子之歌，一時期也；三百篇之詩，一時期也；屈原、荀卿之騷賦，又一時期也；蘇、李以下，至於魏、晉，又一時期也；江左之詩流爲排比，至唐而律詩大成，此又一時期也；老杜、香山之『寫實』體諸詩，（如杜之石壕吏，羌村，白之新樂府），又一時期也；詩至唐而極盛，自此以後，詞曲代興，唐、五代及宋初之小令，此詞之一時代也；蘇、柳（永）、辛、姜之詞，又一時代也；至於元之雜劇傳奇，則又一時代矣。凡此諸時代，各因時勢風會而變，各有其特長，吾輩以歷史進化之眼光觀之，決不可謂古人之文學皆勝於今人也。左氏、史公之文奇矣；然施耐菴之水滸傳，視左傳、史記，何多讓焉？三都、兩京之賦富矣；然以視唐詞宋詞，則糟粕耳！此可見文學因時進化，不能自止。唐人不當作商、周之詩，宋人不當作相如、子雲之賦——，卽令作之，亦必不工。逆天背時，違進化之跡，故不能工也。

旣明文學進化之理，然後可言吾所謂『不摹倣古人』之說。今日之中國，當造今日之文學，不必摹倣唐、宋，亦不必摹倣周、秦也。前見『國會開幕詞』，有云：『於鑠國會，遵晦時休』。此在今日而欲爲三代以上之文之一證也。更觀今之『文學大家』，文則下規姚、曾，上師韓、歐；更上則取法秦、漢、魏、晉，以爲六朝以下無文學可言：此皆百步與五十步之別而已，而皆爲文學下乘。卽令神似古人，亦不過爲博物院中添幾許『逼眞贋鼎』而已，文學云乎哉！昨見陳伯嚴先生一詩云：

濤園鈔杜句，半歲禿千毫。所得都成淚，相過問奏刀。萬靈噤不下，此老仰彌高。胸腹回滋味，徐看薄命騷。

此大足代表今日『第一流詩人』摹倣古人之心理也。其病根所在，在於以『半歲禿千毫』之工夫作古人的鈔胥婢，故有『此老仰彌高』之歎。若能洒脫此種奴性，不作古人的詩，而惟作我自己的詩，則決不至如此失敗矣。

吾每謂今日之文學。其足與世界『第一流』文學比較而無愧色者，獨有白話小說（我佛山人，南亭亭長，洪都百鍊生三人而已！）一項。此無他故，以此種小說皆不事摹倣古人，（三人皆得力於儒林外史，水滸，石頭記，然非摹倣之作也。）而惟實寫今日社會之情狀，故能成眞正文學。其他學這個、學那個之詩古文家，皆無文學之價値也。今之有志文學者，宜知所從事矣。（「文學改良芻議」）

不避俗語俗字

吾惟以施耐菴、曹雪芹、吳趼人爲文學正宗，故有『不避俗語』之論也（參看上文第二條下。）蓋吾國言文之背馳久矣。自佛書之輸入，譯者以文言不足以達意，故以淺近之文譯之，其體已近白話。其後佛氏講義語錄尤多用白話爲之者，是爲語錄體之原始。及宋人講學以白話爲語錄，此體遂成講學正體。（明人因之。）當是時，白話已久入韻文，觀唐、宋人白話之詩詞可見也。及至元時，中國北部已在異族（遼、金、元）之下，三百餘年矣。此三百年中，中國乃發生一種通俗行遠之文學。文則有水滸、西遊、三國……之類；戲曲則尤不可勝計。（關漢卿諸人，人各著劇數十種之多。吾國文人著作之富，未有過於此時者也。）以今世眼光觀之，則中國文學當以元代爲最盛；可傳世不朽之作，當以元代爲最多：此可無疑也。當是時，中國之文學最近言文合一；白話幾成文學的語言矣。使此趨勢不受阻遏，則中國幾有一『活文學出現』；而但丁、路得之偉業，【歐洲中古時，各國皆有俚語，而以拉丁文爲文言，凡著作書籍皆用之，如吾國之以文言著書也。其後意大利有但丁（Dante）諸文豪，始以其國俚語著作。諸國踵興，國語亦代起。路得（Luther）創新教，始以德文譯『舊約』

『新約』，遂開德文學之先。英、法諸國亦復如是。今世通用之英文『新舊約』乃一六一一年譯本，距今才三百年耳。故今日歐洲諸國之文學，在當日皆爲俚語。迨諸文豪興，始以『活文學』代拉丁之死文學；有活文學而後有言文合一之國語也。】幾發生於神州。不意此趨勢驟爲明代所阻。政府既以八股取士，而當時文人如何、李七子之徒，又爭以復古爲高，於是此千年難遇言文合一之機會，遂中道夭折矣。然以今世歷史進化的眼光觀之，則白話文學之爲中國文學之正宗，又爲將來文學必用之利器，可斷言也。（此『斷言』乃自作者言之，贊成此說者今日未必甚多也。）以此之故，吾主張今日作文作詩，宜採用俗語俗字。與其用三千年前之死字（如『於鑠國會，遵晦時休』之類），不如用二十世紀之活字；與其作不能行遠不能普及之秦、漢、六朝文字，不如作家喻戶曉之水滸、西遊文字也。（「文學改良芻議」）

中國文法學

什麼是國語文法？凡是一種語言，總有他的文法。天下沒有一種沒有文法的語言，不過內容的組織彼此有大同小異或小同大異的區別罷了。但是，有文法和有文法學不同。一種語言儘管有文法，却未必一定有文法學。世界文法學發達最早的，要算梵文和歐洲的古今語言。中國的文法學發生最遲。古書如公羊、穀梁兩家的春秋傳，頗有一點論文法的話，但究竟沒有文法學出世。清朝王引之的經傳釋詞，用歸納的方法來研究古書中『詞』的用法，可稱得一部文法書。但王氏究竟缺乏文法學的術語和條理，故經傳釋詞只是文法學未成立以前的一種文法參考書，還不曾到文法學的地位。直到馬建忠的文通出世，（光緒二十四年，西曆一八九八）。方才有中國文法學。馬氏自己說：『上稽經史，旁及諸子百家，下至志書小說，凡措字遣辭，苟可以述吾心中之意以示今而傳後者，博引相參，要皆有一成不變之例』。（文通前序。）又說：『斯書也，因西文已有之規矩，於經籍中求其所同所不同者，曲證繁引，以確知華文義例之所在』。（後序）。到這個時代，術語也完備了，條理也有了，方法也更精密了，故馬建忠能建立中國文法學。（「國語文法概論」）

候補國語

『國語』這兩個字很容易誤解。嚴格說來，現在所謂『國語』，還只是一種儘先補用的候補國語：並不是現任的國語。這句話的意思是說，這一種方言已有了做中國國語的資格，但此時還不曾完全成爲正式的國語。

一切方言都是候補的國語，但必須先有兩種資格，方才能够變成正式的國語：

第一，這一種方言，在各種方言之中，通行最廣。

第二，這一種方言，在各種方言中，產生的文學最多。

我們試看歐洲現在的許多國語，那一種不是先有了這兩項資格的？當四百年前，歐洲各國的學者都用拉丁文著書通信，和中國人用古文著書通信一樣。那時各國都有許多方言，還沒有國語。最初成立的是意大利的國語。意大利的國語起先也只是突斯堪尼（Tuscany）的方言，因爲通行最廣，又有了但了（Dante）鮑卡曲（Boccacio）等人用這種方言做文學，故這種方言由候補的變成正式的國語。英國的國語當初也只是一種『中部方言』，後來漸漸通行，又有了喬叟（Chaucer）與衞克立夫（Wycliff）等人的文學，故也由候補的變成正式的國語。此外法國、德國及其他各國的國語，都是先有這兩種資格後來才變成國語的。（「國語文法概論」）

國語

民國八年的學生運動與新文學運動雖是兩件事，但學生運的影響能使白話的傳播遍於全國，這是一個大關係；況且『五四』運動以後，國內明白的人漸漸覺悟『思想革新』的重要，所以他們對於新潮流，或採取歡迎的態度，或採取研究的態度，漸漸的把從前那種仇視的態度減少了，文學革命的運動因此得自由發展，這也是一大關係。因此，民國八年以後，白話文的傳播眞有『一日千里』之勢。白話詩的作者也漸漸的多起來了。民國九年，教育部頒布了一個部令，要國民學校一二年的國文，從九年秋季起，一律改用國語。又令：

凡照舊制編輯之國民學校國文教科書，其供第一第二兩學年用者，一律作廢；第三學年用書，准用至民國十年爲止；第四學年用書，准用至民國十一年爲止。

依這個次序，須到今年，（一九二二）方才把國民學校的國文完全改成國語。但教育制度是上下連接的；牽動一髮，便可搖動全身。第一二年改了國語，初級師範就不能改了，高等小學也多跟着改了。初級師範改了，高等師範也就不能不改動了。中學校也有許多自願採用國語文的。教育部第一次的舉動雖是根據於民國八年全國教育會的決議，但內中很靠着國語研究會會員的力量。國語研究會是民國五年成立的，內中出力的會員多半是和教育部有關係的。國語文學的運動成熟以後，國語教科書的主張也沒有多大阻力了，故國語研究會能於傅嶽芬做教育次長代理部務的時代，使教育部做到這樣重要的改革。（「五十年來中國之文學」）

國音

還有一件事，雖然與文學革命的運動沒有多大的關係，却也是應該提及的。民國元年，教育部召集了一個讀音統一會，討論讀音統一的問題。讀音統一會議定了三十九個『注音字母』。這一副字母，本來不過用來注音，『以代反切之用』的。當初的宗旨，全在統一漢文的讀音，並不曾想到白話上去，也不曾有多大的奢望。七年十一月，教育部把這副字母正式頒布了。八年四月，教育部重新頒布注音字母的新次序（吳敬恆定的）。八年九月，國音字典出版。這個時候，國語的運動已快成熟了，國語教育的需要已是公認的了；所以當日『代反切之用』的注音字母，到這時候就不知不覺的變成國語運動的一部分了，就變成中華民國的國語字母了。（「五十年來中國之文學」）

小百姓

我是有歷史癖的；我深信語言是一種極守舊的東西，語言文字的改革決不是一朝一夕能做到的。但我研究語言文字的歷史，曾發現一條通則：

在語言文字的沿革史上，往往小百姓是革新家而學者文人却是頑固黨。

從這條通則上，又可得一條附則：

促進語言文字的革新，須要學者文人明白他們的職務是觀察小百姓語言的趨勢，選擇他們的改革案，給他們正式的承認。

這兩條原則，是我五年來關於國語問題一切論著的基本原理，所以我不須舉例來證明了。

小百姓二千年中，不知不覺的把中國語的文法修改完善了，然而文人學士總不肯正式承認他；直到最近五年中，才有一部分的學者文人正式對二千年無名的文法革新家表示相當的敬意。俗話說，『有禮不在遲』。這句話果然不錯的！（「國語月刊『漢字改革號』卷頭言」）

林琴南與古文

頃見林琴南先生新著『論古文之不當廢』一文，喜而讀之，以爲定足供吾輩攻擊古文者之研究，不意乃大失所望。林先生之言曰：

知臘丁之不可廢，則馬、班、韓、柳亦自有其不宣廢者。吾識其理，乃不能道其所以然，此則嗜古者之痼也。

『吾識其理，乃不能道其所以然』：此正是古文家之大病。古文家作文，全由熟讀他人之文，得其聲調口吻，讀之爛熟，久之亦能倣效，却實不明其『所以然』。此如留聲機器，何嘗不能全像留聲之人口吻聲調？然終是一副機器，終不能『道其所以然』也。今試舉一例以證之。林先生曰：

嗚呼！有清往矣！論文者獨數方、姚，而攻掊之者厖起，而方、姚卒不之踣。

此中『而方、姚卒不之踣』一句，不合文法，可謂『不通』。所以者何？古人凡否定動詞之止詞，若係代名詞，皆位於『不』字與動詞之間。如『不我與』，『不吾知也』，『未之有也』，『未之前聞也』，皆是其例。然『踣』字乃是內動詞，其下不當有止詞，故可言『而方、姚卒不踣』，亦可言『方、姚卒不因之而踣』，却不可言『方、姚卒不之踣』也。林先生知『不之知』『未之有』之文法，而不知『不之踣』之不通，此則學古文而不知古文之『所以然』之弊也。

林先生爲古文大家，而其論『古文之不當廢』，『乃不能道其所以然』，則古文之當廢也，不亦既明且顯耶？（「寄陳獨秀」）

文學之美

我說，孤立的美，是沒有的。美就是『懂得性』（明白）與『逼人性』（有力）二者加起來自然發生的結果。例如：『五月榴花照眼明』一句何以『美』呢？美在用的是『明』字。我們讀這個『明』字不能不發生一樹鮮明逼人的榴花的影象。這裏面含有兩個分子：（1）明白清楚，（2）明白之至，有逼人而來的『力』。

再看老殘遊記的一段：

『那南面山上，一條白光，映着月色，分外好看。一層一層的山嶺，却分辨不清；又有幾片白雲在裏面，所以分不出是雲是山。及至定睛看去，方纔看出那是雲那是山來。雖然雲是白的，山也是白的，雲有亮光，山也有亮光；只因爲月在雲上，雲在月下，所以雲的亮光從背後透過來。那山却不然的：山的亮光由月光照到山上，被那山上的雪反射過來，所以光是兩樣了。然只稍近的地方如此。那山望東去，越望東去，越望越遠，天也是白的，山也是白的，雲也是白的，就分辨不出來。』

這一段無論是何等頑固古文家都不能不承認是『美』。美在何處呢？也只是兩個分子：第一是明白清楚；第二是明白清楚之至，故有逼人而來的影象。除了這兩個分子之外，還有什麼孤立的『美』嗎？沒有了。（「什麼是文學」）

逼人性

懂得還不够，還要人不能不懂得；懂得了，還要人不能不相信，不能不感動。我要他高興，他不能不高興；我要他哭，他不能不哭；我要他崇拜我；我要他愛我，他不能不愛我。這是『有力』。這個，我可以叫他做『逼人性』。

我又舉一個例：

『血府當歸生地桃，

紅花甘草殼赤芍，

柴胡芎桔牛膝等，

血化下行不作勞。』

這是『血府逐瘀湯』的歌訣。這一類的文字，只有『記賬』的價值，絕不能『動人』，絕沒有『逼人』的力量，故也不能算文學。大多數的中國『舊文學』，如碑版文字，如平鋪直敍的史傳，都屬於這一類。

『我讀齊鎛文，書闕乏左證。獨取聖祉字，古誼藉以正。親殁稱考妣，从女疑非敬。說文有祉字，乃訓祉司命。此文兩皇祉，配祖義相應。幸得三代物，可與洨長諍。……』（李慈銘、齊子中姜鎛歌）。

這一篇你（大學的國文教授）看了一定大略明白，但他決不能感動你，決不能使你有情感上的感動。（「什麽是文學」）

懂得性

因爲文學不過是最能盡職的語言文字，因爲文學的基本作用（職務）還是『達意表情』，故第一個條件是要把情或意，明白清楚的表達出，使人懂得，使人容易懂得，使人決不會誤解。請看下例：

『蘋塢芝房，一點中池，生來易驚。笑金釵卜就，先能斷決；犀珠鎭後，纔得和平。樓響登難，房空怯最，三斗除非借酒傾。芳名早，喚狗兒吹笛，伴取歌聲』。

『沈憂何事牽情？悄不覺人前太息輕。怕殘燈枕外，簾旌蝙拂；幽期夜半，牕戶鷄鳴。愁髓頻寒，回腸易碎，長是心頭苦暗並。天邊月，縱團圞如鏡，難照分明』。

這首沁園春是從曝書亭集卷二十八，頁八鈔出來的。你是一位大學的國文教授，你可看得懂他『詠』的是什麼東西嗎？若是你還看不懂，那麼，他就通不過這第一場『明白』（『懂得性』）的試驗。他是一種玩意兒，連『語言文字』的基本作用都够不上，那配稱爲『文學』！（「什麼是文學」）

文學革命與試驗

近來稍稍明白事理的人，都覺得中國文學有改革的必要。即如我的朋友任叔永他也說：『烏乎！適之！吾人今日言文學革命，乃誠見今日文學有不可不改革之處，非特文言白話之爭而已』。甚至於南社的柳亞子也要高談文學革命。但是他們的文學革命論祇提出一種空蕩蕩的目的，不能有一種具體進行的計劃。他們都說文學革命決不是形式上的革命，決不是文言白話的問題。等到人問他們究竟他主張的革命『大道』是什麼，他們可回答不出了。這種沒有具體計劃的革命，——無論是政治的是文學的，——決不能發生什麼效果。我們認定文字是文學基礎，故文學革命的第一步就是文字問題的解決。我們認定『死文字定不能產生活文學』，故我們主張若要造一種活的文學，必須用白話來做文學的工具。我們也知道單有白話未必就能造出新文學；我們也知道新文學必須要有新思想做裏子。但是我們認定文學革命須有先後的程序：先要做到文字體裁的大解放，方才可以用來做新思想新精神的運輸品。我們認定白話實在有文學的可能，實在是新文學的唯一利器。但是國內大多數人都不肯承認這話，——他們最不肯承認的，就是白話可作韻文的唯一利器。我們對於這種懷疑，這種反對，沒有別的法子可以對付，只有一個法子，就是科學家的試驗方法。科學家遇着一個未經實地證明的理論，只可認他做一個假設；須等到實地試驗之後，方才用試驗的結果來批評那個假設的價值。我們主張白話可以做詩，因爲未經大家承認，只可說是一個假設的理論。我們這三年來，只是想把這個假設用來做種種實地試驗，——做五言詩，做七言詩，做嚴格的詞，做極不整齊的長短句；做有韻詩，做無韻詩，做種種音節上的試驗，——要看白話是不是可以做好詩，要看白話詩是不是比文言詩要更好一點。這是我們這班白話詩人的『實驗的精神』。（「嘗試集自序」）

門外漢

我讀了你的舊式詩詞，覺得我完全是一個門外漢，不配『贊一詞』；至於揀選去留，那更不用說了。但是我是一個最愛說話的人，又是一個最愛說『外行話』的人。我以爲有許多事，『內行』見慣了的，反不去尋思裏面的意味；倒是『門外漢』伸頭向裏一望，有時還能找出一點意義。這是我於今敢來說外行話的理由。（「讀沈尹默的舊詩詞」）

戲臺裏喝采

有人說，『你這篇再版自序又犯了你們徽州人說的「戲臺裏喝采」的毛病，你自己說你自己那幾首詩好，那幾首詩不好，未免太不謙虛了』。這話說的也有理。但我自己也有不得已的苦心。我本來想讓看戲的人自己去評判。但這四個月以來，看戲的人喝的采很有使我自己難爲情的：我自己覺得唱工做工都不佳的地方，他們偏要大聲喝采；我自己覺得眞正『賣力氣』的地方，却只有三四個眞正會聽戲的人叫一兩聲好！我唱我的戲，本可以不管戲臺下喝采的是非。我只怕那些亂喝采的看官把我的壞處認做我的好處，拿去咀嚼倣倣，那我就眞貽害無窮，眞對不住列位看官的熱心了！因此，我老着面孔，自己指出那幾首詩是舊詩的變相，那幾首詩是詞曲的變相，那幾首是純粹的白話新詩。我刻詩的目的本來是要『請大家都來嘗試』。但是我曾說過，嘗試的結果『告人此路不通行，可使脚力莫浪費』。這便是我不得不做這篇序的苦心。『戲臺裏喝采』是很難爲情的事；但是有時候，戲臺裏的人實在有忍不住喝采的心境，請列位看官不要見笑。（「嘗試集再版自序」）

舊　戲

前天寫信請足下作一篇文章，詳詳細細的說明中國舊戲的好處，和廢唱用白所以絕對的不可能之故，我的意思，正爲這個問題太大了，決不是開口亂駡的論調所能討論的，故心想尋一個舊戲的「辯護士」正正經經的替中國舊戲做一篇辯護文，不料足下已在晨鐘報的劇評裏，和我辯論了。我這兩天病的很厲害，今天始能執筆寫家信，但足下既指名囘答我的「廢唱用白」，我可不能不勉强囘答幾句。第一、我且先賀我們提倡白話的人，足下雖不贊成我們的劇論，却肯宣言以後要用白話作劇評，這是我們所極歡迎的。第二、足下的「廢唱用白的絕對的不可能」論，此次所出只有兩層理由，㈠拿現在戲界情形論，却是絕對的不可能，那麼將來到底可能不可能，是一個很可疑的問題了。依此看來，足下已取消「絕對的」三字，但可說「現在不可能」，或是「暫時不可能」，可不是「絕對的不可能」了，（絕對的含有「無條件的」之意），我的意思也以爲現在的戲界情形很不配發生純粹新戲，但是戲劇改良的運動，可不能就因此中止，戲劇改良運動的目的，正在改良現在戲界情形，凡是改良，都是要改良現在某界情形的，所以足下這個理由，似乎不能成立。我們現在正當研究（現在戲界情形），有多少層是應該改良的，我所講的「廢唱工，用說白」，不過是這些應該改良許多事之中的一樁，若因爲現在戲界情形不適宜於純粹新劇，就說是憑空說白話，不肯去研究改良這些現在情形的方法，那就是守舊的議論了，足下以爲然否？㈡足下的第二個理由，是「戲劇與音樂，雖不可併爲一談，然戲劇却非借音樂的力量，不能叫人感動，……要叫社會容易感動，也有不能廢唱而用說白之勢」，這個理由，依我看來，也不能成立，我在外國看了許多很動人的戲，如 Haudtmann 的「織工」，當場竟有許多人大哭，但是這都是說白的戲，我且不說外國戲，且說中國戲。我在家鄉看徽班戲時，每日的正本四齣，都是唱工戲，婦女們最不愛看，十二三歲以上小孩子，也不愛看。他們最愛看的是正本以下的「雜戲」，徽班每日夜各有正本四齣，正本團圓之後，另有「雜戲」二齣，多者三齣，因爲雜戲，大都是做工和說白的戲，如「騎騾看女」「殺狗勸妻」之類，我隨便寫了兩齣戲，不料竟成一副戲名對，一笑，都最容易懂得。平常的小孩子最愛看的是「戰垓下」「破柳州」「水漫泗洲」等等武場戲，正本的唱工戲，他們毫不懂得，還有什麼感動可說。後來我在上海北京看的戲，也有這個道理，最感動人的戲，都是說白和做工的戲，如「四進士」之類，淫戲如「遺翠花」亦是此類，那些完全唱工的戲，如「二進宮」即使聽了一千遍，也不能感動人，我聽了十幾年的戲，「二進宮」至少也看了二十次，我老實說，我直到今日還不知道這齣戲說的是什麼，那些「聽」戲的人，去聽某旦某生某淨合演的二進宮，他們何嘗是去受感動的，諸位評戲家，平心問一問自己聽「二進宮」的時候，可當眞是去受感動嗎？所以我的意思，以爲諸位評戲的人，若眞要替唱工戲作辯護士，應該老實說唱工戲唱得好的，頗有音樂的價值，不該說唱工戲是最能够感人的，其實唱工戲懂得的很少，既不能懂得，又如何能有感化的效力呢？足下把說白戲比演說，這又錯了，戲不單靠說白，還須有做工，說白與做工兩項還不够，還須有情節，即如「四進士」一齣戲，情節是好的，若全改爲說白，加上一個有做工的宋士杰，自然更會感人的，演說的力量，所以不如戲劇，正爲演說的人，不能加入戲臺上的做工，他的題目，又未必有戲的情節，故不如戲之動人。若如足下的話，難道把演說都改成了二簧西皮，便可感動人了嗎？（「胡適之致張聊止函」）

舊劇

吾國舊劇自白姓名籍貫，生平職業，最爲陋套，以其失眞也。吾國之唱劇亦最無理。卽如空城計，豈有兵臨城下尙緩步高唱之理？吾人習焉不察，使異邦人觀之，不笑死耶？卽如燕子箋一書，其布局之奇，可頡頏西劇，然以詞曲爲之，便失精采。又如桃花扇使近人以說白改演之，當更動人。又如新劇中之明末遺恨，使多用唱本，則決不如說白之逼眞動人也。（「胡適留學日記」）

悲劇

中國文學最缺乏的是悲劇的觀念。無論是小說，是戲劇，總是一個美滿的團圓。現今戲園裏唱完戲時總有一男一女出來一拜，叫做『團圓』，這便是中國人的『團圓迷信』的絕妙代表。有一兩個例外的文學家，要想打破這種團圓的迷信，如石頭記的林黛玉不與賈寶玉團圓，如桃花扇的侯朝宗不與李香君團圓；但是這種結束法是中國文人所不許的，於是有後石頭記紅樓圓夢等書，把林黛玉從棺材裏掘起來好同賈寶玉團圓；於是有顧天石的南桃花扇使侯公子與李香君當場團圓！又如朱買臣棄婦，本是一椿『覆水難收』的公案，元人作漁樵記，後人作爛柯山，偏要設法使朱買臣夫婦團圓。又如白居易的琵琶行寫的本是『同是天涯淪落人，相逢何必曾相識』兩句，元人作靑衫淚，偏要叫那琵琶娼婦跳過船，跟白司馬同團圓！又如岳飛被秦檜害死一件事，乃是千古的大悲劇，後人做說岳傳偏要說岳雷掛帥打平金兀朮，封王團圓！這種『團圓的迷信』乃是中國人思想薄弱的鐵證。做書的人明知世上的眞事都是不如意的居大部分，他明知世上的事不是顚倒是非，便是生離死別，他却偏要使『天下有情人都成了眷屬』，偏要說善惡分明，報應昭彰。他閉着眼睛不肯看天下的悲劇慘劇，不肯老老實實寫天工的顚倒慘酷，他只圖說一個紙上的大快人心。這便是說謊的文學。更進一層說：團圓快樂的文字，讀完了，至多不過能使人覺得一種滿意的觀念，決不能叫人有深沉的感動，決不能引人到徹底的覺悟，決不能使人起根本上的思量反省。例如石頭記寫林黛玉與賈寶玉一個死了，一個出家做和尚去了，這種不滿意的結果方才可以使人傷心感歎，使人覺悟家庭專制的罪惡，使人對於人生問題和家族社會問題發生一種反省。若是這一對有情男女竟能成就『木石姻緣』，團圓完聚，事事如意，那麼曹雪芹又何必作這一部大書呢？這一部書還有什麼『餘味』可說呢？故這種『團圓』的小說戲劇，根本說來，只是腦筋單簡，思力薄弱的文學，不耐人尋思，不能引人反省。西洋的文學自從希臘的厄斯奇勒（Aeschylus），沙浮克里（Sophocles），虞里彼底（Euripides），時代即有極深密的悲劇觀念。悲劇的觀念：第一，即是承認人類最濃摯最深沉的感情不在眉開眼笑之時，乃在悲哀不得意無可奈何的時節；第二，即是承認人類親見別人遭遇悲慘可憐的境地時，都能發生一種至誠的同情，都能暫時把個人小我的悲歡哀樂一齊消納在這種至誠高尚的同情之中；第三，即是承認世上的人事無時無地沒有極悲極慘的傷心境地，不是天地不仁，『造化弄人』，（此希臘悲劇中最普通的觀念。）便是社會不良使個人銷磨志氣，墮落人格，陷入罪惡不能自脫。（此近世悲劇最普通的觀念。）有這種悲劇的觀念，故能發生各種思力深沉，意味深長，感人最烈，發人猛省的文學。這種觀念乃是醫治我們中國那種說謊作僞思想淺薄的文學的絕妙聖藥。這便是比較的文學研究的一種大益處。（「文學進化觀念與戲劇改良」）

遺形物

文學進化的第三層意義是：一種文學的進化，每經過一個時代，往往帶着前一個時代留下的許多無用的紀念品；這種紀念品在早先的幼稚時代本來是很有用的，後來漸漸的可以用不着他們了，但是因爲人類守舊的惰性，故仍舊保存這些過去時代的紀念品。在社會學上，這種紀念品叫做『遺形物』（Vestiges or Rudiments）。如男子的乳房，形式雖存，作用已失；本可廢去，總沒廢去；故叫做『遺形物』。即以戲劇而論，古代戲劇的中堅部分全是樂歌，打諢科白不過是一小部分；後來元人雜劇中，科白竟占極重要的部分；如老生兒、陳州糶米、殺狗勸夫等雜劇竟有長至幾千字的說白，這些戲本可以廢去曲詞全用科白了，但曲詞終不曾廢去。明代已有『終曲無一曲』的傳奇，如屠長卿的曇花夢，（見汲古閣六十種曲。）可見此時可以完全廢曲用白了；但後來不但不如此，並且白越減少，曲詞越增多；明朝以後，除了李漁之外，竟連會做好白的人都沒有了。所以在中國戲劇進化史上，樂曲一部分本可以漸漸廢去，但也依舊存留，遂成一種『遺形物』。此外如臉譜，嗓子，臺步，武把子……等等，都是這一類的『遺形物』，早就可以不用了，但相沿下來至今不改。西洋的戲劇在古代也曾經過許多幼稚的階級，如『和歌』（Chorus），面具，『過門』，『背躬』（Aside），武場……等等。但這種『遺形物』在西洋久已成了歷史上的古蹟，漸漸的都淘汰完了。這些東西淘汰乾淨，方才有純粹戲劇出世。中國人的守舊性最大，保存的「遺形物」最多。皇帝雖沒有了，總統出來時依舊地上鋪着黃土，年年依舊祀天祭孔，這都是『遺形物』。再回到本題，現今新式舞臺上有了布景，本可以免去種種開門，關門，跨門檻的做作了，但這些做作依舊存在；甚至於在一個布置完好的祖先堂裏『上馬加鞭』！又如武把子一項，本是古代角觝等戲的遺風，在完全成立的戲劇裏本沒有立足之地。一部元曲選裏，一百本戲之中只有三四本用得着武場；而這三四本武場戲之中有單鞭奪槊和氣英布兩本都用一個觀戰的人口述戰場上的情形，不用在戲臺上打仗而戰爭的情狀都能完全寫出。這種虛寫法便是編戲的一大進步。不料中國戲劇家發明這種虛寫法之後六七百年，戲臺上依舊是打觔斗，爬槓子，舞刀耍槍的賣弄武把子。這都是『遺形物』的怪現狀。這種『遺形物』不掃除乾淨，中國戲劇永遠沒有完全革新的希望。不料現在的評劇家不懂得文學進化的道理；不知道這種過時的『遺形物』很可阻礙戲劇的進化；又不知道這些東西於戲劇的本身全不相關，不過是歷史經過的一種遺跡；居然竟有人把這些『遺形物』，—臉譜，嗓子，臺步，武把子，唱工，鑼默，馬鞭子，跑龍套等等，——當作中國戲劇的精華！這眞是缺乏文學進化觀念的大害了。（「文學進化觀念與戲劇改良」）

標點符號

中國文字的標點符號很不完備。最古只有『離經辨志』的方法，（見學記。鄭玄注，離經，句絕也。）大概把每句離開一二字寫，如宋版史記的索隱述贊的寫法。漢儒講究章句，始用『句讀』，（何休公羊傳序云，『援引他經，失其句讀。』周禮注，『鄭司農讀「火」絕之。』讀字徐邈音豆，見經典釋文。）又稱『句投』，（馬融長笛賦。）又稱『句度』。（皇甫湜與李生書。）大概語意已完的叫做句，語氣未完而須停頓的叫做讀。但是漢、唐人所用的符號已不可考見。祗有說文有『√』字，說是鈎識用的，又有『丶』字，說是絕止用的，不知是否當時的句讀符號。唐末五代以後，有了刻版書，但是大概沒有標點符號。到了宋朝，館閣校書的始用旁加圈點的符號，宋、岳珂九經三傳沿革例說：『監、蜀諸本皆無句讀，惟建本始仿館閣校書式從旁加圈點，開卷瞭然，於學者爲便，然亦但句讀經文而已。惟蜀中字本與興國本併點注文，益爲周盡。』增韻也說：『今秘省校書式，凡句絕則點於字之旁，讀分則微點於字之中間。』這兩條說宋代用句讀符號最明白。現在所傳的宋相臺岳氏本五經，即是用這種符號的。佛經刻本也多用此法。後來的文人用濃圈密點來表示心裏所賞識的句子，於是把從前文法的符號變成了賞鑒的符號，就連古代句讀的分別都埋沒了。現在有些報紙書籍，無論什麼樣的文章都是密圈圈到底，不但不講文法的區別，連賞鑒的意思都沒有了。這種圈點和沒有圈點有什麼分別？

如此看來，中國舊有的標點符號只有一個句號，一個讀號，遠不如西洋的完備。用符號的本意，千言萬語，只是要文字的意思格外明白，格外正確。旣然如此，自當採用最完備的法式。因此，本案所主張的標點符號大致是採用西洋最通行的符號，另外斟酌中國文字的需要，變通一兩種，並加入一兩種。這些符號可總名爲『新式標點符號』。（「請頒行新式標點符號議案」）

古文譯書

用古文寫的小說，最流行的是蒲松齡的聊齋志異；聊齋志異有圈點詳註本，故士大夫階級多能閱讀。古文到了桐城一派，敍事記言多不許用典，比聊齋時代的古文乾淨多了。所以林紓譯的小說，沒有註釋典故的必要，然而用古文譯書，不加圈讀，懂得的人就很少。林譯小說都用圈斷句，故能讀者較多。但能讀這類古文小說的人，實在是很少的。林紓的名聲大了，他的小說每部平均能銷幾百本，本當時要算銷行最廣的了，但當時一切書籍（除小學教科書外）的銷路都是絕可憐的小！後來周樹人周作人兩先生合譯域外小說集，他們都能直接從外國文字譯書，他們的古文也比林紓更通暢細密，然而他們的書在十年之中只銷了二十一册！這個故事可以使我們明白，用古文譯小說，也是一樣勞而無功的死路，因爲能讀古文小說的人實在太少了。至於古文不能翻譯外國近代文學的複雜文句和細緻描寫，這是能讀外國原書的人都知道的，更不用說了。（「中國新文學運動小史」）

論翻譯

今天在「春潮」第二期上看見張友松先生批評徐志摩先生的曼殊斐兒小說集。因爲我近來也想學學翻譯，故頗留心這一類的討論。我讀了張先生的文章，忍不住想說幾句持平的話。

翻譯是一件很難的事，誰都不免有錯誤。錯誤之因不止一種。粗心和語言的文學的程度不够是兩個普通的原因。還有一個原因就是主觀的成見。同一句話，你聽了毫不介意，他聽了便生疑心，這都由於一時主觀的成分不同。翻譯別國文字的書，也往往因主觀的成分不同而發生歧異的解釋。

翻譯曼殊斐兒，更是難事。她的小說用字造句都有細密的針線，我們粗心的男人很難完全體會。民國十二年，我和志摩先生發起翻譯曼殊斐兒的小說，我譯的一篇是「心理」譯成一半，就擱下了，至今不敢譯下去。

志摩却翻成了好幾篇，他的熱心居然使許多不能讀原文的人，得讀曼殊斐兒的代表作品，這是我們應該感謝的。

他的譯筆很生動，很漂亮，有許多困難的地方很能委曲保存原書的風味，可算是很難得的譯本。他的譯本也許不能完全沒有一兩處小錯誤。若有人能指出的一些錯誤，我想志摩一定很感謝。志摩決不是護短的人，他一定很願意訂正。

但我覺得張先生的態度未免令讀者發生不愉快的感想。譯書自是譯書，同「哲」哪，「詩」哪，

「豪」哪，有什麼相干？同「他家裏的某寶貝」更有什麼相干？這不是批評譯書，竟是有意要「宰」人了。

我們同是練習翻譯的人，誰也不敢保沒有錯誤。發現了別人的一個錯誤，正當的態度似是「宜哀矜而勿喜」罷？（太荒謬的譯者也許應該受點誠懇的告誡。）何況所指出的「錯誤」未必全是錯誤呢？何須擺出這種盛氣凌人的架子呢？（「論翻譯」）

翻譯

中國人能讀西洋文學書，已近六十年了；然名著譯出的，至今還不滿二百種。其中絕大部分，不出於能直接讀西洋書之人，乃出於不通外國文的林琴南，眞是絕可怪詫的事！近三十年來，能讀英國文學的人更多了，然英國名著至今無人敢譯，還得讓一位老輩伍昭扆先生出來翻譯克蘭弗，這也是我們英、美留學生後輩的一件大恥辱。英國文學名著，上自 Chaucer，下至 Hardy，可算是完全不曾有譯本。莎翁戲劇至今止譯出一二種，也出於不曾留學英、美的人。近年以名手譯名著，止有伍先生的克蘭弗，與徐志摩譯的贛第德兩種。故西洋文學書的翻譯，此事在今日直可說是未曾開始！先生獨發弘大誓願，要翻譯囂俄的戲劇全集，此眞是今日文學界的一件絕大事業，且不論成績如何，即此弘大誓願已足令我們一班少年人慚愧汗下，恭敬贊歎！我十二年不讀法文文學書了，囂俄的戲劇向來更無研究，對於尊譯，簡直是不配贊一辭，止有敬畏贊歎，祝先生父子繼續此盛業，發揮光大，給我們做個榜樣，使我們少年人也感慨發憤，各依性之所近而力之所能勉者，努力多譯一些世界名著，給國人造點救荒的糧食！已讀三種之中，我覺得呂伯蘭前半部的譯文最可讀。這大概是因爲十年前直譯的風氣未開，故先生譯此書尚多義譯，遂較後來所譯爲更流利。近年直譯之風稍開，我們多少總受一點影響，故不知不覺地都走上謹嚴的路上來了。（「論翻譯」）

譯書辦法

現在中國所譯的西洋文學書，大概都不得其法，所以收效甚少。我且擬幾條繙譯西洋文學名著的辦法如下：

（1）只譯名家著作，不譯第二流以下的著作　我以爲國內眞懂得西洋文學的學者，應該開一會議，公共選定若干種不可不譯的第一流文學名著：約數如一百種長篇小說，五百篇短篇小說，三百種戲劇，五十家散文，爲第一部『西洋文學叢書』；期五年譯完，再選第二部。譯成之稿，由這幾位學者審查，並一一爲作長序及著者略傳，然後付印；其第二流以下，如哈葛得之流，一概不選。詩歌一類，不易繙譯，只可從緩。

（2）全用白話韻文之戲曲，也都譯爲白話散文　用古文譯書必失原文的好處。如林琴南的『其女珠，其母下之』，早成笑柄，且不必論。前天看見一部偵探小說圓室案中，寫一位偵探『勃然大怒，拂袖而起』。不知道這位偵探穿的是不是康橋大學的廣袖制服！——這樣譯書，不如不譯。又如林琴南把蕭士比亞的戲曲，譯成了記敍體的古文！這眞是蕭士比亞的大罪人，罪在圓室案譯者之上！（「建設的文學革命論」）

傳記文學

昨與人談東西文體之異。至傳記一門，而其差異益不可掩。余以爲吾國之傳記，惟以傳其人之人格（Characer）。而西方之傳記，則不獨傳此人格已也，又傳此人格進化之歷史（The development of a character）。東方傳記之體例（大概）：

（一）其人生平事略。

（二）一二小節（Incidents），以寫其人品。（如項羽傳『垓下之圍』項王悲歌起舞一節）。

西方傳記之體例：

（一）家世。

（二）時勢。

（三）教育（少時閱歷）。

（四）朋友。

（五）一生之變遷。

（六）著述（文人），事業（政治家，大將，……）。

（七）瑣事（無數，以詳爲貴）。

（八）其人之影響。

布魯達克（Plutarch）之英雄傳，稍類東方傳記。若近世如巴司威爾之約翰生傳，洛楷之司各得傳，穆勒之自傳，斯賓塞之自傳，皆東方所未有也。

東方無長篇自傳。余所知之自傳，惟司馬遷之自敍，王充之自紀篇，江淹之自敍。中惟王充自紀篇最長，凡四千五百字，而議論居十之八，以視弗蘭克林之自傳尚不可得，無論三巨册之斯賓塞矣。

東方短傳之佳處：

（一）只此已足見其人人格之一斑。

（二）節省讀者日力。

西方長傳之佳處：

（一）可見其人格進退之次第，及其進退之動力。

（二）瑣事多而詳，讀之者如親見其人，親聆其談論。

西方長傳之短處：

（一）太繁；只可供專家之研究，而不可爲恆人之觀覽，人生能讀得幾部約翰生傳耶？

（二）於生平瑣事取裁無節，或失之濫。

東方短傳之短處：

（一）太略。所擇之小節數或不足見其眞。

（二）作傳太易。作者大抵率爾操觚，不深知所傳之人。史官一人須作傳數百，安得有佳傳？

（三）所據多本官書，不足徵信。

（四）傳記大抵靜而不動。何謂靜而不動？（靜 Static，動 Dynamic）。但寫其人爲誰某，而不寫其人之何以得成誰某是也。

吾國人自作年譜月記者頗多。年譜尤近西人之自傳矣。（「胡適留學日記」）

中國傳記文學不發達

中國的傳記文學太不發達了，所以中國的歷史人物往往只靠一些乾燥枯窨的碑版文字或史家列傳流傳下來；很少的傳記材料是可信的，可讀的已很少了；至於可歌可泣的傳記，可說是絕對沒有。我們對於古代大人物的認識，往往只全靠一些很零碎的軼事瑣聞。然而我至今還記得我做小孩子時代讀的朱子小學裏面記載的幾個可愛的人物，如汲黯、陶淵明之流。朱子記陶淵明，只記他做縣令時送一個長工給他兒子，附去一封家信，說：『此亦人子也，可善遇之』。這寥寥九個字的家書，印在腦子裏，也頗有很深刻的效力，使我三十年來不敢輕用一句暴戾的辭氣對待那幫我做事的人。這一個小小例子可以使我承認模範人物的傳記，無論如何不詳細，只須剪裁的得當，描寫的生動，也未嘗不可以做少年人的良好教育材料，也未嘗不可介紹一點做人的風範。（「領袖人才的來源」）

傳記文學不發達原因

傳記是中國文學裏最不發達的一門。這大概有三種原因。第一是沒有崇拜偉大人物的風氣，第二是多忌諱，第三是文字的障礙。

傳記起於紀念偉大的英雄豪傑。故柏拉圖與謝諾芳念念不忘他們那那位身殉眞理的先師，乃有梭格拉底的傳記和對話集。故布魯塔奇追念古昔的大英雄，乃有他的『英雄傳』。在中國文學史上所有的幾篇稍可讀的傳記都含有崇拜英雄的意義：如司馬遷的項羽本紀，便是一例。唐朝的和尚崇拜那十七年求經的玄奘，故慈恩法師傳爲中古最詳細的傳記。南宋的理學家崇拜那死在黨禁之中的道學領袖朱熹，故朱子的年譜成爲最早的詳細年譜。

但崇拜英雄的風氣在中國實在最不發達。我們對於死去的偉大人物，當他剛死的時候，也許送一副挽聯，也許謅一篇祭文。不久便都忘了！另有新貴人應該逸迎，另有新上司應該巴結，何必去替陳死人算爛賬呢？所以無論多麼偉大的人物，死後要求一篇傳記碑誌，只好出重價向那些專做諛墓文章的書生去購買！傳記的文章不出於愛敬崇拜，而出於金錢的買賣，如何會有眞切感人的作品呢？

傳記的最重要條件是紀實傳眞，而我們中國的文人却最缺乏說老實話的習慣。對於政治有忌諱，對於時人有忌諱，對於死者本人也有忌諱。聖人作史，尙且有什麼尊者諱，爲親者諱，爲賢者諱的謬例，何況後代的諛墓小儒呢！故檀弓記孔氏出妻，記孔子不知父墓，論語記孔子欲赴佛肸之召，這都還有直書事實的意味，而後人一定要想出話來替孔子洗刷。後來的碑傳文章，忌諱更多，阿諛更甚，只有歌頌之辭，從無失德可記。偶有毀謗，又多出於仇敵之口，如宋儒詆誣王安石，甚至於僞作辯姦論，這種小人的行爲，其弊等於隱惡而揚善。故幾千年的傳記文章，不失於諛頌，便失於詆誣，同爲忌諱，同是不能紀實傳信。

傳記寫所傳的人最要能寫出他的實在身分，實在神情，實在口吻，要使讀者如見其人，要使讀者感覺眞可以尙友其人。但中國的死文字却不能擔負這種傳神寫生的工作。我近年研究佛教史料，讀了六朝、唐人的無數和尙碑傳，其中百分之九十八九都是滿紙駢儷對偶，讀了不知道說的是什麼東西。直到李華、獨孤及以下，始稍稍有可讀的碑傳。但後來的『古文』家又中了『義法』之說的遺毒，講求字句之古，而不注重事實之眞，往往寧可犧牲事實以求某句某字之似韓似歐！硬把活跳跳的人裝進死板板的古文義法的爛套裏去，於是只有爛古文，而決沒有活傳記了。

因爲這幾種原因，二千年來，幾乎沒有一篇可讀的傳記。因爲沒有一篇眞能寫生傳神的傳記，所以二千年中竟沒有一個可以叫人愛敬崇拜感發興起的大人物！並不是眞沒有可歌可泣的事業，只都被那些諛墓的死古文駢文埋沒了。並不是眞沒有可以叫人愛敬崇拜感慨奮發的偉大人物，只都被那些爛調的文人生生地殺死了。（「南通張季直先生傳記序」）

白話不是只配拋給狗吃的一塊骨頭，乃是我們全國人都該賞識的一件好寶貝。(五十年來中國之文學，胡適文存二集，卷一，頁二四六)。

這就是說：若要使白話運動成功，我們必須根本改變社會上輕視白話的態度。怎樣下手呢？我們主張從試作白話文學下手。單靠幾部水滸、西遊、紅樓夢是不够的。所以民國七年我在建設的文學革命論裏，很明白的說：

若要造國語，必須造國語的文學。有了國語的文學，自然有國語。……眞正有功效有勢力的國語教科書便是國語的文學，便是國語的小說詩文劇本。……中國將來的新文學用的國語，就是將來標準的國語。

這就是說：我們下手的方法，只有用全力用白話創造文學。白話文學的眞美被社會公認之時，標準化的國語自然成立了。

我當時的主張，一班朋友都還不能完全了解。時勢的逼迫也就不容許我的緩進的辦法的實行。白話文學運動開始後的第三年，北京政府的教育部就下令改用白話作小學第一二年級的教科書了！民國十一年的新學制不但完全採用國語作小學教科書，中學也局部的用國語了！這是白話文學運動開始後第五年的事！這樣急驟的改革，固然證明了我的主張的一部份：就是白話『文學』的運動果然抬高了社會對白話的態度，因而促進了白話教科書的實現。但是在那個時代，白話的教材實在是太不够用了，實在是貧乏的可憐！中小學的教科書是兩家大書店編的，裏面的材料都是匆匆忙忙的搜集來的；

白話作家太少了，選擇的來源當然很缺乏；編撰教科書的人又大都是不大能做好白話文的，往往是南方作者勉强作白話；白話文學還沒有標準，所以往往有不很妥貼的句子。但平心而論，民國十一年『新學制』之下的國語教科書還經過了比較細心的編纂，謹愼的審查，民國十五六年的政治大革命以後，各家書店爭著編纂時髦的教科書，竟爭太激烈了，各家書店都沒有細心考究的時間，所以編纂審查都更潦草了；甚至於把日報上的黨國要人的演說筆記都用作教科書的材料！所以這幾年出的國語教科書，在文字上，在內容上，恐怕還不如民國十一二年的教科書了。

所以我們回頭看這十幾年出的教科書，實在不能否認這些教科書應該大大的改良。但這十幾年的中小學教科書的不滿人意，却也證明了我十七年前的憂慮。我當時希望有第一流的白話詩，文，戲本，傳記，等等出來做『眞正有功效有力量的國語教科書』。但十七年來，白話文學的作品雖然在質上和量上都有了進步，究竟十七年的光陰是很短的，第一流的作家在一個短時期裏是不會很多的。何況牟利的教科書商人又不肯虛心的，細心的做披沙揀金的編纂工作呢？今日社會上還有一部分人對於白話文存着輕藐的態度，我們提倡白話文學的人不應該完全怪他們的頑固，我們應該責備我們自己提倡有心而創作不够，所以不能服反對者之心。（「所謂『中小學文言運動』」）

演說

演說的規則：（一）先要知道『演說術』（Oratory）已不合時宜了；（二）先把你要說的話一

一想好；（三）把事實陳述完了，就坐下來；（四）不要插入不相干的笑話；（五）不要管手勢聲音等等；（六）個個字要清楚；（七）演說之前不要吃太飽，最好喝杯茶，或小睡；（八）小有成功，不可自滿；當時時更求進步。

此一則見雜誌，記演說之道，甚合吾平日所閱歷，附記於此。（「胡適留學日記」）

對於詩經的幾個基本概念

先講講對於詩經的幾個基本的概念。

（一）詩經不是一部經典。從前的人把這部詩經看得非常神聖；說牠是一部經典，我們現在要打破這個觀念；假如這個觀念不能打破，詩經簡直可以不研究了。因爲詩經並不是一部聖經，確實是一部古代歌謠的總集，可以做社會史的材料，可以做政治史的材料，可以做文化史的材料。萬不可說牠是一部神聖經典。

（二）孔子並沒有刪詩，『詩三百篇』本是一個成語。從前的人都說孔子刪詩、書，說孔子把詩經刪去十分之九，只留下十分之一。照這樣看起來，原有的詩應該是三千首。這個話是不對的。唐朝的孔穎達也說孔子的刪詩是一件不可靠的事體。假如原有三千首詩。眞的刪去了二千七百首，那在左傳及其牠的古書裏面所引的詩應該有許多是三百篇以外的，但是古書裏面所引的詩不是三百篇以內的雖說有幾首，却少得非常。大概前人說孔子刪詩的話是不可相信的了。

（三）詩經不是一個時代輯成的。詩經裏面的詩是慢慢的收集起來，成現在這麼樣的一本集子。最古的是周頌，次古的是大雅，再遲一點的是小雅，最遲的就是商頌、魯頌、國風了。大雅、小雅裏有一部分是當時的卿大夫做的，有幾首並有作者的主名；大雅收集在前，小雅收集在後。國風是各地散傳的歌謠，由古人收集起來的。這些歌謠產生的時候大概很古，但收集的時候却很晚了。我們研究詩經裏面的文法和內容，可以說詩經裏面包含的時期約在六七百年的上下。所以我們應該知道，詩經不是那一個人輯的，也不是那一個人做的。

（四）詩經的解釋。詩經到了漢朝，眞變成了一部經典。詩經裏面描寫的那些男女戀愛的事體，在那班道學先生看起來，似乎不大雅觀，於是對於這些自然的有生命的文學不得不另加種種附會的解釋。所以漢朝的齊、魯、韓三家對於詩經都加上許多的附會，講得非常的神秘。明是一首男女的戀歌，他們故意說是歌頌誰，諷刺誰的。詩經到了這個時代，簡直變成了一部神聖的經典了。這種事情，中外大概都是相同的，像那本舊約全書的裏面，也含有許多的詩歌和男女戀愛的故事，但在歐洲中古時代也曾被教會的學者加上許多迂腐穿鑿的解說，使他們不違背中古神學。後起的毛詩對於詩經的解釋又把從前的都推翻了，另找了一些歷史上的——左傳裏面的事情——證據，來做一種新的解釋。毛詩研究詩經的見解比齊、魯、韓三家確實是要高明一點，所以毛詩漸漸打倒了三家詩，成爲獨霸的權威。我們現在讀的還是毛詩。到了東漢，鄭康成讀詩的見解比毛公又要高明。所以到了唐朝，大凡研究詩經的人都是拿毛傳、鄭箋做底子。到了宋朝，出了鄭樵和朱子，他們研究詩經，又打破毛公的附會，由他們自己作解釋。他們這種態度，比唐朝又不同一點，另外成了一種宋代說詩的風氣。清朝講學的人都是崇拜漢學，反對宋學的，他們對於考據訓詁是有特別的研究，但是沒有什麼特殊的見解。他們以爲宋學是不及漢學的，因爲漢在一千七八百年以前，宋只在七八百年以前。殊不知漢人的思想比宋人的確要迂腐的多呢！但在那個時候研究詩經的人，確實出了幾個比漢、宋都要高明的，如著詩經通論的姚際恆，著讀風偶識的崔述，著詩經原始的方玉潤，他們都大膽地推翻漢、宋的腐舊的見解，研究詩經裏面的字句和內容。照這樣看起來，二千年來詩經的研究實是一代比一代進步。（「讀詩經」）

楚辭

楚辭注家分漢、宋兩大派。漢儒最迂腐，眼光最低，知識最陋。他們把一部詩經都罩上烏煙瘴氣了。一首『關關睢鳩』明明是寫相思的詩，他們偏要說是刺周康王后的，又說是美后妃之德的！所以他們把一部楚辭也『酸化』了。這一派自王逸直到洪興祖，都承認那『屈原的傳說』，處處把美人香草都解作忠君憂國的話，正如漢人把詩三百篇都解作腐儒的美刺一樣！宋派自朱熹以後，頗能漸漸推翻那種頭巾氣的注解。朱子的楚辭集註雖不能拋開屈原的傳說，但他於九歌確能別出新見解。九歌中，湘夫人、少司命、東君、國殤、禮魂、各篇的注與序裏皆無一字提到屈原的傳說；其餘四篇，雖偶然提及，但朱註確能打破舊說的大部分，已很不易得了。我們應該從朱子入手，參看各家的說法，然後比朱子更進一步，打破一切迷信的傳說，創造一種新的楚辭解。（「讀楚辭」）

忠臣教科書

我們須要認明白：屈原的傳說不推翻，則楚辭只是一部忠臣教科書，但不是文學。如湘夫人歌：『嫋嫋兮秋風，洞庭波兮木葉下』，本是白描的好文學，却被舊注家加上『言君政急則衆民愁而賢者傷矣』（王逸），『喻小人用事則君子棄逐』（五臣）等等荒謬的理學話，便不見他的文學趣味了。

又如：

> 捐兮袂兮江中，遺余褋兮醴浦，搴汀洲兮杜若，將以遺兮遠者。

這四句何等美麗！注家却說：

> 屈原託與湘夫人，共鄰而處，舜復迎之而去，窮困無所依，故欲捐棄衣物，裸身而行，將適九夷也。遠者謂高賢隱士也。言己雖欲之九夷絕域之外，猶求高賢之士，平洲香草以遺之，與共修道德也。（王逸）。

或說：

> 袂褋皆事神所用，今夫人既去，君復背己無所用也，故棄遺之。……杜若以喻誠信：遠者，神及君也。（五臣）。

或說：

旣詒湘夫人以袂褋，又遺遠者以杜若。好賢不已也。（洪興祖）。

這樣說來說去，還有文學的趣味嗎？故我們必須推翻屈原的傳說，打破一切村學究的舊註，從楚辭本身上去尋出他的文學興味來，然後楚辭的文學價值可以有恢復的希望。（「讀楚辭」）

詞

詞起於民間，流傳於娼女歌伶之口，後來才漸漸被文人學士採用，體裁漸漸加多，內容漸漸變豐富。但這樣一來，詞的文學就漸漸和平民離遠了。到了宋末的詞，連文人都看不懂了，詞的生氣全沒有了。詞到了宋末，早已死了。但民間的娼女歌伶仍舊繼續變化他們的歌曲，他們新翻的花樣就是『曲子』。他們先有『小令』，次有『雙調』，次有『套數』。套數一變就成了『雜劇』；『雜劇』又變爲明代的劇曲。這時候，文人學士又來了；他們也做『曲子』，也做劇本；體裁又變複雜了，內容又變豐富了。然而他們帶來的古典，搬來的書袋，傳染來的酸腐氣味又使這一類新文學漸漸和平民離遠，漸漸失去生氣，漸漸死下去了。

清朝的學者讀書最博，離開平民也最遠。清朝的文學，除了小說之外，都是朝着『復古』的方面走的。他們一面做駢文，一面做『詞的中興』的運動。陳其年、朱彝尊以後，二百多年之中出了很不少的詞人。他們有學花間的，有學北宋的，有學南宋的；有學蘇辛的，有學白石、玉田的，有學清眞的，有學夢窗的。他們很有用全力做詞的人，他們也有許多很好的詞，這是不可完全抹殺的。然而詞的時代早過去了，過去了四百年了。天才與學力終歸不能挽回過去的潮流。三百年的清詞，終逃不出模倣宋詞的境地。所以這個時代可說是詞的鬼影的時代；潮流已去，不可復返，這不過是一點之迴波，一點之浪花飛沫而已。（「詞選自序」）

詞選

我深信，凡是文學的選本都應該表現選家個人的見解。近年朱彊邨先生選了一部宋詞三百首，那就代表朱先生個人的見解；我這三百多首的五代宋詞，就代表我個人的見解。我是一個有歷史癖的人，所以我的詞選就代表我對於詞的歷史的見解。

我以爲詞的歷史有三個大時期：

第一時期：自晚唐到元初（八五〇－一二五〇），爲詞的自然演變時期。

第二時期：自元到明、清之際（一二五〇－一六五〇），爲曲子時期。

第三時期：自清初到今日（一六五〇－一九〇〇），爲模倣塡詞時期。

第一個時期是詞的『本身』的歷史。第二個時期是詞的『替身』的歷史，也可說是他『投胎再世』的歷史。第三個時期是詞的『鬼』的歷史。（「詞選自序」）

元曲

元曲大多數都是白話的。北方的新民族——契丹，女眞，蒙古，——在中國住久了，有一部分早已被中國文明同化了。這個時代的文學，大有一點新鮮風味，一洗南方古典主義的陳腐氣味。曲子雖然也要受調子的限制，但曲調已比詞調自由多了：在一個調子之中，句法與字數都可以伸縮變動。所以曲子很適宜於這個時代的新鮮文學。（「元人的曲子」）

崑曲

我去年初囘國時看見一部張之純的中國文學史，內中有一段說道：

是故崑曲之盛衰，實興亡之所繫。道咸以降，此調漸微。中興之頌未終，海內之人心已去。識者以秦聲之極盛，爲妖孽之先徵。其言雖激，未始無因。欲覩昇平，當復崑曲。樂記一言，自勝於政書萬卷也。（下卷一一八頁）。

這種議論，居然出於『文學史』裏面，居然作師範學校『新教科書』用。我那時初從外國囘來，見了這種現狀，眞是莫名其妙。這種議論的病根全在沒有歷史觀念，故把一代的興亡與崑曲的盛衰看作有因果的關係，故說『欲覩昇平，當復崑曲』。若是復崑曲遂可以致昇平，只消一道總統命令，幾處警察廳的威力，就可使中國戲園家家唱崑曲，——難道中國立刻便『昇平』了嗎？我擧這一個例來表示現在談文學的人大多沒有歷史進化的觀念。因爲沒有歷史進化的觀念，故雖是『今人』，却要做『故人』的死文字；雖是二十世紀的人，偏要說秦、漢、唐、宋的話。卽以戲劇一個問題而論，那班崇拜現行的西皮二簧戲，認為『中國文學美術的結晶』的人，固是不值一駁；就是有些人明知現有的皮簧戲實在不好，終不肯主張根本改革，偏要主張恢復崑曲。現在北京一班不識字的崑曲大家天天鸚鵡也似的唱崑腔戲，一班無聊的名士幫着吹打，以為這就是改良戲劇了。這些人都只是不明文學廢興的道理，不知道崑曲的衰亡的原因；不知道崑曲不能自保於道咸之時，決不能中興於既亡之後。所以我說，現在主張恢復崑曲的人與崇拜皮簧的人，同是缺乏文學進化的觀念。（「文學進化觀念與戲劇改良」）

禁與删

教材一層，最須說明的大概是小說一項。一定有人說紅樓夢、水滸傳等書，有許多淫穢的地方，不宜用作課本。我的理由是：（1）這些書是禁不絕的。你們不許學生看，學生還是要偷看。與其偷看，不如當官看，不如有教員指導他們看。舉一個極端的例：金瓶梅的眞本是犯禁的，很不容易得着；但是假的金瓶梅——石印的，删去最精采的部份，只留最淫穢的部份，——却仍舊在各地火車站公然出賣！列位熱心名教的先生們可知道嗎？我雖然不主張用金瓶梅作中學課本，但是我反對這種『塞住耳朵吃海蜇』的辦法！（2）還有一個救弊的辦法，就是西洋人所謂『洗淨了的版本』（Expurgated edition），把那些淫穢的部分删節去，專作『學校用本』。（即如柏拉圖的『一夕話』（Symposium）有兩譯本，一是全本，一是節本）。商務印書館新出一種儒林外史，比齊省堂本少四回，刪去的四回是沈瓊枝一段事蹟，因爲有瓊花觀求子一節，故刪去了。這種辦法不礙本書的價值，很可以照辦。如水滸的潘金蓮一段儘可刪改一點，便可作中學堂用本了。（「中學國文的教授」）

八　股

吳敬梓是一個八股大家的曾孫，自己也在這裏面用過一番工夫來，經過許多考試，一旦大覺悟之後，方才把八股社會的眞相——醜態——窮形盡致的描寫出來。他是八股國裏的一個大叛徒。程晉芳說他。

生平見才士，汲引如不及。獨嫉時文士如仇；其尤工者，則尤嫉之。

他爲什麼這樣痛恨八股呢？我們在他的詩集裏尋出一篇哭舅氏的詩，大概是乾隆五六年間做的；這詩大可以表出他那時候對於科舉時文的態度：

河干屋三楹，叢桂影便娟，緣以荆棘籬，架以蒿牀眠。南鄰侈豪奢，張燈奏管絃。西鄰精心計，秉燭算緡錢。吁嗟吾舅氏，垂老守殘編。弱冠爲諸生，六十猶屯邅。皎皎明月光，揚輝屋東偏。秋蟲聲轉悲，秋藜爛欲然。主人旣抱病，强坐芸窗前。其時遇賓興，力疾上馬韉。夜沾荒店露，朝銜隔江煙。射策不見收，言歸泣涕漣。嚴冬霜雪凝，偃臥小山巓。酌酒不解歡，飲樂不獲痊。百憂摧肺肝，抱恨歸重泉。吾母多弟兄，惟舅友愛專。諸舅登仕籍，俱已謝塵緣。有司操尺度，所持何其堅！士人進身難，底用事丹鉛？貴爲鄉人畏，賤受鄉人憐。寄言名利者，致身須壯年。

他這一位母舅簡直是一位不得志的周進、范進。認得了這一位六十歲『抱恨歸重泉』的老秀才，我們就可以明白吳敬梓發憤做儒林外史的心理了。

有人說，『清朝是古學昌明的時代，八股的勢力並不很大，八股的毒燄並不曾阻礙經學史學與文學的發達。何以吳敬梓單描寫那學者本來瞧不起的八股秀才呢？那豈不是俗話說的打死老虎嗎？』我起初也如此想，也覺得儒林外史的時代不像那康熙、乾隆的時代。但我現在明白了。看我這篇年譜的人，可以看出吳敬梓的時代恰當康熙大師死盡而乾隆大師未起的過渡時期。清朝第一個時期的大師，毛奇齡最後死。學問方面，顧炎武、黃宗羲、閻若璩、胡渭都死了。文學方面，尤侗、朱彝尊、王士禎也死了。當吳敬梓三十歲時，戴震只有八歲，袁枚有十五歲，四庫全書的發起人朱筠只有兩歲，汪中、姚鼐都還不曾出世呢。

當這個青黃不接的時代，八股的氣燄忽又大盛起來了。我可以引章學誠的話來作證：

前明制義益行，學問文章遠不古若，此風氣之衰也。國初崇尚實學，特舉詞科；史館需人，待以不次；通儒碩彥，磊落相望，可謂一時盛矣。其後史事告成，館閣無事，自雍正初年至乾隆十許年，學士又以四書文義相爲矜尚。僕年十五六時，（一七五二——一七五三，當吳敬梓將死的時候，）猶聞老生宿儒自尊所業，至目通經服古謂之雜學，詩古文辭謂之雜作。士不工四書文，不得爲通，——又成不可藥之蠱矣！（章氏遺書卷四，答沈楓墀論學書）。（『四書文』即八股時文）。

這正是吳敬梓做儒林外史的時代。懂得這一層，我們格外可以明白儒林外史的眞正價值了。（「

吳敬梓年譜」）

短篇小說

中國今日的文人大概不懂『短篇小說』是什麼東西。現在的報紙雜誌裏面，凡是筆記雜纂，不成長篇的小說，都可叫做『短篇小說』。所以現在那些『某生，某處人，幼負異才，……一日，遊某園，遇一女郎，睨之，天人也，………』一派的爛調小說，居然都稱爲『短篇小說』！其實這是大錯的。西方的『短篇小說』（英文叫做Short story），在文學上有一定的範圍，有特別的性質，不是單靠篇幅不長便可稱爲『短篇小說』的。

我如今且下一個『短篇小說』的界說：

短篇小說是用最經濟的文學手段，描寫事實中最精采的一段，或一方面，而能使人充分滿意的文章。

這條界說中，有兩個條件最宜特別注意。今且把這兩個條件分說如下：

（一）『事實中最精采的一段或一方面』，譬如把大樹的樹身鋸斷，懂植物學的人看了樹身的『橫截面』，數了樹的『年輪』，便可知道這樹的年紀。一人的生活，一國的歷史，一個社會的變遷，都有一個『縱剖面』和無數『橫截面』。縱面看去，須從頭看到尾，纔可看見全部。橫面截開一段，若截在要緊的所在，便可把這個『橫截面』代表這個人，或這一個，或這一個社會。這種可以代表全部的部分，便是我所謂『最精采』的部分。又譬如西洋照相術未發明之前，有一種『側面剪影』（Silhouette），用紙剪下人的側面，便可知道是某人。（此種剪像曾風行一時。今雖有照相術，尙有人爲之。）這種可以代表全形的一面，便是我所謂『最精采』的方面。若不是『最精采』的所在，決不能用一段代表全體，決不能用一面代表全形。

（二）『最經濟的文學手段』形容『經濟』兩個字，最好是借用宋玉的話：『增之一分則太長，減之一分則太短；着粉則太白，施朱則太赤』。須要不可增減，不可塗飾，處處恰到好處，方可當『經濟』二字。因此，凡可以拉長演作章回小說的短篇，不是眞正『短篇小說』；凡敍事不能暢盡、寫情不能飽滿的短篇，也不是眞正『短篇小說』。（「論短篇小說」）

人物

老子與孔子

依我們的新看法，老子出在那個前六世紀，毫不覺得奇怪。他不過是代表那六百年來以柔道取容於世的一個正統老儒；他的職業正是殷儒相禮助葬的職業，他的教義也正是論語裏說的『犯而不校、『以德報怨』的柔道人生觀。古傳說裏記載着孔子曾問禮於老子，這個傳說在我們看來，絲毫沒有可怪可疑之點。儒家的書記載孔子『從老聃助葬於巷黨』，這正是最重要的歷史證據，和我們上文說的儒的歷史絲毫沒有矛盾衝突。孔子和老子本是一家，本無可疑。後來孔、老的分家，也絲毫不足奇怪。老子代表儒的正統，而孔子早已超過了那正統的儒。老子仍舊代表那隨順取容的亡國遺民的心理，孔子早已懷抱着『天下宗予』的東周建國的大雄心了。老子的人生哲學乃是千百年的世故的結晶，其中含有絕大的宗敎信心，——『常有司殺者殺』，『天網恢恢，疏而不失』，——所以不是平常一般有血肉骨幹的人所能完全接受的。孔子也從這種敎義裏出來。他的性情人格不容許他走這條極端的路，所以他漸漸回到他所謂『中庸』的路上去，要從剛毅進取的方面造成一種能負荷全人類擔子的人格。這個根本上有了不同，其他敎義自然都跟着大歧異了。（「說儒」）

陸賈

十年的秦帝國只留得一篇李斯焚書議代表那第一帝國的思想。當李斯腰斬東市之日，革命軍已起來一年多了，劉邦、項羽都已成了革命軍的領袖了。在劉邦的軍中有一個南方辯士陸賈，可以算是楚漢時代的一個思想家。

陸賈是楚人，跟着漢高祖革命，因爲他有口才，故常常被派出去當代表；後來天下既平定，他出使南越，代表漢朝去封趙佗爲南越王，他的辯才居然能使趙佗稱臣奉約。二十年後，孝文帝元年（前一七九），他又奉使到南越，也很有成績。史記說他以壽終，死時約當前一七〇年。

陸賈在漢高祖面前時稱說詩書，高祖罵道：「迺公居馬上而得之，安事詩書？」陸賈回答道：「居馬上得之，寧可以馬上治之乎？」高祖是個聰明人，懂得這話有道理，便對他說：「試爲我著秦所以失天下，吾所以得之者何，及古成敗之國。」陸賈便著了十二篇，每奏一篇，高祖總說好，其書便叫「新語」。（「述陸賈的思想」）

叔孫通

漢初幾十年中，帝國的宗教上有一個最重大的變化，就是『以孝治天下』的觀念成爲國教的一部分。漢帝國的創立者多是無賴粗人，其中雖有天才的領袖，但知道歷史掌故制度的人却不多。在這個當兒，叔孫通便成了一個極有用的人才。叔孫通制定了漢帝國的朝儀，又制定了宗廟儀法；他是孝惠帝的師傅，孝惠帝特別請他專管先帝園陵寢廟的事，故他所定的宗廟儀法和改定的漢朝『諸儀法』，很含有儒家倫理的色彩。他的朝儀是『辨上下，定民志』的制度，而他的宗廟儀法是『以孝治天下』

的制度。如皇帝諡法上加一個『孝』字，大概即是叔孫通的創制。（三年喪服的逐漸推行）

司　馬　遷

司馬遷的卓識能認清貧富不均是由於人的巧拙不齊，是自然的現象。他說：

貧富之道，莫之奪予，而巧者有餘，拙者不足。

又說：

無財，作力；少有，鬬智；既饒，爭時。

又說：

纖嗇筋力，治生之正道也。（此側所謂無財作力。）而富者必用奇勝。（此即所謂鬬智爭時。）田農拙業，而秦陽以蓋一州。掘冢，姦事也，而曲叔以起。博戲，惡業也，而桓發用之富。行賈，丈夫賤行也，而雍樂成以饒。販脂，辱處也，而雍伯千金。賣漿，小業也，而張氏千萬。洒削（治刀劍），薄技也，而郅氏鼎食。胃脯，（焫羊胃，以末椒薑拌之，曬乾作脯。）簡微耳，濁氏連騎。馬醫，淺方，張里擊鍾。此皆誠壹之所致。由是觀之，富無經業，則貨無常主。能者輻湊，不肖者瓦解。

這都是說工商致富都靠自己的能力智術，不是偶然的，也不是不勞而得的。他引白圭的話道：

吾治生產猶伊尹、呂尚之謀，孫、吳用兵，商鞅行法是也。是故其智不足與權變，勇不足以決斷，仁不能以取予，彊不能有所守，雖欲學吾術，終不告之矣。

故他贊白圭道：

白圭其有所試矣。能試有所長，非苟而已也。

這都是承認營利致富是智能的報酬，不是儻來之物。這是很替資本制度辯護的理論，在中國史上最是不可多得的。太史公不像董仲舒那樣『下帷講誦，三年不窺園』，而偏愛高談天下經濟問題的人，他少年時便出門遊歷，足跡遍於四方，故能有這種特殊的平恕的見解。他看不起那些迂腐儒生，

無巖處奇士之行，而長貧賤，好語仁義，亦足羞也。

司馬遷既認那農工虞商的資本主義的社會是『道之所符而自然之驗』，故他不主張干涉的政策，不主張重農抑商的政策，也不主張均貧富的社會主義。他說：

夫神農以前，吾不知已。至若詩書所述，虞、夏以來，耳目欲極聲色之好，口欲窮芻豢之味，身安逸樂而心誇矜勢能之榮，使俗之漸民久矣。雖戶說以眇（妙）論，終不能化。故善者因之，其次利導之，其次教誨之，其次整齊之，最下者與之爭。

這種自然主義的放任政策，是資本主義初發達時代的政治哲學。歐洲十八世紀的經濟學者，大都傾向於這條路。（「司馬遷替商人辯護」）

王莽

王莽受了一千九百年的寃枉，至今還沒有公平的論定。他的貴本家王安石雖受一時的唾駡，却早已有人替他伸寃了。然而王莽確是一個大政治家，他的魄力和手腕遠在王安石之上。（王莽）

玄　奘

智者大師的權威還不曾衰歇，而七世紀中又出了一個更偉大的煩瑣哲學的大師，——玄奘。玄奘不滿意於中國僧徒的閉門虛造，故捨命留學印度十多年，要想在佛教的發源地去尋出佛教的眞意義。不料他到印度的時候，正是印度佛教的煩瑣哲學最盛的時候。這時候的新煩瑣哲學便是『唯識』的心理學和『因明』的論理學。心理的分析可分到六百六十法，說來頭頭是道，又有因明學作護身符，和種種無意義的陀羅尼作引誘，於是這種印度煩瑣哲學便成了世界思想史上最細密的一大系統。偉大的玄奘投入了這個大蛛網裏，逃不出來，便成了唯識宗的信徒與傳教士。於是七世紀的中國便成了印度煩瑣哲學的大殖民地了。（蘇澤大師神會傳）

神　會

神會是南宗的第七祖，是南宗北伐的總司令，是新禪學的建立者，是壇經的作者。在中國佛教史上，沒有第二人比得上他的功勳之大，影響之深。這樣偉大的一個人物，却被埋沒了一千年之久，後世幾乎沒有人知道他的名字了。幸而他的語錄埋藏在敦煌石窟裏，經過九百年的隱晦，還保存二萬字之多，到今日從海外歸來，重見天日，使我們得重見這位南宗的聖保羅的人格言論，使我們得詳知他當日力爭禪門法統的偉大勞績，使我們得推翻道原、契嵩等人妄造的禪宗僞史，而重新寫定南宗初期的信史：這豈不是我們治中國佛敎史的人最應該感覺快慰的嗎？（「神會和尙遺集」）

柳宗元

吾國人讀書無歷史觀念，無批評指摘之眼光。千古以來，其眞足稱『高等考據家』者（西方考據之學約有二端：其尋章摘句，校訛補闕者，曰校勘家〔Textual criticism〕。其發奸摘伏，定作者姓氏，及著書年月，論書之眞僞，文中竄易者，謂之高等考據家〔Higher criticism〕）。唯柳子厚一人耳。如王制一書，漢人盧植明言『漢文帝令博士諸生作此篇』（見注疏），而後人猶復以爲周制（如馬氏繹史），抑可愚也！（「胡適留學日記」）

李覯

李覯是北宋的一個大思想家。他的大膽，他的見識，他的條理，在北宋的學者之中，幾乎沒有一個對手！然而宋元學案裏竟不給他立學案，只附在范仲淹的學案內：全祖望本想爲他立『盱江學案』，後來不知怎樣，終於把他附在『高平學案』內。這幾百年來，大家竟不知道有李覯這一位大學者了！我從前讀北宋和尙契嵩的文集，見他特別注意李覯的言論，當時我就很想研究他的著作。近來讀他的全集，才知道他是江西學派的一個極重要的代表，是王安石的先導，是兩宋哲學的一個開山大師。（「李覯」）

金聖歎

聖歎的辯才是無敵的，他的筆鋒是最能動人的。他在當日有才子之名，他的被殺又是當日震動全國的一件大慘案。他死後名譽更大，在小說批評界，他的權威直推翻了王世貞、李贄、鍾惺等等有名的批評家。那部假託『聖歎外書』的三國演義尚且風行三百年之久，何況這部眞正的聖歎評本的七十回本水滸傳呢？無怪乎三百年來，我們只知道七十回本，而忘記了其他種種版本的存在了。（「百二十回本忠義水滸傳序」）

顏元

顏元（一六三五——一七〇四）主張一種很徹底的實用主義。他自己經過亂離的慘痛，從經驗裏體會出宋明儒者的無用：不但主靜主敬是走入了禪宗的路，就是程朱一派拿誦讀章句作『格物窮理』也是『俗學』而非正道。他自號爲『習齋』；習卽是實地練習。他說，『格物』的物卽是古人所謂『三物』，三物卽是六德，六行，六藝。古人又說，正德，利用，厚生，謂之『三事』；事也就是物。他說，『道不在章句，學不在誦讀；期如孔門博文約禮，實學，實習，實用之天下』。（與陸道威書）他最恨宋儒不教人習事而只教人明理。他說，『孔子則只教人習事。迨見理於事，則已徹上徹下矣』。（存學編；他因此極端崇信孔子『民可使由之，不可使知之』的話，以爲那是『治民之定法』！）他說，『空談易於藏拙，是以（宋儒）舍古人六府六藝之學而高言性命也。予與法乾王子初爲程朱之學，談性天，似無齟齬。一旦從事於歸除法，已多謬誤，況禮樂之精博乎？昔人云，「畫鬼容易畫馬難」，正可喩此。』（存性編）畫鬼所以容易，正因爲鬼是不能實證的；畫馬所以難，正因爲馬是人人共見的東西，可以實驗的。（李塨也引此語，並說，『以鬼無質對，馬有證佐也』。）

顏元說，『學之亡也，亡其粗也。願由粗以會其精。政之亡也，亡其迹也。願崇迹以行其義』，（年譜）這幾句話最精當。宋人曾說儒門淡薄，收拾不住第一流的人才。（見宗杲的宗門武庫）所以宋儒起於禪宗最盛之時，自不容不說的精微奧妙，才免得『淡薄』之譏。自宋至明的哲學史，除了陳亮葉適一班人之外，只是與禪宗爭玄競妙的歷史。顏元大膽地指出他們說的太精了，太空了；他要人從那粗淺的藝學制度下手，從那可以實證的實迹下手。這是顏學的要旨。例如他說性，老老實實地承認『性卽是氣質之性』；『譬之目矣，……光明之理固是天命，眶皰睛皆是天命，更不必分何者是天命之性，何者是氣質之性。』（存性篇）又如他論史事，很替王安石韓侂胄辯護；他說王安石的新法『皆屬良法，後多踵行』；他誇獎韓侂胄伐金之擧是『爲祖宗雪恥於地下』。（宋史評引見年譜）他論史事，頗推崇『權略』；他說，『其實此權字卽「未可與權」之權；度時勢，審輕重，而不失其節，是也。……世儒等之詭詐之流，而推於聖道外，使漢唐豪傑不得近聖人之光此陳同甫（陳亮）所以扼腕也』。這些見解都可以見顏元講學不避粗淺，只求切用；不務深刻，只重實迹。（「戴東原的哲學」）

費經虞與費密

明末清初的學術思想界裏，有兩個很可代表時代的人物，而三百年來很少知道或表章的：費經虞和他的兒子費密。乾嘉之際，章學誠得讀費密的兒子費錫璜的貫道堂文集，因做了一篇很詳細的提要（見浙江圖書館排本章氏遺書及吳興劉氏刻本章氏遺書）。但章學誠雖然能賞識費氏的家學，終有點懷疑；他疑心費錫璜說的太誇張了。清朝晚年，戴望以顏、李學派的信徒資格，來作費舍人別傳（見謫麐堂集）；他的賞識應該比章學誠更深一層了。但他的敍述太簡單了，終不能使人知道費氏家學的眞相。直到近年（一九二〇）成都唐鴻學先生刻費氏遺書三種，——弘道書，荒書，燕峯詩鈔，——世間始有人知道費密的思想確有很可表章的價值，確可以算是清初思想界代表之一個。（「費經虞與費密——清學的兩個先驅者」）

戴　震

後來戴震的思想卽是繼續程廷祚已開始擴大解放的思想。戴震說：

人有天德之知，有耳目百體之欲，皆生而見乎才者也，天也，是故謂之性。……五色，五聲，五臭，五味，天地之正也。喜怒哀樂，愛隱感念，慍懆怨憤，恐悸慮歎，飲食男女，鬱悠慼咨，慘舒好惡之情，胥成性則謂之道。（原善中，一）

又說：

仁義禮智非他，不過懷生畏死，飲食男女，與夫感於物而動者之皆不可脫然無之以歸於靜歸於一，而待人之心知異於禽獸，能不惑乎所行，卽爲懿德耳。古賢聖所謂仁義禮智，不求於所謂欲之外，不離乎血氣心知。（孟子字義疏證中，二一）

這都是完全接受了程廷祚的性論與人生觀，不過戴震說的更大膽，更透切罷了。

本來程朱一派的基本路子只有兩條：

涵養須用敬，進學則在致知。（程頤語）

朱子說，這兩句話如車之兩輪，鳥之雙翼，缺一不可。其實這兩條路的來歷很不同：格物致知是程朱開闢的一條新路，而「主敬」卻仍是中古宗教遺留下來的一條老路。說來說去，程朱終逃不出「主一」，「無欲」，「主靜」的主敬方法。顏李的革命運動大聲疾呼的指出這種主敬的工夫是佛老的遺毒，這是不錯的。然而顏李推翻了「主敬」，而建立了「習恭」，他們始終沒有逃出那個主敬的中古宗教態度。程廷祚雖然還沒有公然攻擊那個宗教方面，——有時候，他還頌揚宋儒的主敬存誠——然而他的著作裏完全不看見那個「小心翼翼昭事上帝」的顏李宗教了。戴震再進一步，大膽的指出程朱（陸王更不用說了）之學實在還只是走了主敬的一條路，而忽略了那格物致知的理智主義的新路。

他說程朱「詳於論敬，而略於論學」。戴震不曾提及顏李，但他對於顏李如果有不滿意的地方，那必定也是嫌他們跳不出程朱主敬的圈子，整天做那變相的主敬的工夫，而忽略了學問上的努力。戴震自己走的路只是那純粹的致知進學的新路，只是那「博學審問愼思明辨篤行以擴充人之心知之明」，「至於辨察事情而準」，「自能權度事情，無幾微差失」。這才是純粹理智主義的大路。顏李之學，到程廷祚而經過一度解放，到戴震而得着第二度更澈底的解放。解放的太厲害了，洗刷的太乾淨了，我們初看戴震的思想，幾乎不認得他是從顏李學派出來的了！（「顏李學派的程廷祚」）

汪輝祖

用證據考定一件過去的事情，是歷史考證。用證據判斷某人有罪，是法家斷獄。楊守敬號稱考證學者，號稱「妙悟若百詩，篤實若竹汀，博辨若大可」，却這樣濫用考證學的方法，用全無根據的證據來誣枉古人作賊。考證學墮落到這地步，豈不可歎！

我們試看中國舊式法家汪輝祖自述他辦理訟案是如何敬愼。他說：

罪從供定。犯供（犯人自己的供狀）最關緊要。然五聽之法，辭只一端。且錄供之吏難保一無上下其手之弊。據供定罪，尙恐未眞（註）。余在幕中，凡犯應徒罪以上者，主人庭訊時，余必於堂後凝神細聽。供稍勉强，卽屬主人覆訊。常戒主人不得性急用刑。往往有訊至四五次及八九次者。疑必屬訊，不顧主人畏難；每訊必聽，余亦不敢憚煩也。（續佐治藥言，草供未可全信條。）

被告自己的供狀，尙且未可據供定罪，有疑必覆訊，不敢憚煩。我們做歷史考證的人，必須這種敬愼不苟且的精神，才配擔負本千秋百世考定史實的是非眞僞的大責任。

三十五年，十，六，北平東廳胡同。

（註）汪輝祖舉的「據供定罪，尙恐未眞」的實例：「乾隆壬年（一七六二）八月，館平湖令劉君冰齋署。會孝豐縣民蔣氏舟被刼，通詳緝捕。封印後，余還里度歲。而平測有回籍逃軍曰盛大者，以糾匪搶奪被獲，訊爲孝豐刼案正盜。冰齋迓余至館，檢閱草供。凡起意糾夥，上盜傷主，刼贓俵分，各條，無不畢具。居然『盜』也。且已起有藍布緜被，經事主認確矣。當晚囑冰齋覆勘，余從堂後聽之。一一輸供，無懼色。顧供出犯口，熟滑如背書然。且首夥八人，無一語參差者。心竊疑之。次晚復囑冰齋爲增減案情，隔別再訊。則或認，或不認，八人者各各歧異。至有號呼訴枉者。遂止不訊。而令庫書依事主所認布被顏色新舊，借購二十餘條，余私爲記別。雜以事主原認之被，囑冰齋當堂令事主辨認！於是提各犯研鞫，僉不承認。

「細詰其故。蓋盛大被獲之初，自意逃軍犯搶，更無生理，故訊及孝豐刼案，信口妄承，而其徒皆附和之。實則緜被爲己物，裁製有人。卽其（搶奪）本案亦不至於死也。遂脫之。

「越二年，冰齋保舉知府，入京引見。而此案正盜由元和縣發覺，傳事主認贓。冰齋回任，赴蘇會審定案。（適按：平湖縣屬浙江嘉興府，孝豐縣屬浙江湖州府，元和縣屬江蘇州府，故劉君須赴蘇會審。）

「初余欲脫盛大時，闔署譁然，謂余枉法曲縱，不顧主人考成。余聞之，辭冰齋，冰齋弗聽。余曰：『必欲余留止者，非脫盛大不可。且失贓甚多，而以一疑似之布被駢戮數人，非惟吾不忍，……爲君計亦恐有他日累也。』至是，冰齋語余曰：『曩者君力脫盛大，君何神耶！』……余自此益不敢以草供爲據矣。」（續佐治藥言，四葉至六葉。參用病榻夢痕錄乾隆廿八年此案，文字稍有删改，使人易曉。）

× × × ×

這篇「考據學的責任與方法」，是民國三十五年寫的。今年我重讀一遍，覺得還可以收存。我當時因爲汪輝祖學例的文字太長，沒有全鈔。現在我覺得這位刑名大家的「據供定罪，當恐未眞」一條大原則眞是中國證據法一個重要理論，而這個大原則是需要舉例說明的，所以我全鈔汪先生舉的一件案子的文子，作爲一條小註。（平湖知縣劉冰齋，名國烜，奉天人。）（「考據學的責任與方法」）

吳敬梓

魯迅先生這樣推重儒林外史，故不願把近代的譴責小說同儒林外史並列。這種主張是我很贊同的。吳敬梓是個有學問，有高尙人格的人，他又不曾夢想靠做小說吃飯，故他的小說是一部全神貫注的著作。他是個文學家，又受了顏習齋、李剛主、程綿莊一派的思想的影響，故他的諷刺能成爲有見解的社會批評。他的人格高，故能用公心諷世；他的見解高，故能『哀而不慍，微而婉。』近世做譴責小說的人大都是失意的文人，在困窮之中，借罵人爲餬口的方法。他們所譴責的往往都是公認的罪惡，正不用什麼深刻的觀察與高超的見解，只要有淋漓的刻畫，過度的形容，便可以博一般人的歡迎了。故近世的譴責小說的意境都不高，其中如劉鶚老殘遊記之揭淸官之惡，眞可算是絕無而僅有的特別見解了。（「官場現形序」）

劉鶚

他是一個很有見識的學者，同時又是一個很有識力和膽力的政客。當河南初發現甲骨文字的時候，許多學者都不信龜甲獸骨能在地中保存幾千年之久。劉先生是最早賞識甲骨文字的一位學者。他的一部鐵雲藏龜，要算是近年硏究甲骨文字的許多著作的開路先鋒。羅振玉先生是甲骨文字之學的大師；他也是因劉先生的介紹方才去硏究這些古物的。只可惜近二十年來硏究甲骨文字的大進步是劉先生不及見的了。（「老殘遊記序」）

王照

戊戌變法的一個領袖，直隸寧河縣人王照（死於一九三三），當新政推翻時亡命到日本，庚子亂後他改裝偸囘中國，隱居在天津，發願要創造「官話字母」，共六十餘母，用兩拼之法，「專拼白話」；因「語言必歸一致」，故他主張用北京話作標準。（以前盧蔡諸家的字母都是方言字母，不曾有專拼官話的計劃。）王照是一個很有見識的人，他的主張很有許多地方和後來主張白話文學的人相同。他說：

「余今奉告當道者：富强治理，在各精其業各擴其職各知其分之齊氓，不在少數之英雋也。朝廷所應注意而急圖者宜在此也。茫茫九州，芸芸億兆，呼之不省，喚之不應，勸導禁令毫無把握，而乃舞文弄墨，襲空論以飾高名，心目中不見細民，妄冀富强之效出於策略之轉移，苟不當其任，不至其時，不知其術之窮也！」（官話合聲字母美序）

這就是說：富强治理的根本在於那最大多數的齊氓，細民。他在戊戌變法時，也曾「妄冀富强之效出於策略之轉移」；但他後來覺悟了，知道「其術之窮」了，所以他冒大險回國，要從教育那「芸芸億兆」下手。他知道各國教育的普及都靠「文言一致，拼音簡便」，所以他發憤要造出一種統一中國語言文字的官話字母。他很明白的說，這種字母是「專拼白話的」。他說：

「吾國古人造字，以便民用，所命之音必與當時語言無異，此一定之理也。而語言代有變遷，文亦隨之。……故以孔子之文較夏殷之文，則改變句法，增添新字，顯然大異。可知係就當時俗言肖聲而出，著之於簡，欲婦孺聞而即曉。凡也，已，焉，乎，等助詞爲夏殷之書所無者，實不啻今之白話文增入呀，麼，哪，咧等字。孔子不避其鄙俚，因聖人之心專以便民爲務，無『文』之見存也。後世文人欲藉文以飾智驚愚，於是以摩古爲高，文字不隨語言，二者日趨日遠，文字既不足當語言之符契，其口音即遷流愈速，……異者不可復同，而同國漸如異城。」（同上）

這是最明白的主張（言文一致」，要文字「當語言之符契」，要文字跟着那活的話言變遷。這個主張的邏輯的結論當然是提倡白話文了。

王照很明白一切字母只可以拼白話，決不能拼古文。他的字語凡例說：

「此字母……專拼俗語，肖之卽無誤矣。今如兩人晤談終日，從未聞有相詰曰：『爾所說之晚爲早晚之晚耶？爲茶碗之碗耶？爾所說之茶爲茶葉之茶耶？爲查核之查耶？』可知全句皆適肖白話，卽無誤會也，若用以拼文詞，則使讀者在在有混淆誤解之弊，故萬不可用此字母拼文詞。」（原第十二條）

音標的文字必須是「適肖白話」的文字。所以王照的字母是要用來拼寫白話的。後來提倡「讀音統一」的人，不懂得這個道理，竟把他們製定的字母叫做「注音字母」，用來做「讀音統一」之用，那就是根本違背當年創造官話字母的原意了。（「中國新文學運動小史」）

嚴　復

嚴復自己說他的譯書方法道：『什法師有云，「學我者病」來者方多，幸勿以是書爲口實也。』（天演論例言。）這話也不錯。嚴復的英文與中國古文的程度都很高，他又很用心，不肯苟且，故雖用一種死文字，還能勉强做到一個『達』字。他對於譯書的用心與鄭重，眞可佩做我們的模範。他曾舉『導言』一個名詞作例，他先譯『卮言』，夏曾佑改爲『懸談』，吳汝綸又不贊成；最後他自己又改爲『導言』。他說，『一名之立，旬月蜘躕；我罪我知，是存明哲。』嚴譯的書，所以能成功，大部分是靠着這『一名之立，旬月蜘躕』的精神。有了這種精神，無論用古文白話，都可以成功。後人旣無他的工力，又無他的精神；用半通不通的古文，譯他一知半解的西書，自然要失敗了。（「五十年來中國之文學」）

林紓

能讀原書的自然總覺得這種譯法不很滿意。但平心而論，林譯的小說往往有他自己的風味；他對于原書的詼諧風趣，往往有一種深刻的領會，故他對于這種地方，往往更用氣力，更見精采。他的大缺陷在于不能讀原文；但他究竟是一個有點文學天才的人，故他若有了好助手，他了解原書的文學趣味往往比現在許多粗能讀原文的人高的多。現在有許多人對于原書，既不能完全了解；他們運用白話的能力又遠不如林紓運用古文的能力，他們也要批評林譯的書，那就未免太寃枉他了。

平心而論，林紓用古文做翻譯小說的試驗，總算是很有成績的了。古文不曾做過長篇的小說，林紓居然用古文譯了一百多種長篇小說，還使許多學他的人也用古文譯了許多長篇小說。古文裏很少滑稽的風味，林紓居然用古文譯了歐文與迭更司的作品。古文不長于寫情，林紓居然用古文譯了茶花女與迦茵小傳等書。古文的應用，自司馬遷以來，從沒有這種大的成績。

但這種成績終歸于失敗！這實在不是林紓一般人的錯處，乃是古文本身的毛病。古文是可以譯小說的，我是用古文譯過小說的人，故敢說這話。但古文究竟是已死的文字，無論你怎樣做得好，究竟只够供少數人的賞玩，不能行遠，不能普及。（「五十年來中國之文學」）

辜鴻銘

在民國八年八月間，我在每週評論第三十三期登出了一段隨感錄：

（辜鴻銘）現在的人看見辜鴻銘拖着辮子，談着『尊王大義』，一定以爲他是向來頑固的。却不知辜鴻銘當初是最先剪辮子的人；當他壯年時，衙門裏拜萬壽，他坐着不動。後來人家談革命了，他才把辮子留起來。辛亥革命時，他的辮子還沒有養全，他帶着假髮接的辮子，坐着馬車亂跑，很出風頭。這種心理很可研究。當初他是『立異以爲高』，如今竟是『久假而不歸』了。

這段話是高而謙先生告訴我的，我深信高而謙先生不說謊話，所以我登在報上。那一期出版的一天，是一個星期日，我在北京西車站同一個朋友吃晚飯。我忽然看見辜鴻銘先生同七八個人也在那裏吃飯。我身邊恰好帶了一張每週評論，我就走過去，把報送給辜先生看。他了一遍，對我說：「這段記事不很確實。我告訴你我剪辮子的故事。我的父親送我出洋時，把我託給一位蘇格蘭教士，請他照管我。但他對我說：『現在我完全託了□先生，你什麼事都應該聽他的話。只有兩件事我要叮囑你：第一，你不可進耶穌教；第二、你不可剪辮子。』我到了蘇格蘭，跟着我的保護人，過了許多時。每天出門，街上小孩子總跟着我叫喊，『瞧呵，支那人的猪尾巴！』我想着父親的教訓，忍着侮辱，終不敢剪辮。那個冬天，我的保護人往倫敦去了，有一天晚上我去拜望一個女朋友。這個女朋友很頑皮，她拿起我的辮子來賞玩，說中國人的髮眞黑的可愛。我看她的頭髮也是淺黑的，我就說：『你要肯賞收，我就把辮子剪下來送給你。』她笑了；我就借了一把剪子，把我的辮子剪下來送了給她。這是我最初剪辮子的故事。可是拜萬壽，我從來沒有不拜的。」他說時指着同坐的幾位老頭子，「這幾位都是我的老同事。你問他們，我可曾不拜萬壽牌位？」

我向他道歉，仍回到我們的桌上。我遠遠的望見他把我的報紙傳給同坐客人看。我們吃完了飯，我因爲身邊只帶了這一份報，就走過去向他討回那張報紙。大概那班客人說了一些挑撥的話，辜鴻酩站起來，把那張每週評論摺成幾疊，向衣袋裏一揷，正色對我說：「密斯忒胡，你在報上毀謗了我，你要在報上向我正式道歉。你若不道歉，我要向法庭控告你。」

我忍不住笑了。我說：「辜先生，你說的話是開我玩笑，還是恐嚇我？你要是恐嚇我，請你先去告狀；我要等法庭判決了才向你正式道歉。」我說了，點點頭，就走了。

後來他並沒有實行他的恐嚇。大半年後，有一次他見着我，我說：「辜先生，你告我的狀子進去了沒有？」他正色說：「胡先生，我向來看得起你；可是你那段文章實在寫的不好！（「記辜鴻酩」）

曾　樸

我在民國六年七年之間，曾在新青年上和錢玄同先生通訊討論中國新舊的小說，在那些討論裏我們當然提到孽海花，但我曾很老實的批評孽海花的短處。十年後我見着曾孟樸先生，他從不曾向我辯護此書，也不曾因此減少他待我的好意。

他對我的好意，和他對於我的文學革命主張的熱烈的同情，都曾使我十分感動，他給我的信裏曾有這樣的話：「您本是……國故田園裏培養成熟的强苗，在根本上，環境上，看透了文學有改革的必要，獨能不顧一切，在遺傳的重重羅網裏殺出一條血路來，終究得到了多數的同情，引起了青年的狂熱。我不佩服你別的，我祇佩服你當初這種勇決的精神，比着托爾斯泰棄爵放農身殉主義的精神，有何多讓」！這樣熱烈的同情，從一位自稱「時代消磨了色彩的老文人」坦白的表述出來，如何能不使我又感動又感謝呢！

我們知道他這樣的熱情一部分是因爲他要鼓勵一個年輕的後輩，大部分是因爲他自己也曾發過「文學狂」，也曾發下宏願要把外國文學的重要作品翻譯成中國文，也曾有過「擴大我們文學的舊領域」的雄心。正因爲他自己是一個夢想改革中國文學的老文人，所以他對於我們一班少年人都抱着熱烈的同情，存着絕大的期望。

我最感謝的一件事是我們的短短交誼居然引起了他寫給我的那封六千字的自敍傳的長信（胡適文存三集，頁一一二五－一一三八）。在那信裏，他敍述他自己從光緒乙未（一八九五）開始學法文，到戊戌（一八九八）認識了陳季同將軍，方才知道西洋文學的源流派別和重要作家的傑作。後來他開辦了小說林和宏文館書店，——我那時候每次走過棋盤街，總感覺這個書店的雙名有點奇怪，——他告訴我們，他的原意是要「先就小說上做成個有系統的譯述，逐漸推廣範圍，所以店名定了兩個」。他又告訴我們，他曾勸林琴南先生用白話翻譯外國的「重要名作」，但林先生聽不懂他的勸告，他說：「我在畏盧先生（林紓）身上不能滿足我的希望後，從此便不願和人再談文學了」。他對於我們的文學革命論十分同情，正是因爲我們的主張是比較能夠「滿足他的希望」的。

但是他的冷眼觀察使他對於那個開創時期的新文學「總覺得十分滿足」，他說：「我們在這新闢的文藝之園裏巡遊了一週，敢說一句話：精緻的作品是發現了，祇缺少了偉大」。這眞是他的老眼無花，一針見血！他指出中國新文藝所以缺乏偉大，不外兩個原因：一是懶惰，一是欲速。因爲懶惰，所以多數少年作家只肯做那些「用力少而成功易」的小品文和短篇小說。因爲欲速，所以他們「一開手便輕蔑了翻譯，全力提倡創作」。他很嚴厲的對我們說：「現在要完成新文學的事業，非力防這兩樣毛病不可，欲除這兩樣毛病，非注重翻譯不可」。他自己創辦眞善美書店，用意只是要替中國新文藝補偏救弊，要替它醫病，要我們少年人看看他老人家的榜樣，不可輕蔑翻譯事業，應該努力「把世界已造成的作品，做培養我們創造的源泉」。

我們今日追悼這一位中國新文壇的老先覺，不要忘了他留給我們的遺訓（「追憶曾孟樸先生」）

梁啓超

梁啓超最能運用各種字句語調來做應用的文章。他不避排偶，不避長比，不避佛書的名詞，不避詩詞的典故，不避日本輸入的新名詞。因此，他的文章最不合『古文義法』，但他的應用的魔力也最大。（「五十年來中國之文學」）

章炳麟

章炳麟的文章，所以能自成一家，也並非因爲他模倣魏、晉，只是因爲他有學問做底子，有論理做骨格。國故論衡裏文章，如原儒，原名，明見，原道，明解故上，語言緣起說，……皆有文學的意味，是古文學裏上品的文章。機論裏也有許多好文章儒；如淸儒篇，眞是近代難得的文章。

但他究竟是一個復古的文學家。他的復古主義雖能『言之成理』，究竟是一種反背時勢的運動。他論文辭，知道文辭始於表譜簿錄，是應用的；但他的文章應用的成績比較最少。他對於同時的文人都有點薄鄙的意思（看文錄二，與鄧實書及與人論文書）。他自命『將取千年朽蠹之餘，反之正則』。他於近代文人中，只承認『王闓運能盡雅』。有人問他如何能做到古雅的文章，他曾把王闓運做文章的法子來敎人。什麼法子呢？原來是先把意思寫成平常的文章，然後把虛字儘量删去，自然古雅了！他又喜歡用古字來代替通行的字；他自己說，

六書本義，廢置已夙；經籍仍用，通借爲多。舍借用眞，玆爲復始。（機論五，正名雜義，頁二八）。

他不知道荀卿『約定俗成謂之宜』的話乃是正名的要旨，故他這種『復始』的工夫雖然增加了古

氣古色，同時便減少了應用的程度。他自己著書，本來有句讀，還可以幫助一般讀者的了解。後來他的門人校刻他的全書，以爲圈讀不古，刪去句讀，就更難讀了。（「五十年來中國之文學」）

高夢旦

民國十年的春末夏初，高夢旦先生從上海到北京來看我。他說，他現在決定辭去商務印書館編譯所所長的事，他希望我肯去做他的繼任者。他說：「北京大學固然重要，我們總希望你不會看不起商務印書館的事業。我們的意思確是十分誠懇的」。

那時我還不滿三十歲，高先生已是五十多歲的人了。他的談話很誠懇，我很受感動。我對他說：「我決不會看不起商務印書館的工作。一個支配幾千萬兒童的知識思想的機關當然比北京大學重要多了。我所慮的只是怕我自己幹不了這件事」。當時我答應他夏天到上海商務印書館去住一兩個月，看看裏面的工作，並且看看我自己配不配接受高先生的付託。

那年暑假期中，我在上海住了四十五天，天天到商務印書館編譯所去，高先生每天他把編譯所各部分的工作指示給我看，把所中的同事介紹和我談話。每天他家中送飯來，我若沒有外面的約會總是和他同吃午飯。

我知道他和館中的老前輩張菊生先生、鮑咸昌先生、李拔可先生、對我的意思都很誠懇。但是我研究的結果，我始終承認我的性情和訓練都不配做這件事。我很誠懇的辭謝了高先生。他問我意中有誰可任這事。我推薦王雲五先生，並且介紹他和館中各位老輩相見。他們會見了兩次之後，我就回北京去了。

我走後，高先生就請王雲五先生每天到編譯所去，把所中的工作指示給他看，和他從前指示給我看一樣。一個月之後，高先生就辭去了編譯所所長，請王先生繼他的任，他自己退居出版部部長，盡心盡力的襄助王先生做改革的事業。

民國十九年，王雲五先生做了商務印書館的總理。民國二十一年一月，商務印書館的閘北各廠都被日本軍隊燒毀了。兵禍稍定，王先生決心要做恢復的工作。高先生和張菊生先生本來都已退休了，當那危急的時期，他們每天都到館中來襄助王先生辦事。兩年之中，王先生苦心硬幹，就做到了恢復商務印書館的奇蹟。

我特別記載這個故事，因爲我覺得這是一件美談。王雲五先生是我的教師，又是我的朋友，我推薦他自代，這並不足奇怪。最難能的是高夢旦先生和館中幾位老輩，他們看中了一個少年書生，就要把他們畢生經營的事業付託給他；後來又聽信這個少年人的幾句話，就把這件重要的事業付託給了一個他們平素不相識的人。這是老成人爲一件大事業求付託的人的苦心，是大政治家謀國的風度。這是值得大書，深刻留給世人思念的。（「高夢旦先生小傳」）

張元濟

張先生是富於新思想的舊學家，也是能實踐新道德的老紳士。他兼有學者和事業家的特長。他早年就敝屣虛榮，致力文化事業，服勞工不能服的勞，不計成敗，不顧毀譽。三十餘年如一日；所以能把一個小印刷店提到全國第一個出版家的地位。他在學術方面本有很廣博的興趣，很淵深的造詣。涵芬樓所印古籍，皆是他所提倡指示。退休以後，十年之中，他用全力校勘全史，其搜羅之勤，功力之細密，皆見於他的百衲本廿四史跋文及校勘記。這一件偉大的工作，在他七十歲生日之前後，大致可以完成；這也是中國學術史上最可紀念的一件事。（「徵集張菊生先生七十生日紀念論文啓」）

章士釗

那一晚散後，主人汪君說：「行嚴眞有點雅量；你那樣說，他居然沒有生氣。」我對主人說：「你只知其一，不知其二。行嚴只有小雅量，其實沒有大雅量；他能裝做不生氣，而其實他的文章處處是悻悻然和我們生氣。」汪君不明白我這句話；我解釋道：「行嚴是一個時代的落伍者；而却又雖落伍而不甘落魄，總想在落伍之後謀一個首領做做。所以他就變成了一個反動派，立志要做落伍者的首領了。梁任公也是不甘心落伍的；但任公這幾年來，頗能努力跟一班少年人向前跑。他的脚力也許有時蹉跌，但他的興致是可愛的。行嚴却沒有向前跑的興致了。他已甘心落伍，只希望在一般落伍者之中出點頭地，所以不能不向我們宣戰。他在『評新文化運動』一文裏，曾駡一般少年人『以適之爲天帝，以績溪爲上京，一味於「胡氏文存」中求文章義法，於「嘗試集」中求詩歌律令。』其實行嚴自己，却眞是夢想人人『他秋桐爲上帝，以長沙爲上京，一味於「甲寅雜誌」中求文章義法！』我們試翻開那篇文章看看。他駡我們做白話的人『如飲狂泉』，『智出倫敦小兒女之下』，『以鄙俗妄爲之筆，竊高文美藝之名，以就下走壙之狂，隳載道行遠之業，……』這不都是悻悻然和我們生氣嗎？這豈是『雅量』的表現嗎？」

汪君和章君是幾十年的老朋友，他也說我這個判斷不錯。

我們觀察章士釗君，不可不明白他的心理。他的心理就是，一個時代落伍者對於行伍中人的悻悻然不甘心的心理。他受過英國社會的一點影響，學得一點吳稚暉先生說的「Gentleman的臭架子」，所以我當面說他不值一駁，他能全不生氣。但他的不澈底，他不知道一個眞正 Gentleman 必須有 Sportmanship ，可譯作豪爽，豪爽的一種表現，就是肯服輸。一個人不肯服輸，就使能隱忍於一時，終不免有悻悻然詬駡的一天的。（「『老章又反叛了！』」）

蔣孟隣

那十年是中華民族在國家最危險的狀態之下埋頭苦幹，努力建設的十年。不但農學工作者應該學學沈先生不太謙虛的好榜樣，寫出他們的工作記錄。那十年之中，在一切方面埋頭苦幹的許多許多工作者，也都應該學學沈先生，不要太謙虛，都應該寫出他們的自傳。最好的一個例子就是沈先生的同事，我的老同事，老上司，蔣孟隣先生。他若肯用「不太謙虛」的態度來寫他七十年的自述，那部自傳一定可以給我們增添許許多多有趣味的史料。單說我自己記憶最清楚的六年（民二十年到廿六）裏，孟隣先生受了政府的新任命，回到北京大學去做校長，那時他有中興北大的決心，又得到中華教育文化的基金的援助，他放手做改革的事業，向全國去挑選教授與研究的人才，在八個月的籌備時間裏居然做到北大的中興。我曾在「北大五十週年」一文裏略述他在那六年裏的作風：

……他是一個理想的校長，有魄力，有擔當。他對我們三個院長說：「辭退舊人，我去做。選聘新人，你們去做。」……

這樣的一個理想的校長，他不應該學學我和沈宗瀚的不太謙虛的榜樣，給那六年的北大留下他最關切，最了解的一葉苦幹史嗎？（「『中年自述』序」）

梁漱冥

梁先生以為：

中國人的思想是安份知足，寡欲攝生，而絕沒有提倡要求物質享樂的；却亦沒有印度的禁欲思想。不論境遇如何，他都可以滿足安受，並不定要求改造一個局面。（頁八四）

梁先生難道不睜眼看看古往今來的多妻制度，娼妓制度，整千整萬的提倡醉酒的詩，整千整萬恭維婊子的詩，金瓶梅與品花寶鑑，壯陽酒與春宮秘戲圖？這種東西是不是代表一個知足安分寡欲攝生的民族的文化？只看見了陶潛、白居易，而不看見無數的西門慶與奚十一；只看見了陶潛、白居易詩裏的樂天安命，而不看見他們詩裏提倡酒爲聖物而醉爲樂境，——正是一種『要求物質享樂』的表示：這是我們不能不責備梁先生的。（「讀梁漱冥先生的東西文化及其哲學」）

魯迅

除了白話是活的文字活的文學之外，我們希望兩個標準：第一個是人的文學；不是一種非人的文學；要够得上人味兒的文學。要有點兒人氣，要有點兒人格，要有人味兒的，人的文學。第二、我們希望要有自由的文學。文學這東西不能由政府來指導。諸位看看，我們那時代一個「新青年」的同事，他姓周，叫做周豫才，他的筆名叫「魯迅」，他在我們那時候，他在「新青年」時代是個健將，是個大將。我們這般人不大十分作創作文學，只有魯迅喜歡弄創作的東西，他寫了許多隨感錄、雜感錄，不過最重要他是寫了許多短篇小說。他們弟兄是章太炎先生的國學的弟子，學的是古文。所以他們那個時候（在他們復古的時期，受了章太炎先生的影響最大的時期），用古文，用最好的古文繙譯了兩本短篇小說，「域外小說集」。「域外小說集」繙得實在比林琴南的小說集繙得好，是古文繙小說中最了不得的好，是地道的古文小說。然而周作人先生繙的，印出來之後總共銷了廿一本，內中一本是他自己跑到書店買的。結果，他們覺悟了，古文的時代已經過去了。等到後來我們出來提倡新文藝時，他們也參加了這個運動，他們弟兄的作品，在社會上成爲一個力量。但是，魯迅先生不到晚年——魯迅先生的毛病喜歡人家捧他，我們這般「新青年」沒有了，不行了；他要去趕熱鬧，慢慢走上變質的路子。到抗戰時期前幾年，所謂左翼作家同盟組織起來了，那時共產黨儘量歡迎這批作家進去，但是共產黨又不放心，因爲共產黨不許文藝作家有創作自由。所以那時候監視他們的人——左翼作家的監視者，就是周起應，現在叫周揚，他就是在上海監視魯迅這批作家的。諸位如果有機會，我希望有一本書在自由中國可以得到，是值得看看的。這本書在抗戰初期出版，是魯迅死後，他的太太把魯迅寫給各朋友的信搜集起來，叫「魯迅書簡集」；這本書裏面幾封信值得看看，特別是他寫給胡風的四封信，其中有一封信就是魯迅死之前不到一年寫的，是一九三五年（他是一九三六年死的），這封信胡風問他三郎（不知是誰，大概是蕭軍）應該不應該加入黨（共產黨）？他說：「這個問題我可以毫不遲疑的答覆你，不要加入！現在在文藝作家當中，凡是在黨外的都還有一點自由，都還有點創作出來，一到了黨裏去就『醬』在種種小問題爭論裏面，永遠不能創作了，就『醬』死了！」「醬」在裏面去，這個字用得好極了。底下更值得讀了，他說：「至於我呢，說來話長，不必說了吧。」他說：「我總感覺得我鎖在一條鏈子上，鎖在一條鐵鏈上，背後有一個人拿着皮鞭打我，我的工作越努力打的越厲害。」這一段話裏，打他的就是現在在大陸搞文藝的周揚——那個時候的周起應。這封信不能不看看。我們要的是沒有人在背後用鞭子打的，不要人監督的，人人要自由，本他的良心，本他的智識，充分用他的材料，用他的自由——創作的自由來創作。（「中國文藝復興運動」）

我常說，在君是一個歐化最深的中國人，是一個科學化最深的中國人。在這一點根本立場上，眼中人物眞沒有一個人能比上他。這也許是因爲他十五歲就出洋，很早就受了英國人生活習慣的影響的緣故。他的生活最有規則：睡眠必須八小時，起居飲食最講究衞生，在外面飯館裏吃飯必須用開水洗碗筷；他不喝酒，常用酒來洗筷子。夏天家中吃無外皮的水果，必須先在滾水裏浸二十秒鐘。他最恨侈奢，但他最注重生活的舒適和休息的重要：差不多每年總要尋一個歇夏的地方，很費事的布置他全家去避暑：這是大半爲他的多病的夫人安排的，但自己也必須去住一個月以上：他的弟弟，姪兒，內姪女，都往往同住，有時還邀朋友去同住。他絕對服從醫生的勸告：他早年有脚癢病，醫生說赤脚最有效，他就終身穿有孔的皮鞋，在家常赤脚，在熟朋友家中也常脫襪子，光着脚談天，所以他自稱「赤脚大仙」。他吸雪茄煙有二十年了，前年他脚指有點發痲，醫生勸他戒煙，他立刻就戒絕了。這種生活習慣：別人偶一爲之，不久就感覺不方便，或怕人譏笑，就拋棄了。在君終身奉行，從不顧社會的駭怪。

他的立身行己，也都是科學化的，代表歐化的最高層。他最恨人說謊，最恨人懶惰，最恨人濫學債，最恨貪汚。他所謂「貪汚」，包括拿乾薪，用私人，濫發薦書，用公家免票來做私家旅行，用公家信箋來寫私信，等等。他接受淞滬總辦之職時，我正和他同住在上海客利飯店，我看見他每天接到不少的薦書。他叫一個書記把這些薦信都分類歸檔，他就職後，需要用某項人時，寫信通知有薦信的以定期來受考試，考試及格了，他都僱用：不及格的，也一一通知他們的原薦人。他寫信最勤，常怪我案上堆積無數未覆的信。他說：「我平均寫一封信費三分鐘，字是潦草的，但朋友接着我的回信了。你寫信起碼要半點鐘，結果是沒有工夫寫信！」蔡孑民先生說在君「案無留牘」，這也是他的歐化的精神。

羅文幹先生常笑在君看錢太重，有寒傖氣。其實這正是他的小心謹愼之處。他用錢從來不敢超過他的收入，所以能終身不欠債，所以能終身保持一個獨立的清白之身。他有時和朋友打牌，總把輸贏看得很重，他手裏有好牌時，手心常出汗，我們常取笑他，說摸他的手心可以知道他的牌。羅文幹先生是富家子弟出身，所以更笑他寒傖。及今思之，在君自從留學回來，擔負一個大家庭的求學經費，有時候每年擔負到三千元之多，超過他的收入的一半，但他從無怨言，也從不欠債：寧可抛棄他的學術生活去替人辦煤礦，他不肯用一個不正當的錢：這正是他的嚴格的科學化的生活規律不可及之處。我們嘲笑他，其實是我們窮書生而有濶少爺的脾氣，眞不配批評他。（「丁在君這個人」）

徐志摩

志摩今年在他的猛虎集自序裏曾說他的心境是：「一個曾經有單純信仰的流入懷疑的頹廢」。這句話是他最好的自序，他的人生觀眞是一種「單純信仰」，這裏面只有三個大字，一個是愛，一個是自由，一個是美。他夢想這三個理想的條件能够會合在一個人生裏，這是他的單純信仰。他的一生的歷史，只是他追求這個「單純信仰」的實現的歷史。

社會上對於他的行爲，往往有不能諒解的地方，都只因爲社會上批評他的人不曾懂得志摩的「單純信仰」的人生觀。他的離婚和他的第二次結婚，是他一生最受社會嚴厲批評的兩件事。現在志摩的棺已蓋了，而社會上的議論還未定。但我們知道這兩件事的人，都能明白，至少在志摩的方面，這兩件事最可以代表志摩的單純理想的追求。他萬分誠懇的相信那兩件事都是他實現那「美與愛與自由」的人生的正當步驟。這兩件事的結果，在別人看來，似乎都不曾能夠實現志摩的理想生活。但到了今日我們還忍用成敗來議論他嗎？（「追悼志摩」）

傅斯年

大綵：自從孟眞的不幸消息證實以後，我天天想寫信給你，總寫不成！十二月廿一日我發一短電給你，說 In Mengchen's death China lost her most gifted patriot, and I, my best friend, critic and defender. Mrs. Hu joins in most heartfelt condolences. 孟眞的天才，眞是朋友之中最傑出的，他的記憶力最强，而不妨害他的判斷力之過人，他能做第一流的學術研究，同時又最能辦事，他辦的四件大事：一是廣州中山大學的文學院（最早期），二是中央研究院的史語所，三是北大的復員時期，四是臺大，都有最大成績。這樣的 Combination 世間希有。我每想起國內領袖人才的缺乏，想起世界領袖人才的缺乏，不能不想到孟眞的膽大心細，能做領袖，又能細心周密的辦事，眞不可及！

孟眞待我實在太好了！他的學業根柢比我深厚，讀的中國古書比我多的多，但他寫信給我總自稱「學生」，三十年如一日。我們見面時，也常「抬槓子」，也常辯論，但若有人攻擊我，孟眞一定挺身出來替我辯護。他常說：「你們不配罵適之先生」！意思是說，止有他自己配罵我。我也常說這話，他並不否認！可憐我現在眞失掉我的 Best critic and defender 了。

孟眞待朋友最忠厚，最熱心調護。他待丁在君，眞是無比的愛護。他待青年學者，能盡督責之職，同時又最能鼓舞他們上進。在這一點上，他最像丁在君。（「胡適先生唁函」）

胡　風

「清算胡適」一文，久擱下了。起初也只想寫一萬字，不料寫下去我才明白這個問題很不簡單，必須從「四十年來的中國文藝復興運動」（The Chinese Renaissance）來看，才可以明白爲什麼俞平伯的紅樓夢硏究會，成爲此次大淸算「胡適的幽靈」的導火線，爲什麼中間引出胡風的一大慘劇等等。所以我後來決定，這個問題得重寫過，得重新估定「文藝復興運動」在四十年中打出了幾條路子，造出了什麼較永久的成績，留下了什麼「抗毒」「拒暴」的力量，——這樣寫法，就很費力了。

例如胡風一案，我搜了許多材料，才明白這個我從來沒見過的湖北鄉下人，原來是這個文藝復興運動的一個忠實信徒，他打的仗可以說是爲這個運動的文學方面出死力打的仗。所以胡風夾在「清算胡適」的大學裏，做了一個殉道者，不是偶然的。你們在臺北若找得到「魯迅書簡」，可以看看魯迅給胡風的第四封信（一九三五年九月十二日，九四六——九四八頁），就可以知道魯迅若不死，也會斫頭的！（「胡適之先生的一封信」）

溥儀

咬不開，搥不碎的核兒，
關不住核兒裏的一點生意；
百尺的宮墻，千年的禮敎，
鎖不住一個少年的心！

此是我進宮見溥儀廢帝之後作的一首小詩。若不加注，讀者定不會懂得我指的是誰（「有感」）

曾琦

慕韓是一位最可愛的朋友。在三十年前，我對他的議論曾表示一點點懷疑：我嫌他過於頌揚中國傳統文化了，可能替反動思想助威。我對他說：凡是極端國家主義的運動，總都含有守舊的成分，總不勉在消極方面排斥外來的文化，在積極方面擁護傳統的文化。所以我總覺得，凡提倡狹義的國家主義或狹義的民族主義的朋友們，都得特別小心的戒律自己，偶一不小心，就會給頑固分子加添武器了。

當時我曾托朋友轉告慕韓一句笑話：不要讓人們笑我們是「黑頭老年」。慕韓對我的勸告，好像並不生氣。後來醒獅上常有簽名「黑頭」的文字，聽說是他寫的。以後幾十年裏，他對我一直保持很好的交情。

我追記這個故事，紀念一位有風趣的老朋友。（「懷念曾慕韓先生」）

林森

我們考察各方輿論對林主席的贊許，總不外「恬退」兩個字。「恬退」的褒語只可以表示國人看慣了爭權攘利的風氣，所以驚歎一個最高官吏的澹泊謙退，認爲「模範」的行爲。但這種估量，我們認爲不够，——不够表示林森先生在中國現代政治制度史上的重大貢獻。

林森先生的絕大功勞在於把「國府主席」的地位實行做到一個「虛位」，而讓行政院院長的地位抬高到實際行政首領的地位。今日的國府主席，最像法國的大總統；今日的行政院院長，頗像法國的國務總理與英國的首相。兩年多以來的政治制度的大變遷，就是從兩年前的主席制度變成兩年來的行政院長制。其重要性頗等於一種總統制改成內閣制。改制的根據固然由於民國廿一年十二月三中全會之改制案，然而使這個新制度成爲可能的事實，這不能不歸功於林森先生之善於做主席。（「國府主席林森先生」）

汪精衛

汪精衛先生在本年一月中南京與上海都在最危險的時候，慨然出來擔任行政院院長的大任，那種不怕犧牲的態度，使我們很佩服，所以我們對於汪先生的期望很深。然而對於他這回突然辭職的舉動，我們頗感覺失望。第一、在這個國難最緊急的時期，負中央重責的行政院長不應該因對一個疆吏的不滿意就驟然拋棄他的重大責任，「以謝一人」。他的憤慨，我們都表同情；他的方法，我們不能原諒。第二、政府對於「致三千萬人民數千萬里土地陷於敵手」的大罪，如有決心追咎負責之人，應該明下懲罰處分的命令。政府對於熱河事件，若已決定抵抗，應該明令負守土責任的人竭力抵抗；不遵命令的，可以明令免職懲辦。但行政院長用自己辭職的手續來勸一個疆吏辭職，是很失政府體統的。第三、汪先生電文中表示他大不滿意於張學良主任之催索補助軍費，而電文中的措詞却指爲「藉抵抗之名以事聚斂」，又說「不能搜括民脂民膏以饜兄一人之欲」。這種措詞是很失禮的。政府如認爲某項軍費有浮濫不法的數目，儘可交主管機關核實宣示，但很不應該在未審核以前卽坐實某人所要求的軍費爲饜足某一人的私欲。這種攻訐的口吻，用於私人尚可以引起刑事的訴訟，用在一國行政首領的電文裏更是暴露一個政府的沒有上政治軌道了。

我們很盼望汪先生能覺悟他的責任的重大，能早日打消辭意，重新鼓起七個月以前的犧牲精神來支撐當前的危局。那是他補過的唯一途徑，若因一時的感情衝動，就不顧國家的危機以一走了事，那

是我們不希望於汪先生的（「汪精衞與張學良」）

陳濟棠

陳濟棠先生的廣東話我差不多可以全懂。我們談了一點半鐘，大概他談了四十五分鐘，我也談了四十五分鐘。他說的話很不客氣：「讀經是我主張的，祀孔是我主張的，拜關岳也是我主張的。我有我的理由。」他這樣說下去，滔滔不絕。他說：「我民國十五年到莫斯科去研究，我是預備回來做紅軍總司令的。」但他後來覺得共產主義是錯的，所以他決心反共了。他繼續說他的兩大政綱：第一是生產建設，第二是做人。生產的政策就是那個「三年計劃」，包括那已設未設的二十幾個工廠，其中有那成立已久的水泥廠，有那前五六年才開工出糖的糖廠。他談完了他的生產建設，轉到「做人」，他的聲音更高了，好像是怕我聽不清似的。他說：生產建設可以儘量用外國機器，外國科學，甚至不妨於用外國工程師。但「做人」必須有「本」，這個「本」必須要到本國古文化裏去尋求。這就是他主張讀經祀孔的理論。他演說這「生產」「做人」大兩段，足足說了半點多鐘。他的大旨和胡政之先生「粵桂寫影」所記的陳濟棠先生一小時半的談話相同，大概這段大議論是他時常說的。

我靜聽到他說完了，我才很客氣的答他，大意說：「依我的看法，伯南先生的主張和我的主張只有一點不同。我們都要那個『本』，所不同的是：伯南先生要的是『二本』，我要的是『一本』。生產建設須要科學，做人須要讀經祀孔，這是『二本』之學。我個人的看法是：生產要用科學知識，做人也要用科學知識，這是『一本』之學。」

他很嚴厲的睜着兩眼，大聲說：「你們都是忘本！難道我們五千年的老祖宗都不知道做人嗎？」

我平心靜氣的對他說：「五千年的老祖宗，當然也有知道做人的。但就絕大多數的老祖宗說來，他們在許多方面實在够不上做我們『做人』的榜樣。舉一類很淺的例子來說罷。女人裹小足，裹到骨頭折斷，這是全世界的野蠻民族都沒有的慘酷風俗。然而我們的老祖宗安然行了一千多年。大聖大賢，兩位程夫子沒有抗議過，朱夫子也沒有抗議過，王陽明文文山也沒有抗議過。這難道是做人的好榜樣？」

他似乎很生氣，但也不能反駁我。他只能罵現存中國的教育，說「都是亡國的教育」；他又說，現在中國人學的科學，都是皮毛，都沒有「本」，所以都學不到人家的科學精神，所以都不能創造。在這一點上，我不能不老實告訴他：他實在不知道中國這二十年中的科學工作。我告訴他：現在中國的科學家也有很能做有價值的貢獻的了，並且這些第一流的科學家又都有很高明的道德。他問，「有些什麼人？」我隨口舉出了數學家的姜蔣佐，地質學家的翁文灝、李四光，生物學家的秉志，——都是他不認識的。

關於讀經的問題，我也很老實的對他說：我並不反對古經典的研究，但我不能贊成一班不懂得古書的人們假借經典來做復古的運動。「這回我在中山大學的講演題目本來是兩天都講『儒與孔子』，這也是古經典的一種研究。昨天他們寫信到香港，要我一次講完，第二次另講一個文學的題目。我想讀經問題正是廣東人眼前最注意的問題，所以我告訴中山大學吳院長，第二題何不就改作『怎樣讀經?』我可以同這裏的少年人談談怎樣研究古經典的方法」。我說這話時，陳濟棠先生回過頭去望着陳達材，臉上做出一種很難看的獰笑。我當作不看見，仍舊談下去。但我現在完全明白是誰不願意我在廣州「賣膏藥」了！

以上記的，是我那天談話的大概神情。旁聽的只有陳達材先生一位。出門的時候，達材說，陳伯南不是不能聽人忠告的，他相信我的話可以發生好影響。我是相信天下沒有白費努力的，但對達材的樂觀我却不免懷疑。這種久握大權的人，從來沒有人敢對他們說一句逆耳之言，天天只聽得先意承志的阿諛諂媚，如何聽得進我的老實話呢?（「南遊雜憶」）

鄒　魯

晚上黃深微先生和他的夫人邀我到他們家中去住，我因爲旅館裏來客太多，就搬到東山，住在他們家裏。十點鐘以後，報館裏有人送來明天新聞的校樣，才知道中山大學鄒魯校長今天出了這樣一張布告：

國立中山大學布告第七十九號

爲佈告事。前定本星期四五下午二時請胡適演講。業經佈告在案。現閱香港華字日報。胡適此次南來接受香港大學博士學位之後。在港華僑教育會所發表之言論。竟謂香港最高教育當局。也想改進中國的文化。又謂各位應該把他做成南方的文化中心。復謂廣東自古爲中國的殖民地等語。此等言論。在中國國家立場言之。胡適爲認人作父。在廣東人民地位言之。胡適竟以吾粵爲生番蠻族。實失學者態度。應卽停止其在本校演講。合行佈告。各學院各附校員生一體知照。屆時照常上課爲要。此佈。

校長鄒魯　中華民國二十四年一月九日

這個布告使我不能不佩服鄒魯先生的聰明過人。早晨的各報記載八日下午西南政務會議席上討論的胡適的罪過，明明是反對廣東的讀經政策。現在這一樁罪名完全不提起了，我的罪名變成了「認人作父」和「以吾粵爲生番蠻族」兩項！廣州的當局大概也道「反對讀經」的罪名是不够引起廣東人的同情的，也許多數人的同情反在我的一邊。況且讀經是武人的主張，——這是陳濟棠先生親口告訴我的——如果用「反對讀經」做我的罪名，這就成了陳濟棠反對胡適了。所以奉行武人意旨的人們避免這個眞罪名，必須向我的華僑教育會演說裏去另找的罪名，恰好我的演說裏有這麼一段：

我覺得一個地方的文化傳到他的殖民地或邊境，本地方已經變了，而邊境或殖民地仍是保留着牠祖宗的遺物。廣東自古是中國的殖民地，中原的文化許多都變了，而在廣東尙留着。像現在的廣東音是最古的，我現在說的話才是新的。（用各報筆記，大致無大錯誤。）

假使一個無知苦力聽了這話忽然大生氣，我一定不覺得奇怪。但是一位國立大學校長，或是一位國立大學系主任居然聽不懂這一段話，居然大生氣，說我是駡他們「爲生番蠻族」，這未免有點奇怪罷。

我自己當然很高興，因爲我的反對讀經現在居然不算是我的罪狀了，這總算是一大進步。孟子說的好，乃孔子則欲以微罪行，不欲爲苟去。鄒魯先生們受了讀經的訓練，硬要我學孔子的「做人」，要我「以微罪行」，我當然是很感謝的。（「南遊雜憶」）

張學良

張先生這種表示，我們認爲是能顧全大體的態度。我們很贊成張先生的辭職。理由有三點：

第一、東北的淪陷雖然不是那一個人應負全責的，然而張學良先生以軍政兩方的全權領袖的資格，負的責任最重最大，這是誰都不能否認的。九一八以後，他還可以說有整理殘餘軍隊和軍實以謀恢復失地的機會和責任，但錦州退兵以後，社會上對他的責難就很不容易答辯了。他在這個時候，若能決心引咎自劾辭職，還可以使一般人覺悟凡不能禦侮守土的軍人必不能保持其權位：卽使政府的威權不能立卽執行其應施的懲罰，個人良心的譴責和社會輿論的潛勢力終有使他不能不自劾的一日。

第二、張先生不能早日自劾辭職，政府又無力免他的職，以致汪精衞院長鬧出自己辭職「以謝一人」的怪擧，這是最可痛心的事，其暴露國家賞罰的不行，政治組織的病態，貽笑於敵人，貽譏於全世界，已無可諱飾了。在此時機，張學良先生一人的進退，可以有絕大的意義。他若還不肯自劾引去，或自劾而無求去的決心，那麼，中央政府眞是無法可以去一個疆吏了，那就是明白宣示世界我們這個國家眞不成統一的國家了！反過來說，如果張先生在這個時機能毅然決然引咎辭職，那麼，他的一去還可以挽救中國再分裂的危機，還可以使世人憬然明白「中國的謎」自有中國的奇巧解決法：一個無拳無勇的書生院長的一封電報居然能使一個兩世獨霸一方的軍閥翻然下野。這也可以說是給陳調元何成濬一班人「樹之先聲」，而替國家打開一個新局面，——使人知道「杯酒釋兵權」不完全是歷史家欺人之談。

第三、張學良先生是個少年軍人，經過了這五年來奇慘大辱的經驗，他應該明白今日國家的重要責任不是可以輕易擔當得起的。他如果有替國家做大事的野心，他應該撇開他的過去，擺脫一切障礙，努力向前途去創造他的將來。少年的得志幾乎完全毀了他的身體和精神，壯年的慘痛奇辱也許可以完全再造一個新的生命。如果他能決心離開他現在的生活，到外國去過幾年勤苦的學生生活，看看現代的國家是怎樣統治的，學學先進國家的領袖怎樣過日子的，——那麼，將來的中國政治舞臺上儘有他可以服勞效力的機會。如果他到了今日還不能有這種覺悟，以身敗名裂的人妄想支撐一個不可終日的危局，將來再要尋一個可以從容下臺的機會，怕不容易得了。

我們本「君子愛人以德」的古訓，很誠懇的勸告張學良先生決心辭職。（「汪精衞與張學良」）

趙元任

我敢說：如果我們要用留聲機片來教學國音，全中國沒有一個人比趙元任先生更配做這件事的了。他有幾種特別天才：第一、他是天生的一個方言學者。他除了英、法、德三國語言之外，還懂得許多中國方言。他學方言的天才確是可驚異的。前年他回到中國，跟着羅素先生旅行，他在路上就會了幾種方言。他不但能說許多方言，並且能在短時期之中辨別出各種方言的特別之點。例如一天他和我談起北京話裏『我們』和『咱們』有區別，不可亂用；（看本書第九課（43.4）註。）我拿紅樓夢的前八十回來細細機查，果然都有分別。我又問他中國方言中有幾種是有這個區別的，他隨口便舉出了常州、無錫、福州、厦門等處的方言為例。這種天才眞是很可妬羡的。第二、他又是一個天生的音樂家。他在音樂上的創作，曾得美國音樂大家的贊賞。他的創作的能力，我們不配談；我們只知道他有兩隻特別精細的音樂耳朶，能夠辨別那極微細的，普通人多不注意的種種發音上的區別；他又有一副最會模倣的發聲機官，能夠模倣那極困難的，普通人多學不會的種種聲音。第三、他又是一個科學的言語學者。單靠天生的才能，是不夠用的，至多不過學一個絕頂聰明的『口技家』罷了。但是趙先生依着他的天才的引誘，用他的餘力去研究發音學的學理；他在這裏面的成就也是很高深的。所以無論怎樣雜亂沒有條理的對象，到了他的手裏，都成了有系統的分類，都成了有線索的變遷。（「趙元任國語留聲片序」）

尼采

尼釆也是浪漫主義的產兒。他接受了叔本華的意志論，而拋棄了他的悲觀主義。叔本華說的意志，是求生的意志；尼采說的意志，是求權力的意志。生命乃是一齣爭權力的大戲；在這戲裏，意志唱的是正角，知識等等都是配角。眞理所以有用，只是因爲他能幫助生命，提高生命的權力。生命的大法是：各爭權力，優勝劣敗。生命的最高目的是造成一種更高等的人，造成『超人』。戰爭是自然的，是不可免的；和平是無生氣的表示。爲求超人社會的實現，我們應該打破一切慈悲愛人的敎訓。叔本華最推崇慈悲，尼采說慈悲可以容縱弱者而壓抑强者，是社會進步的最大仇敵。

尼采反對當時最時髦的一切民治主義的學說。生命是競爭的，競爭的結果自然是强者的勝利。强者賢者的統治是自然的；一切平民治的主張民權、社會主義、共產主義、無政府主義，都是反自然的。不平等是大法，爭平等是時人妄想。

尼采大聲疾呼的反對古代遺傳下來的道德與宗敎。傳統的道德是奴隸的道德，基督敎是奴隸的宗敎。傳統的道德要人愛人，保障弱者劣者，束縛强者優者，豈不是奴隸的道德嗎？基督敎及一切宗敎也是如此。基督敎提倡謙卑，提倡無抵抗，提倡悲觀的人生觀，更是尼采所痛恨的。

尼采本是一個古學家，他在巴司爾（Basle）大學做古言語學的敎授。他一身多病，他也是『弱者』之一！他的超人哲學雖然帶着一點『過屠門而大嚼』的酸味，但他對於傳統的道德宗敎，下了很無忌憚的批評，『重新估定一切價值』，確有很大的破壞功勞。（「五十年來之世界哲學」）

達爾文

一八七二年的六版的物類由來，仍是最後修正本。達爾文在這一版的頁四二四裏，加了幾句話：

前面的幾段，以及別處，有幾句話，隱隱的說自然學者相信物類是分別創造的。很有人說我這幾句話不該說。但我不曾删去他們，因爲他們的保存可以紀載一個過去時代的事實。當此書初版時，普通的信仰確是如此的。現在情形變了，差不多個個自然學者承認演化的大原則了。（達爾文傳二，三三二）。

當一八五九年物種由來初出時，赫胥黎在太晤士報上作了一篇有力的書評，最末的一節說：

達爾文先生最忌空想，就同自然最怕虛空一樣。（『自然最怕虛空』Nature a bhors avacaum, 仍是謬語。）他搜求事例的殷勤，就同一個憲法學者搜求例案一樣。他提出的原則，都可以用觀察與實驗來證明的。他要我們跟着走的路，不是一條用理想的蜘蛛網絲織成的雲路，乃是一條用事實砌成的大橋。那麼，這條橋可以使我渡過許多知識界的陷坑；可以引我們到一個所在，那個所在沒有那些雖妖豔動人而不生育的魔女——叫做最後之因的——設下的陷人坑。古代寓言裏一個老人最後吩咐他的兒子的話是：『我的兒子，你們在這葡萄園裏掘罷。』他們依着老人的話，把園子掘遍了；他們雖不曾尋着窖藏的金，却把園地鋤遍了，所以那年的葡萄大熟，他們也發財了。（赫胥黎論文，二，頁一一〇。）

這一段話最會形容達爾文的眞精神。他在思想史的最大貢獻就是一種新的實證主義的精神。他打破了那求『最後之因』的方法，使我們從實證的方面去解決生物界的根本問題。（「五十年來之世界哲學」）

詹姆士

但詹姆士是富於宗教心的人。他雖是實驗主義的宣傳者，他的性情根本上和實驗主義有點合不攏來。他在一八九六年發表一篇『信仰的心願』（The Will to Believe），反對赫胥黎一班人的存疑主義。赫胥黎最重證據，和他同時的有一位少年科學家克里福（W. K. Clifford 1845—1879）也極力擁護科學的懷疑態度來攻擊宗教。克利福雖然死的很早，（死時只有三十多歲，）但他的論文與講演集（Lectures and Essays）却至今還有人愛讀，他有一段話說：

如某一個人爲了自己的安慰和愉快，就信仰一些不曾證實不曾疑問的命題，那就是侮辱信仰了。……沒有充分證據的信仰，即使他能發生愉快，那種愉快是偸來的。……我們對於人類的責任是要防禦瘟疫一樣，不要使自己染了瘟疫還傳染全城的人。……無論何時，無論何地，無論何人，凡沒有充分證據的信仰，總是錯的。

這種宣言，詹姆士大不滿意，他就引來做他的『信仰的心願』的出發點。他很詼諧的指出這班人說的事事求『物觀的證據』（Objective evidence）是不可能的。他說：

物觀的證據，物觀的確實，確是很好的理想。但是在這個月光照着，夢幻常來尋着的星球上，那裏去尋他們呢？……互相矛盾的意見曾經自誇有了物觀的證據的，也不知有過多少種了！『有一個上帝』——『上帝是沒有的』;『心外的物界是可以直接知得的』——『心只能知他自己的意象』;『有一種無條件的道德命令』——『道德成爲義務是欲望的結果』;『人人有一個長在的心靈』——『只有起滅無常的心境』;『因果是無窮的』——『有一個最後之因』;『一切都是不得已(Necessity)』——『自由』;……我們回想古來適用這個物觀證據的主義到人生上去的,最驚人的莫如當日教會的異端審問局(The Holy Office of Inquisition)。我們想到這一層,就不十分高興去恭聽那物觀證據的話了。……我是不能依克里福的話的。我們須記得,我們對於眞理與謬誤的責任心,其實都是我們的情感生活的表現。……那說『寧可永沒有信仰,不可信仰誑話』的人,不過表示他太怕上當罷了。也許他能防制他的許多欲望和畏懼,他却奴隸也似的服從他。至於我呢,我也怕上當;但我相信人在這個世界比上當更壞的事多着呢!所以克里福的教訓在我耳朶裏很有一種風狂的聲音,很像一個大將訓令他的兵士們『寧可完全不打仗,不可冒受微傷的危險』。戰勝敵人與戰勝天然,都不是這樣得來的。我們的錯誤斷乎不是那樣十分了不得的大事。在這個世界裏,無論怎樣小心錯誤總是不能免的,倒不如把心放寬點,膽放大點罷。

他的主張是:

有時候,有些信仰的去取是不能全靠智識方面來決斷的;當這樣時候,我們情感方面的天性不但正可以,並且正必須出來決斷。因爲,當這樣時候,若說『不要決斷,還是存疑罷』,那還是一種情感上的決斷,結果也許有同樣的危險,——放過眞理。

他拿宗教的問題做例：

存疑的態度仍舊免不了這個難關；因爲那樣做去，若宗教是假的，你固可以免得上當；若宗教竟是眞的，你豈不吃虧了麼？存疑的危險，豈不同信仰一樣嗎？（信仰時，若宗教是眞的，固占便宜；若是假的，便上當了。）譬如你愛上了一個女子，但不能斷定現在的安琪兒將來不會變作母夜叉，你難道因此就永遠遲疑不敢向他求婚了嗎？

詹姆士明明白白的宣言：

假如宗教是眞的，只是證據還不充分，我不願意把你的冷水澆在我的熱天性上，因而拋棄我一生可以賭贏的唯一機會，——這個機會只靠我願意冒險做去，只當我情感上對世界的宗教態度畢竟會不錯的。

這就是『信仰的願心』。這個態度是一種賭贏的態度：宗教若是假的，信仰的上當，存疑的可以倖免；但宗教若是眞的，信仰的便占便宜，存疑的便吃虧了。信仰與存疑，兩邊都要冒點險。但是人類的意志（Will）大都偏向占便宜的方面，就同賭博的人明知可輸可贏，然而他總想贏不想輸。赫胥黎一派的科學說，『輸贏沒有把握，還是不賭爲妙。』詹姆士笑他們膽小，他說『不賭那會贏？我願意賭，我就賭，我就大膽的賭去，只當我不會輸的』！（「五十年來之世界哲學」）

林　肯

在一百年前，林肯曾宣言：

「一個自己分裂的家庭是站不住的。

我相信，在一半是奴隸，一半是自由人的狀態，這個政府是不能長久存在的。………將來總有一天，或者全部是奴隸，或者全部都是自由人。」

林肯本人是反對奴隸制度的，他相信一切的人，在無論什麼地方，都應該自由。

但他也是一個搞實際政治的政治家，所以他總不免有一種希望，——一種無可奈何的希望：他總希望，反對奴隸制度的人們能夠「限制這種制度的推廣」，能夠「把這種制度認作一種不可再推廣的罪惡，但是因為這種制度確已存在我們的社會裏，我們只好容忍他，保護他」。

他這種希望，若用近幾年流行的名詞來說，可以叫作「圍堵」和「共存」的政策（the policy of "containment" and "co-existence"）。

但是林肯沒有機會可以實行他的「圍堵奴隸制度」的政策。從他當選作美國大總統，到他就職，在短短的幾個月裏，已有七個南方的邦宣告脫離聯邦國家了，他們已成立了一個臨時政府，並且把獨立各邦境內多數砲臺也佔領了。

林肯就總統職之後三十九天，戰事就爆發了，——那個可怕的戰爭一直延到四年之久。

林肯總統遲疑了一年半方才頒布他的釋放南方各邦境內全部黑奴的命令。最後的解放黑奴命令是一八六三年元旦頒布的。

當他遲疑未決的時期，林肯在一封信裏曾說：

> 我的最主要的目的是要救這個聯邦國家。……如果不解放一個奴隸而可以救國，我要幹的。如果解放全部奴隸而可以救國，我也要幹的。……

當時戰事的延長擴大，使他不能不承認釋放奴隸的命令不但是道德上的必要，並且是軍事上的必要。

直到今天，全世界最不忘記的、最崇敬的林肯，就是那位偉大的奴隸解放者林肯。

我們現在紀念林肯的生日，我們很自然的都回想到他在一百年前說的那幾句富有預言意味的話：

> 我相信，在一半是奴隸，一半是自由人的狀態，這個政府是不能長久存在的。……將來總有一天，或者全部都是奴隸，或者全部都是自由人。

林肯在一百年前說的這幾句話，今天在我們的心裏得着同情的響應，正因爲我們現在正面對着一種新起的、更殘酷的奴役人們的身體與精神的奴隸制度，——這種新起的奴隸制度已經把一個很大部分的人類都變作了奴隸，並且還在很嚴重的威脅着整個世界。

我們在自由中國的人，在自由世界的人，都常常忍不住要問問我們自己：

我們這個一半是奴隸，一半自由人的世界能够長久存在嗎？

這個一半是奴隸，一半是自由人的世界究竟還能够存在多少時呢？

我們還要問：

是不是將來總會有一天，——正如林肯在一百年前懸想將來總會有一天，或者全部都是奴隸，或者全部都是自由人？

我相信，這是林肯在今天給我們的新意義。（「林肯一百五十年的生日紀念」）

愛默生

前夜在 Rev. C. W. Heizer 處讀美國思想家愛茂生（Emerson）劄記（一八三六——三八年份）數十頁。此公爲此邦文學鉅子，哲理泰斗，今其劄記已出五册。其書甚繁。即如此册所記僅三年之事，而已有四五百頁之多。其記或一日記數千言，或僅一語而已，有時數日不作一字。其所記，敍事極略而少，多說理名言有時爲讀書隨手所節鈔。書中名言中有讀論語手鈔數則，蓋 Marshman 所譯本也（吾在藏書樓見殘本，）所錄爲『毋友不如己者，』『人焉瘦哉！人焉瘦哉！』『不患人之不己知，患不知人也，』『其爲人也，發憤忘食，樂以忘憂，不知老之將至云爾，』『子在齊聞韶，三月不知肉味，子曰，不圖爲樂之至於斯也』五則，其四則皆有深意。『人焉瘦哉』二句則非連上三句讀不可，今獨取二句，幾於斷章取義矣。（譯本 "How can a man remain concealed ?"）。愛氏所記多樂天之語，其畢生所持，以爲天地之間，隨在皆有眞理，一邱一壑，一花一鳥，皆有天理存焉。（「胡適留學日記」）

阿克吞

月前在舊書攤上得一書爲英國厄克登勳爵（Lord Acton 1834—1902）寄格蘭斯頓之女媚利之書。（媚利後嫁爲朱魯〔Drew〕夫人。）厄氏爲十九世紀英國第一博學名宿，尤長於史學。後爲康橋大學史學院，今康橋所出之康橋近世史，卽其所計畫者也。

厄氏有『蠹魚』之名，以其博學而不著書也。其所欲著之『自由史』終身不能成，朱魯夫人戲以『將來之聖母』稱之。（『聖母』者，耶穌之母，古畫家如拉飛爾皆喜用以爲畫題。英文豪詹姆斯〔Henry James, 本美國人〕有名著小說曰將來之聖母，記一畫家得一美人，將用以爲『聖母』之法本，瞻視之二十年不敢下筆，而美人已老，畫師之工力亦銷亡，遂擲筆而死。）

然吾讀此諸函，論英國時政極詳，極多中肯之言。雖在異域，如親在議會。其關心時政之切，其見事之明，皆足一洗其『蠹魚』之謗矣。

人言格蘭斯頓影響人最大，獨厄氏能影響格氏耳，其人可想。（胡適留學日記）

拜倫

裴倫（Byron）之哀希臘歌，吾國譯者，吾所知已有數人：最初爲梁任公，所譯見新中國未來記；馬君武次之，見新文學；去年吾友張奚若來美，攜有蘇曼殊之譯本，故得盡讀之。玆三本者，梁譯僅全詩十六章之二；君武所譯多訛誤，有全章盡失原意者；曼殊所譯，似大謬之處尚少。而兩家於詩中故實似皆不甚曉，故詞旨幽晦，讀者不能瞭然。吾嘗許張君爲重譯此歌。昨夜自他處歸，已夜深矣，執筆譯之，不忍釋手，至漏四下始竣事。門外風方怒號，窗櫺兀兀動搖，爾時羣動都寂，獨吾歌詩之聲與風聲相對答耳。（「胡適留學日記」）

維多利亞

還有一些人嘲笑這種個人主義，笑它是十九世紀維多利亞時代的過時思想。這種人根本就不懂得維多利亞時代是多麼光華燦爛的一個偉大時代。馬克斯、恩格爾，都生死在這個時代裏，都是這個時代的自由思想獨立精神的產兒。他們都是終身爲自由奮鬪的人。我們去維多利亞時代還老遠哩。我們如何配嘲笑維多利亞時代呢！

易卜生

易卜生主義一篇寫的最早，最初的英文稿是民國三年在康奈爾大學哲學會宣讀的，中文稿是民國七年寫的。易卜生最可代表十九世紀歐洲的個人主義的精華，故我這篇文章只寫得一種健全的個人主義的人生觀。這篇文章在民國七八年間所以能有最大的興奮作用和解放作用，也正是因爲牠所提倡的個人主義在當日確是最新鮮又最需要的一針注射。

娜拉拋棄了家庭丈夫兒女，飄然而去，只因爲她覺悟了她自己也是一個人，只因爲她感覺到她『無論如何，務必努力做一個人』。這便是易卜生主義。易卜生說：

我所最期望於你的是一種眞實純粹的爲我主義，要使你有時覺得天下只有關於你的事最要緊，其餘的都算不得什麼……你要想有益於社會，最好的法子莫如把你自己這塊材料鑄造成器。……有的時候我眞覺得全世界都像海上撞沉了船，最要緊的還是救出自己。

這便是健全的個人主義。救出自己的唯一法子便是把你自己這塊材料鑄造成器。把自己鑄造成器，方才可以希望有益於社會。眞實的爲我，便是最有益的爲人。把自己鑄造成了自由獨立的人格，你自然會不知足，不滿意於現狀，敢說老實話，敢攻擊社會上的腐敗情形，做一個『貧賤不能移，富貴不能淫，威武不能屈』的斯鐸曼醫生。斯鐸曼醫生爲了說老實話，爲了揭穿本地社會的黑幕，遂被全社會的人喊作『國民公敵』。但他不肯避『國民公敵』的惡名，他還要說老實話。他大膽的宣言：

世上最强有力的人就是那最孤立的人！

這也是健全的個人主義的眞精神。

這個個人主義的人生觀一面教我們學娜拉，要努力把自己鑄成個人；一面教我們學斯鐸曼醫生，要特立獨行，敢說老實話，敢向惡勢力作戰。少年的朋友們，不要笑這是十九世紀維多利亞時代的陳腐思想！我們去維多利亞時代還老遠哩。歐洲有了十八九世紀的個人主義，造出了無數愛自由過於麵包、愛眞理過於生命的特立獨行之士，方才有今日的文明世界。

現在有人對你們說：『犧牲你們個人的自由，去求國家的自由』！我對你們說：『爭你們個人的自由，便是爲國家爭自由！爭你們自己的人格，便是爲國家爭人格！自由平等的國家不是一羣奴才建造得起來的』！（「介紹我自己的思想」）

歐亨利

美國短篇小說大家博德（William Sydney Porter），筆名『哦亨利』（O. Henry），生於一八六七年，死於一九一〇年。他的短篇全集凡十二册，此篇原名爲 The Rubaiyat of a Scotch Highball，載在全集中的 The Trimmed Lamp 一册內。

哦亨利最愛用一地的土話，和一時的習語。土話是跟着地方變的，習語是跟着時代變的，時變境遷，便難懂得。字典又多不載這種土話熟語。故外國人讀他的作品往往感覺很大的困難。我譯此篇的志願，起於一九一九年二月，只譯了其中的莪默的第二首詩，後收在嘗試集中，題爲希望。一擱筆便直到今日，十年的心願於今方了，總算一件快心的事。

我譯小說，只希望能達意。直譯可達，便用直譯；直譯不易懂，便婉轉曲折以求達意。有時原文的語句本不關重要，而譯了反更費解的，我便删去不譯。此篇也删去了幾句。（「短篇小說」）

托爾斯泰

連日讀托爾斯泰（Lyof N. Tolstoi）所著小說安娜傳（Anna Karenina）。此書爲托氏名著。其書結構似石頭記，布局命意有相似處，惟石頭記稍不如此書之逼眞耳。安娜傳甚不易讀；其所寫皆家庭及社會纖細瑣事，至千二百頁之多，非有耐心，不能終卷。此書寫俄國貴族社會之淫奢無恥，可謂鑄鼎照奸。書中主人李問（Levin），蓋托氏自寫生也。其人由疑而復歸於信仰。一日聞一田夫之言，忽大解悟，知前此種種思慮疑問都歸無用，天國不遠，即在心中，何必外求？此托氏之宗教哲學也。（「胡適留學日記」）

荷馬李

夜續作報告，見有 Homer Lee 之死耗（十一月一日）。此君爲孫中山作軍事參謀，聞爲革命事效力不少，今民國告成而此君死矣！此君著有一書名 "The Valor of Ignorance"，甚風行一時。（「胡適留學日記」）

杜威

杜威先生今天離開北京，起程歸國了。杜威先生於民國八年五月一日——『五四』的前三天——

到上海，在中國共住了兩年零兩月。中國的地方他到過並且講演的，有奉天、直隸、山西、山東、江蘇、江西、湖北、湖南、浙江、福建、廣東、十一省。他在北京的五種長期講演錄已經過第十版了，其餘各種小講演錄，——如山西的，南京的，北京學術講演會的，——幾乎數也數不清了！我們可以說，自從中國與西洋文化接觸以來，沒有一個外國學者在中國思想界的影響有杜威先生這樣大的。（「杜威先生與中國」）

威爾遜

威氏不獨爲政治家，實今日一大文豪，亦一大理想家也。其人能以哲學理想爲政治之根本，雖身入政界，而事事持正尊重人道，以爲『理想』與『實行』初非二事，故人多以爲迂。其實威氏之爲偉人，正在此處，正在其能不隨流俗爲轉移耳。威氏之外交政策，自表面觀之，似着着失敗；然以吾所見，則威氏之政策實於世界外交上開一新紀元。卽如其對華政策，巴拿馬運河稅則修正案，哥羅比亞新條約，皆是人道主義，他日史家當能證吾言耳。（「胡適留學日記」）

塔虎脫

美國前總統塔虎脫氏受大學之召來此演說，余往聽之，到者三千人，後至者不得隙地，快快而去，可謂盛矣。

塔氏極肥碩，演說聲音洪而沉重，不似羅斯福之叫囂也。塔時時失聲而笑，聽者和之，每致哄堂。塔氏笑時，顴肉顫動，人謂之『塔虎脫之笑』。所說題爲"Signs of the Times"有警策處。惟其『守舊主義』撲人而來，不可掩也；言：『嘗見叢塚中一碣，有酩曰：「吾本不病，而欲更健，故服藥石，遂至於此」』，譏今之急進派維新黨也。余憶一九一二年大選舉時各政黨多於電車上登選舉廣告，余一一讀之，各黨皆自張其所揭櫫，獨共和黨(Republican，——卽塔氏之黨)之告白曰：

"Prosperity——　繁榮——
We Have it Now:　我們現在已有了；
Why Change?"　爲什麼要更動呢?

與此碑酩如出一口。偶念及此，不禁失笑。(「胡適留學日記」)

老羅斯福

今日得聞羅斯福(Theodore Roosevelt)演說，年來積願，於今始償。羅氏爲此邦一大怪傑，其人之是非功過頗不易論定。其崇拜之者，尊之如神。其毀之者，乃致詆爲僞君子(Hypocrite)，謂爲貪位喜功，前年有人至欲賊殺之。此邦黨見甚深，雖蓋棺或猶未有定論耳。羅氏演說聲音殊不及白來恩(Bryan)，有時其聲尖銳如女子叫聲，然思力明爽，懇切動人，又能莊能諧，能令人喜，能令人怒也。今日所說本省(紐約)政事，不足記；惟其言多警語。(「胡適留學日記」)

翟理斯

去年八月二日，余讀英人 Leonel-Giles 所譯燉煌錄，爲摘其謬誤，作一校勘記寄之，至今數月，未得一字之答覆。今日英國郵來，乃得英國國家亞洲學會（The Royal Asiatic Society）書記寄贈所刊余所作文單行本若干份。譯者已自認其誤，另譯燉煌錄一本，亦刋於亞洲學會雜誌內（Journal of the Royal Asiatic Society, Jan. 1915），則西人勇於改過，不肯飾非，亦足取也。

（「胡適留學日記」）

羅素

英國哲學家羅素（Bertrand Russell）參加『反對强迫兵役會』（No-Conscription Fellowship），作文演說，鼓吹良心上的自由。法庭判決他有違反『祖國防衞法』之罪，罰金。康橋大學前日革去他的名字及數學原理教職。

『嗚乎！愛國，天下幾許罪惡假汝之名以行！』（「胡適留學日記」）

蕭伯納

蕭伯納先生（George Bernard Shaw）在二月二十四日對我說：「日本人決不能征服中國的。

除非日本人能準備一個警察對付每一個中國人，他們決不能征服中國的」。（這句話，他前幾天在東京也一字不改的對日本新聞訪員說了）。

我那天對他說：「是的，日本決不能用暴力征服中國。日本只有一個法子可以征服中國，那就是懸崖勒馬，澈底的停止侵略中國，反過來征服中國民族的心」。

這句話不是有意學蕭伯納先生的腔調，這是我平生屢次很誠懇的對日本朋友的忠告。這是我在這個好像最不適宜的時候要重新提出忠告日本國民的話。

日本是最能學德國的，我希望這個德國好徒弟不曾忘了德意志帝國創造時代的兩件富於歷史教訓的故事。一八六六年六月十二，普魯士對奧國宣戰。在三個星期之內，奧國的軍隊大敗不能復振了。普魯士全勝之後，俾士麥主張立卽停戰議和，終於接受了一個「不割地不賠款」的和議。俾士麥的政策留下了奧國作普魯士的友邦與將來的聯盟。過了四年，普魯士同法國開戰，七個星期之內，法國大敗了，法帝被俘了，巴黎被圍了。這回戰事的結果，法國賠款五十萬萬佛郎，並且割地兩省。然而這回的大勝利種下了法德兩國四十八年的不解寃仇，種下了一九一四年的大戰，種下了德國最近十五年的空前的挫辱與苦痛。這兩個不同的故事的敎訓是值得日本全國人想想的。

日本軍閥在中國的暴行所造成的仇恨到今天已是很難消除的了。但這一個仇恨最烈最深的時候，也許正是心理轉變最容易的時候，九世之仇，百年之友，都在這一點覺悟與不覺悟的關頭上。

日本的自由主義者已大膽的宣言了：「日本人停止侵略中國就行。」

我們也可以同答日本的自由主義者：「只有日本人澈底懺悔侵略中國，是征服中國唯一的方法。」（「日本人應該醒醒了！」）

威爾斯

讀韋兒斯 (Herbert George Wells) 名著 "The New Machiavelli"。

韋氏生一八六六年，今年四十九歲，爲當代文學鉅子之一。著書甚富，所著皆富於理想，不獨以文勝也。

The New Machiavelli 爲政治小說，讀之增益吾之英倫政界之知識不少（「胡適留學日記」）

興登堡

一九二五年二月，德國第一任總統愛柏特死了，國內黨爭很激烈，右派各黨沒有適當的候選人，海軍大將狄爾披兹主張只有請『老頭子』出來。當時誰也不料興登堡肯出來，所以他宣布肯出來候選時，全國都吃一驚。他得了二千四百多萬的票，當選爲第二任總統。起初人們都疑心他的當選是暫時過渡的，他對皇室的忠心必定可以使他利用他的權力來做到帝制的復辟。但他就職時，他毫不遲疑的宣誓擁護祖國的憲法。無論是誰，凡知道他的人格和他對於宣誓的重視的，到此都相信他的誓言是不會改變的；都相信這位七十八歲的老軍人在總統任內必定要維護民主憲法的。

果然，他在九年總統任內，從沒有利用他的聲望和地位來做危害憲法的行爲。他屢次宣言，他是始終忠於舊皇室的，但國民的多數旣然把維持憲法的大任付託給他，他不能不盡他的職任。他的光明磊落的態度，使許多當日擁戴他的王黨朋友離開他，可也使無數的德國人更誠懇的愛敬他。（「與登堡」）

羅斯福

華萊士、赫爾利、霍浦金斯都把蘇聯和史達林對蔣委員長的善意以及在政治上與道義上的支持情形告訴羅斯福總統，在國務院印行的雅爾達會議對遠東之協議中曾引用哈里曼大使對「蘇聯租用旅順港爲海軍基地」一段的評論，作爲一個明顯的注釋。哈里曼說：「爲了維護兩友好國家之相互安全，美國會與其他國家進行磋商，由美國取得若干特權，對於蘇聯租用旅順港爲海軍基地一事，我相信羅斯福總統是持着相同的看法的」。

哈里曼先生的評論，使我回憶到一九三九年九月間的某天，我以中國大使的資格訪晤羅斯福總統的情形，那時戰爭已在歐洲爆發，羅斯福總統很感憂慮。他對我說：「我想爲了和平而在中日兩國間進行斡旋，最困難的問題當然是中國東北，我現在有了一個新辦法：我們會與英國簽訂協定，由兩國爲了共同的利益而共管太平洋中的堪塘島（Canton）和恩布德里島（Enbcmly），我認爲爲了中日兩國的利益與安全，可以用同樣的辦法來解決東北問題。」

我辭出之後，便設法探取這兩個小珊瑚島的情形，結果我發現堪塘島有九里長，最寬的地方五百碼，居民只有四十人。恩布德里有三里長一里寬，居民只有四人，然而中國的東北呢？却是一個有三千三百萬人口和四十一萬三千平方里面積的地方！

英美兩國政府於一九三九年四月六日簽訂協定將兩島交由兩國共管五十年，我相信一九四五年羅斯福總統在雅爾達時，心中是主張仿傚堪塘和恩布德里兩島的成例的。

在一個具有宏大理想的偉大人物之前玩弄詭謀的人，歷史是不會寬恕他的。（「史達林征服世界戰略下的中國」）

史達林

以上這個簡短的敍述，便是史達林征服中國的戰略之情形，這個戰略的核心是建立維持與培養中國紅軍的充份實力，它差不多費了二十五年的時間來使紅軍獲得充份的力量以征服中國大陸，這枝紅軍曾無數次爲蔣介石的軍隊擊敗，甚至被殲滅，假使人類歷史上不出現這次最大的戰爭，史達林及世界共產主義或者永不會在中國成功。

史達林曾用一句話來總結中國的情勢：「中國革命的特質繫於一個事實，卽是武裝的人民，對抗武裝的反革命。」用普通的話說，在共產黠用武力征服中國以前，國民政府的軍隊一直能有效抵抗他們，就是由於政府的有效抵抗，毛澤東及其將領才能相信，整個中國共產黨的運動之成功繫於用武力奪取政權。毛澤東於一九三九年說：「在中國，沒有武裝鬪爭是沒有無產階級的餘地的，沒有武裝鬪爭是沒有人民的餘地的；沒有武裝鬪爭是沒有共產黨的餘地的；沒有武裝鬪爭革命是不會勝利的。」

因此，征服中國，是與征服波蘭、保加利亞、匈牙利、羅馬尼亞、南斯拉夫和捷克同其形式的。這個形式便是以比鄰的蘇聯爲基地，而用武力和暴力來進行征服，人們之所以認爲征服中國的方式不同，殆因中歐與東歐之征服遠較容易，而中國之征服則遠較複雜與困難而已。因此，史達林乃必須以其最巧妙的秘密外交之方式來克服國民黨治下之中國二十餘年來的抵抗。（「史達林征服世界戰略下的中國」）

馬歇爾

司徒博士所寫的關於這幾年情形的回憶錄幾乎佔了本書的一半。它分爲兩大部份：第一部份（第九章到十二章）是記載一九四六年到一九四九年期間的軍政大事和他個人對於這些大事的印象和評論；第二部份（第十三章到十五章）包含了他對於美國國務院發表的「美國對華關係」白皮書的觀感，對於中國大陸被世界共產主義呑沒的悲劇的觀感，對於他自己一生和他生活理想的感想與反省，以及對於「美國對華應該採取什麼政策」的看法。

我必須承認，我自己覺得第一部份各章（九章到十二章）過於簡單，沒有把馬歇爾在華執行使命最初幾個月起到京滬區域失守之日爲止的那段期間裏的錯綜複雜大事，扼要地依序說明。比方說，下面一段是他關於馬歇爾出使來華最初幾個月裏工作情形的記載：

「我現在將敍述馬歇爾將軍一月初抵華後中國政府召開政治協商會議期間及會議以後，在重慶所發生的事，藉以說明日後的各項發展。馬歇爾將軍的人格，以及促使雙方代表聚議一室的崇高而合理的理想，曾經造成友善與精誠的氣氛，使五項要案得以通過。這五項要案如能見諸實行，則爭論即可終止，建立在民主基礎上的聯合政府即可組成，而雙方軍隊也將在美國提供意見的情形下予以整編訓練……」。

馬歇爾使命的性質和目標是什麼？政治協商會議是什麼？「五項要案」是什麼？這些要案付諸實施後就可以終止的「爭論」又是什麼？擬議中的「民主基礎上的聯合政府」，它的形式是怎麼樣的？「雙方軍隊在美國提供意見的情形下予以整編訓練」的計劃又是什麼？

司徒博士對於上面所列的任何一項問題，都沒有在本書正文裏加以充分的解釋。但是他爲了讀者更易於明瞭起見，特選出幾個文件作爲附錄發表。這幾個文件是：

馬歇爾使命的原則指示（一九四五年十二月）

政治協商會議所通過的五項要案（一九四六年一月三十一日）

杜魯門總統的美國對華政策聲明（一九四六年十二月）

馬歇爾將軍的個人聲明（一九四七年一月七日）

有了這幾個文件做參考，我們才能够希望來瞭解馬歇爾使命的目標，並且至少可以瞭解一部份司徒博士出任大使期間的經過。根據以後的事情來看，我們也能夠明瞭這些目標是如何的困難，在本質上又是如何的難於達到。必須先有這種瞭解，然後對於司徒博士自己寫下的關於馬歇爾奉命來華和他自己出任大使期間的熱誠努力與慘痛失敗經過，才有同情的認識。（「『司徒雷登回憶錄』導言」）

赫爾

在第三章裏，他告訴我們，他反對傳統的社交酬應，所以他在國務卿任內，從不出來參加午宴或晚宴。華盛頓的各國使節都尊重他這個決定，平時宴會總不請他。他自己說：「這種決定有很大的便利。我在晚上的時間可以比較自由，研究我帶回家的文件；白天也可以有更多時間和各國大使公使以及國務院人員商談」。我自己也是最怕社交酬應的，所以我很佩服赫爾先生在十二年中貫澈他的主張。

他是最勤勞又最謹愼的公僕。他在第三章裏說的每天忙碌生活，都是華盛頓人人知道的事實。他自記他接見外國大使公使的態度與情形，也都是很確實的記載。他那間辦公室，我至今記得。他對人的誠懇與和藹，我也至今記得。我退休之後，曾有人問我對於赫爾與副國務卿威爾斯的評判，我說：「我們同威爾斯先生商談，他最痛快，最有決斷。他肯說：『這件事辦得到』。或說：『這是辦不到的』。我們退出來，可以直截了當報告我們的政府。但我們同赫爾先生商談，他只肯說：『我一定同國務院的同事們商量商量』。他從不輕易說『可』或『否』。從外交官的立場說，我應該喜歡威爾斯。從我的大學教授立場，我佩服赫爾的小心謹愼。客觀的看來，赫爾先生是一個偉大的國務卿，正因爲他不輕易說可與否，而必須先請敎國務院的專家。」

我現在讀赫爾先生自己的話：「做事求快的人有時會說我太多考慮，其意卽是說我做事太慢。對於這個批評的明白答覆便是：羅斯福總統當政期間，我在處理公務上的錯誤，大部份由於匆忙和欠缺考慮，而我的政策却是多加考慮，並且及時加以考慮。結果許多消息最靈通的人士都說，我的公務紀錄中並無重大錯誤」。這段自述使我囘想到兒童時代讀的朱子小學裏那個「勤謹和緩」四字訣的故事，尤其是那個「緩」字的意味，擔負天下第一强國的外交政策，而能以「多加考慮」的態度行之，這正是赫爾先生的勤謹和緩，這正是他的偉大。（「『赫爾囘憶錄』序」）

艾森豪

這兩個故事，據說都含有譏笑的意味。但我聽了只覺得這兩個故事都最可以表示艾森豪先生眞有做一國元首的風度。做人類有史以來最大的軍隊的統帥，而能全權信任三個替他負全責的將領，不必接見第四個人，這是何等風度！一個第一流的軍人做了一個世界有名的大學的校長，而能自己承認沒有專門的知識，願意全權信任負責的首長，不敢輕易「糟塌了他們的寶貴光陰」，這是何等風度！做了世界第一强國的元首，遇着了自己一時不能決斷的問題，能够自己不輕易下決斷，「請狄克替我挑一個罷」，這是何等風度！

中國古代的政治思想家也曾細細想過這個一國元首的風度的問題。我曾指出呂氏春秋對於這個問題曾提出很值得政治家思考的說法，一國的元首要努力做到「三無」，就是要「無智，無能，無爲」：「無智，故能使衆智也。無能，故能使衆能也。無爲，故能使衆爲也」。呂覽說，這叫做「用非其有，如己有之」。這是最明智的政治哲學。（「述艾森豪總統的兩個故事給蔣總統祝壽」）

巴魯克

今年四月十六，美國南加羅林那州的州議會擧行了一個很隆重的典禮，懸掛本州最有名的公民巴魯克（Bernard M. Baruch）的畫像在州議會的壁上，請巴魯克先生自己來演說。巴魯克先生今年七十七歲了，是個猶太種的美國大名人。當第一次世界大戰時，威爾遜總統的國防顧問，是原料委員會的主任，後來專管戰時工業原料。巴黎和會時，他是威爾遜的經濟顧問。當第二次世界大戰時，他是戰時動員總署的專家顧問，是羅斯福總統特派的人造橡皮研究委員會的主任。戰爭結束後，他是總統特任的原子能管理委員會的主席。他是兩次世界大戰都曾出大力有大功的一個公民。

這一天，這位七十七歲的巴魯克先生起來答謝他的故鄉同胞對他的好意，他的演說辭是廣播全國對全國人民說的。他的演說，從頭至尾，只有一句話：美國人民必須努力工作，必須爲和平努力工作，必須比戰時更努力工作。

巴魯克先生說：「現在許多人說借款給人可以拯救世界，這是一個最大的錯覺。只有人們大家努力做工可以使世界復興，如果我們美國願意擔負起保存文化的使命，我們必須作更大的努力，比我四年苦戰還更大的努力。我們必須準備出大汗，努力撙節，努力製造世界人類需要的東西，使人們有麵包吃，有衣服穿，有房子住，有教育，有精神上的享受，有娛樂。」

他說：「工作是把苦悶變成快樂的鍊丹仙人。」他又說：美國工人現在的工作時間太短了，不够應付世界的需要。他主張：如果不能回到每週六天，每天八小時的工作時間，至少要大家同心做到每週四十四小時的工作；不罷工，不停頓，才可以做出震驚全世界的工作成績來。

巴魯克先生最後說：「我們必須認淸：今天我們正在四面包圍攏來的通貨膨脹的危崖上，只有一條生路，那就是工作。我們生產越多，生活費用就越減低；我們能購買的貨物也就越加多，我們的剩餘力量（物質的、經濟的、精神的，）也就越容易積聚」。

我引巴魯克先生的演說，要我們知道，美國在這極强盛光榮的時候，他們遠見的領袖還這樣力勸全國人民努力工作。「工作是把苦悶變成快樂的鍊丹仙人」。我們中國青年不應該想想這句話嗎？（「青年人的苦悶」）

弗勒斯納

這個研究院是今日所謂「博士以上的（Postdoctorate）更高研究所」的第一個模型，弗勒斯納先生擔任了創辦第一期的院長，九年之後才退休。在這九年之中，他給這個研究院樹立了一個很好的基礎。他一面先借用普林斯敦大學的種種便利，一面買得四英畝的地，造起一個「小小的研究中心」。

這個研究中心的中心是一羣第一流的學人。弗勒斯納請來的第一位大師就是愛因斯坦先生（Albert Einstein）。愛因斯坦聽他說起這個自由研究中心，他很高興，不過他說，他若離開德國，每年必須有三千美金才够生活。弗勒斯納對他說：「一切都好辦。」等到愛因斯坦先生到了美國，他接到的聘書是每年年俸一萬六千元的聘約。

這個研究院成立還不到二十年，全院至今只有兩個部門：一是數學研究所，一是人文研究所。人文的研究是不容易在短時期內有驚人的成績的。但數學研究所在短短十幾年之中已成爲世界學人公認的一個數學與理論物理學的最高研究中心了。（中央研究院的院士楊振寧先生是數學研究所的常任教授之一，其他院士，如李政道、陳省身、吳大猷、林家翹諸先生都曾在那兒作過一個時期的研究員。）

這個研究所裏，沒有實驗室，沒有原子爐，連一個計算機也沒有。（當年曾有過計算機，近年贈送給別的研究機構了。）那兒有的只是第一流的大師，第一流的研究人才。那兒有的是自由思考，自由論辯，自由談話的空氣和機會。

這是弗勒斯納先生晚年一個夢想的實現。我們對於這位肯夢想而能够努力使他的夢想成爲事功的偉人，能不表示我們的讚歎與羨慕嗎？

紐約時報今年九月廿二日特寫一篇紀念弗勒斯納先生的社論，此文的第一段說：

前幾年弗勒斯納回憶他的一生，曾說卡萊兒（Carlyle）的藏書圖記上面畫一支點燃着的蠟燭，下面題字是：「我燃燒才可以有用。」弗勒斯納說，這就是他一生的箴言。他活了九十歲，可以說是完全做到了這句箴言。他總是燃燒着，要於人有用。

紐約前鋒論壇報記載他的生平，有這一段很值得我們想念的報導：

弗勒斯納八十歲時，決定到哥倫比亞大學去做兩年學生。在那兩年裏，他上了厄布約翰教授（Upjohn）的幾種美術史的功課，又上了納文斯教授（Nevins）的美國史學文獻的功課。他自己說：「一個退休了的人的好工作，莫如教育。」可是厄布約翰教授對人說：「我的課堂上有了弗勒斯納先生這樣一個學生，常使我感覺得像一匹馬的馬鞍底下壓着一顆有刺的栗苞！」（「記美國醫學教育與大學教育的改造者弗勒斯納先生」）

司徒雷登

馬歇爾使命因爲它有了本質上不可能達到的目標而宣告失敗，而這些本質上不可能達到的目標，連貝爾納斯國務卿、杜魯門總統、馬歇爾將軍、以及范宣德先生（在草擬馬歇爾原則指示方面，范宣德比什麼人都要負更大的責任），都從來沒有充分的瞭解。

於是司徒博士的大使任務也宣告失敗，因爲正如他自己說的，他是「外交的生手」，又因爲正如他自己說的：

「馬歇爾將軍原來要我同他致力組織一個聯合政府，是因爲我一向享有開明的美國人的聲譽，一向同情整個中國人民而未明白表示同情任何一個派系或任何一派思想。這包括共產黨在內。它的領導人之中，有幾個我相當熟識。」

我說了這些好像是難聽的話，其實絲毫沒有嘲笑那個理想時代裏那些理想主義政治家的天眞質朴的意思。事實上，在理想主義澎湃的那些日子裏，我跟國內政治和國際政治的生手們同樣地天眞。的確，我在對日勝利後不久，竟天眞到打了一封長的電報到重慶，以便轉交給我從前的學生毛澤東。我在電文裏用嚴肅而誠懇的態度央求他說，日本既已投降，中共就再沒有正當的理由來繼續保持一支龐大的私人軍隊，中共現在更應該學英國工黨的好榜樣：這個勞工黨沒有一兵一卒，但在最近一次的選擧中，却得到了壓倒優勢的勝利，獲取今後五年裏沒有人能够跟它抗爭的政權。一九四五年八月二十八日，毛澤東到了重慶，陪他同來的有美國大使赫爾利將軍，也是一個外交的生手。那時候重慶的朋友打電報告訴我，說我的電報已經交給毛先生本人。當然，我一直到今天還沒有得到回答。（「『司徒雷登回憶錄』導言」）

伊斯曼

在一九四一年五月十一日的紐約時報上，刊出伊司曼（Max Eastman）寫的一篇引人注意的通訊（伊司曼因過份激烈反對美國參加第一次大戰，曾兩度受審，倖免徒刑處分。）他說，僅用經濟力量支援英國，讓英國人獨立去作戰，那是一種「替身作戰」，是根本不够的。他主張美國應當及早準備，必要時，和英國並肩作戰。這次戰爭，不僅是爲了國家的權力，而是民主與極權的鬪爭。這次的戰爭是有史以來兩種生活方式之間的戰爭，如巴比崙和猶太、埃及和亞述、雅典和斯巴達、希臘和波斯的戰爭，沒有一個可以和這近代的民主主義與極權專制的戰爭相比擬，因爲前此的戰爭，根本談不到文化上的衝突。

伊司曼爲了證實他對這巨大鬪爭所下的判語確極重要，他列舉極權主義的二十個重要特點，「其中每一點在共產主義的蘇俄和法西斯主義的德義都可找到，而在英美則找不到。」他所開列的二十點，具體說出這兩種相反的生活方式，而這相反的生活方式之所以發生，都是由於主義的衝突。我在這裏把他的二十點，加以縮短，抄錄在下面。極權主義的二十個重要的特徵是：

一、狹義的國家主義情緒，提高宗教狂的程度。

二、由一個軍隊般嚴格約束的政黨，來執掌國家的政權。

三、嚴厲取締一切反對政府的意見。

四、把超然的宗教信仰，降低到國家主義的宗教之下。

五、「領袖」是一般信仰的中心，實際上，他也就等於一個神。

六、提倡反理智反智識，諂媚無知的民衆，嚴懲誠實的思想。

七、毀滅書籍，曲解歷史及科學上的眞理。

八、廢除純粹尋求眞理的科學與學問。

九、以武斷代替辯論，由政黨控制新聞。

十、使人民陷於文化的孤立，對外界眞實情況，無從知曉。

十一、由政黨統制一切藝術。

十二、破壞政治上的信義，使用虛妄僞善的手段。

十三、政府計劃的罪惡。

十四、鼓勵人民陷害及虐待所謂「公共敵人」。

十五、恢復野蠻的家族連坐辦法，對待這種「公共敵人」。

十六、準備永久的戰爭，把人民軍事化。

十七、不擇手段的鼓勵人口增加。

十八、把「勞工階級對資本主義革命」的口號，到處濫用。

十九、禁止工人罷工及抗議，摧毀一切勞工運動。

二十、工業、農業、商業，皆受執政黨及領袖的統制。（「民主與極權的衝突」）

湯恩比

陀音貝先生是一個歷史家，他愛用史事作比例。（前四年我們談中國中世史，他勸我用東羅馬帝國的歷史作比較）。他說：如果古今歷史可以等例齊觀，那麼，日本的毀滅還算不得終局，只可算是一篇新歷史的開端。迦太基的敗滅引起了羅馬帝國的大擴展。在日美戰爭的過程中，太平洋的英語國家（加拿大、澳洲、紐西蘭）都會加入戰團，變成美國的「衞星」；中國與蘇俄當然不但都是戰爭的目標，並且要變成一個主要的戰區。戰事終了之後，美國就不能完全退出這些地方，正如羅馬當日不能退出西班牙和非洲北岸一樣。所以這場日美戰爭的終局也許可以看見美國變變成太平洋列國的霸主。這些國家佔全世界有人煙的土地的三分之二，這就離武力統一全世界不遠了。

以上摘譯陀音貝先生的預言，是他在幾個月之前說的。四月十七日東京外務省發表了一篇談話式的聲明，震動了全世界。遠東的暴行，自從去年熱河失守以後，久已變成了一個局部的中日問題，現在又忽然第二次世界化了。這個問題今回驟然變成全世界的問題，不是靠施肇基顏惠慶的辭令，也不是靠德拉蒙拉西曼的政治手腕，乃是全靠日本軍閥和軍閥卵翼之下的政客的無忌憚的向世界挑戰。在這一隻鐵手套擲下之後，第一個犧牲者當然是我們自己。但我們在準備受最大最慘的摧毀的時刻，終不能不相信我們的强鄰果然大踏步的走上了「全民族切腹」的路。我們最慚愧的是，我們不配做這切腹武士的「介錯人」（日本武士切腹，每托其至友於腹破腸出後斫其頭名爲介錯人）只配做一個同歸於盡的殉葬者而已。

高本漢

這本左傳考是歐洲的『支那學』大家珂羅倔倫先生（Bernhard Karlgren）做的。珂先生是瑞典人，在中國頗久，囘歐洲後仍繼續研究支那學。在西洋的支那學者之中，除了法國的伯希和先生（Paul Pelliot），他要算是第一人了。他的專門研究是中國言語學，包括音韻與文法的方面。他在音韻上的研究最有成績，著有中國音韻學研究（Etudes sur la Phonologie chinoise），及近年編成的傑作中文解析字典（Analytic Dictionary of Chinese）。中國向來研究古今聲韻沿革的學者，自陳第、顧炎武以至章炳麟，都只在故紙堆裏尋線索，故勞力多而成功少；所分韻部只能言其有分別，而不能說明其分別是什麼樣子；至於聲母，更少精密的成績了。珂先生研究中國古音，充分地參考各地的方言，從吳語、閩語、粵語以至於日本、安南所保存的中國古音，故他的中文解析字典詳列每一字的古今音讀，可算是上集三百年古音研究之大成，而下開後來無窮學者的新門徑。

他在中國文法沿革的研究上也曾有很好的成績。我見着的只有他在一九二〇年發表的『論原始的中國文』（Proto-chinois-langue flexionnelle）一篇與此書的下半。那篇原始的中國文是說中國古文是有文法上的變化的，如『吾』『我』之別，『爾』『汝』之別，『其』『之』之別，都可以證實的。他當時並沒有看見我早年發表的爾汝篇與吾我篇，但他用的方法與材料都和我大致相同，故結論也和我相同；不過我作那兩篇文字時是在海外留學時代，只用了一些記憶最熟的論語、孟子、檀弓，（珂先生所謂『魯語』的書，）下的結論也只是概括的結論。珂先生却用了統計法，並且把各條例外都加上心理學上的說明，大可以補我的不逮。

我在爾汝篇之末曾表示文法的研究可以用來考證古書的工具。但十幾年來，人事匆匆，我竟不曾有機會試用這種工具來考證古書。今讀珂先生這部書，見他的下篇完全是用文法學的研究來考訂左傳，他這種開山的工作使我敬畏，又使我慚愧了。（「左傳眞僞考的提要與批評」）

青木正兒

以上是我的水滸傳後考。這十個月以來發現的新材料居然證實了我的幾個大膽的假設，這自然是我歡喜的。但我更歡喜的，是我假定的那些結論之中有幾個誤點現在有了新材料的幫助，居然都得着有價值的糾正。此外自然還不免有別的誤點，我很希望中國與國外愛讀水滸的人都肯隨時指出我的錯誤，隨時搜集關於水滸的新材料，幫助這個水滸問題的解決。我最感謝我的朋友青木正兒先生，他把我搜求水滸材料的事看作他自己的事一樣；他對於水滸的熱心，眞使我十分感激。如果中國愛讀水滸的人都能像青木先生那樣熱心，這個水滸問題不日就可以解決了！（「水滸傳後考」）

胡適語粹

編　　者　李敖
台北郵政 26-1092 號　傳真(02)27043175
李敖網站　http:// www.leeao.com.tw
出 版 者　李敖出版社
發 行 人　黃菊文
登 記 證　局版台業字第 3897 號
郵撥帳號　00068367　張桂貞
負 責 人　王自義(與本書有關的全部法律責任)
發 行 所　台北縣樹林市佳園路 3 段 219 巷 37 之 3 號
訂書專線　(02)26688242(代表號)
訂書傳眞　(02)26688743
印　　刷　成陽印刷股份有限公司
台北縣土城市永豐路 195 巷 9 號
電話(02)22651491
版　　權　保有一切版權
版　　次　二〇〇二年二月初版
定　　價　精裝本新台幣 660 元

ISBN 957-510-097-2